Willi Flormann/Peter Krevert

In den Fängen der Mafia-Kraken

Willi Flormann/Peter Krevert

In den Fängen der Mafia-Kraken

Organisiertes Verbrechen in Deutschland

Seit 1789

Verlag E.S. Mittler & Sohn GmbH
Hamburg · Berlin · Bonn

Bild-Nachweis:

Flormann, Münster (S. 26, 28 o. l., 35, 38, 55, 62, 64, 72, 76, 90, 91, 110, 112 o., 124, 132, 137, 139); Kohhof, Münster (S. 28 o. r.); Schmelzig, Hamburg (S. 28 u. l.); Zollfahnundung Münster (S. 30, 130, 152); Landeskriminalamt Sachsen, Dresden (S. 45); Polizei Münster (S. 65, 78, 105 o. und u. l.); Zollfahndung Bad Reichenhall (S. 75, 123); Polizei Skopje, Mazedonien (S. 77); Abteilung Organisiertes Verbrechen, Riga, Lettland (S. 87); Abteilung Organisiertes Verbrechen, Poznan, Polen (S. 93); Polizei Osnabrück (S. 105 u. r.); Polizei Gütersloh (S. 107); Polizei Hamburg (S. 33 u.), A&W Fotoservice Hamburg, Köhler/Zand-Vakili, Heimfelder Str. 87, 21075 Hamburg (S. 113); Fischer Hamburg (S. 135); Zollfahndung Münster (S. 153); Zollfahndung Münster (S. 154); Flormann, Münster (S. 158); Flormann, Münster (S. 160)

Schutzumschlag:
Vorderseite: Image Bank

Die Deutsche Bibliothek – CIP-Einheitsaufnahme

Flormann, Willi:
In den Fängen der Mafia-Kraken: Organisiertes Verbrechen in Deutschland / Willi Flormann; Peter Krevert. –
Hamburg : Mittler, 2001
ISBN 3-8132-0698-X

ISBN 3 8132 0698 X

Layout und Produktion: Mirja Hübner
Schutzumschlaggestaltung: S. W. K Studio SeitenWeise, Hamburg
Druck und Weiterverarbeitung: druckhaus köthen GmbH
Printed in Germany

Vorwort

Die Organisierte Kriminalität (OK) hat sich zu einem weltweiten Phänomen entwickelt und breitet sich metastasenartig wie ein Krebsgeschwür aus. Die weltweite Globalisierung und das zusammenwachsende Europa bieten ihr einen idealen Nährboden.

Begünstigende Faktoren sind das liberale Wirtschaftssystem, der riesige Kapitalmarkt mit seinen illegalen und legalen Möglichkeiten, ein hoher Wohlstand, eine moderne Infrastruktur sowie die Liberalisierung des Reiseverkehrs. Hinzu kommen die politischen Veränderungen im Osten, die damit verbundenen Grenzöffnungen, die steigende Migration, fehlende gesetzliche Grundlagen in Mittel- und Osteuropa sowie eine totale Veränderung der Systeme gepaart mit einer hohen Korruptionsbereitschaft.

Die OK ist gekennzeichnet von Internationalität, Professionalität, Konspiration, hervorragender Logistik, scheinbar unbegrenzten finanziellen Mitteln und teilweise subtilen Sanktionierungsmaßnahmen. Belastungszeugen werden nicht selten starken Repressalien ausgesetzt. Der Kampf um die Deliktsfelder und illegalen Märkte im Bereich des Organisierten Verbrechens gestaltet sich immer brutaler und gewaltbereiter. Die modernen Technologien im Bereich der Telekommunikation, der elektronischen Überwachung, der Scanner- und Drucktechnik und des elektronischen Geldverkehrs erleichtern den mafiosen Gruppierungen ihre weltweiten Aktivitäten.

Mit ihrer gigantischen Finanzmacht und den damit verbundenen mannigfaltigen Korruptionsmöglichkeiten gewinnt die OK zunehmend Einfluß auf Staat, Wirtschaft und Gesellschaft. Die Korruptionsaffären im In- und Ausland untermauern diese Aussage. Der kriminelle Profit dient damit auch der Förderung, Ausweitung und Stabilisierung krimineller, politischer und wirtschaftlicher Macht: Die schleichende Unterwanderung des Staates nimmt ihren Lauf.

Hamburg, im Sommer 2001

Willi Flormann
Peter Krevert

Inhaltsverzeichnis

Kapitel I: Das Phänomen der Organisierten Kriminalität in Deutschland und Europa (Euro-OK)

Strukturen und Strategien krimineller Netzwerke im zusammenwachsenden Europa

Der Euro-OK wurde in Westeuropa bis Mitte der 70er Jahre von verantwortlichen Kriminalpolitikern und teilweise auch von Polizeiführern nicht die Aufmerksamkeit geschenkt, die sie nötig hatte. Bei der ersten deutschen Definition waren die Blicke der Verantwortlichen in Richtung Amerika und Italien gerichtet. Darin wurde die Existenz einer »mafiosen Parallelgesellschaft« gefordert, also ein Staat im Staate. Da es diesen Staat im Staate nicht gab, wurde die Existenz »Organisierter Kriminalität« schlechthin verneint, obwohl Polizeipraktiker längst Alarm schlugen.

Erste Anzeichen für das Vorliegen Organisierter Kriminalität

Schon Mitte der 70er Jahre gab es in Großstädten und Ballungsräumen Banden und Gruppierungen, die neben der typischen Milieukriminalität wie Nötigungen, Körperverletzungen, Erpressungen, Vergewaltigungen, Diebstahl und Raub, Gastwirten Schutzgelder aufzwangen, durch Sachbeschädigungen Einfluß auf das Nachtleben nahmen, mit Gewalt in die Glücksspielszene eindrangen und nicht zuletzt mit den illegalen Gewinnen aus den Straftaten in das lukrative Rauschgiftgeschäft einstiegen. Mit diversen Mitteln des Terrors und mit Einschüchterungen mannigfaltiger Art verstärkten sie ihre Positionen, übernahmen immer mehr Lokale und besetzten Schlüsselpositionen des Nachtlebens. Dabei konnte beobachtet werden, wie die zunächst lockeren Verbindungen der Milieutäter sich immer mehr verfestigten. Es wurden nicht nur Absprachen und Kontakte auf örtlicher Ebene festgestellt, sondern auch zur Szene in den Ballungszentren. Beliebte Treffpunkte waren – und sind es heute wieder – Großboxveranstaltungen, wo überörtliche Treffen und Kontaktaufnahmen stattfanden bzw. stattfinden. Festgestellt wurden gut funktionierende Nachrichtenwege zur arbeitsteiligen Begehung von Straftaten, zur Ausschaltung von lästigen Konkurrenten, zur Beeinflussung von Milieuangehörigen und zur Abschottung vor Strafverfolgungsbehörden.

Die Wandlung zu modernen Netzwerken

Das zusammenwachsende Europa bietet einen günstigen Nährboden für die Organisierte Kriminalität. Begünstigende Faktoren sind das liberale Wirtschaftssystem, der riesige Kapitalmarkt mit seinen legalen und illegalen Möglichkeiten (abdeckende Schein-/Tarnfirmen, lukrative Gewinnanlagen und die mannigfaltigen Möglichkeiten der Geldwäsche), hoher Wohlstand, eine moderne Infrastruktur sowie in Mittel- bzw. Osteuropa nicht ausreichende gesetzliche Grundlagen mit einer totalen Veränderung der alten Systeme und hoher Korruptionsbereitschaft.

Die heutige Euro-OK-Szene weist zahlreiche Gruppierungen mit unterschiedlicher Herkunft auf, die teilweise vollkommen selbständig arbeiten, teilweise miteinander kooperieren oder sich harte Konkurrenzkämpfe liefern. Der eigentliche Pate nach mafiosem Vorbild konnte zumindest bisher in Deutschland und seinen Nachbarstaaten nicht festgestellt werden. Dennoch gibt es in der OK-Szene Strukturen und Personen, die in Kombination mit ihren legalen Geschäften illegale Aktivitäten verbinden, aber schon so in der Gesellschaft aufgestiegen sind, daß sie für die Strafverfolgungsbehörden kaum noch greifbar sind.

In der Euro-OK existieren nebeneinander sowohl dauerhaft etablierte, hierarchische Strukturen – vertikale Organisationen – als auch im losen Verbund, auf Zeit angelegte Netzwerke – horizontale Organisationen.

Der erste Strukturtyp ist als Mafia-Typus anzusehen, vertikal-hierarchisch organisiert, in sich geschlossen und international in fast allen kriminologischen Bereichen tätig (die amerikanische und italienische Mafia, chinesische Triaden, kolumbianische Kartelle).

Der zweite ist der Netzstrukturtypus, d. h. die Gruppierungen bestehen nebeneinander, man kennt sich, man unterstützt sich, die Tätigkeitsfelder sind teilweise klar umgrenzt. Das Netzwerk ist allerdings schon international (polnisch-deutsche Kfz-Verschieber, tschechisch-deutsche Schleuser oder russisch-deutsche Frauen- und Mädchenhändler, italienisch-deutsche oder türkisch-albanische Rauschgifthändler).

Bei Auswertung des deutschen polizeilichen OK-Lagebildes 1998 wurde im Rahmen einer Strukturanalyse in allen 41 untersuchten Verfahren ein hierarchischer Aufbau festgestellt. Danach verfügen hierarchisch geführte Gruppierungen zum größten Teil über drei typische Hierarchiestufen:

- Führungsebene
- Organisations-/Koordinationsebene und
- Arbeits-/Ausführungsebene

In den meisten Verfahren wurde ein einfacher Organisationsaufbau beschrieben. Typische Grundform war die Ein-Kopf-Anführerorganisation. Des weiteren ergab die Analyse, daß die »Netzwerkkriminalität« als Form der Zusammenarbeit zwischen verschiedenen hierarchisch aufgebauten Gruppen existiert. Diese Beziehungsgeflechte werden anlaßbezogen bei lohnenswert erscheinenden kriminellen Aktivitäten in Anspruch genommen. Horizontale Strukturen wurden bei Gruppen verschiedener Nationalitäten festgestellt. Diese deckten einen bestimmten geographischen oder deliktischen Rahmen ab.
Viele der Gruppierungen arbeiten mit betriebswirtschaftlichen Elementen. Die Logistikelemente wie Personalmanagement, Beschaffung, Herstellung, Absatz und Gewinnanlage werden genutzt, um legale oder illegale Markt- und Machtchancen zu erhöhen, um erhebliche Finanz- und Machtpositionen zu erreichen. Gepaart sind diese Bestrebungen mit Korruptions- und Monopolisierungsstrategien und einer gelenkten, imagebildenden oder tendenziösen Öffentlichkeitsarbeit (Partys, Parteispenden, Sponsoring von Sport/Kultur sowie die Plazierung von Hinweisen auf angebliches rechtswidriges Verhalten der Verfolgungbehörden bis hin zur pressemäßigen Begleitung von Hauptverhandlungen u. ä. m.).

Verlauf einer typischen OK-Karriere

1. Phase:
Primäre Geldquelle: Illegale Geschäfte, z. B. mit Rauschgift, Kfz-Verschiebung, Menschenhandel, Prostitution, Erpressung, Waffen, Betrug, Hehlerei, Steuerhinterziehung
2. Phase:
Erste legale Geschäfte: Gastronomie (Hotels, Restaurants, Gaststätten, Bars oder Pizzerien), Export- und Importgeschäfte, Automaten, Immobilien, Inkassobetriebe, Boutiquen, Bauunternehmen, jedoch weiterhin zusätzliche illegale »Geschäfte«
3. Phase:
Investition illegaler Gewinne in legale Geschäfte, erste Kontakte zu Gesellschaft, Politik, Wirtschaft und Wissenschaft, Schaffen von Abhängigkeiten
4. Phase:
Verbürgerlichung, Aufstieg zum honorigen Geschäftsmann, gesellschaftliche Akzeptanz, Sponsoring, Wohltätigkeitsveranstaltungen, (fast) nur noch legale Geschäfte, Einfluß auf Politik und Wirtschaft, Steuerung bestimmter politischer und wirtschaftlicher Vorgänge über den neuen Status unter Nutzung der in Phase 3 geknüpften »Verbindungen«
Diese Phasen können über Jahre oder aber auch in kurzer Zeit durchlaufen werden. Sie sind abhängig von der Höhe der illegalen Gewinne, einer profihaft angelegten Geldwäsche, der wirtschaftlichen und juristischen Beratung durch »gekaufte« Fachleute, der geknüpften Verbindungen und der persönlichen Geschicklichkeit des einzelnen OK-Kriminellen.

Arbeitsweisen und Ziele der Euro-OK

Alle kriminellen OK-Gruppierungen haben das Ziel, unter Umgehung von staatlichen Einrichtungen und gesetzlichen Vorschriften hohe finanzielle Gewinne zu machen, sie zu sichern, konkurrenzlos zu wachsen und Monopolstellungen zu erreichen. Im weitesten Sinne streben sie eine Gegengesellschaft an, in der sie die Richtlinien bestimmen. Mit professionellem Vorgehen, perfekter Logistik und einer modernen Infrastruktur bauen sie ihre internationalen Verbindungen aus. Diese Ziele erreichen sie mit Scheinlegalität, Abschottung, Marktbeobachtung, Absprache, Koordination, Gewalt, Einschüchterung, Korruption und durch Unterwanderung staatlicher Einrichtungen. Ihr Ziel sind die Entscheidungsträger.

Sichtweise der OK-Täter

- Wir arbeiten global und elektronisch
- Mit unseren finanziellen Mitteln ist (fast) jeder käuflich
- Wir kennen keine Budgetierung
- Wir können uns jeden Fachmann leisten

- Für die Polizei gibt es immer noch Grenzen, für uns schon lange nicht mehr
- Die Strafverfolgung scheitert an einer überzogenen Rechtsstaatlichkeit
- Der Datenschutz hilft uns Tätern
- Die Verantwortlichen diskutieren langwierig über OK und deren Bekämpfung, wir handeln nach unseren eigenen Gesetzen, wir sind nur uns verantwortlich
- Wir sind immer ein Stück voraus
- Erkannte OK ist keine OK
- Ihr wart zu langsam, wir sind heute nur noch schwer zu stoppen
- Mit Gesetzen von gestern gegen OK-Strukturen von heute können wir sehr gut leben

Begriff und Erscheinungsformen der Euro-OK

Definitionsprobleme

Bereits 1962 und 1971 widmete die IKPO – Internationale Kriminalpolizeiliche Organisation – dem Phänomen des Organisierten Verbrechens zwei Fachtagungen. Allerdings waren beide Veranstaltungen stark von den Erfahrungen in den Vereinigten Staaten geprägt und verfehlten somit ihre Wirkung vor allem auf Deutschland, zumal die vorgegebenen Kriterien zum damaligen Zeitpunkt auf deutsche Verhältnisse nicht übertragbar waren. Die Vielzahl der Definitionsversuche und die fast zwanzig Jahre andauernden Diskussionen darüber verdeutlichen, wie schwer sich Kriminologen und Strafverfolger taten, um das Phänomen Organisierte Kriminalität zu erfassen. So existieren in Europa heute noch unterschiedliche Definitionen, von denen hier nur einige beispielhaft aufgeführt werden sollen:

Der »Beschreibungsversuch« des Europäischen Rates

Nach Auffassung des Europäischen Rates liegt OK dann vor, wenn mindestens sechs der folgenden Merkmale erfüllt sind, wobei die Nr. 1., 5. und 11. in jedem Fall vorliegen müssen.

1. **Zusammenwirken von zwei oder mehr Personen**
2. Jede dieser Personen erfüllt eine ihr besonders zugewiesene Aufgabe
3. Bestehen über bestimmte oder unbeschränkte Frist
4. Anwendung von Disziplin oder Kontrolle
5. **Verdacht auf Begehung irgendeines schweren Delikts**
6. Tätigkeit auf internationaler Ebene
7. Einsatz von Gewalt und anderer Mittel zur Bedrohung
8. Benutzung von Handels- und Geschäftsstrukturen
9. Verwicklung in Geldwäsche
10. Einflußnahme auf Politiker, öffentliche Verwaltung, Justizbehörden oder auf das Wirtschaftsgebaren
11. **Motivation durch Gewinn- oder Machtstreben**

Die italienische Definition

Eine Vereinigung ist dann als mafiaähnlich zu bezeichnen, wenn sich ihre Mitglieder zur Begehung von Straftaten der Einschüchterungsmacht und des daraus resultierenden Schweige- und Unterwerfungszustandes bedienen, um auf direkte oder indirekte Weise die Leitung bzw. die Kontrolle über wirtschaftliche Tätigkeiten, Konzessionen, Genehmigungen, Ausschreibungen und öffentliche Dienste zu übernehmen oder um für sich oder Dritte ungerechtfertigte Gewinne oder Vorteile zu erzielen. Die Bestimmungen des Artikels finden ebenfalls auf die Camorra und auf Vereinigungen Anwendung, welche – unabhängig von deren örtlicher Bezeichnung – unter Benutzung der Einschüchterungsmacht der assoziativen Bindung ähnliche Ziele wie die mafiartigen Vereinigungen verfolgen.

Die niederländische Definition

1. Die Gruppe hat eine Hierarchie mit Führern und Untergebenen und eine relativ feste Aufgabenverteilung.
2. Die Mitglieder der Gruppe sind einem System von negativen und positiven Sanktionen unterworfen.
3. Die Gruppe begeht Straftaten unterschiedlichen Typs und von relativ erheblicher Bedeutung.
4. Die Gruppe unterhält Kontakte korrumpierender Art zu Personen in Wirtschaft und Behörden.
5. Die Gruppe setzt Geldwäsche ein durch Investitionen in legale Aktivitäten.
6. Die Gruppe benutzt Tarnfirmen, deren legale Gewinne in keinem Verhältnis zur Art und zum Umfang der gemeldeten Tätigkeiten stehen.

7. Die Kernmitglieder der Gruppe entfalten seit mindestens drei Jahren gemeinsame Aktivitäten.
8. Die Gruppe benutzt physische Gewalt gegen andere im kriminellen Milieu.

Entspricht eine kriminelle Gruppe sechs der acht genannten Kriterien, so wird von einer hochorganisierten Gruppe gesprochen.
Eine Studie einer Arbeitsgruppe der europäischen Regionalkonferenz der IKPO-Interpol für die Länder Dänemark, Niederlande, Frankreich, Schweiz und Deutschland stellte zwar ebenfalls fest, daß keine hierarchisch aufgebauten Organisationen nach Art der amerikanischen Cosa Nostra oder der italienischen Mafia bestehen, aber dennoch zahlreiche Indikatoren auf die Existenz einer anders gelagerten OK hinweisen.
Die Studie ergab, daß die festgestellten Tätergruppierungen mit modernsten Nachrichtenmitteln arbeiten, die denen der Polizei nicht selten überlegen sind. Die Abwehrtechniken wie Gegenobservationen oder Codierungen sind hoch entwickelt. Der Polizeifunk wird abgehört. Durch Desinformation werden falsche Fährten gelegt oder die Polizei gezwungen, sich mit sich selbst zu beschäftigen, weil angeblich in ihren Reihen korrupte Beamte sind. Die Geschäftspartner werden genauestens abgeklärt, weil mit dem Einsatz von V-Leuten oder Verdeckten Ermittlern gerechnet wird. Die strafrechtlichen Sanktionen der einzelnen Länder spielen eine große Rolle. So werden illegale Güter bevorzugt durch Länder transportiert, in denen eine niedrige oder kaum eine Bestrafung zu erwarten ist. Die Täter arbeiten unter Legenden, mit verfälschten oder gefälschten Papieren oder führen ihre illegalen Geschäfte aus konspirativen Wohnungen. Innerhalb der organisierten Banden findet eine starke Kontrolle und Überwachung der einzelnen Mitglieder statt. Durch Gewährung von großzügigen Krediten werden Abhängigkeiten geschaffen. Die organisierten Banden verfügen über ein eigenes wirkungsvolles Sanktionierungssystem. Es reicht von Ausgrenzungen mit großen finanziellen Einbußen über ein Bündel von Repressalien bis hin zur Liquidierung. Bei Bewährung und guten Leistungen innerhalb der Organisation winken Prämien, Sachwerte oder Aufstieg in der Hierarchie.

Deutschland

Ab Anfang der 70er Jahre beschäftigten sich in Deutschland Strafverfolger auf zahlreichen Seminaren und Arbeitstagungen mit dem Phänomen der Organisierten Kriminalität. Diesen Tagungen und ihren Teilnehmern ist es zu verdanken, daß erstmals in Deutschland der Versuch einer Bestandsaufnahme und Lagebeurteilung unternommen wurde. Im Ergebnis konnte festgehalten werden, daß erste Alarmzeichen für das Entstehen einer eigenständigen deutschen OK zu beobachten waren. Beginnende verbrecherische Organisationen wurden vor allem auf dem Gebiet der Eigentumskriminalität, der Milieukriminalität rund um das Nachtleben und beim Rauschgifthandel und -schmuggel festgestellt. Es wurde deutlich, daß herkömmliche Ermittlungsmethoden zur Bekämpfung nicht mehr ausreichten oder vollkommen wirkungslos blieben. Diese Bestandsaufnahme endete Anfang der 90er Jahre und brachte unter anderem folgende Ergebnisse:

- In Deutschland gibt es eine eigenständige OK. Sie wird zu einer ständigen Herausforderung der nächsten Jahre.
- Die OK stellt sich als Netzstrukturkriminalität mit hoher krimineller Intensität dar.
- Es gibt neue Formen schwerer Kriminalität, die eine hohe Sozialschädlichkeit beinhalten, mit gefährlicher Energie begangen werden, Schäden in Milliardenhöhe verursachen und eindeutig der OK zuzurechnen sind. Wesensmerkmale dieser national und international verflochtenen Kriminalität sind eine nach innen und außen praktizierte Abschottung sowie ein konspiratives und daher schwer erkennbares Verhalten der Bandenmitglieder.
- Beim Kfz-Diebstahl und der internationalen Verschiebung wird eine zunehmende Professionalisierung und ein höherer Organisationsgrad krimineller Zusammenschlüsse festgestellt.
- Westeuropa hat sich zu einem geschlossenen Absatzmarkt für Rauschgift entwickelt. Die Indikatoren Arbeitsteilung, Abschottung und hohe Investitionen sind die Hauptmerkmale.
- Die OK-Phänomene im Zusammenhang mit dem Nachtleben sind in den Brennpunktsbereichen Prostitution, Zuhälterei, Rauschgifthandel, Schutzgelderpressung, illegales Glücksspiel und Tötungsdelikten mit unterschiedlicher Ausprägung und Intensität anzutreffen.
- Das Lagebild OK und damit der Informationsaustausch müssen verbessert werden. Neben neuen Ermittlungsmethoden ist ein möglichst dichtes Informationsnetz mit OK-relevanten Informationen aufzubauen. Ziel ist das Erkennen von relevanten Personengruppierungen, kriminellen Organisationen sowie deren interne Strukturen und das Gewinnen von Erkenntnissen für polizei- und ermittlungstaktisches Vorgehen.

- Bei der OK-Bekämpfung sind neben den organisatorischen und personellen Veränderungen verdeckte Ermittlungen, überregionale Informationssammlungen und -auswertungen sowie internationale Zusammenarbeit unverzichtbar.

Diese Bestandsaufnahme war in Deutschland der Anlaß für neue Vorgaben zur Verbrechensbekämpfung.

Neue Vorgaben zur OK-Bekämpfung

Im März 1990 hatte die Ständige Konferenz der Innenminister und -senatoren im Rahmen ihrer Expertentagung den Bericht der Gemeinsamen Arbeitsgruppe Justiz/Polizei »Strafverfolgung bei Organisierter Kriminalität« zum Lagebild, zum Begriff und zu Indikatoren Organisierter Kriminalität zur Kenntnis genommen. Darin hatte sich die Arbeitsgruppe Justiz/Polizei auf eine neue Definiton – siehe weiter unten – geeinigt, die dann Ende 1990 in die Verwaltungsvorschrift »Gemeinsame Richtlinien der Justizminister/-senatoren und Innenminister/-senatoren der Länder über die Zusammenarbeit von Staatsanwaltschaft und Polizei bei der Verfolgung der Organisierten Kriminalität« einfloß und seitdem für alle Bundesländer gültig ist.
Der Gemeinsame Runderlaß gliedert sich in mehrere Abschnitte und beinhaltet unter anderem grundsätzliche Aussagen zur Organisierten Kriminalität, zum Begriff, zu Erscheinungsformen und Indikatoren, zu Grundlagen der Zusammenarbeit zwischen Polizei und Staatsanwaltschaft und zu den sogenannten Initiativermittlungen. In den Vorbemerkungen wurden eine realistische Lageeinschätzung gegeben und kriminalpolitische Forderungen formuliert:

- Die Verfolgung der Organisierten Kriminalität ist grundsätzlich ein wichtiges Anliegen der Allgemeinheit, und die zentrale Aufgabe der Strafverfolgungsbehörden besteht darin, dieser Erscheinungsform der Kriminalität wirksam zu begegnen und sie mit Nachdruck zu bekämpfen.
- Immer mehr Kriminalitätsbereiche werden durch organisierte Straftätergruppen kontrolliert, und internationale Straftäterverflechtungen sind im Steigen begriffen. Durch ihre systematischen Abschottungen und konspirativen Tätigkeiten sind sie und das von ihnen ausgehende Bedrohungspotential schwer auszumachen. Doch die mit größter Sorgfalt erstellten OK-Lagebilder zeigen die große Sozialschädlichkeit dieser Gruppierungen und damit die Gefährdung des Staates und seiner Bürger immer deutlicher auf.
- Die von den OK-Tätern erwirtschafteten illegalen Gewinne gehen eindeutig zu Lasten der Allgemeinheit. Diese Fakten sind schonungslos zu veröffentlichen. Nur so wird es gelingen, daß sich die breite Öffentlichkeit mit den Strafverfolgungsbehörden identifiziert und die Entscheidungsträger zwingt, diesen adäquate Bekämpfungsinstrumente zur Verfügung zu stellen.
- Aufklärungserfolge können nur erreicht werden, wenn Staatsanwaltschaft und Polizei in einzelnen Verfahren verfahrensübergreifend besonders eng und vertrauensvoll zusammenarbeiten; dies setzt eine möglichst frühzeitige gegenseitige Unterrichtung voraus. Gleiches gilt für die Zusammenarbeit mit dem Zoll- und dem Steuerfahndungsdienst.
- Notwendig ist auch die Zusammenarbeit der Polizei mit anderen Stellen, insbesondere den Justizvollzugsanstalten, den Finanz- und Zollbehörden, den Ordnungs- und Sonderordnungsbehörden sowie den Dienststellen der Arbeitsverwaltung.

Bei diesen grundsätzlichen Vorbemerkungen wurde deutlich, welchen hohen Stellenwert die Vertreter der Justiz und Polizei der Bekämpfung der Organisierten Kriminalität beimaßen. Aus den Erfahrungen heraus forderten sie eine sehr enge und frühzeitige Zusammenarbeit von Staatsanwaltschaft und Polizei. Weiterhin bezogen sie andere Behörden in die Zusammenarbeit ein, mit deren Unterstützung das Phänomen der Organisierten Kriminalität wirksam bekämpft werden kann.
Nicht selten sind diese Behörden selbst betroffen, indem organisierte Straftäter unter anderem mit den Mitteln der Korruption und Erpressung ihre Macht, ihren Einfluß und damit auch ihre Gewinne zu maximieren versuchen. Hier ist noch eine Menge Arbeit zu leisten, um das entsprechende Problembewußtsein in gefährdeten Institutionen zu schaffen. Umfangreiche Korruptionsverfahren in verschienden Regionen Deutschlands sind der Beweis dafür.
Diese der Organisierten Kriminalität immanenten Merkmale sind in die neue Definition eingebaut. Nicht zuletzt dieser Tatsache verdankt sie ihre allgemeine Anerkennung und dürfte deshalb auch für längere Zeit Bestand haben.

Die heutige offizielle Definition

Organisierte Kriminalität
ist die von
Gewinn und Machtstreben
bestimmte
planmäßige Begehung von Straftaten,
die einzeln oder in ihrer Gesamtheit
von erheblicher Bedeutung
sind, wenn
mehr als zwei Beteiligte
auf längere oder unbestimmte
Dauer
arbeitsteilig
zusammenarbeiten

unter

Verwendung gewerblicher oder geschäftsähnlicher Strukturen	**oder**	**Anwendung von Gewalt oder anderer zur Einschüchterung geeigneter Mittel**	**oder**	**Einflußnahme auf Politik, Medien öffentliche Verwaltung, Justiz oder Wirtschaft**

Festzuhalten bleibt dabei, daß die Straftaten im Terrorismusbereich nicht von der Definition erfaßt werden, da es sich bei diesen Gruppierungen nicht um gewinnorientierte Interessengemeinschaften handelt.
Im Kriminalistik-Lexikon – Ausgabe 1996 –, das von früheren leitenden Polizeibeamten herausgegeben wird, wurde das Organisierte Verbrechen im Vergleich dazu noch folgendermaßen definiert:

Unter dem Begriff »Organisiertes Verbrechen« sind auf Dauer angelegte und geschäftsmäßg betriebene Aktivitäten zu verstehen, die von strukturierten Gruppen international und national strategisch geplant und durchgeführt werden, um hohe Gewinne zu erzielen oder Einfluß in die Bereiche des öffentlichen Lebens zu erlangen.

Zwischenzeitlich haben Österreich und die Schweiz die heutige offizielle deutsche Definition übernommen. Somit besteht die Hoffnung, daß in der Zukunft zumindest in Europa bzw. der Europäischen Union eine einheitliche Definition zur Anwendung kommen wird.
Die aktuelle Definition umfaßt strafrechtliche, soziologische und psychologische Elemente. Erstmalig wurde hier auch der Versuch unternommen, Organisationsstrukturen und typische Merkmale der Organisierten Kriminalität wie Scheingeschäfte, Machtstreben, Gewalt, Einschüchterung und Korruption einzubauen. Die Definition stellt keinen materiellen strafrechtlichen Normenbegriff dar und ist somit auch nicht im Strafgesetzbuch zu finden. Sie beschreibt lediglich eine besonders gefährliche Erscheinungsform, nämlich die große Bandbreite des Organisierten Verbrechens.
Im Gegensatz zur Bande, die sich für einen gewissen Zeitraum zusammengefunden hat und damit auch nur sporadisch Gewinne erzielt, sind die Gruppierungen des Organisierten Verbrechens auf Dauer angelegt, um mit illegalen Machenschaften höchstmögliche Gewinne zu erzielen. Diese wiederum wandern in legale Unternehmungen oder dienen der Finanzierung weiterer illegaler Geschäfte. Dabei stehen die Gewinne nicht immer im Vordergrund, sondern die organisierten Straftäter versuchen mit den Mitteln der Gewalt, Einschüchterung oder Einflußnahme ihre Machtposition zu erhalten oder auszubauen und Entdeckungsrisiken zu mindern. Es handelt sich dabei um sogenannte taktische Straftaten wie Sachbeschädigungen, Brandstiftungen, Bestechungsdelikte, Erpressungen, Körperverletzungen und nicht zuletzt um Tötungsdelikte. Dabei sind lästige Konkurrenten genauso ihr Ziel wie Personen, die als Entscheidungsträger für ihre legalen oder illegalen geschäftlichen Aktivitäten von Nutzen sein können.
Über diese Machtposition im Milieu hinaus knüpfen die OK-Kriminellen durch großzügige Einladungen oder Sponsorentätigkeiten Kontakte zu Personen des öffentlichen Lebens, um einmal gesellschaftliche

Anerkennung zu finden und zum anderen, um diese »Geschäftsverbindungen« zu einem späteren Zeitpunkt, in welcher Form auch immer, für ihre Zwecke nutzbar machen zu können.
Erschreckend ist daher immer wieder zu sehen, wie bedenkenlos und unkritisch Politiker, Wirtschaftsmanager oder andere Personen des öffentlichen Lebens Einladungen bestimmter zwielichtiger Personen annehmen, diese dadurch langsam, aber sicher zum »Ehrenmann« aufwerten und Parteispenden, Sponsorengelder oder persönliche Geschenke annehmen, die sie in einen Teufelskreis geraten lassen, aus dem sie sich möglicherweise nicht mehr befreien können.
Parteispendenaffären und die Korruptionsskandale der letzten Jahre belegen diese Aussagen eindeutig.

Die Definition in der praktischen Anwendung

Die Definition setzt sich aus zwei Teilen, und zwar den generellen und speziellen Merkmalen, zusammen, wobei erst die speziellen Merkmale ein organisiertes kriminelles Verhalten zu dem qualifizieren, was wir unter OK verstehen. Dabei sind die Grenzen der traditionellen Bandenkrimialität zur OK fließend. Deutlich wird dies u. a. in Österreich, in der Schweiz und in Deutschland im Bereich der sogenannten Kosovo-Albaner-Kriminalität. Einige Gruppierungen arbeiten noch in der Bandenkriminalität, andere haben schon im Organisierten Verbrechen Fuß gefaßt. Aus dieser Tatsache heraus ist zu folgern, daß der Bandenkriminalität als Vorstufe zur OK bedeutend mehr Aufmerksamkeit geschenkt werden muß als dies tatsächlich geschieht.
Um die OK erfolgreich bekämpfen zu können, ist es erst einmal notwendig, sie zu erkennen. Voraussetzung dafür wiederum ist es, sie über ihre generellen und speziellen Merkmale definieren zu können.

Die generellen Merkmale

Straftaten, die einzeln oder in ihrer Gesamtheit von erheblicher Bedeutung sind

Unter dem Begriff der Straftat mit erheblicher Bedeutung sind solche Straftaten zu verstehen, die den Rechtsfrieden empfindlich stören und geeignet sind, das Gefühl der Rechtssicherheit der Bevölkerung erheblich zu beeinträchtigen. In der Regel werden diese Staftaten OK-verdächtigen Bereichen zuzuordnen sein. Darunter fallen sicherlich beispielhaft der Rauschgifthandel und -schmuggel oder der Kraftfahrzeugdiebstahl mit ihren internationalen Bezügen.

Gewinn- und Machtstreben

Unter Gewinnstreben ist das planvolle Verhalten zur Erlangung wesentlicher wirtschaftlicher Vorteile zu verstehen. Wirtschaftliches und soziales Machtstreben setzt Aktivitäten voraus, die die Erlangung von Einflußpositionen gegenüber Dritten oder eigenen Gefolgsleuten zum Ziel haben. Nicht selten verbergen sich dahinter Monopolisierungsbestrebungen (z. B. Gaststätten, Bars, Bordellbetriebe, Spielkasinos). Dabei geht es, wie oben bereits beschrieben, um die Erhaltung und den Ausbau der eigenen Machtposition, aber auch um die gesellschaftliche Anerkennung. Dazu ist jedes Mittel recht. Diese Motivlage ist besonders häufig in der Milieukriminalität zu finden.

Längere oder unbestimmte Dauer

Dieses zeitliche Verhalten schließt diejenigen Verhaltensweisen aus, bei denen die Beteiligten nur im Einzelfall oder für einen kurzen Zeitraum zusammenwirken. In der Praxis wird diese Tatsache bei der Prüfung der Abgabe oder Übernahme von OK-Verfahren häufig nicht gesehen. Dieses generelle Merkmal ist vielmehr erst dann erfüllt, wenn Serienstraftaten, Tatzusammenhänge, umfangreiche Vorbereitung und Planung, verfestigte Informations- und Kommunikationsstrukturen, Abrechnungsmodalitäten, profihafte Gewinn- bzw. Beuteteilung u. a. m. festgestellt werden und Tatsachen die Annahme begründen, daß dieses durch die Absichten der Beteiligten getragen wird.

Arbeitsteiligkeit

Die Arbeitsteiligkeit und somit die Planmäßigkeit des Vorgangs ist hinsichtlich der Straftatenbegehung festzustellen. Das Beispiel des Menschenhandels (Frauen- und Mädchenhandel) zeigt dies deutlich. In Menschenhandelsverfahren haben es die Strafverfolger in der Regel mit Anwerbern, Paßfälschern, einladenden Personen oder Firmen, Schleusern, Vermittlern, Zuhältern und Bordellbetreibern als Auftraggeber zu tun.

Zusammenwirken von mehr als zwei Beteiligten

Voraussetzung ist das freiwillige Zusammenwirken von mindestens drei Personen, die aus einer gemeinsamen Zielsetzung heraus handeln. Zusammenwirken bedeutet hier das koordinierte Entfalten von Tätigkeiten, die das Tatvorhaben, die Ziele oder Zwecke der kriminellen Organisation fördern. Dies kann auch in der Form des Unterlassens von bestimmten Tätigkeiten, die zum Aufgabenbereich einer Person gehören, geschehen. Nach den in den Jahren 1998 und 1999 erstmals durchgeführten Strukturanalysen des Bundeskriminalamtes (BKA) lag die Anzahl der Tatverdächtigen bei den Gruppierungen zwischen 3 und 220 Personen.
Die Grundlagen ergeben sich aus einem gemeinschaftlichen Tatplan, der die tatbestandlichen Elemente der Tatbegehung umfaßt.

Planmäßige Begehung

Die planmäßige Begehung umfaßt alle Tatphasen (Vor-, Haupt- und Nachtatphase). Dieses Merkmal zielt auf die Perfektionierung und Professionalisierung der Begehungsweisen ab und dient somit den Gewinnmaximierungs- und Risikominimierungszielen der Organisation.

Die speziellen Merkmale

1. Alternative:
Unter Verwendung gewerblicher oder geschäftsähnlicher Strukturen

Der Motor des Organisierten Verbrechens ist das Profitstreben und die Gewinnmaximierung. In dem Bestreben, Märkte, Branchen und Produkte zu erobern und zu beherrschen, ist jedes Mittel recht, was Erfolg bringt oder sichert. Die Verwendung gewerblicher und geschäftsähnlicher Strukturen dient im OK-Bereich als Tarnung und Tatmittel. Die legalen und illegalen Strukturen stellen die Basis für kriminelle Aktivitäten, das Waschen der Tatgewinne und deren Zuführung in das legale Wirtschaftsleben dar. Hierzu ein erstes Beispiel:

Ein Grenzaufgriff von 30 kg Haschisch bei einem Ehepaar mit zwei Kindern waren Anlaß für weitere Ermittlungen. Dabei stießen die Fahnder auf einen Drogenring, der über eine Tonne Haschisch aus den Niederlanden nach Deutschland geschmuggelt, in Depots zwischengelagert und dann an einen festen Kundenstamm in der Schweiz geliefert hatte. Bei der Festnahme des Haupttäters, eines 32jährigen Kaufmanns, beschlagnahmten die Ermittler 4,2 Millionen DM an Drogengeldern. Das Geld war über extra eingerichtete Scheinfirmen »gewaschen« und auf Konten in der Schweiz und Deutschland deponiert worden.

Wegen der in vielen Fällen festgestellten Verflechtungen illegaler und legaler Strukturen durch OK-Täterkreise stellt die Nutzung vorhandener, überwiegend nach außen hin legaler gewerblicher Strukturen damit einen zentralen Aspekt der OK dar.
Hier nutzen die Täter legale gewerbliche oder geschäftliche Strukturen für ihre illegalen Tätigkeiten oder täuschen in Form von Scheinfirmen legale Gechäfte vor. Durch dieses Verhalten werden Situationen geschaffen, die die Aufklärung eines Sachverhaltes erheblich beeinträchtigen. Insbesondere führt es zu gravierenden Vertrauensverlusten in die auf Treu und Glauben basierenden Wirtschaftsabläufe. Dabei kommt es nicht darauf an, ob der Täter diese Strukturen eigens hierzu geschaffen hat oder sich nur dieser bedient.
Soweit tatbestandliche Verhaltensweisen zugrundeliegender Straftaten der Wirtschaftskriminalität mit speziellen Merkmalen der ersten Alternative übereinstimmen, können diese allein nicht für die Qualifizierung als OK herangezogen werden. Hierzu sind darüber hinausgehende Feststellungen erforderlich, um die OK-kennzeichnenden Verhaltensweisen zu begründen. Mit der Handlungsweise »unter Verwendung gewerblicher oder geschäftsähnlicher Strukturen« wurden in OK-Verfahren Firmen- und Gewerbegründungen sowohl in Form von Import- und Exportgeschäften als auch von Scheingeschäften festgestellt.

So bestand eine Reinigungsfirma nur auf dem Papier. Nach achtmonatigen Ermittlungen zerschlug eine Sonderkommission einen internationalen Ring von Drogendealern. Hauptdrahtzieher war der 26jährige »Chef« der Firma. Zusammen mit seiner Lebensgefährtin und vier Angestellten hatte er den

Dealerring aufgezogen. Einer der Täter hatte seinen Wohnsitz in den Niederlanden und war für die Beschaffung der Drogen zuständig. Als Tarnung diente die ordnungsgemäß angemeldete Gebäudereinigungsfirma. Der feste Abnehmerkreis wurde von den vier Angestellten versorgt, die als Kuriere tätig waren. Nach Angaben der Ermittler hatte die »Firma« in einem Jahr mehrere hundert Kilo Kokain, größere Mengen Amphetamine, Ecstasy-Pillen, Haschisch und Marihuana nach Deutschland geschmuggelt.

Im Bereich der bereits bestehenden Betriebe bzw. Geschäfte nutzen die organisierten Straftäter Import- und Exportgeschäfte, weiterhin Speditionen, Reisebüros, Druckereien, Baufirmen, Kfz-Handel oder -verwertungsbetriebe, Lackierereien, Gaststätten und Restaurants, Spielcasinos, Sonnen- und Fitneß-Studios, Versicherungsagenturen, Waffengeschäfte, Teestuben, Veranstaltungsfirmen i. V. m. Firmen der Sicherheitsbranche (Rocker-Kriminalität), Immobilienfirmen; oder sie bedienen sich des Expertenwissens von Finanzmaklern bzw. Brokerhäusern zur Tarnung ihrer illegalen Aktivitäten.

Im Bereich der Kfz-Verschiebung nach Polen, Litauen und in die GUS wurden diese Geschäfte teilweise unter Angabe von fiktiven Ledergeschäften getätigt. Dazu hatten die Täter im In- und Ausland Import- und Exportfirmen gegründet.
Ebenfalls im Bereich der Kfz-Verschiebung konnte die Gründung von weiteren Scheinfirmen im Import- und Exportbereich festgestellt werden. Über diese Firmen wurden sämtliche Aktivitäten abgewickelt. Dazu erfolgten u.a Scheinzulassungen und -anmeldungen. Die entwendeten Kraftfahrzeuge wurden dann mittels Container über verschiedene Verschiffungsgesellschaften in den Nahen Osten verbracht.
Tatverdächtige nutzten zur Durchführung von Manipulationen an Roulette-Kesseln eine Modellbaufirma. In den Vertrieb der Spielkessel waren weitere Firmen zwischengeschaltet. Die privaten Casinos als Auftraggeber und Abnehmer der manipulierten Roulette-Kessel hatten ebenfalls Gewerbebetriebe gegründet. Schwierig war die Ermittlung der tatsächlich Verantwortlichen in den Spielcasinos. In der Regel waren Strohleute als Konzessionäre eingetragen, denen die tatsächlichen Eigentums- und Besitzverhältnisse selbst oft nicht bekannt waren.
Im Rahmen von Ermittlungen wurde bekannt, daß ein in den Niederlanden aufhältiger Deutscher bei Chemikalienhandlungen erhebliche Mengen an Grundsubstanzen zur Herstellung synthetischer Drogen erworben hatte. Die Ermittlungen ergaben, daß der Chemikalienkäufer Mitglied einer international operierenden Bande von Betäubungsmittelherstellern und -händlern war, die im großen Umfang Drogen herstellte und auf dem europäischen und amerikanischen Markt verkaufte. Beim Erwerb der Chemikalien wurden drei Scheinfirmen angegeben, die nach ihren Firmennamen eine legale Verwendung der Chemikalien vortäuschen sollten. Gemeinsame Ermittlungen mit den niederländischen Polizeibehörden führten zur Aufdeckung von insgesamt drei Rauschgiftlaboratorien und größeren Mengen Chemikalien in den Niederlanden. Nach Mitteilung der niederländischen Polizei hätten aus diesen Chemikalien etwa 50 bis 100 Millionen Verbrauchseinheiten der synthetischen Drogen hergestellt werden können.

Wenn die gewerblichen oder geschäftsähnlichen Strukturen zusätzlich noch in Form der grenzüberschreitenden Kriminalität international genutzt werden, gewinnt diese Alternative noch mehr an Brisanz. Bei der internationalen Zusammenarbeit erschweren immer wieder unterschiedliche Gesetze, Verwaltungsvorschriften, Kontrollinstanzen oder Zuständigkeiten die polizeiliche Arbeit bei der Koordinierung und Kooperation. Dennoch gehen den Fahndern immer wieder Hintermänner ins Netz, die glauben, mit internationalen Scheinfirmen kriminelle Tätigkeiten verschleiern zu können.

Als ein 40jähriger bolivianischer Drogenlieferant auf dem Züricher Flughafen Kloten von schweizerischen und deutschen Kriminalbeamten festgenommen wurde, meinte er lakonisch: »Damit hatten wir nicht gerechnet!« Unterwegs war er für einen in Deutschland lebenden Italiener. Dieser betrieb in Deutschland mehrere Tarnfirmen, zum Teil nur auf dem Papier, zum Teil als real existierende Firmen. Hinter den Kulissen wickelte er aber einträglichere Geschäfte ab: Drogenhandel, Falschgeld und Geldwäsche.
Nach Überzeugung der Staatsanwaltschaft hatte er eine seiner Firmen, einen Granit- und Marmorhandel, für einen Kokainhandel mit etwa 220 kg eingesetzt. Dabei hatte er legale und illegale Geschäfte geschickt miteinander vermischt. Aufgrund seiner geschickten Logistik und geschäftlichen Mobilität gestalteten sich die polizeilichen Ermittlungen natürlich recht schwierig. Er verfügte über mehrere Wohnsitze und eine Scheinwohnung. »Geschäftliche« Verbindungen pflegte er nach Kalabrien und Sizilien, in die Schweiz, nach Belgien und nach Südamerika. Seine Tarnung nutzte ihm aber nichts. Aufgrund des

Geldwäschegesetzes geriet er in das Visier der Fahnder, als zwei Personen auf sein italienisches Konto 1,4 Millionen DM überwiesen.

2. Alternative:
Unter Anwendung von Gewalt oder anderer zur Einschüchterung geeigneter Mittel

Hier ist sowohl die interne – innerhalb der Organisationsstruktur – als auch die externe – gegenüber Dritten – Anwendung von Gewalt oder anderer zur Einschüchterung geeigneter Mittel zu subsumieren. Betroffen sind hier Angehörige der Straftätergruppierungen, Geschäftspartner, Konkurrenten, Opfer und Zeugen krimineller Delikte, aber auch Ermittler, Staatsanwälte und Richter.
Wenn die Gewaltanwendung Tatbestandsmerkmal einer Straftat ist, zum Beispiel bei Angriffen gegen Leib und Leben, die persönliche Freiheit oder die Freiheit der Willensentschließung, ist diese grundlegendes Merkmal und schließt für sich allein betrachtet die qualifizierende zweite Alternative aus. Der Gewaltbegriff ist jedoch weitergehend zu prüfen, wenn unabhängig von der Gewaltanwendung bei der Verwirklichung des Straftatbestandes diese zugleich oder als selbständiges Teilziel, in ihrer Wirkung auf die Allgemeinheit, mit bestimmbarer Auswirkung auf weitere potentielle Opfer oder auf die Aufrechterhaltung der inneren Ordnung der Organisation gerichtet ist.
Bei der Untersuchung ist sowohl die Tätervorstellung und -absicht zugrunde zu legen als auch die objektiv feststellbare Wirkung auf die Betroffenen. Die Verhaltensweisen gemäß der zweiten Alternative – gleichgültig in welcher Form angewendet – müssen aus der Sicht des Betroffenen als Zwang verstanden werden. Einschüchterung und Gewalt sind zur Durchsetzung und Sicherung der Machtansprüche gängige Mittel, wenngleich sich mit zunehmendem Organisationsgrad die Anwendung immer subtilerer Machtmittel beobachten läßt. Fehlende tatsächliche Gewaltanwendungen sind deshalb kein Hinweis auf das Nichtvorhandensein von OK. Vielmehr ist davon auszugehen, daß bei ausgereiften, in ihrer Struktur verfestigten Organisationen Gewalt nur selten offenkundig wird, da subtilere Formen von irgendwelchen Repressalien ausreichen. Allein das Wissen um die im Extremfall unausweichliche, konsequente und in aller Härte durchgeführte Gewaltanwendung reicht aus, um Organisationsmitglieder, Opfer und Zeugen gefügig zu machen bzw. zum Schweigen zu bringen.

So reichte es in einem OK-Verfahren wegen schweren Menschenhandels schon aus, wenn die Opferzeuginnen beim Betreten des Gerichtssaales den Angeklagten sahen und sich dabei erinnerten, wie gewalttätig er gegen sie vorgegangen war und was ihnen passieren würde, wenn sie ihn durch eine Aussage belasteten. Plötzlich hatten sie kein Erinnerungsvermögen mehr, und die polizeilichen Vernehmungen waren angeblich unter Druck zustande gekommen.
Eine der Zeuginnen unternahm sogar einen Selbstmordversuch, weil sie nicht zum zweiten Mal dem Angeklagten gegenüberstehen wollte.

Bei der Handlungsweise »unter Anwendung von Gewalt oder anderer zur Einschüchterung geeigneter Mittel« spielen Sachbeschädigungen aller Art wie das Zerkratzen von Fahrzeugen, das Zerstechen von Reifen, das Zerstören von Mobiliar in Wohnungen oder Gaststätten, bei Körperverletzungen das Einbrennen von Zigaretten, das Zusammenschlagen bis zur Bewußtlosigkeit und brutale Vergewaltigungen, bei Freiheitsberaubungen das Festschreiben von Verhaltensmaßregeln, das Verbieten des Ausgangs oder nur unter Bewachung, das Anketten an Heizungen und das Gefangenhalten in Käfigen eine entscheidende Rolle. Psychoterror, verbale Drohungen, Ahndung von Verstößen mit Szenesanktionen, Brandstiftungen, versuchte und vollendete Tötungsdelikte vervollständigen das Bild des totalen Terrors.
Der Menschenhandel war schon immer ein Feld für die Gewaltanwendung. Während hier der Handel mit den Frauen aus Südamerika oder Südostasien zurückgegangen ist, blüht der Handel mit Frauen aus Osteuropa. Dieser Bereich ist von einer erschreckenden Gewalt geprägt. Die Frauen werden in ihren Heimatländern unter anderem in als seriöse Heirats- oder Arbeitsvermittlungsinstitute getarnten Büros der organisierten Menschenhändler angeworben. Dabei werden ihnen »honorige« Ehemänner vermittelt, Arbeitsplätze als Kellnerinnen, Aniniermädchen, Tänzerinnen, Haushaltshilfen oder Kindermädchen versprochen. Nach einer langen und qualvollen Odyssee landen sie schließlich als Prostituierte in Bordellen, Saunen, Privatklubs oder einschlägigen Bars.
Massive Körperverletzungen, Freiheitsberaubungen in Form von Ausgangsverbot, brutale Vergewaltigungen, Wegnahme von Pässen und Barmitteln, Einschüchterung durch Videos über zusammengeschlagene Frauen, Morddrohungen und nicht zuletzt die Androhung von Repressalien gegen Angehörige in der Heimat durch die Straftäterorganisation zeigen einen Teil des Spektrums der Gewaltanwendungen und Einschüchterungen.

Im Zusammenhang mit einem Betäubungsmittelverfahren (BtM) wurden Aufträge zu Tötungsdelikten in den Niederlanden erteilt und ausgeführt. Der Täter wurde ermittelt und ging in Strafhaft. Aus Angst vor den brutalen Auftraggebern schwieg er beharrlich, um nicht selbst zum Opfer zu werden.
Eine überwiegend aus italienischen Tatverdächtigen bestehende Gruppe, die sich als Heroin- und Kokainlieferanten betätigte, setzte Kriminelle aus den Niederlanden ein, um gegen Schuldner und Konkurrenten vorzugehen. Diese wurden mit Kieferbrüchen und Nasenbeinfrakturen krankenhausreif geschlagen. In einem Fall kam es zu einer Schußwaffenanwendung gegen einen säumigen Zahler, der nur aufgrund der glücklichen Umstände nicht verletzt wurde.
Bei einer Auseinandersetzung zwischen Zuhältern wegen der Ablösesumme für eine polnische Prostituierte wurde ein Zuhälter erschossen.

Im Auftrag einer italienischen mafiosen Gruppierung, gegen die auch in Deutschland ermittelt wurde, wurden vier zahlungssäumige BtM-Zwischenhändler in Italien liquidiert.
Der Kopf einer türkischen BtM-Gruppierung ließ einen zahlungssäumigen Zwischenhändler durch »Bodygards« gewaltsam zu sich bringen und sperrte den durch Rippenbrüche Verletzten über mehrere Stunden in einen Kellerraum.
Im Umfeld einer Tätergruppe, die sich auf die Herstellung von »Ecstasy-Tabletten« spezialisiert hatte, war es in der Vergangenheit zu mehreren, teilweise ungeklärten Tötungsdelikten gekommen. Daraus resultierte innerhalb und außerhalb der Gruppe großer Respekt gegenüber den Haupttätern. Im Rahmen der Ermittlungen wurde auch die Absicht bekannt, einen Staatsanwalt und einen Kriminalbeamten »umzulegen«, die in einem anderen Verfahren gegen Mitglieder dieser Gruppierung ermittelten.

Ein türkischer Heroinhändler entlarvte einen von der Polizei eingesetzten Scheinkäufer als »Polizeispitzel« und erteilte dem Vermittler den Auftrag, den »Spitzel« innerhalb von zwei Tagen umzubringen, anderenfalls würde er selbst getötet werden. Durch die Festnahme der Täter wurde dies vereitelt.
Bei Schutzgelderpressungen durch eine ukrainische Tätergruppe gingen die Täter mit äußerster Brutalität vor. Einige Opfer wurden entführt, gefangengehalten, geschlagen und gefoltert. Unter Vorhalt von Pistolen und Maschinenpistolen wurde mit der Tötung gedroht.
Durch Schutzgelderpressungen wurden Geschädigte und deren Angehörige durch sizilianische Tatverdächtige massiv bedroht. Die polizeilichen Ermittlungen belegen, daß allein der sizilianische und mafiatypische Sprachgebrauch ausreicht, um die Geschädigten zu Schutzgeldzahlungen zu bewegen.

Aber auch Strafverfolger wie Polizeibeamte, Staatsanwälte und Richter geraten immer mehr in das Visier der OK-Kriminellen. Für viele Polizeibeamte gehört die Bedrohung durch Straftäter in Richtung ihrer Person oder Familie seit Jahren zum Alltag. Doch die Art der Bedrohung und Einschüchterung ist eine andere geworden.

So wurde in Süddeutschland ein Kopfgeld auf einen verdeckt ermittelnden Polizeibeamten ausgesetzt. In Zeitungsanzeigen wurde versucht, über seinen Decknamen seine Identität zu lüften. Für Hinweise wurde eine enorme Summe ausgelobt.

Viele der Staatsanwälte und Richter in OK-Verfahren machen zum ersten Mal die Erfahrung, indem sie anonyme Drohungen erhalten, ihre Lebensgewohnheiten aus dem Umfeld der Täter ausspioniert werden oder sie sogar erfahren müssen, daß ein Mordauftrag gegen sie erteilt wurde.

Als eine Strafkammer des Bonner Landgerichts gegen zwei Mitglieder eines internationalen Drogenringes verhandelte, verhängte das Gericht eine Art Ausnahmezustand in Form der höchsten Sicherheitsstufe. Zuvor waren die Richter aus dem Umfeld der Täter bedroht worden. In dem Verfahren mußten sich zwei türkische Staatsangehörige wegen Rauschgifthandels mit 700 kg Heroin mit einem Marktwert von 21 Millionen Mark verantworten. Das Gericht nahm die Drohungen sehr ernst und rechtfertigte die strengen Sicherheitsmaßnahmen der Polizei mit der Fürsorgepflicht für alle Prozeßbeteiligten. Zuvor waren einige unbequeme Mitglieder der Drogen-Connection in der Türkei getötet worden. Der Haupttäter war bereits Ende der 80er Jahre in der Türkei wegen Drogenhandels zu einer lebenslänglichen Freiheitsstrafe verurteilt worden. Seitdem lebte er in Deutschland...

Welche Auswirkungen die Androhung von Repressalien und die Gewaltanwendung bei Zeugen nach sich ziehen, bekommen die Strafverfolgungsbehörden fast täglich zu spüren. Zuvor aussagebereite Zeugen sagen plötzlich nichts mehr, können sich an nichts mehr erinnern oder behaupten, die Geständ-

nisse sind von der Polizei erpreßt worden. Kosten-, zeit- und personalintensive Prozesse platzen, und OK-Kriminelle verlassen mit zynischem Lächeln die Gerichte.
Dem Insider drängt sich hier die Frage auf, wie lange sich deutsche Strafverfolger dieser steigenden Bedrohung an Leib und Leben noch stellen werden. Der Polizeibeamte kann in ein anderes Kommissariat wechseln, der Staatsanwalt in ein anderes Dezernat und der Strafrichter in die Zivilgerichtsbarkeit – und das alles bei gleicher Bezahlung und besseren Karriereaussichten. Denn, das sollte hier einmal klar gesagt werden, OK-Prozesse sind aufwendig, langwierig und provozieren Fehler. Sie fordern den Polizeibeamten, Staatsanwalt und Richter mehr als üblich, vor allem in dem längst überholten Antragsrecht der Angeklagten und Verteidiger. Während der sehr zeitraubenden Ermittlungen oder des langwierigen Prozesses geraten Familie und Freizeit ins Hintertreffen. Ganz zu schweigen von publicityträchtigen Konfliktverteidigern oder sensationslüsternen Journalisten der Bild- und Printmedien, die ersteren weil sie nicht müde werden, wider besseres Wissen die Strafverfolger der Rechtsbeugung zu bezichtigen, und die zweiten, weil sie nicht selten mit sensationell und tendenziös aufgemachten Berichten die Prozesse unnötig erschweren, Kriminelle als Justizopfer darstellen und damit negative Meinungsmache betreiben.

3. Alternative:
Einflußnahme auf Politik, Medien, öffentliche Verwaltung, Justiz oder Wirtschaft

Der Bereich der Einflußnahme auf bestimmte Personen und Institutionen ist ein wichtiges Werkzeug in den Händen der organisierten Kriminellen. Hier bieten sich ihnen Gelegenheiten im Sinne ihrer kriminellen Ziele, auf Entscheidungsprozesse in Politik, Wirtschaft, Justiz, Verwaltung, Medien und Strafverfolgung einzuwirken. Sogenannte »Geschäftsfreundschaften« in diesen Bereichen dienen der Schaffung und Erhaltung ihrer illegalen Machenschaften, der Risikominderung in ihren »Geschäftsbereichen« und nicht zuletzt der Sicherung und Steigerung ihrer kriminellen Gewinne.
Die Führungspersonen der OK sind bestrebt, innerhalb ihres Herrschaftsbereiches und auch in der Gesellschaft Anerkennung zu finden. Soziale Integration bietet nach außen hin die beste Gewähr, »Geschäfte« ungestört und – bei Bedarf – mit Unterstützung der so gewonnenen »Freunde« erfolgreich abzuwickeln. Zu diesem Zweck sucht der Kriminelle gesellschaftliche Anlässe oder schafft sie auch selbst, um weit vorausschauend Kontakte zu Personen des öffentlichen Lebens oder der Wirtschaft zu knüpfen. Ob und wie diese Beziehungen einmal für die illegalen Zwecke genutzt werden können, ob durch wie auch immer geartete Formen der Bestechung, der Erpressung oder sonstiger Beeinflussung der Betroffene zur Mithilfe »bewegt« wird, steht zunächst nicht im Vordergrund.
Unter Einflußnahme ist somit das Einwirken auf Entscheidungsprozesse in den genannten Bereichen zu verstehen. Diese kann sich in begünstigenden Handlungen oder Unterlassungen darstellen, die insgesamt im Interesse der Straftäter liegen. Der Eintritt solchen Erfolges ist jedoch nicht notwendig.
Zur Abgrenzung der verfassungsrechtlich erwünschten bzw. der legitimen Formen der Beeinflussung von Entscheidungsträgern ist es zusätzlich erforderlich, daß der verwerfliche Charakter der Einflußnahme entweder in den Mitteln oder den Zielsetzungen festgestellt wird.

Ein Beamter einer deutschen Botschaft wurde bestochen, damit Visa für mehrere Frauen ausgestellt wurden. Diese Frauen wurden später der Prostitution zugeführt.
In mehreren Fällen hat ein Beamter eines Straßenverkehrsamtes gegen Zahlung von jeweils 5 000 DM rechtswidrig Führerscheinklassen erweitert.
In einem Bordell verkehrte ein Polizeibeamter, der im Laufe der Zeit ein freundschaftliches Verhältnis zu dem Geschäftsführer entwickelte. Dieser Polizeibeamte hat Informationen aus dem polizeilichen Auskunftssystem in Form von Ausdrucken weitergegeben.

Der Haupttäter in einem Verfahren wegen Kfz-Verschiebung nach Polen und in die ehemalige Tschechoslowakei benötigte für einen seiner Mittäter, gegen den in anderer Sache vor einem Amtsgericht verhandelt wurde, ein Alibi. Ein polnischer Polizeibeamter bestätigte, daß der Angeklagte zur Tatzeit in Polen war. Der Angeklagte wurde freigesprochen. Neben einem Autoradio war für den polnischen Polizeibeamten ein zweiwöchiger kostenloser Urlaub in Deutschland vorgeplant.
Über einen Polizeibamten wurden in mehreren Fällen Kfz-Halterdaten beschafft. Aufgrund dieser Erkenntnisse konnten die Fahrzeuge gestohlen und umfrisiert werden.

Die türkischen Betreiber einer Fahrschule mit mehreren Filialen ermöglichten insbesondere Landsleuten mit sprachlichen Schwierigkeiten den Erwerb einer Fahrerlaubnis, ohne daß die erforderlichen Voraussetzungen vorlagen. Die Fahrschulbetreiber bestachen Prüfer des TÜV. Dafür »nahmen diese die Prüfung ab« und händigten die Urkunden aus. Die Prüfer erhielten dafür insgesamt zwischen 6 000 und

120 000 DM. Die Führerscheinbewerber mußten für die Fahrerlaubnis bis zu 5 000 DM zahlen. Diejenigen Bewerber, die ihren Zahlungsverpflichtungen nicht nachkamen, wurden nicht zur Prüfung zugelassen. Die Prüfer sahen es als normal an, »für einen reibungslosen Prüfungsverlauf« Geld- oder Sachzuwendungen zu erhalten.

Für die Strafverfolger bedeutet dies in der Praxis, daß der bekanntgewordene Sachverhalt hinsichtlich seiner OK-Merkmale zu überprüfen ist. Dabei müssen die generellen Merkmale in ihrer Gesamtheit erfüllt sein. Bei den speziellen Elementen reicht es, wenn eines davon bejaht werden kann.
Bei abgeschlossenen Verfahren dürften demnach in der Regel keine großen Probleme auftauchen. Ihre Zuordnung oder Ablehnung ist verhältnismäßig schnell zu bewältigen. In Arbeit befindliche Verfahren bedürfen einer genauen Überprüfung hinsichtlich ihrer generellen und speziellen Merkmale. Dabei sind die Auswertungsarbeit und die daraus resultierenden Ergebnisse hinsichtlich des Tat- und Täterbildes von großer Bedeutung. Erst das Zusammenführen dieser Informationen zeigt möglicherweise den OK-Hintergrund auf.
Bei der Untersuchung der speziellen Merkmale kann die Schwierigkeit auftauchen, daß diese bereits Tatbestandsmerkmale der strafbaren Handlung darstellen. Wird bei der Beurteilung der zu überprüfenden Straftatbestände die Nutzung geschäftsähnlicher Strukturen, zum Beispiel bei Wirtschaftsstraftaten, oder die Gewaltanwendung, zum Beispiel bei Raubstraftaten, festgestellt, so reichen diese tatbestandlichen Verhaltensweisen zunächst allein nicht aus, um auch die speziellen Merkmale für OK zu bejahen. Hier bedarf es einer gründlichen Prüfung, ob in diesem Zusammenhang weitere typische OK-Indikatoren – siehe weiter unten – gefunden werden können. Probleme können sich auch bei den Sachverhalten ergeben, bei denen deutliche Merkmale einer OK-Tat nicht zu erkennen sind.

So kamen bei einer Polizeibehörde mehrere Aufbrüche von Sparkassenbriefkästen zur Anzeige, die unterschiedlichen Sachbearbeitern zugeteilt wurden. Ein Tatzusammenhang wurde nicht erkannt, und somit erfolgte auch keine Zusammenführung. Sie wurden als dilettantische Sachbeschädigungen eingestuft und als ungeklärte Fälle an die Staatsanwaltschaft abgegeben. Erst nach Festnahme der Täter stellte sich heraus, daß die »Sachbeschädigungen« tatsächlich »Pilotaufbrüche« waren, die sehr wohl einen Zusammenhang hatten. Auf diese Weise wollte die fünfköpfige Tätergruppe, sie war Teil einer der größten organisierten Einbrecherverflechtungen in Deutschland, lediglich feststellen, ob sich ihr Aufwand lohnen würde. Ergaben die Begleitpapiere der eingeworfenen Geldbomben in den aufgebrochenen Briefkästen eine Summe unter 20 000 Mark, so ließen die Täter die Bank unbehelligt und suchten sich eine »bessere«...
Als aufgrund der Geständnisse der Täter in der betroffenen Polizeibehörde nach angezeigten versuchten Bankeinbrüchen nachgefragt wurde, meldete diese selbstverständlich Fehlanzeige. Unter dem Strich war die Tätergruppe auf diese Weise 80 lohnenswerte Objekte angegangen, ohne daß die Polizei auf diesen Straftatenkomplex und die damit zusammenhängenden »Sachbeschädigungen« aufmerksam geworden war. Die Beute dieser Tätergruppe betrug allein bei den Bankeinbrüchen über 800 000 Mark.

Gerade auf dem Diebstahlsektor gibt es eine Reihe von Delikten, die für sich allein – als Beschaffungstat – keine OK darstellen. Dennoch können diese Taten hinsichtlich ihrer Beuteverwertung einen gemeinsamen OK-Hintergrund haben. Hier wird es dann notwendig sein, zu dem bereits vorliegenden Sachverhalt weitere Auswertungstätigkeit zu betreiben. Die daraus resultierenden Daten und die zusätzlichen personenbezogenen Informationen müssen zu einem Gesamtbild zusammengefügt werden, das dann möglicherweise eine OK-Straftat zeigt.

Indikatoren für das Vorliegen Organisierter Kriminalität

Neben der Definition sind die sogenannten Indikatoren von Bedeutung, die Anzeichen für das Vorliegen Organisierter Kriminalität beinhalten. Zu unterscheiden sind zum einen generelle Indikatoren, die allgemein in Richtung Organisierter Kriminalität weisen, und zum anderen spezielle Indikatoren, die sich bei der Analyse eines bestimmten Deliktsbereiches ergeben.
Die Erscheinungsformen der OK sind vielgestaltig. Neben strukturierten, hierarchisch aufgebauten Organisationsformen finden sich, auf der Basis eines Systems persönlicher und geschäftlicher kriminell nutzbarer Verbindungen, Straftäterverflechtungen mit unterschiedlichem Bindungsgrad der Personen untereinander. Deren konkrete Ausformungen werden durch die jeweiligen kriminellen Interessen bestimmt. Häufig sind diese Organisationsformen noch zusätzlich durch ethnische Solidarität, Sprache, Sitten und

Gebräuche, soziale und familiäre Bindungen (z. B. Chinesen, Sizilianer, Türken/Kurden, Albaner) gestützt und abgeschottet.

Generelle Indikatoren

Tatvorbereitung/-planung

- präzise Planung und Vorbereitung von Straftaten
- Anpassung an Markterfordernisse durch Erhebung oder Beschaffung eines Bedarfs, Kalkulation, Ausnutzen von Marktlücken, Erkundungen von Bedürfnissen u. ä.
- Arbeit auf Bestellung
- hohe Investitionsmittel und -bereitschaft, z. B. durch Vorfinanzierung aus nicht erkennbaren Quellen

Tatausführung

- professionelle, präzise und qualifizierte Tatdurchführung
- Nutzung modernster Logistik, Verwendung verhältnismäßig teurer, unbekannter oder schwierig einzusetzender wissenschaftlicher Mittel und Erkenntnisse
- Tätigwerden von Spezialisten (auch aus dem Ausland)
- arbeitsteiliges Zusammenwirken (Rollenverteilung)

Beuteverwertung

- hochgradig profitorientiert
- genaue vorhergehende Planung der Beuteverwertung, Lagerung und Verteilung analog der Disposition eines modernen Wirtschaftsunternehmens (Vertriebsnetze)
- Netz von Hehlern für bestimmtes Stehlgut
- Rückfluß in den legalen Wirtschaftskreislauf
- Veräußerung im Rahmen eigener (legaler) Wirtschaftstätigkeiten
- Maßnahmen der Geldwäsche

Konspiratives Täterverhalten

- Gegenobservation
- Abschottung nach oben und unten
- Benutzung von Decknamen, von Künstlernamen im Bereich der Prostitution, widerrechtlicher Gebrauch von Dokumenten, Stempeln und Vordrucken
- Codierung in Sprache und Schrift
- Zulassung von Fahrzeugen auf Strohpersonen
- Benutzen von Telefonzellen, Handys oder anderer moderner Kommunikationsmittel

Täterverbindungen / Tatzusammenhänge

- überregional
- national
- international (z. B. Geschäfte bzw. Firmengeflechte)

Gruppenstruktur

- hierarchischer Aufbau
- ein nicht ohne weiteres erklärbares Abhängigkeits- und Autoritätsverhältnis zwischen Tatverdächtigen oder Gruppierungen
- internes Sanktionierungssystem und ängstliches Schweigen von Gruppenangehörigen

Hilfe für Gruppenmitglieder

- Hilfe und Unterstützung von Gruppenmitgliedern auf der Flucht
- Auswahl bestimmter Anwälte und Aufwendung größerer Barmittel zur Verteidigung
- Mitführen von vorbereiteten Vertretungsvollmachten für Rechtsanwälte
- Sammeln von Geldern, hohe Kautionsangebote
- Betreuung in der Haft

- Versorgung der Angehörigen während der Haftzeit
- nach Haftentlassung Wiederaufnahme in die Gruppe
- Bedrohung und Einschüchterung von Prozeßbeteiligten
- Unauffindbarkeit von zuvor verfügbaren und aussagebereiten Zeugen
- typisches ängstliches Schweigen von unbeteiligten Zeugen
- auffällig übereinstimmende Aussagen von Zeugen aus dem Milieu
- Auftreten von (immer wieder »gekauften«) Entlastungszeugen
- Betreuung in der Untersuchungshaft/Strafhaft

Korrumpierung

- gute Verbindungen zu Ämtern, Polizeidienststellen, Banken und Personen des öffentlichen Lebens
- Einbeziehung von potentiell korrumpierbaren, für die Täter nützlichen Personen in das eigene soziale Umfeld bzw. luxuriöse Ambiente
- Herbeiführen von Abhängigkeiten (z. B. durch Sex, verbotenes Glücksspiel, Zins- und Kreditwucher)
- Zahlung von Bestechungsgeldern, Bezahlung von Urlaubsreisen, Überlassung von Ferienwohnungen, Luxusfahrzeugen bzw. anderen Wirtschaftsgütern
- modernes Sponsoring zum Knüpfen von Kontakten (z. B. im Kultur- und Sportbereich)

Monopolisierungsbestrebungen

- »Übernahme« von Geschäftsbetrieben und Teilhaberschaften
- Führung von Geschäftsbetrieben durch Strohleute
- Kontrolle bestimmter Geschäftszweige (Bars, Gaststätten, Casinos, Bordelle)
- »Schutzgewährung« gegen Entgelt (Schutzgelderpressung)

Verschleierung der Gewinne durch Geldwäsche

- Einschleusung illegaler Bargeldbeträge in den regulären Bargeldkreislauf
- Umwandlung mit Hilfe von Verschleierungstaktiken durch eine komplexe Aufeinanderfolge von Transaktionen
- Wiedereinleitung der illegalen Gewinne unter einem angeblich rechtmäßigen Aspekt (Integration), dabei
- Eröffnung einer Vielzahl von Konten im In- und Ausland
- Ausnutzen vereinfachter Kontoeröffnungsbedingungen im Ausland
- Transport und Einzahlung hoher Bargeldsummen
- Akzeptanz auch schlechter Bankkonditionen
- Diskrepanz zwischen offiziellem Geschäft und tatsächlichen finanziellen Möglichkeiten

Öffentlichkeitsarbeit

- gesteuerte, tendenziöse oder von einem bestimmten Tatverdacht ablenkende Medienveröffentlichungen (Print- und Bildmedien)
- Berichte über Mäzenatentum (Robin-Hood-Effekt) in unterschiedlichen sozialen, kulturellen oder sportlichen Bereichen, modernes Sponsoring
- Kontaktpflege mit Personen des öffentlichen Lebens (Politik, Wirtschaft, Kultur, Kunst, Film und Sport), Einladungen an Persönlichkeiten des öffentlichen Lebens (Geschäftseröffnungen, Geburtstage, Partys, Sportveranstaltungen, vor allem im Boxbereich)

Spezielle Indikatoren

Die speziellen Indikatoren sind in den einzelnen OK-verdächtigen Bereichen auszumachen und lassen in ihrer Addition das Vorliegen Organisierter Kriminalität erkennen. Zu verdeutlichen ist es beispielhaft an der Rotlichtkriminalität:

- ein langsames, dann schnelleres Ansteigen von Hinweisen auf Sachbeschädigungen, Nötigungen, die dann plötzlich für eine Region, für eine Straße, für einen Betrieb ausbleiben
- auffällige Häufung von Milieumerkmalen, auch von landsmannschaftlichen Zugehörigkeiten, nationalen Bindungen sowie Gruppenzugehörigkeit beim Personal der Nachtbetriebe
- Wechsel im Personalbestand von stadtbekannten Kriminellen zu verhältnismäßig unbekannten ortsfremden Personen
- Häufung von Bränden in Amüsierbetrieben, insbesondere kurz nach der Übernahme

- kurzfristige Schließung von Nachtlokalen
- schnelle Dirnenrotation
- schnelles Auswechseln von Personal, nachdem sie polizeiauffällig geworden sind

Kriminalitätsbereiche

In Deutschland wurde vor einigen Jahren für die Darstellung von Lagebildern von der polizeilichen Kommission »Organisierte Kriminalität« die folgende Liste der OK-relevanten Kriminalitätsbereiche erstellt:

Rauschgifthandel und -schmuggel
Waffenhandel und -schmuggel
Kriminalität im Zusammenhang mit dem Wirtschaftsleben

- Betrug
- Beteiligungs- und Kapitalanlagebetrug
- Geldkreditbetrug
- Betrug z. N. von Versicherungen
- Delikte in Verbindung mit illegaler Arbeitnehmerüberlassung

Fälschungskriminalität

- Herstellen von Falschgeld
- Inverkehrbringen von Falschgeld
- Fälschung von unbaren Zahlungsmitteln
- Urkundenfälschung

Eigentumskriminalität

- Diebstahl in/aus Wohnungen und Geschäftsräumen mit zentraler Beuteverwertung
- Diebstahl/Unterschlagung
  - von Kraftfahrzeugen
  - unbaren Zahlungsmitteln
  - amtlichen Ausweisen/Dokumenten
  - Antiquitäten/Kunstgegenständen
  - Ladungen (LKW-, Schiffs- und Containerladungen)

Kriminalität im Zusammenhang mit dem Nachtleben

- Förderung der Prostitution
- Menschenhandel
- illegales Glücks- und Falschspiel

Gewaltkriminalität

- Straftaten gegen die persönliche Freiheit
- Erpressung
- Schutzgelderpressung
- Raub
- Straftaten gegen das Leben

Schleuserkriminalität

- Einschleppen und Einschleusen
- gewerbsmäßiges und bandenmäßiges Einschleusen

Umweltkriminalität

- illegale Entsorgung von Abfall
- unerlaubter Umgang mit Kernbrennstoffen

Sonstige Kriminalitätsbereiche

- Schmuggel zollpflichtiger Waren (vor allem Zigaretten- und Alkoholschmuggel)
- Geldwäsche

Bedrohungspotentiale durch die Euro-OK

Die wirtschaftlichen wie gesellschaftspolitischen Bedrohungspotentiale der Euro-OK lassen sich wie folgt kennzeichnen:

- Infiltration der legalen Wirtschaft
- Korruption in der Wirtschaft
- Folgekriminalität
- Verlust traditioneller Werte
- Beeinträchtigung des politischen Handlungsspielraumes
- Gefährdung des Wirtschafts- und Sozialsystems

Um die oben angesprochene Bedrohung richtig einzuschätzen, ist es notwendig, das Finanzvolumen der Welt- und Euro-OK im Bereich der Umsätze und Gewinne näher zu beleuchten.

Weltweites Finanzvolumen

Auch wenn es sich bei dem internationalen Finanzvolumen der Welt- und Euro-OK naturgemäß immer nur um Schätzungen handeln kann, so sind diese von Experten aufgrund von vielfältigem Material mit abgesicherten Rechenmethoden so objektiv wie möglich vorgenommen worden und besitzen daher einen hohen Aussagewert.
Der Bundesnachrichtendienst (BND) hatte das weltweite illegale Finanzvolumen im Jahr 1996 vorsichtig auf ca. 500 Mrd. US-$ geschätzt. Nach seinen Angaben entfiel genau die Hälfte davon auf den internationalen Rauschgifthandel. Diebstahl/Hehlerei und Schmuggel wurden mit jeweils 40 Mrd. US-$ angesetzt. Die Bereiche Nachtleben/Prostitution und der Waffenhandel schlugen mit je 30 Mrd. US-$ zu Buche. Glücksspiel, Erpressung und andere Quellen brachten laut BND den OK-Gruppierungen 75 Mrd. US-$.
Die Minister-Konferenz der Vereinten Nationen (UN) zum Organisierten Verbrechen im November 1994 in Neapel hatte den Jahresumsatz sogar mit 750 Mrd. US-$ veranschlagt.
In einem Bericht der UN aus dem Jahre 1997 gab es noch einmal eine Steigerung. Darin wurde allein der weltweite Umsatz im Drogenhandel auf 400 Mrd. Dollar (über 800 Mrd. Mark) jährlich beziffert. Nach Angaben der Drogenkontrollkommission entspricht dies rund acht Prozent des gesamten Weltexports. Danach ist der Drogenhandel vom Umsatz her bedeutender als die Weltausfuhr von Eisen und Stahl oder als der Autoexport. Vergleichbar ist nur der weltweite Textilhandel.
Es ist davon auszugehen, daß diese unglaublichen Summen der Realität entsprechen, zumal sie durch Großsicherstellungen im internationalen Rauschgifthandel immer wieder bestätigt werden.

1999 hatten die USA und mehrere südamerikanische Länder in einer gemeinsamen Aktion eines der größten Drogenkartelle in Lateinamerika zerschlagen. 31 Personen wurden wegen Drogenhandels und Geldwäsche im großen Stil festgenommen. Dem Drogenring wurde vorgeworfen, monatlich 30 Tonnen Kokain im Wert von 5 Mrd. Dollar (10 Mrd. Mark) monatlich in die USA und nach Europa geschmuggelt zu haben.

Ende 2000 stellte die pakistanische Polizei in Karachi fast 1 Tonne Heroin im Wert von 220 Millionen Mark sicher. Die 949 kg stammten aus dem benachbarten Afghanistan.
Zum gleichen Zeitpunkt holten amerikanische Fahnder zu einem großen Schlag gegen die kolumbianische Drogenmafia aus. Mit Hilfe von Fahndern aus zwölf Ländern zerschlugen sie den international agierenden Drogenring. Sie beschlagnahmten Kokain mit einem Marktwert von 1 Mrd. Dollar (2,15 Mrd. Mark).

Die US-Küstenwache beschlagnahmte Mitte 2001 knapp 12 Tonnen Kokain im Wert von 844 Millionen Dollar. Das vermeintliche Fischerboot fiel einem US-Küstenflugzeug der Zollbehörde auf, weil die Ausrüstung unbrauchbar und kein Fang an Bord war. Zehn russische und ukrainische Besatzungsmitglieder wurden festgenommen. Das Rauschgift war professionell in Zwischenböden und hinter verdeckten Abdeckungen eingearbeitet worden.

Illegaler Jahresumsatz der OK in Europa

Auch das seriöse italienische Wirtschaftsmagazin »Il Monde« veröffentliche Schätzungen über den illegalen Jahresumsatz der OK und der Anteile der weltweiten Syndikate in Europa. Den illegalen Jahresumsatz setzte das Magazin auf 350 Mrd. US-$ an. Davon entfielen 124 Mrd. auf den Rauschgifthandel,

103 Mrd. auf die Wirtschaftskriminalität, 70 Mrd. auf den Menschenhandel, weitere 53 Mrd. auf Schutzgeld, Waffenschmuggel, Schleusung und andere Bereiche.

Anteile der OK-Gruppen am Jahresumsatz in Europa

Bei den Anteilen am Jahresumsatz entfielen 201 Mrd. US-$ auf russische OK-Gruppierungen, 64 Mrd. auf die italienischen Clans, die türkischen Kartelle folgten mit 34 Mrd., den Rest mit 42 Mrd. teilten sich Triaden, südamerikanische Kartelle, nigerianische und albanische Familien-Clans.

Beteiligungen und Umsätze der italienischen Mafia

Neueste Zahlen über die italienischen mafiosen Gruppierungen lieferten 1995 die italienische Handelskammer und im Jahre 2000 der italienische Unternehmensverband sowie das Innenministerium.

Nach Angaben eines Vertreters der italienischen Handelskammer kontrollierte die Mafia bereits im Jahre 1995 20 Prozent der Reisebüros und Einzelhandelsgeschäfte, 70 Prozent der Zementindustrie, 24 Prozent der Bauunternehmen und 70 Prozent der Falschgeldproduktion. Nach Erhebungen der Handelskammer hatte die Mafia 1995 800 Mrd. Mark zu verwalten und zu investieren. Immer weiter unterwandere die Mafia die legale Wirtschaft in Italien und Europa. Der Verband wies auf das Risiko hin, daß eine große Zahl von kleineren Handelsunternehmen in das Netz der Organisierten Kriminalität geraten könnte, weil sie dem Zugriff mafioser Unternehmen nicht gewachsen seien. Als warnendes Beispiel nannten sie den Kreditwucher. Die Kredite würden gezielt genutzt, um die Unternehmen übernehmen zu können. Könnten die Unternehmer den gewährten Kredit mit den Wucherzinsen nicht mehr zurückzahlen, so fordere man eine gewisse Beteiligung oder zwinge den Unternehmer zur Aufgabe. In 1994 habe der Schaden beim Kreditwucher um 20 Mrd. DM zugenommen. Der Mafia seien dabei etwa 12 000 Betriebe, 15 000 Einzelhandelsgeschäfte und 6 000 Hotels, Bars und Gaststätten in die Hände gefallen. Selbst ins Bankengeschäft seien sie bereits eingestiegen. Nach dem Kauf einer Bank in Italien hätten sie sich über einen Strohmann um eine Bank in Belgrad bemüht. Weiter wies die Kammer in ihrem Bericht darauf hin, daß nach ihren Erkenntnissen Mafia-Gruppen logistische Basen in Deutschland und Osteuropa besäßen.
Der italienische Unternehmensverband bestätigte die 1995-Erhebung Ende 2000 und nannte als Tätigkeitsbereiche der italienischen Mafia Autowerkstätten, landwirtschaftliche Betriebe, Supermarktketten, Banken, Müllabfuhr und den Zigarettenverkauf. Der italienische Innenminister bezeichnete diese Fakten als eine enorme mafiose Infiltration. Nach vorsichtigen Berechnungen des Innenministeriums, der Anti-Mafia-Behörde (DIA) und der parlamentarischen Anti-Mafia-Kommission seien 1999 etwa 300 Mrd. Mark von der Mafia umgesetzt worden: das sind nahezu 15 Prozent des italienischen Bruttosozialpro-

Nach Berechnung des Innenministeriums, der parlamentarischen Anti-Mafia-Kommission und der Anti-Mafia-Behörde (DIA) in Rom setzte die italienische Mafia etwa 300 Milliarden Mark um.

Das Tessin hat als Geldwäschekanton einen zweifelhaften Ruhm erlangt. Zur Zeit sitzt der ranghöchste Richter in Untersuchungshaft. Er soll mit der italienischen Zigarettenmafia zusammengearbeitet haben. Im Bild der italienisch-schweizerische Grenzübergang Chiasso an der E 35 Mailand–Lugano. Hier gehen die Gelder der italienischen Mafia Richtung Schweiz.

dukts. Die 25 wichtigsten Clans verdienen mit dem Menschenhandel aus Kurdistan, Albanien und Nordafrika circa 15 Mrd. Mark, mit Hehlerei 45 Mrd., mit der Prostitution 40 Mrd., mit dem Glücksspiel 35 Mrd., mit der Produktpiraterie 35 Mrd., mit dem Waffenhandel 10 Mrd. und mit der illegalen Müllentsorgung nochmals ca. 6 Mrd. Mark pro Jahr. Weitere Geschäfte kommen hinzu.
Nach Auffassung des italienischen Unternehmensverbandes ist die Mafia mit diesen Verdienstspannen eng in der italienischen Wirtschaft verwurzelt. So wandern von den enormen Gewinnen 25 Mrd. in den Immobiliensektor und noch einmal 25 an die Börse, 15 gehen in die Import- und Exportgeschäfte, 7 fließen in die Bauwirtschaft und 5 Mrd. in den Sektor Kliniken und Altenheime.

Kern- und Zielgebiete der internationalen Organisierten Kriminalität

Die Kerngebiete der internationalen OK liegen schwerpunktmäßig in den USA, in Kolumbien, Nigeria, Italien, GUS/Baltikum, Japan, China, Mittel- und Osteuropa. Von dort aus ziehen die Hintermänner die Fäden mit Hilfe von Residenten, deren Handlangern und korrupten Helfern in den einzelnen Zielstaaten vor allem Westeuropas. So zählt die OK wie in anderen Weltregionen zwischenzeitlich auch in West-, Mittel- und Osteuropa zu den Kernherausforderungen der inneren Sicherheit. Im Zuge des freien Waren-, Dienstleistungs-, Personen- und Zahlungsverkehrs im europäischen Binnenmarkt, der fortschreitenden Demokratisierung Mittel- und Osteuropas sowie der wachsenden Globalisierung der Wirtschaftsmärkte ist Europa auch in kriminalgeographischer Hinsicht ein zunehmend vernetzter Großraum geworden, der weit über das gegenwärtige Gebiet der Europäischen Union hinausreicht und damit auch für die weltweit agierenden OK-Gruppierungen immer lukrativer wird.

Drei-Säulen-Strukturmodell der Euro-OK

In struktureller Hinsicht sind in Europa drei große Säulen der Euro-OK zu beobachten und zu unterscheiden. Die erste bilden die traditionellen, weltweiten kriminellen Syndikate aus Amerika, Japan, China und Italien. Sie haben teilweise den Status und die Qualität einer Parallelgesellschaft im Sinne eines Staates im Staat erreicht. Seit Jahren sind diese kriminellen Gruppierungen dabei, ihre Brückenköpfe in dem neuen Europa auszubauen. Das gilt vor allem für die südamerikanischen Rauschgiftkartelle.
Die zweite Säule bilden westeuropäische, einheimische Täter, die vor allem in der Eigentums-, Nachtleben- und Wirtschaftskriminalität grenzüberschreitend agieren. Dazu stoßen seit Jahren weitere kriminelle Organisationen, die unter den Illegalen, Asylbewerbern und Kriegsflüchtlingen ihre Residenten finden. Dazu zählen türkisch-kurdische Clans im internationalen Rauschgifthandel, syrisch-kurdische Organisationen im Schleusungsbereich, vietnamesische Gangs auf dem Gebiet des Zigarettenschmuggels bzw. der Schutzgelderpressung und nigerianische Kriminelle in der Wirtschafts- und Rauschgiftkriminalität und im Rotlicht-Bereich. Ihre Aktionsräume sind die westeuropäischen Großstädte und Ballungsräume, vermehrt auch der Raum Osteuropas.
Die dritte Säule der Euro-OK bilden nach Wegfall des Eisernen Vorhangs diverse neue kriminelle Organisationen aus Mittel- und Osteuropa. Dazu zählen z. B. Gruppen aus Polen, aus der alten Sowjetunion, aus dem ehemaligen Jugoslawien, aus Rumänien oder Tschechien. Ihre Aktionsbereiche liegen hauptsächlich in der Wirtschaftskriminalität, im illegalen Technologietransfer, auf dem Einbruchssektor, in der internationalen Kraftfahrzeugverschiebung, in der Schleusertätigkeit, im Menschenhandel und im Rauschgifthandel.
Das gemeinsame OK-Lagebild 2000 der Justiz und Polizei in Nordrhein-Westfalen lieferte prägnante Beispiele für die Existenz und die Bandbreite der Euro-OK. Viele der oben beschriebenen OK-Merkmale bzw. Indikatoren waren bei den ermittelten kriminellen Gruppierungen erfüllt:

Organisierter PKW-Diebstahl

Eine vorwiegend litauische Gruppierung entwendete in Nordrhein-Westfalen hochwertige PKW der Marken BMW und Audi und verschob sie nach Osteuropa. Die aufgrund der kriminellen Geschäfte bestehenden Verbindungen dienten nicht nur der Verschiebung der gestohlenen Fahrzeuge, sondern wurden auch zur Abwicklung legaler Gechäfte genutzt. Die gestohlenen Fahrzeuge wurden zunächst in Großgaragen gesammelt, dort an den Identifizierungsmerkmalen verändert und anschließend zu einem zentralen Sammelplatz in eine andere Stadt gebracht. Von dort aus erfolgte die Ausfuhr zusammen mit legalen Fahrzeugen nach Litauen. Die Empfänger erhielten ihre Fahrzeuge auf dem Automarkt in einer litauischen Stadt.
Die seit mehreren Jahren bestehende kriminelle Organisation war hierarchisch aufgebaut, intern abgeschottet und arbeitsteilig strukturiert. So kümmerte sich ein Teil der Gruppe um die Herstellung ge-

Nach wochenlangen Ermittlungen ist die Polizei auf die »Schrauberwerkstatt« gestoßen. Polizeibeamte entdeckten bei der Durchsuchung über 40 gestohlene Fahrzeuge. Hier wurden die Fahrzeuge verändert bzw. ihre Identifizierungsdaten »umfrisiert«.

Die litauische Gruppierung organisierte die Ausfuhr der gestohlenen Fahrzeuge mit legalen Autotransporten nach Litauen.

In Deutschland gestohlene Fahrzeuge wurden in Wilna (Litauen) beschlagnahmt. Hier warten sie auf einem polizeilichen Abstellplatz auf ihren Rücktransport.

fälschter Papiere, Versicherungsnachweise und vorwiegend litauischer Personalpapiere. Ein anderer bereitete Fahrzeugschlösser bereits aufgebrochener Fahrzeuge auf und sorgte für den Rücktransport nach Deutschland und die Weiterverwertung in noch zu stehlenden Fahrzeugen. Weitere Mitglieder der Gruppe waren nur für die Diebstähle in Nordrhein-Westfalen zuständig und zogen sich nach getaner Arbeit sofort nach Litauen zurück.

Die festgenommenen litauischen Täter verweigerten grundsätzlich die Aussage und machten auch keine Angaben zu ihren Hintermännern. Als Gründe nannten sie Angst um ihre eigene bzw. die Sicherheit ihrer Angehörigen.

Garantieschleusungen

Im Juli 2000 strandeten zahlreiche Frachtschiffe mit Flüchtlingen vor der italienischen Küste oder wurden dort von der Küstenwache aufgebracht. Für eine größere Zahl der über 400 Flüchtlinge an Bord des Frachters »Sam«, der im Juli 2000 in Süditalien auf Grund lief, zeichnete eine syrisch-deutsche kriminelle Vereinigung verantwortlich. Die Gruppierung war mehrere Jahre aktiv und betrieb im großen Stil internationale Schleusungen von überwiegend syrischen Kurden. Insgesamt dürften mehrere hundert Personen geschleust worden sein. Die Dunkelziffer ist allerdings hoch. Die Gruppe formierte sich um eine aus Syrien stammende Familie. Alle Mitglieder waren kurdischer Volkszugehörigkeit. Die Schleusungen erfolgten zunächst auf dem Seeweg nach Italien und von dort aus per Lkw oder Bahn weiter nach Deutschland. Syrische Kontaktleute stellten Kontingente von Ausreisewilligen zusammen und charterten Schiffe, um die Schleusungswilligen vom Libanon oder Syrien aus zunächst nach Italien zu bringen.

Da die Flüchtlinge nach ihrer Ankunft und Registrierung in Italien eine Aufenthaltsgenehmigung ohne räumliche Beschränkung erhielten, konnten sie sich ohne weiteres und vollkommen legal in die norditalienische Region Turin begeben. Von dort aus wurde der Weitertransport nach Deutschland organisiert. Strohleute mieteten zu diesem Zweck bei verschiedenen Mietstationen Klein-LKW und Wohnmobile an, auf deren Ladeflächen dann bis zu 40 Flüchtlinge geschleust wurden. Vermutlich aufgrund vermehrter Aufgriffe von Flüchtlingstransporten in Süddeutschland wichen die Schleuser von der zunächst gewählten Brenner-Route auf Routen über Frankreich und Belgien aus und nutzten auch die Bahnverbindung Paris–Köln.

Die Fahrer der Schleusungsfahrzeuge wurden telefonisch in ihr Zielgebiet dirigiert. Gleichzeitig informierte man die dort lebenden Verwandten der Geschleusten, ihre Angehörigen sofort bei der Ankunft abzuholen.
Die Gruppe war hierarchisch gegliedert. Die Aufgabenbereiche waren klar getrennt. Die Zentrale der Organisation befand sich in Syrien. In Deutschland waren verschiedene regionale Gruppen in räumlich aufgeteilten Gebieten tätig. Die syrische Gruppe zeichnete für den Schiffstransport nach Italien verantwortlich, die deutschen Residenten organisierten die weiteren Schleusungen ab Italien. Die deutsche Gruppe gliederte sich in Organisator, Fahrzeuganmieter, Fahrer und Geldeintreiber.
Interessenten für eine Schleusung meldeten sich bei der Organisation in Syrien oder Deutschland. Die eigentlichen Schleusungen machten nur rangniedrige Gruppenmitglieder oder speziell angeheuerte Täter, die außerhalb der Gruppe standen. Für die vereinbarten 10 000 Mark pro Person führte die Organisation sogenannte Garantieschleusungen durch. Das bedeutete, daß bei Störungen der Transporte in Form von Kontrollen und Festnahmen der Grenzübertritt so oft wiederholt wurde, bis der Geschleuste erfolgreich sein Zielgebiet erreicht hatte.
Es ergaben sich Hinweise darauf, daß die Organisation in Syrien öffentliche Stellen bzw. Beamte korrumpierte, um Pässe für die Schleusungswilligen zu bekommen und mit diesen Dokumenten deren Ausreise zu ermöglichen. Der Geldtransfer nach Syrien erfolgte durch Bargeldkuriere, teilweise auch durch den weltweiten problemlosen und weitgehend anonymen Service der Western Union Money Transfer bzw. deren deutschen Partner, der Postbank.
Das durch die Straftaten erlangte illegale Vermögen der Gruppierung beläuft sich auf etwa 3 Millionen Mark. Vermögensabschöpfende Maßnahmen gegen zwei Täter in Höhe von 460 000 DM wurden zwar erlassen, konnten jedoch nicht umgesetzt werden, da keine entsprechenden Vermögenswerte in Deutschland greifbar waren.

Rauschgift und Menschenhandel

Seit mehreren Jahren war eine zehnköpfige türkische Tätergruppe im Bereich Zuhälterei und gewerbsmäßigen Handels mit Kokain und anderen Rauschgiften tätig. Es handelte sich um eine ethnische geschlossene Gruppierung mit hierarchischer Struktur und restriktiver Abschottung, nach innen und außen klarer Arbeitsteilung mit geschäftsähnlichen Mustern. Die Prostituierten wurden zunächst nach Deutschland oder in die Niederlande gebracht und mußten dort in offiziellen Bordellbetrieben arbeiten. Nach einer Einarbeitungszeit brachte die Gruppe sie zwangsweise in Bordelle ins Ruhrgebiet. Die Einnahmen der Prostituierten wurden regelmäßig abkassiert. Fehlendes Geld führte zu Bestrafungen und Schlägen. In einem Fall übernahm die Gruppe gewaltsam einen inoffiziellen Bordellbetrieb. Die Betreiberin wurde gezwungen, 50 % ihrer Einnahmen an die Gruppe abzuführen. Dafür wurde ihr Betrieb »geschützt« und mit Prostituierten versorgt. Eine weitere Übernahme wurde mit der Drohung bekräftigt, die Tochter des bisherigen Betreibers ebenfalls zur Prostitution zu zwingen.
Weiterhin besteht der Verdacht, daß die Gruppe vermutlich größere Mengen Kokain aus den Niederlanden einschmuggelte, wo sie verwandtschaftliche Kontakte zu einer türkischen Tätergruppe aus Den Haag hat, gegen die in den Niederlanden bereits wegen Drogen- und Waffenschmuggels ermittelt wurde.
Die hohe Gewaltbereitschaft der Organisation richtete sich nicht nur gegen die regelmäßig zur Prostitution gezwungenen Prostituierten, sondern auch gegen Bordellbetreiber und Gruppenmitglieder, die sich nicht gruppenkonform verhielten, und Personen, die die Gruppe von außen bedrohten.
Nach der Festnahme von zwei Gruppenmitgliedern machten zwei Mittäter den Anzeigenerstatter ausfindig. In der Folge mußten die Festgenommenen auf freien Fuß gesetzt werden, weil die Anzeige kurz vor der richterlichen Vorführung zurückgenommen wurde. Die Gruppe legte ihren Gewinn in Höhe von etwa 1 Million DM größtenteils in Immobilien in der Türkei an.

Zunehmende Ausweitung, Internationalisierung und Globalisierung der OK-Netzwerke

Seit Jahren dehnen kriminelle Organisationen ihre traditionellen Aktionsräume aus und dringen in europäische illegale Märkte ein. Internationale Ermittlungsverfahren decken mannigfaltige Verflechtungen, geschickt getarnte kriminelle Geschäftszweige oder das generalstabsmäßige Unterwandern von Finanz- und Wirtschaftsmärkten auf.

So wurde in Nordrhein-Westfalen gegen eine internationale Tätergruppe aus Deutschen, Polen, Niederländern und Kroaten ermittelt, die sich seit Jahren auf Hehlerei und Zigarettenschmuggel im großen

Stil spezialisiert hatte. An der Spitze standen fünf Haupttäter, die teils miteinander, teils auch selbständig die kriminellen Geschäfte abwickelten. Ihr Haupttätigkeitsfeld lag in Großhehlereien von wertvollen LKW-Ladungen und dem Einfuhrschmuggel von Zigaretten aus Polen, Ungarn und Kroatien. Einer der Hauptakteure führte zur Tarnung eine Import- und Exportfirma.
Die in Polen ansässigen Lieferanten der Zigaretten gründeten in Großbritannien ebenfalls Import- und Exportfirmen, welche für die Lieferungen, teilweise als Transit durch Deutschland deklariert, verantwortlich waren. Der Zigarettenschmuggel aus Polen lief zum großen Teil als legale Fracht getarnt über polnische Speditionen. Die eingesetzten Fahrer hatten aufgrund der guten Verdienstmöglichkeiten frühere legale Arbeitsstellen aufgegeben und verdienten ihren Lebensunterhalt nur noch mit Schmuggelfahrten.
Die Fahrten gingen ganz gezielt zu vorher bestimmten Abnehmern bzw. Lagerhallen. Die erforderlichen Logistikarbeiten, wie Transport- und Lagermöglichkeiten, wurden von der Gesamtorganisation geschaffen, gemeinsam genutzt oder bei Bedarf gegenseitig zur Verfügung gestellt. Auch die anfallenden Kosten wie Miete und Lohn wurden aufgeteilt.

Eine von Schmugglern angemietete Lagerhalle. Die Zigarettenkartons waren in Holzpaletten eingearbeitet. Im Hintergrund die teilgeöffneten Paletten, im Vordergrund der Stapel der bereits entnommenen Zigarettenkartons.

Im Rahmen der Großhehlereien legten die Hintermänner professionelles Vorgehen an den Tag, indem sie Absatzmöglichkeiten und angemessene Kaufpreise diskutierten und festlegten. Wenn die Vorräte verbraucht waren und von einer der Gruppen nicht geliefert werden konnte, half man sich gegenseitig aus. Die illegalen Gewinne wurden ebenso wie die Verluste gemeinsam getragen. Für erforderliche Repressionsmaßnahmen bediente man sich berufsmäßiger Schläger. Als einer der Haupttäter bei einem geplanten Deal Opfer eines Betruges wurde, heuerte die Organisation über das Hamburger Rotlichtmilieu einen Russen an, der für die Wiederbeschaffung des Geldes in Polen zu sorgen hatte.
Einer der Haupttäter pflegte Kontakte zu einem Mobilfunknetzbetreiber sowie zu Festnetzbetreibern und erfuhr somit von Fernmeldeüberwachungsmaßnahmen gegen seine Person. Die Transporteure bestachen an mehreren Grenzübergängen Zollbeamte, so daß sie die Schmuggelfahrten ganz gezielt in deren Dienstzeiten legten.
In der operativen Phase konnte hochwertiges Werkzeug in Höhe von 600 000 Mark sichergestellt werden, das aus einem Ladungsdiebstahl in den Niederlanden mit einem Gesamtschaden von 1,2 Millionen Mark stammte. In Polen, Slowenien und Deutschland wurden 40 000 Stangen Zigaretten beschlagnahmt, die für den deutschen Markt bestimmt waren. Der durch die Organisation verursachte Schaden belief sich auf 2,8 Mio. Mark.

Die so erwirtschafteten illegalen Gewinne in bestimmten Deliktsbereichen ermöglichen es den Hintermännern, ihre Tätigkeitsfelder von der nationalen Ebene auf internationale Regionen auszudehnen. Diese Investitionen führen zu noch größeren Gewinnen und zum Einstieg in legale Geschäfte. Dabei verschließen sich in der Regel Herkunft, Umfang und Verbleib der im hohen Maße illegal erworbenen Gelder den Augen der Strafverfolgungsbehörden, die im Gegensatz zum Organisierten Verbrechen noch nicht in einem globalen Netzwerk arbeiten.

Strategien, kriminelle Machenschaften und heimliche Unterwanderung durch die Euro-OK

Die Hintermänner der Euro-OK sind bemüht, ihre Strategien und Taktiken fortlaufend zu verbessern. Mit nach außen legalen Geschäften oder geschäftsähnlichen Strukturen und mit Hilfe modernster Informations- und Kommunikationstechniken verschleiern die Drahtzieher des Organisierten Verbrechens ihre kriminellen Aktivitäten.
Um die Drahtzieher der OK schart sich ein riesiges kriminelles Proletariat, das für Geld alles tut, was von ihm verlangt wird. So werden Konkurrenten bedroht und erpreßt, ihre Geschäfte oder Lokale zertrümmert oder in Brand gesetzt, sie selbst zusammengeschlagen oder sogar ermordet. Ähnliches geschieht mit Zeugen. Sie werden eingeschüchtert, mit Repressalien bedroht oder mit brutalen Körperverletzungen zu Falschaussagen oder zur Rücknahme ihrer Aussagen gezwungen. Finanztransaktionen von illegalen Geldern in Form von Geldwäsche über sogenannte Verwaltungsgesellschaften mit ihren zahlreichen Restaurants, Gaststätten, Bars, Bistros, Spielcasinos, Saunaclubs, Immobilienfirmen und damit hervorragenden Verbindungen zu Politikern, Amts- und Mandatsträgern und einer gewissen »Schickeria« stärken ihre Machtpositionen. Vergünstigungen, kleine Aufmerksamkeiten oder direkte Zuwendungen eröffnen weitere Bekanntschaften und »Geschäftsverbindungen«.
So wird der im Hintergrund wirkende Kriminelle zum Organisator und Manager und damit langsam, aber sicher zum »honorigen« Geschäftspartner. Geschickt nutzt er die Blauäugigkeit der neuen Geschäftsfreunde aus, beteiligt sie an seinen Geschäften und »bedient« sich ihrer Beziehungen. Kaum merkbar verwickelt er sie in seine dunklen Machenschaften, macht sie zu Mitwissern, damit erpreßbar und von sich abhängig.
Erkenntnisse zu Rotlicht-Strukturen, zu riesigen Gewinnspannen, zu kriminellen Machenschaften und den Gefahren einer heimlichen Unterwanderung von Politik und Wirtschaft brachten die Ermittlungen einer 30köpfigen Kommission in Deutschland:

Bei den Recherchen zum Finanzgeflecht einer Rotlicht-Größe, eines sogenannten Kiez-Königs, hatte die Kommission allein 18 000 EDV-Bildschirme für seine Geldbewegungen einzurichten. Die Finanztransaktionen erfolgten auf weit über 200 Bankkonten, wovon 27 auf Namen von Strohleuten liefen. Seine Immobilien bestanden aus 82 Eigentumswohnungen, 23 mehrgeschossigen Wohn- und Gewerbeobjekten, 1 Ärztehaus, 1 Pension und 8 Grundstücken. Die Fahnder errechneten für ihn und seine Strohleute über einen Zeitraum von mehr als zehn Jahren Steuerhinterziehungen von insgesamt fast 15 Mio. Mark. Allein die Beitragshinterziehungen bei Krankenkassen und Sozialversicherungsträgern beliefen sich auf fast zwei Millionen Mark.
Des weiteren stellten die Ermittler mannigfaltige Verbindungen zu Politikern, Abgeordneten, Behördenchefs, Richtern und Staatsanwälten, zu Polizei- und Steuerbeamten, zu Bankern und Managern aus Handel und Industrie fest. Über Jahre war diese Kiez-Größe bemüht, honorige Personen in sein Imperium einzubauen. Entweder hatten sie Beteiligungen an seinen Immobilien, traten für ihn als Finanziers oder Wertgutachter auf, berieten ihn in Steuer-, Rechts- und Immobilienfragen oder übernahmen seine Verteidigung.

Die so entstehende Macht drängt die staatliche immer mehr zurück und gefährdet in Form einer heimlichen Unterwanderung unser Gesellschafts- und Wirtschaftsleben, indem sie vermehrt Einfluß auf staatliche Entscheidungen in Politik, Wirtschaft, Verwaltung und Justiz nimmt. Die in jüngster Zeit in vielen Ländern aufgedeckten Korruptionsaffären untermauern diese Aussage in drastischer Form.

Deliktsfelder der Euro-OK

Wie bereits kurz dargelegt und noch im einzelnen detailliert aufzuzeigen ist, umfaßt der Deliktskatalog der Euro-OK vielfältige Sektoren des Kriminalitätsgeschehens. Obwohl ihre Erscheinungsformen regional unterschiedlich anzutreffen sind, so sind die OK-Akteure europaweit mehr oder weniger systematisch in den traditionellen Kriminalitätsbereichen wie Rauschgiftkriminalität, Eigentumskriminalität, Wirtschaftskriminalität, Gewaltkriminalität und der Nachtlebenkriminalität tätig.
In diesen und diversen weiteren profitversprechenden Bereichen können die Netzwerke der Euro-OK auf eine bestehende kriminelle Infrastruktur zurückgreifen und das Strafverfolgungsrisiko durch weitere Professionalisierung reduzieren.

Kapitel II: Die Netzwerke der Mafia-Kraken

Japanische Yakuza

Nach der offiziellen Definition der japanischen Polizei gilt jede Organisation als OK-Gruppierung, *»die zur kollektiven Begehung gewaltsamer, illegaler Akte neigt oder chronisch ihre organisatorische bzw. gemeinsame Macht dazu benutzt... Solche Organisationen werden durch hohe Kriminalitätsbelastung, besondere Organisationsprinzipien, Einflußsphären (im öffentlichen Leben) sowie die Verfolgung ökonomischer Zwecke durch Gewalt gekennzeichnet.«*

Die in den letzten Jahrzehnten deutlich gewachsene OK-Szene Japans, allgemein als Yakuza bekannt, bestand Anfang der neunziger Jahre noch aus über 3 000 zum Teil rivalisierenden Gangs mit etwa 90 000 Mitgliedern. Ausgelöst durch diverse Gesetzesreformen zur OK-Bekämpfung gehen neuere japanische Quellen sowie die UNO mittlerweile »nur noch« von rund 50 000–60 000 Bandenmitgliedern aus. Davon sind rund 40 % dem Yamaguchigumi-Syndikat mit Hauptsitz in Kobe zuzurechnen, der größten und gefährlichsten Yakuza-Gruppierung. Auch die Sumiyoshi-Rengo und die Inagawa-Kai (beide in Tokio) zählen zu den einflußreichsten Yakuza-Zweigen, die nach innen gewöhnlich sehr straffe Hierarchien aufweisen. Diese Syndikate, die jährlich zwei- bis dreistellige Milliarden-Dollar-Beträge umsetzen sollen, üben in Teilsektoren des japanischen Wirtschaftslebens einen erdrückenden Einfluß aus. Ihre Finanz- und Machtpositionen erstrecken sich vor allem auf den Rauschgift- und Waffensektor, die Unterhaltungs- und Filmindustrie einschließlich der Prostitution, den Profisport mit Wettgeschäften sowie auf die Finanz- und Immobilienwirtschaft.

Neben dem Drogenhandel und dem Glücksspiel stellen Korruption und Schutzgeldkriminalität die klassischen Domänen der Yakuza dar. Als traditionelle Haupteinnahmequelle vieler Clans gilt der Handel mit dem Aufputschmittel Amphetamin, das die japanische Regierung im Zweiten Weltkrieg als »Fliegerdroge« (etwa für Kamikaze-Piloten) benutzt hat. Insbesondere seit Mitte der achtziger Jahre soll die Yakuza Beobachtungen westlicher Nachrichtendienste zufolge ihre Fühler verstärkt in den privaten Wirtschaftssektor ausgestreckt haben. So infiltrierte sie u. a. systematisch den Unternehmens- und Immobiliensektor, erwarb – über Einschüchterung der Besitzer – in großem Umfang Grund und Boden und setzte sich in den Besitz großer Aktienpakete auch namhafter japanischer Unternehmen.

Die Yakuza, von der Polizei als Boryokudan (gewalttätige Gruppen) bezeichnet, tritt als Geldverleiher auf, bringt säumige Schuldner zur Räson und sorgt vor allem für »reibungslose Aktionärsversammlungen«. Die Banden kontrollieren große Bereiche der Unterhaltungsindustrie, des Profi-Sports und des Wettgeschäfts. Sie beherrschen wesentliche Teile des Immobilienmarkts, des Hafen- und Transportgewerbes und machen Millionen im illegalen Glücksspiel, im Waffen-, Drogen- und Menschenhandel. Auch das Rotlichtmilieu steht zum großen Teil unter ihrer Kontrolle. Weitere Gewinne verschafft sich die Yakuza im Bereich der Schutzgelderpressung.

Es soll mittlerweile kaum noch eine geschäftliche Aktivität von Bedeutung geben, bei der die Yakuza nicht ihren Anteil für ihre umfassende Schutzgewährung kassiert, sei es im Bereich der Rotlichtbezirke, bei Grundstücksgeschäften, Geschäftseröffnungen, Autokäufen, im Bau-, Transport- oder Bankenbereich. Über diese – teilweise weltweit gängigen – Schutzformen hinaus werden in Japan allerdings auch zwei besondere Erpressungsvarianten praktiziert, die sich zum einen gegen die Bürger und zum anderen gegen Unternehmen richten.

Variante 1: Erpresserische Hilfestellung bei Zivilrechtsangelegenheiten

Diese Variante besteht darin, daß privaten Bürgern in streitigen Schadensfällen eine Alternative zur Justiz angeboten wird. Nicht nur der säumige Darlehensschuldner wird sehr nachdrücklich zur Zahlung aufgefordert. Auch bei Verkehrsunfällen, Vertragsstreitigkeiten und ähnlichen Gelegenheiten bietet sich die Yakuza bereitwillig an, wirkungsvoll für eine außergerichtliche Schadensregulierung zu sorgen – selbstverständlich ausschließlich im Sinne und Interesse des Auftraggebers, der einen Teil der Summe für diese Dienste opfert. Dabei zeigt sich häufig, daß die Bürger, die derartige Dienstleistungen in Anspruch nehmen, allzu leicht selbst zu Opfern werden, indem sie etwa zu beständigen vorsorglichen Schutzgeldzahlungen erpreßt werden. Die Polizei registrierte z. B. schon im Jahre 1988 über 20 000 Beschwerden von Bürgern wegen Einmischung von Yakuza-Mitgliedern in Zivilrechtsangelegenheiten.

Variante 2: Company Racketeering (Unternehmenserpressungen)

Das Company Racketeering betreiben überwiegend die Sokaiya, die sogenannten Spezialisten für Aktionärsversammlungen. Traditionell ist in Japan die Aktiengesellschaft sehr viel weiter verbreitet als in Deutschland und ersetzt faktisch den bei uns durch GmbHs abgedeckten Wirtschaftsbereich. Die »Schutzleistung« dieser Spezialisten ist hauptsächlich darauf gerichtet, für einen schnellen und im Sinne des Vorstands reibungslosen Sitzungsverlauf Sorge zu tragen. So werden opponierende, unbequeme Fragen stellende Aktionäre entweder überschrien, verprügelt oder gar nicht erst in den Saal gelassen.
Eine umgekehrte Variante der Sokaiya besteht in der direkten Vorstandserpressung. Es wird damit gedroht, Informationen über tatsächliche oder auch nur angebliche Unregelmäßigkeiten mit breiter Öffentlichkeitsbeteiligung in der Hauptversammlung als Skandal aufzubereiten – falls der betroffene Vorstand nicht vorher zahlt. Für einen der größten Skandale der jüngsten Zeit sorgte mit dieser Methode der Firmenerpresser Koike Ryuichi, der Schweigegelder in Millionenhöhe von den vier großen Wertpapierhäusern Japans, Daiwa, Nikko, Nomura und Yamaichi, erhalten hatte.
In einer Gesellschaft, die die Harmonie, zumindest aber den äußeren Anschein von Harmonie in den Vordergrund des gesamten, also auch des geschäftlichen Lebens stellt, verfehlt eine solche Drohung gewöhnlich nicht ihren Zweck. Darüber hinaus ist aus der Sokaiya ein weiterer spezifischer Schutzzweig entstanden, dessen Geschäft darin besteht, unter dem Vorwand, Interessen von Minderheiten oder rechter politischer Splitterparteien zu vertreten, »Spenden« als Lohn für das Unterlassen weiterer Belästigungen von Firmen und Gesellschaften zu erpressen.

Historische Entwicklung der Yakuza

Die Yakuza-Gruppierungen haben in Japan eine lange geschichtliche Tradition, die auf den politischen Widerstand zur Zeit des Tokugawa-Shogunat im 17. Jahrhundert zurückgeht. Bis heute spiegelt sich in ihren Riten ein Ausschnitt japanischen Brauchtums, vor allem der Hausvater-Ideologie, wider. So machen die Yakuza-Gangs gern von Begriffen Gebrauch, die den traditionellen Familienverband, soziale Rollen und den Status einer Person bezeichnen. Diese und andere Traditionen sind ursächlich für die weitverbreitete Tolerierung der Yakuza in der japanischen Gesellschaft.
Eine ihrer Keimzellen waren Selbstschutzorganisationen von Städten gegen umherziehende Räuberbanden der Feudalzeit, d.h. vornehmlich arbeitslos gewordene Krieger und Ritter (Samurai), worauf sich auch heute noch ein gewisses Robin-Hood-Image im Selbstverständnis der Yakuza als edle Kämpfer für die Unterdrückten gründet. Eine weitere Wurzel stellen die reisenden Händler und Schausteller dar, die sich zu Beginn des 18. Jahrhunderts zu Schutzzwecken in bereits damals streng hierarchischen Gruppierungen zusammenschlossen. Zu einer ersten offiziellen Anerkennung der Yakuza kam es zwischen 1735 und 1740, als einige Gruppenführer eine staatlich autorisierte Position als Verwalter und Aufseher der fliegenden Märkte erhielten. Auf diese Weise konnte sich ein vor staatlicher Kontrolle abgesichertes kriminelles Milieu etablieren, welches zur Gewinnmaximierung der Händler und zur Entrechtung der sich einlassenden Kunden führte.
Eine weitere Grundform der Yakuza entwickelte sich ebenfalls im frühen 18. Jahrhundert, als die großen Straßenbau- und Bewässerungsprojekte viel Arbeit und Kapital in entlegenen Gegenden Japans vereinigte. Zur Unterhaltung sowie zum Zwecke der Rückführung eines Großteils der ausgezahlten Gehälter heuerte die Regierung Spieler an, die gegen Provision das Geld der Arbeiter zurückgewannen. Es bildeten sich wohlorganisierte Gruppierungen von Spielern und Falschspielern, auf die – in Anlehnung an ein damals sehr populäres Kartenspiel – übrigens auch das Wort Yakuza zurückgeht: acht=Ya, neun=ku, drei=za.
Im Laufe der Zeit konnte die Yakuza ihre Finanz- und Machtstellungen immer weiter ausbauen, oftmals begünstigt durch vielfältige Verquickungen mit Akteuren auf der politischen Rechten und staatlichen Instanzen. Nach dem Zweiten Weltkrieg trug die gegen den Kommunismus gerichtete Politik der USA ihr übriges dazu bei, um die Yakuza-Machtstrukturen wiederherzustellen. Eine Entwicklung übrigens mit deutlichen Parallelen zu Italien, wo die USA seinerzeit geschickt taktierende Mafiosi als Widerstandskämpfer gegen die Faschisten ansahen und nach dem gewonnenen Krieg in politische Funktionen einsetzten. Folglich saß auch die Yakuza wieder in wichtigen Positionen und kooperierte mit der Staatsmacht, die ihrerseits lange Zeit beide Augen zudrückte, wenn es um die nichtpolitische Erwerbstätigkeit der Yakuza ging. Es ist z.B. nicht nur ein Fall bekanntgeworden, in dem US-amerikanische Konzerne an die Yakuza hohe Geldbeträge zahlten, um über deren Kanäle japanische Politiker in bestimmten Gesetzgebungs- und Wirtschaftsangelegenheiten zu bestechen.

Vor diesem historischen Hintergrund ist die Yakuza nach wie vor als ein die gesamte japanische Gesellschaft durchdringendes Phänomen zu sehen:

- Die Kriminalität der Yakuza wird traditionell als weit weniger problematisch und unrechtmäßig als z. B. in Deutschland bewertet. Große Teile der Bevölkerung zahlen an die Yakuza eine Art Steuer, um unbehelligt zu bleiben.
- In Japan gehört es zur Kultur, zwischenmenschliche Harmonie herzustellen und zur Festigung von Beziehungen Geschenke zu machen. In diesem Klima, das im Juli und Dezember zwei förmliche Geschenksaisons kennt, verschwimmen schnell die Grenzen zwischen höflichen Umgangsformen und Bestechungen, Erpressungen etc. So werden Schutzgeldzahlungen häufig als Aufforderungen zum Schenken interpretiert, z. B. als Ergebenheitsadresse an den patriarchalisch auftretenden örtlichen Yakuza-Führer. Und wenn die Yakuza dann auch noch Kindergärten und Spielplätze spendet oder sogar schneller als die Polizei als Helfer an Brandorten oder Erdbebenschauplätzen ist, verfehlt all dies seine Wirkung nicht.

Der Erfolg der politischen und polizeilichen Bekämpfung der Yakuza hängt von der traditionell großen Akzeptanz in der Bevölkerung ab. Vor allem in den letzten zwei Jahrzehnten hat sich auf diesem Gebiet einiges zum Guten gewendet. Außer der ständig wachsenden polizeilichen Kontrolle über die Yakuza sind effektive gesetzliche Maßnahmen verwirklicht worden. Bereits im Jahre 1992 ist ein erstes spezielles Anti-Yakuza-Gesetz in Kraft getreten, dessen Zielsetzung darin besteht, die illegalen Aktivitäten der Mitglieder der Yakuza mit verwaltungsstrafrechtlichen Maßnahmen zu kontrollieren. Mit diesem Gesetz sind bereits große Erfolge erzielt worden. Weitere Bekämpfungsstrategien konzentrieren sich auf die Resozialisierung ehemaliger Yakuza-Angehöriger in das normale bürgerliche Leben, insbesondere auf die Vermittlung von Arbeitsplätzen.
Abgesehen hiervon nutzt die Polizei gezielt die wachsende Besorgnis der Bevölkerung und unterstützt auf lokaler und präfekturaler Ebene die Gründung von Organisationen zum Schutz vor Yakuza-Aktivitäten. So gibt es seit 1976 Unternehmerverbände zur Abwehr von Yakuza-Forderungen und zur Verhinderung der Einstellung von Kriminellen. Die Polizei liefert die erforderlichen Informationen bzgl. der Yakuza-Identität und ermöglicht diskretes Vorgehen bei der Schutzgeldkriminalität. Alle größeren Polizeidienststellen verfügen mittlerweile über Beratungsstellen für Yakuza-Opfer, die auch mit Rechtsanwaltskammern kooperieren.
Darüber hinaus sind vor rund zehn Jahren in den Präfekturen Hiroshima, Kanagawa, Saitama und Chiba Stiftungen errichtet worden, die hauptsächlich aus Staatsmitteln finanziert werden. Das Stiftungsvermögen beläuft sich jeweils auf etwa 7 Millionen DM bei einem Jahresetat von etwa 500 000 DM. Ihre Zielsetzung ist darauf gerichtet, die Öffentlichkeit zu ermutigen, sich gegen die Yakuza zu wehren. Verwaltung und Geschäftsführung dieser Stiftungen werden regelmäßig durch die Polizei am Sitz des Leiters der Präfektur geleistet. Die Mittel werden für die Durchführung von Aufklärungskampagnen sowie für Entschädigungen wegen Schäden aus Racheakten der Yakuza verwendet. Außerdem versucht die Polizei aus eigener Kraft, gesonderte Schutztruppen für die Bürger aufzustellen, die sich den Tributforderungen verweigern oder als Zeugen aussagebereit sind.

Blutige Auseinandersetzungen rivalisierender Yakuza-Gruppen

Nachdem seit 1987 bei Bandenkriegen der Yakuza 10 unbeteiligte Menschen umkamen und 18 Personen schwer verletzt wurden, beklagte die japanische Öffentlichkeit im Jahre 1997 das 11. unschuldige Opfer:

Als drei Bandenbosse nach einem Treffen in der Yamaguchi-Zentrale im Kober Nobelhotel Oriental das neue Anti-Yakuza-Gesetz diskutierten, das zu diesem Zeitpunkt im japanischen Jutizministerium vorbereitet wurde, stürmten vier maskierte Täter das Café und erschossen die Nr. 2 des Yamaguchi-Syndikats, den 61jährigen Takumi. Von den 20 im Café anwesenden Gästen wurde ein unbeteiligter Zahnarzt als 11. Opfer der rivalisierenden Yakuza schwer getroffen und verstarb am nächsten Tag im Krankenhaus. Seine 19jährige Tochter war bereits 1985 in einer Bar in ein Feuergefecht rivalisierender Banden geraten und ebenfalls getötet worden. Der Täter konnte festgenommen werden. Der Pate der Bande hatte sich bei der Familie entschuldigt und eine hohe Summe als Schmerzengeld und Wiedergutmachung gezahlt.
Die mit einem Auto flüchtenden Attentäter konnten nach Durchbrechen einer Polizeisperre festgenommen werden. Das Fluchtfahrzeug stammte aus Osaka und war auf die Frau eines Yakuza-Mitglieds der Yamaguchi-gumi zugelassen. Tamura wurde von einer rivalisierenden Gruppe für ein Attentat verantwortlich gemacht, bei dem ihr Anführer nur knapp dem Tode entrinnen konnte und der Attentäter ge-

tötet wurde. Nach dem Anschlag in Kobe wurden vier weitere Attentate verübt, die den Widerstand gegen die Yakuza in der Bevölkerung unterstützten. So demonstrierten nach dem Tode des Zahnarztes Hunderte von Japanern vor dem Hauptquartier der Yamaguchi in Kobe und forderten eine bessere Bekämpfung der kriminellen Organisationen der Yakuza.

Vor einigen Jahren wagte der renommierte deutsche Kriminologe Kühne eine Prognose und Bewertung der Frage, ob derartige Entwicklungen auch in Europa möglich werden könnten: »Die Bekämpfung des organisierten Verbrechens in Japan erfordert als Voraussetzung für eine erfolgreiche Repression massive Korrekturen in der psycho-sozialen Struktur der Gesellschaft. Umgekehrt bedeutet dies, daß ein Export dieser Form des organisierten Verbrechens bestenfalls im engen Rahmen landsmannschaftlicher Exklaven im Ausland möglich ist. Für die Situation in Deutschland und Europa kann hieraus folgendes abgeleitet werden: Ein Übergreifen regionaler Formen Organisierter Kriminalität auf weitere Gebiete oder Länder setzt vergleichbare psycho-soziale Gesellschaftsstrukturen voraus. Sind diese nicht vorhanden, können Rudimente Organisierter Kriminalität sich in landsmannschaftlichen Exklaven ausdehnen. Eine Sozialpolitik der europäischen Länder, welche Integration und Assimilation fördert, ist die wirksamste Prävention gegenüber Expansionsversuchen des Organisierten Verbrechens und Voraussetzung einer erfolgreichen Repression.«
Diese Einschätzung dürfte im Kern nach wie vor ihre Gültigkeit besitzen, wenn mittlerweile auch über Japan hinaus Yakuza-Gruppierungen in Südostasien, Südkorea, Australien, in den USA und in Westeuropa – z. B. im Zusammenhang mit Geldwäscheaktivitäten und Börsen-Insidergeschäften – festgestellt worden sind. Selbst in Deutschland sind immerhin erste Brückenköpfe von japanischen Clans beobachtet worden. Außerdem soll sich die Yakuza aufgrund des großen Tourismus-Geschäfts mit Japanern in den USA auch insoweit betätigen, als japanische Touristen vornehmlich in ausgesuchte Hotels,

Geldwäscheaktivitäten der Yakuza wurden in Südkorea, Australien, in den USA, in Westeuropa und Südostasien festgestellt. Hier ein Bankenkomplex in Kuala Lumpur/Malaysia.

Auch in Deutschland sind schon erste japanische Brückenköpfe beobachtet worden. In den USA werden Touristen vornehmlich in ausgesuchte Restaurants, Hotels und Unterhaltungsshows geführt, die unter der Kontrolle der Yakuza stehen.

Restaurants und Unterhaltungsshows geführt werden, die unter der Kontrolle der Yakuza stehen sollen.

Chinesische Triaden

Der zweite große Flügel der gelben Mafia Asiens, die vornehmlich von Hongkong aus in

- Asien: Taiwan, China etc.
- Nordamerika: USA; Kanada
- Europa: traditionell insbesondere London, Paris und Amsterdam

operierenden chinesischen Triaden, setzen sich aus mehreren hundert Banden (bis zu 40 000 Mitglieder pro Triade) mit insgesamt ca. 300 000 Mitgliedern zusammen. Als besonders aktive und gefährliche Organisationen gelten die Triaden »14 K« (20 000 Angehörige), »Sun Yee On« (30 000) und »Wo Shing WO« (25 000) mit Schwerpunkt in Hongkong. Demgegenüber hat die Triade »United Bamboo Gang« in Taiwan und die »Big Circle Gang« in China ihr Zentrum.

Internationalen Erkenntnissen zufolge liegen die Aktivitäten der Triaden neben der weitverbreiteten Schutzgeldkriminalität gegen Gastwirte, Privatbetriebe und Geschäftsleute u. a. im Handel mit Rauschgift, Waffen, Rüstungsgütern, Immobilien und Menschen sowie in den Bereichen illegales Glücksspiel, Prostitution, Betrug, Geldwäsche und Korruption. Die »14 K« z. B. kontrolliert seit langem die Schlafmohnanbaugebiete des südostasiatischen »Goldenen Dreiecks« und ist massiv in den Heroinabsatz außerhalb Asiens eingestiegen.

Die ältesten heute noch bekannten Triaden, eine Kurzbezeichnung für die »Vereinigung der Drei Harmonien« (Himmel, Erde und Menschen), sind bereits im 17. Jahrhundert – aus chinesischen Geheimbünden hervorgehend – gegründet worden. China besitzt weltweit die längste Tradition an Geheimgesellschaften, bereits während der Han-Dynastie (in den Jahren 206 v. Chr. bis 220 n. Chr.) sollen die ersten Zusammenschlüsse entstanden sein, um – wie ihre späteren Nachfolger auch – illegale politische Gegenstrukturen gegen die jeweils herrschenden Schichten zu bilden. So verstanden sie sich als Schutzorganisationen unterdrückter Bauern, strebten eine größere soziale Gerechtigkeit an und kämpften gegen Willkür und Korruption.

Seit dieser Zeit verfügen die geheimen Bünde bzw. Triaden über vielfältige Einweihungszeremonien, Aufnahmerituale und Treue-, Verschwiegenheits- und Brüderlichkeitseide. Mit ihrem bis heute gepflegten Geheimcharakter unterscheidet sich die chinesische OK grundlegend von der Yakuza-Szene Japans, deren Führer wie erwähnt meist in der Öffentlichkeit bekannt und hoch angesehen sind und auch von der Politik zum Teil regelrecht hofiert werden. Hinzu kommt intern ein regelrechtes Sanktionierungssystem mit zum Teil brutalen Bestrafungsmaßnahmen bei Verrat oder anderen Verstößen. Der Binnenkommunikation der Triaden dienen althergebrachte Hand- und Fingerzeichen sowie Symbole, die sich zum Teil auch in Haus- oder Geschäftseingängen finden.

Vornehmlich aus zwei Gründen konnten sich die Triaden bereits frühzeitig in der Bevölkerung einen Namen machen. Zum einen, weil sie die ursprünglich hilflosen Bauern im Kampf gegen die verhaßten Mandschu-Herrscher der Quing-Dynastie und ihre korrupte Bürokratie unterstützten. Im 19. Jahrhundert kam dann die Absicht der Triaden hinzu, auch die europäischen »Langnasen« und die »weißen Teufel« (Franzosen und Briten), die die Chinesen in den sogenannten Opium-Kriegen (1839–1842 und 1856–1860) besiegt hatten, zu vertreiben. Während des Bürgerkriegs zwischen 1945 und 1949 kämpften die Triaden schließlich gegen Mao Tse-tung und flüchteten nach dessen Sieg teilweise nach Hongkong.

Zum andern traten die Triaden auch als Begleiter Hunderttausender von Chinesen in Erscheinung, die im 18. und 19. Jahrhundert in die pazifische Region auswanderten und dort Schutz gegen die Einheimischen brauchten. Im Laufe der Zeit bzw. in parallelen Prozessen wandelten sich die Triaden jedoch immer mehr von politischen Geheimbünden mit »Robin-Hood-Funktionen« zu eindeutig verbrecherischen Organisationen mit hierarchischen und konspirativen Strukturen sowie mit frühzeitigen multideliktischen Ausprägungen: Erpressungen, illegaler Handel, Raub, Hehlerei etc.

Triaden in den USA

Die Drogen- und Schutzgeldbanden der chinesischen Triaden haben nicht nur in Hongkong und auf Taiwan, sondern auch in den Chinatowns nordamerikanischer und europäischer Großstädte eine lange Tradition. Für die Lage in den USA, wo die Öffentlichkeit allerdings erst 1977 durch eine blutige Auseinandersetzung rivalisierender Gruppen in San Francisco auf das Triadenwesen aufmerksam wurde, sind Details derartiger illegaler Aktivitäten beispielsweise aus den großen Chinavierteln New Yorks und San Franciscos bekanntgeworden.

So war das Chinatown New York Citys in der ersten Hälfte der achtziger Jahre ganz in der Hand von unterschiedlichen Gangs wie die Flying Dragons, Ghost Shadows, Grandpa's Boys und White Tigers, die das Viertel unter sich in profitable Erpresserzonen aufgeteilt hatten. Dabei beschränkte sich die Schutzgelderpressung hier keineswegs nur auf die Gastronomie und andere lukrative Geschäfte. Selbst kleine Straßenhändler mußten für ein kleines Stück Bürgersteig bis zu 2000 Dollar monatlich zahlen, um dort ihre Waren wie Obst, Unterwäsche, Spielzeug oder Souvenirs anbieten zu dürfen. Für die Westküste der USA liegen FBI-Erkenntnisse vor, wonach Mitte der achtziger Jahre in den Chinatowns San Franciscos allein die Wah Ching (Youth of China), die größte Gang in Kalifornien, bis zu 80% der Geschäfte erpreßt hat.
Es ist typisch für die chinesische Schutzgeld-Mafia, daß sie ihr illegales Geschäft weitgehend ohne Entdeckungsrisiko betreiben kann, da sich ihre Opfer üblicherweise nicht bei den Behörden melden. Aufgrund des traditionell geschlossenen Charakters chinesischer Menschen und Gemeinschaften sowie der Angst vor Repressalien und Sanktionen stehen die Ermittler – auch bei verdeckten Maßnahmen – häufig vor scheinbar unüberwindbaren Problemen. Im Jahre 1992 wurde in New York hierzu eine Untersuchung bei Chinesen durchgeführt, die von Landsleuten erpreßt wurden. Danach gelten als hauptsächliche Ursachen des mangelnden Anzeigenverhaltens

- die Feststellung, daß die Taten nicht bedeutend genug waren,
- die Überzeugung, daß Erpressung üblich sei,
- die Feststellung, daß »doch fast alle bezahlen«.

Mittlerweile ist zunehmend deutlich geworden, daß die chinesischen Triaden auch mit Gruppierungen der Cosa Nostra (u.a. im Rauschgiftbereich) einerseits und der japanischen Yakuza andererseits kooperieren. Auch heute noch ist z.B. die »14 K« in New York und andernorts von der Basis der China-Towns her stark im Heroingeschäft engagiert. Außerdem ist in letzter Zeit stärker ans Licht der Öffentlichkeit gekommen, daß die Triaden schon in den fünfziger Jahren in den USA vor den Augen der Behörden zunehmend aktiver geworden sind und dabei lange Zeit eine privilegierte Stellung genießen konnten. Der Grund ist auch hier einmal mehr außenpolitischer Natur, wie Raith kürzlich dargelegt hat: Weil »US-Militärs über sie Infiltrationen in das Rotchina des Erzfeindes Mao Tse-tung versuchten oder weil die – dem Westen zugewandte – nationalchinesische Regierung des Generals Tschiang Kai-schek bei allzu nachhaltiger Verfolgung ihrer Landsleute intervenierte«.

Triaden in Europa

Auch in Europa ist die Situation vom Grundsatz her ähnlich. Insbesondere in den letzten zehn Jahren ist es hier – einhergehend mit legaler und vor allem illegaler Zuwanderung – in einer Reihe von Staaten zu einem wahren Boom an China-Restaurants gekommen. Mitte der 90er Jahre belief sich deren Gesamtzahl europaweit bereits auf mehr als 10000. Zu den Ländern mit traditionell großen chinesischen Bevölkerungsanteilen bzw. Chinatowns zählen neben Großbritannien (London und Manchester) und Frankreich (Paris) die Niederlande (Amsterdam und Rotterdam), wo es schätzungsweise rund 2500 China-Restaurants gibt. Nach Auffassung von niederländischen Strafverfolgern zahlen hiervon rund 95% Schutzgebühren an die Triaden. Eine in den letzten Jahren deutliche Zunahme der chinesischen Gastronomiebetriebe – und damit auch des Nährbodens für die OK – wird u.a. auch in Luxemburg, Spanien und Italien registriert. Daraus kann freilich nicht geschlossen werden, daß das Phänomen der chinesischen OK in Westeuropa erst in neuerer Zeit sichtbar wurde. Am Beispiel der Niederlande sei deshalb an dieser Stelle kurz auf entsprechende polizeiliche Erkenntnisse aus früheren Jahrzehnten eingegangen.

Niederlande

So ragten aus der niederländischen OK-Szene auch vor einem Vierteljahrhundert, zumindest was die Schutzgeldkriminalität betrifft, schon die chinesischen Triaden heraus. Ein entsprechender Bericht der niederländischen Polizei aus dem Jahr 1974 verdeutlicht, mit welchen Methoden die Täter seinerzeit vorgingen und welchen Erkenntnisstand die Ermittler hierzu hatten: »Seit der 2. Hälfte des Jahres 1972 verüben Gruppen junger, wahrscheinlich illegal in den Niederlanden sich aufhaltender Chinesen Überfälle auf chinesische Spielhäuser und erpressen Besitzer chinesischer Restaurants. Bis heute wurden Überfälle in einigen Städten verübt, die in verschiedenen Provinzen der Niederlande liegen. Die Überfälle wurden in der Regel von Gruppen ausgeführt, die aus 4–6 Mann bestehen. Die Chinesen sind meistens maskiert und mit Feuerwaffen, Messern und gelegentlich mit einem Beil bewaffnet. Bei den Überfällen wurden in einigen Fällen bedeutende Beträge erbeutet.

Es muß angenommen werden, daß längst nicht alle Verbrechen dieser Gruppen bei der Polizei bekannt sind. Angst vor Repressalien hindert scheinbar manchen, Anzeige zu erstatten. Diese jungen Chinesen haben inzwischen eine Angstwelle unter den meist chinesischen Restaurantbesitzern verursacht. In einigen Fällen konnten ein paar Verdächtige festgenommen werden. Die Verhöre sind sehr mühevoll, und zwar einerseits wegen der Sprachbarriere und andererseits, weil die Arrestanten nicht sehr mitteilsam sind. Man rechnet fest mit der Möglichkeit, daß es sich hierbei um organisierte chinesische Gruppen handelt, die von Hongkong nach Holland geschickt werden, um hier Überfälle und andere Verbrechen zu verüben. Es soll sich um Gruppen handeln, die eine eigene, äußerst strenge Disziplin kennen und die im Falle von Verrat vor Liquidierung nicht zurückschrecken. Alle Informationen in bezug auf diese chinesischen Verbrecher werden jetzt überregional koordiniert. In Rotterdam wurden alle chinesischen Restaurantbesitzer – ca. 100 – an einem Tag durch eine große Zahl von Kriminalbeamten interviewt. Hierbei wurde auch eine schriftliche Umfrage eingesetzt.«
Gleichwohl breiteten sich die chinesischen Triaden in den Niederlanden in der Folgezeit kontinuierlich aus. So war unser Nachbarland in den frühen achtziger Jahren wiederholt Schauplatz von brutalen Bandenkriegen, die zwischen verschiedenen Triaden aus Hongkong und Singapur ausgebrochen waren. Doch nach diesem Exkurs nun wieder zurück zu den heutigen Aktionskreisen der chinesischen Triaden in Westeuropa: Über die spezifische Erpressung von Gastronomen und anderen Geschäftsleuten, deren Waren sich »gegen Gebühr beschützen lassen«, hinaus bilden chinesische Restaurantbetriebe auch hier in Europa oftmals Kristallisationspunkte der Triadenaktivitäten insgesamt.
Dabei markiert die Schutzgeldkriminalität nur einen von sechs deliktischen Sektoren der chinesischen OK im Umfeld von Restaurants, die teilweise auch als Residenturen von den Triaden (insbesondere für den Drogenmarkt) genutzt werden. Zugleich bieten sie sich auch als ideale Plätze für die Durchführung illegaler Glücksspiele und von Geldwäsche- und Schleusungsdelikten an. Da die wenigsten Eingeschleusten die Gebühren hierfür – angeblich bis zu 60 000 DM pro Person – sofort bezahlen können, müssen sie in den Chinatowns (Spielstätten, Gastronomie, Großmärkte, Wäschereien etc.) europäischer Metropolen ihre Schulden abarbeiten, was teilweise bis zu zehn Jahre dauern kann. Außerdem befinden sich auch die Immobilien nicht selten in den Händen chinesischer Geschäftsleute, was weitere Möglichkeiten eröffnet, insbesondere illegal erlangte Gewinne anzulegen.

China-Restaurants – Kristallisationsorte der Triaden als

- Geldanlage in Form von Immobilien
- Objekte von Schutzgelderpressungen
- Plätze des Drogenhandels
- Orte des illegalen Glücksspiels
- Schleuserstützpunkte
- Objekte für Geldwäschemöglichkeiten

Auf der einen Seite sind China-Restaurants nicht selten Kristallisationsherde der Triaden, auf der anderen Seite aber auch Opfer von chinesischen Schutzgelderpressern.

Angesichts dieser Entwicklungen ist davon auszugehen, daß der Einfluß der Triaden in immer mehr europäischen Staaten wachsen wird. Eine Situation, die insbesondere seit langem in Großbritannien, dem Mutterland der Kronkolonie Hongkong, und auch in Frankreich anzutreffen ist, wo vor allem die Gruppen »14 K« und »Son Yee On« in den klassischen Triaden-Deliktsbereichen Kreditwucher, Prostitution, Drogengeschäft und in der gegen ihre Landsleute gerichteten Erpressung fest verwurzelt sein sollen. In Großbritannien z. B. gehen Experten mittlerweile davon aus, daß die meisten China-Restaurants entweder im direkten Besitz von Triaden sind bzw. Schutzgebühren zahlen, teilweise bis zu 3 000 Pfund pro Woche. Angeblich umfaßt das Heer der verschiedenen britischen Triaden rund 1 000 Mitglieder.
Zwei besondere Innovationsschübe, die in ihren konkreten Ausmaßen überhaupt noch nicht abschätzbar sind, dürfte die chinesische OK in Europa bis zur Jahrtausendwende und weit darüber hinaus bekommen haben:

- Zum einen fiel Hongkong am 1. Juli 1997 an China, was gewissen Bürgern nicht angenehm war und auch in Zukunft nicht sein wird. Diese Tatsache führte und führt noch zu entsprechenden Auswanderungswellen, auch und gerade nach Europa.
- 1999 wurde die portugiesische Kolonie Macau an China übergeben. Dort sind damit ähnliche Probleme wie in Hongkong entstanden. Die Regierung in Lissabon hat den meisten der rund 500 000 Macau-Chinesen die portugiesische Staatsangehörigkeit zuerkannt – was sie in den Genuß der Freizügigkeit von Bürgern der Europäischen Union bringt.

Chinesische Triaden in Deutschland

Nach Schätzungen zuständiger Stellen verlassen jährlich etwa eine Million Chinesen ihre Heimat auf legalem oder illegalem Wege. Dabei ist nicht mehr unbedingt Amerika ihr Ziel, sondern in zunehmendem Maße Westeuropa. Sammellager gibt es in Ost- und Mitteleuropa. So warten im Schnitt in Rußland (Moskau) etwa 150 000 und in der Bundesrepublik Jugoslawien (Belgrad) etwa 40 000 Chinesen auf ihre Schleusung in den Westen. Nach offiziellen Stellen werden in Europa pro Jahr etwa 13 000 Asylanträge gestellt, in den Vereinigten Staaten nicht einmal die Hälfte. Nicht wenige der Geschleusten haben sich oder wurden chinesischen Schlepperorganisationen anvertraut, die das Schleppen für bis zu 40 000 Dollar pro Person bis nach Europa auf unterschiedlichen Routen und Transportmitteln besorgen. Zielland ist aber nicht nur Großbritannien, sondern vor allem auch Deutschland.
Seit einigen Jahren stößt auch Deutschland auf steigendes Interesse bei den Triaden. Sie haben es als geeignetes Operationsgebiet entdeckt. – Derzeit sollen hierzulande rund 70 000 Chinesen leben, davon etwa 40 000 Personen illegal. Mittlerweile liegen zunehmend, sozusagen als Spitze eines vermutlich mächtigen Eisbergs, Erkenntnisse vor, wonach insbesondere die Triadengruppen »14K« (Aktionszentrum: Niederlande) und »Wo-Shing-Wo« (Aktionszentrum: Großbritannien) permanente Operationsbasen in Deutschland unterhalten. Die bisher bekanntgewordene Deliktspalette umfaßt dabei vornehmlich die Sektoren Schutzgeldkriminalität, Drogenhandel, Menschenschleusungen, Paß- und Kreditkartenfälschungen, Einbrüche, Raubüberfälle und Geldwäsche. Nach Angaben eines leitenden Kriminalbeamten treten die Banden in Deutschland außergewöhnlich brutal auf, indem sie in regelmäßigen Abständen einen ihrer Landsleute »bestrafen«. Damit halten sie ein bestimmtes Niveau der Angst aufrecht und handeln nach dem Motto: Bestrafe einen, erziehe hundert.
Wie andernorts auf der Welt bilden auch hier vor allem die rund 3 500 chinesischen Restaurantbetriebe, davon knapp 400 allein in der Hauptstadt Berlin, oftmals Kristallisationspunkte chinesischer OK. So sind deren Besitzer überwiegend Opfer von Schutzgelderpressungen, andererseits sind den Behörden auch Sachverhalte bekannt, wonach Chinarestaurants von Triaden als Residenturen genutzt werden. Speziell für das Rhein-Main-Gebiet wird z. B. von nicht wenigen Experten angenommen, daß fast alle dort ansässigen Chinarestaurant-Besitzer regelmäßig Schutzgelder zahlen müssen.
Vor einiger Zeit kamen chinesische Gastronomiebetriebe hierzulande auch im Zusammenhang mit raffinierten Kreditkartenfälschungen in die Schlagzeilen: Kreditkartenbesitzer, die bestimmte Restaurants besucht hatten, mußten einige Wochen später die Erfahrung machen, daß ihre Karten für kostspielige Einkäufe benutzt worden waren. Es stellte sich später heraus, daß Mitglieder der Triaden die Nummern dieser Karten nach Hongkong durchgefunkt und damit eine sofortige Fälschungsmaschinerie in Bewegung gesetzt hatten.
Wie schon bei der Analyse der Auslandslage dargestellt, verfügen die chinesischen Triaden über besonders gut funktionierende Abschottungsmechanismen nach außen. Hinzu kommt das infolge von Repressalien besonders restriktive Anzeigeverhalten der Opfer von Schutzangeboten. Dies geht allerdings auch zu einem gewissen Teil auf traditionelle Eigenarten der chinesischen Mentalität zurück. Danach

darf ein Chinese z. B. nie sein »Gesicht verlieren«; deshalb werden Schutzgelderpresser, die zum Bekanntenkreis zählen, trotzdem immer wieder zu Familienfeiern eingeladen. Dementsprechend ist die Erkenntnis- bzw. Beweislage der Polizei zu dieser spezifischen Sparte der Euro-OK noch verhältnismäßig schwach entwickelt. Das erste bekannte – seinerzeit nur sehr kurze – Auftreten von Triaden in Deutschland soll bereits 1968 von der Amsterdamer »14 K« in Düsseldorf im Zuge von Drogengeschäften ausgegangen sein. In den Folgejahrzehnten traten diverse Triaden dann u. a. im Rhein-Main-Gebiet, in Gelsenkirchen, Bad Oeynhausen, Passau, Hannover, Hamburg und Stuttgart in Erscheinung.
In den Blickpunkt der Medien-Öffentlichkeit ist das Thema »China-Mafia« verstärkt in den letzten zehn Jahren gerückt, als z. B. eine Münchener Sonderkommission »China« zwei Banden wegen Schutzgelderpressung und eines Raubüberfalls auf illegale Spielstätten festsetzen konnte. Auch BKA-Fahnder konnten etwa zu dieser Zeit nach langwierigen Ermittlungen eine in Hessen, Nordrhein-Westfalen und Bayern in Sachen Einbruch, Überfall und Erpressung aktive »Asian Gang« enttarnen. In den letzten Jahren gelang es u. a. den Behörden in Bayern, etwas mehr Licht ins – wohl nach wie vor sehr große – Dunkel zu bringen:

- *In Nürnberg kam es zum Mord an einem China-Restaurantbesitzer aus Erlangen. Als Täter wurde eine chinesische Triadengruppierung ermittelt. Es stellte sich heraus, daß das Opfer intensive Kontakte zum Glücksspielmilieu, zur Paßfälscherszene und zum Schleuserunwesen hatte. Auch soll der Mann für sein Restaurant Schutzgeldzahlungen geleistet haben. Die Spuren in diesem Fall führten bis nach Amsterdam, London, Hongkong, Macau und Kuala Lumpur.*
  Ein weiterer Wirt, der in Hongkong auf Heimaturlaub weilte, wurde mit der Axt zerstückelt. Spätestens mit diesen Morden wurde auch den in Deutschland lebenden chinesischen Wirten klar, daß die jahrhundertelange Plage »Triaden« auch in Deutschland Einzug gehalten hatte.
- *Im Regierungsbezirk Mittelfranken führten die Behörden unter der Bezeichnung »Aktion Morgensonne« eine Sammelkontrolle aller 90 China-Restaurants durch. Als Ergebnis konnten zahlreiche Anhaltspunkte für Erpressungen, Geldwäsche und Menschenhandel gewonnen werden. Außerdem wurden von der Polizei mehrere scharfe Schußwaffen sichergestellt. Diese Großrazzia erstreckte sich über Bayern hinaus auch auf Thüringen und Sachsen. Insgesamt durchsuchten rund 1300 Beamte etwa 300 Objekte (Wohnungen, Unterkünfte und Lokale). Dabei wurden mehr als 650 Personen überprüft, von denen rund 100 als Tatverdächtige vorläufig festgenommen wurden.*
- *Auch in Berlin kam es zu Zugriffen in der China-Szene. Dort wurden z. B. zwei Chinesen als mutmaßliche Triadenmitglieder wegen Erpressungsdelikten angeklagt. Den Männern wurde vorgeworfen, von mehreren chinesischen Restaurant-Besitzern Schutzgelder in einer Gesamthöhe von 5 Millionen DM erpreßt bzw. geplant zu haben. So versuchte zunächst ein bewaffneter Chinese, eine Kellnerin aus einem Lokal zu entführen. Als das Kidnapping mißlang, rief der Täter den Ehemann an und forderte 100 000 DM. Aus Angst traf sich die Frau am nächsten Tag mit den Erpressern und wurde auf brutalste Weise gefoltert, gefesselt und vergewaltigt. Danach forderten sie von ihr, China-Wirte zu benennen, die in der Lage wären, insgesamt fünf Millionen Mark an Schutzgeldern aufzubringen.*
  Ein weiteres Mitglied der kriminellen Gruppierung konnte zunächst flüchten, wurde aber nach einer Messerstecherei in Bratislava festgenommen. Bei den Ermittlungen stellte sich heraus, daß der Festgenommene schon in Spanien wegen Mordes gesucht wurde. Die Tatverdächtigen sollen einer Triade angehören, deren Mitglieder über Ost- und Südeuropa, insbesondere Spanien, illegal nach Deutschland geschleust werden.
  Wie weit der Einfluß der chinesischen OK mittlerweile auch in Deutschland zu reichen scheint, zeigte ein Korruptionsskandal in der Berliner Ausländerbehörde. Zwei Beamte wurden unter dem Vorwurf festgenommen, gegen hohe Summen einer chinesischen Schleusergruppierung in mehreren Fällen behilflich gewesen zu sein.

Den Beweis für die Behauptung, China-Restaurants seien Kristallisationsherde chinesischer OK, lieferten in jüngster Vergangenheit u. a. auch diese beiden Fälle:

- *Die hessische Polizei nahm im Rahmen einer bundesweiten Razzia, bei der knapp zwanzig China-Restaurants und Wohnungen durchsucht wurden, einen 58jährigen Chinesen und 20 seiner Landsleute fest. Er stand im Verdacht, als Drahtzieher für eine Schleuserorganisation tätig zu sein. Seine Rolle bestand darin, die Geschleusten mit falschen Papieren zu versehen und sie dann als Köche an Gastronomiebetriebe zu vermitteln. Ein Hotel war zu einer Schaltzentrale ausgebaut worden, in der zeitweise bis zu 25 Chinesen versteckt waren. Hunderte von Schleusungen kamen nach Angaben der Polizei auf sein Konto. Pro geschleuste Person erhielt er zwischen 6000 und 8000 Mark. Das Geld hatten die Angehörigen in China aufzubringen. Auch die Wirte, meistens Chinesen oder Koreaner, hatten an die Organisation zu zahlen. Gehälter wurden oftmals gar nicht gezahlt. Die eingeschleusten Chinesen mußten in den Restaurants entweder umsonst arbeiten oder bekamen nur einen Hungerlohn. Sie wurden zum Teil in Kellerräumen oder Holzverschlägen wie Tiere gehalten und durften die Unterkunft nicht ohne Erlaubnis verlassen. Eine Aussage war von dem Haupttäter nicht zu bekommen.*

- *Ein weiterer Fall wurde Mitte 2001 bekannt. Mit der Verhaftung einer Inhaberin eines China-Restaurants in Lütjenburg in Schleswig-Holstein gelang der Lübecker Staatsanwaltschaft und der Polizei ein großer Schlag gegen eine Schleuserorganisation. Mehr als 120 chinesische Bauernkinder im Alter von 13 bis 17 Jahren soll die europaweit agierende Schleuserbande nach Deutschland geschleust haben. Unter unmenschlichen Bedingungen mußten die jungen Chinesen die Kosten für ihre Schleusung in Höhe von 30000 bis 55000 Mark abarbeiten. Über acht Jahre soll die Chefin zusammen mit ihrem Sohn über China-Restaurants in neun Bundesländern in diesem Geschäft für die Triaden gearbeitet haben. Ihr Ehemann erhängte sich in der Untersuchungshaft. Festgenommen wurde in diesem Zusammenhang ein Mitarbeiter des zuständigen Ausländeramtes, der für gefälschte Aufenthaltsgenehmigungen etwa 500000 Mark kassiert hatte.*

Vietnamesische Mafia

Eine weitere, erst in jüngerer Zeit in zunehmendem Maße hierzulande aktive ausländische Gruppierung der Euro-OK stellt die sogenannte vietnamesische Zigaretten-Mafia dar. Sie findet ihren Nährboden im Bereich der schätzungsweise rund 100000 in Deutschland lebenden Vietnamesen, worunter ca. 40000 sich illegal aufhaltende Personen sein sollen. Den diversen Gruppierungen, die untereinander in einem komplizierten Geflecht verknüpft, verbündet und verfeindet sind, werden von deutschen Behörden insgesamt mehrere hundert Vietnamesen zugerechnet. Außer diesem harten Kern gebieten die Viet-Gangs jedoch über ein Heer von Tausenden von Landsleuten in ihrem weiteren Umfeld. Allein von 1992 bis Mitte 1996 fielen hierzulande, d. h. in Berlin und in den neuen Bundesländern, nicht weniger als 95 ermordete Vietnamesen brutalen Machtkämpfen rivalisierender Mafia-Clans zum Opfer.

Hier handelt es sich um straff organisierte Täterkreise vietnamesischer Herkunft, deren Drahtzieher und Hintermänner häufig frühere Offiziere bzw. Angehörige der vietnamesischen Armee sind. Teilweise dürften sich darunter auch Soldaten befinden, die an der ehemaligen DDR-Militärakademie studiert hatten und nach dem Krieg in Ostdeutschland Dolmetscher oder Ingenieure geworden waren. Sie stammen vornehmlich aus dem nördlichen Landesteil sowie auch aus dem mittleren Hochland, einer selbst für vietnamesische Verhältnisse sehr armen Region zwischen Nord- und Südvietnam. Neben Vietnam und Deutschland gelten vor allem Tschechien und Polen als bevorzugte Aufenthaltsgebiete der Führungsebene.

Das Personal rekrutieren diese illegalen Organisationen im wesentlichen aus den noch zu DDR-Zeiten nach Deutschland geholten Gastarbeitern, von denen sich die meisten als Asylbewerber bzw. illegal nach wie vor in Deutschland, vornehmlich in großen Ausländerwohnheimen konzentriert, aufhalten. Hinzu kommen die erst nach der Wende 1989/1990 zum Teil unter Mithilfe korrumpierter vietnamesischer Stellen eingeschleusten Clan-Mitglieder, die meist per Eisenbahn über Rußland, Polen und auch Tschechien nach Deutschland gelangen. Darunter sind nicht selten Gewalttäter, die auf Anforderung eines Bandenchefs für konkrete Aufträge aus Vietnam anreisen. Die Mitglieder der Viet-Gangs selbst sind gewöhnlich untereinander verwandt und verschwägert, gehören zu einem bestimmten Dorf oder einem Stamm.

Aktionszentrum der Viet-Gruppierungen ist der Großraum Berlin mit mehreren Wohnheimen in den Stadtteilen Mahrzahn, Lichtenberg und Hohenschönhausen sowie mit Ablegern in den neuen Bundesländern. Ihre Anzahl wird von Insidern mit etwa einem halben bis einem Dutzend angegeben. Das Kerndelikt dieser Gruppen besteht im illegalen Straßenhandel mit unverzollten Zigaretten, die vornehmlich in Kooperation mit polnischen und deutschen Lieferanten aus Polen und dem GUS-Raum, teilweise auch aus Übersee nach Deutschland geschmuggelt werden.

Beispiele für interne Machtkämpfe vietnamesischer Zigaretten- und Schutzgeld-Clans in Berlin im letzten Jahrzehnt

In einem Ausländerwohnheim im Bezirk Mahrzahn wird ein Streit unter Zigarettenhändlern mit Keulen, Eisenstangen und Messern ausgetragen. Kurz darauf wird ein 28jähriger Vietnamese auf einem Parkplatz mit einem Kopfschuß getötet.

Ein 22jähriger Vietnamese wird von Landsleuten entführt und getötet. Bei der Durchsuchung eines Wohnheimes werden 300 000 unversteuerte Zigaretten entdeckt.
Drei Täter stürmen am Abend in eine Wohnung in Hohenschönhausen, wo sieben Vietnamesen Karten spielen. Ohne Vorwarnung schießen zwei der Täter einem 22jährigen in Kopf und Oberkörper. Das Opfer war sofort tot.

Bei der bis dahin schwersten Schießerei in einem Wohnheim in der Havemannstraße in Mahrzahn werden fünf Menschen erschossen. Ein sechstes Opfer erliegt später in einer Klinik seinen Verletzungen. Unter den Opfern befinden sich auch zwei Frauen.
In einem Ausländerheim in Lichtenberg werden zwei 25- und 30jährige Vietnamesen erschossen. Die Polizei vermutet, daß die Männer wegen einer angeblichen Zusammenarbeit mit der Polizei als »Verräter« ermordet wurden.

Bei einem Feuergefecht zwischen rivalisierenden Schutzgeld- und Zigaretten-Gangs auf dem S-Bahnhof Treptower Park wird ein 29jähriger Vietnamese erschossen. Nach Ermittlungen der Polizei hatten sich mindestens sechs Vietnamesen an der Schießerei beteiligt, bei der auch ein Passant durch einen Streifschuß verletzt wurde.
Ein 37jähriger Zigarettenhändler wird an einem Supermarkt in Mahrzahn erschossen. Später werden in Eberswalde (Brandenburg) zwei tatverdächtige Vietnamesen festgenommen.

Ein 41jähriger Vietnamese wird an einem Imbiß im Bezirk Prenzlauer Berg von zwei Tätern erschossen. Der Mann war Polizeiangaben zufolge als Zwischenhändler im Zigarettengeschäft tätig.
In einem Hochhaus in Mahrzahn werden die Leichen von sechs gefesselten Vietnamesen entdeckt. Die Opfer, allesamt Mitglieder einer Erpressergruppierung, wurden durch Kopfschüsse regelrecht hingerichtet.

In straff organisierten Strukturen haben die mafiosen Gruppierungen im Ostteil Berlins und im Umland der Metropole ein engmaschiges Netz des Handels aufgebaut, an dessen Spitze als oberste Einnahmequelle der Verkauf von unversteuerten Zigaretten steht. Nach Einschätzung von Ermittlern soll dieser jährlich hohe dreistellige Millionensummen einbringen. Angaben von Bundesregierung und Zigarettenindustrie zufolge verkaufen die Viet-Gangs ihren Kunden im Jahr zwischen 240 und 300 Millionen Pakkungen, die Preise sollen sich auf nur wenig mehr als die Hälfte des handelsüblichen Verkaufspreis belaufen.
In seinen Ausmaßen weist das Schwarzmarktgeschäft damit deutliche Parallelen zum illegalen Alkoholmarkt Chicagoer Prägung der zwanziger Jahre auf. Wie der Berliner Polizeipräsident Saberschinsky diesbezüglich auf einer OK-Tagung des BKA erklärte, wurden allein im Berliner »Ameisenhandel« im Sommer 1996 rund 1200 Zigaretten-Verkaufsstellen ausgemacht. Jeder dritte der rund 30 000 in Berlin lebenden Vietnamesen soll demnach in das Verkaufsgeschäft involviert sein. Aber auch widerrechtlich kopierte Video- und Musik-Cassetten sind im Angebot, sogar unerlaubt eingeführtes Fleisch wurde bei vietnamesischen Händlern entdeckt. Hinzu kommen alle anderen wesentlichen Merkmale des Organisierten Verbrechens.
Im Zuge dieser Aktivitäten, die teilweise zu brutalen Auseinandersetzungen rivalisierender Gruppen bis hin zu Mord und anderen Tötungsdelikten führen, wie es zuletzt in bedrückender Weise die regelrechten Mordserien der Jahre 1995 und 1996 gezeigt haben, kommt u. a. auch der Schutzgeldkriminalität eine wichtige Bedeutung zu. Eine besondere Form der Erpressung bietet sich vor allem bei dieser straßentypischen OK an: die auf Androhung und Einsatz von Gewalt gestützte Erpressung bei der Zuteilung von Standplätzen. Denn jeder Straßenverkäufer muß für seinen Platz ein monatliches Schutzgeld an die Mafia zahlen, gewöhnlich ab 500 DM aufwärts. So werden für besonders lukrative Verkaufsplätze für den illegalen Zigarettenhandel bis zu 10 000 DM Schutzgeld pro Monat verlangt. Die zuweilen äußerst blutigen Kämpfe der »Beschützer« um Reviere und Verkaufsstellen erinnern dabei deutlich an klassische Streitereien von Zuhältern um den Strich und um die Prostituierten.
Für die Verkäufer selbst als den untersten Gliedern der Kette wirft das Geschäft mit der steuerfreien Tabakware jedoch meist nur einen mehr oder minder spärlichen Verdienst ab. Nahezu ausnahmslos wird von den an S-Bahnhöfen, Supermärkten, Häuserecken und in Fußgängerzonen illegal tätigen Betroffenen die gängige Drohung der Viet-Clans als ungeschriebenes Gesetz akzeptiert: »Entweder du zahlst den monatlichen Tribut oder du stehst morgen nicht mehr hier.« In letzter Zeit sind die Standgebühren der von den Zigarettenverkäufern oftmals als »Räuber« bezeichneten »Beschützer« teilweise drastisch gestiegen, die Konkurrenz der Gangs untereinander zunehmend härter geworden und mit ihr die Gewalt. Mittlerweile werden auch neuartige Varianten im Berliner »Ameisenhandel« angewandt. Hierzu zählen

- die Auftragsannahme an belebten Straßenkreuzungen und die Lieferung der Ware in das Haus der Kunden,
- das Angebot von Zigaretten in Gaststätten nach Art der Rosenverkäufer, wovon wohl auch die Wirte durch entsprechende Beteiligungen profitieren dürften,
- die Bestellung von Stammkunden in eigens dafür angemietete Wohnungen, deren Vermieter »geschmiert« werden.

Beobachtungen von Sicherheitsexperten zufolge werden die kriminellen Handelsaktivitäten der vietnamesischen Mafia-Clans u. a. bei Treffen mit Ex-Offizieren der Sowjetunion und Akteuren der Russen-Mafia, angeblich aber auch mit ehemaligen Angehörigen der DDR-Staatssicherheit sowie polnischen »Geschäftsleuten« gesteuert. Als bevorzugte Besprechungsorte gelten die großen Luxushotels in Berlin, St. Petersburg und Warschau sowie in anderen osteuropäischen Metropolen. Zu den hauptsächlichen Beschaffungs- und Vertriebswegen werden zwei unterschiedliche Varianten gerechnet. Auf der einen Seite soll der illegale Transport der Zigaretten auf dem Luft- oder Landweg mit Hilfe von Containern aus Polen, Tschechien und aus dem GUS-Raum erfolgen, wobei die Ware zuvor ordnungsgemäß und zollfrei von Tabakfabriken aus Deutschland, Belgien, den Niederlanden etc. nach St. Petersburg, Kiew oder Vilnius geliefert worden war. Zum anderen werden verplombte Lkw-Container – so ein Insider – »als Transitgut deklariert und von einem Freihafen wie Rotterdam oder Hamburg in Richtung Polen oder Rußland geschickt. Unterwegs werden die Frachtpapiere ausgetauscht, die Zigaretten auf einem Bahnhof bei Berlin abgeladen, dann werden die Container mit harmloser Fracht beladen und mit neuen Zolldeklarationen an den offiziellen Bestimmungsort weitertransportiert.« Ein LKW kann rund 10 Millionen Zigaretten laden, auf die bei einer regulären Einfuhr etwa 2 Millionen DM Steuern und Abgaben fällig würden.
Angeblich wählen die Drahtzieher des Geschäfts zuweilen auch eine noch schlichtere Methode an. Danach fährt ein LKW z. B. von einer in Berlin gelegenen Tabakfabrik lediglich fünf Kilometer hinter die polnische Grenze, um gleich danach wieder umzukehren. Auch vorgetäuschte Raubüberfälle vorwiegend in Osteuropa spielen in diesem Geschäft eine Rolle, was zur Folge hat, daß gleich zweimal von den Organisationen abkassiert wird. Neben den anfallenden Versicherungszahlungen entsteht der zweite Gewinn dadurch, daß die Ware etwa in einem umgebauten Tanklastzug nach Deutschland zurückgebracht und an Vietnamesen weiterverkauft wird. In einem Aspekt dürften sich alle genutzten Tatbegehungsweisen gleichen: bei der Arbeitsteilung nämlich. Während bis zum Endverkauf in Deutschland vornehmlich die Fäden bei Deutschen, Polen, Russen oder Tschechen zusammenlaufen, dominieren die Viet-Clans die Feinverteilung vor Ort.
Eine weitere Erpressungsvariante wird von der vietnamesischen Mafia gegen die legalen Mieter in den Berliner Wohnheimen angewandt. Seit der Wende in Deutschland bekamen viele der ehemaligen DDR-Vertragsarbeiter ungebetenen Besuch von Landsleuten. Diese verlangten von ihnen, je nach Größe ihrer Wohnung zwei, drei oder sogar vier Vietnamesen als Untermieter bei sich aufzunehmen. Anderenfalls wurde die monatliche Zahlung von bis zu 1000 DM Miete an die Mafia gefordert. Diese Mieterpressung hat dazu geführt, daß sich bei rund 1200 legalen Bewohnern rund 5000 illegale »Untermieter« eingenistet haben, was die Wohnheime, in denen teilweise auch Familien leben, vor den Augen von Politik, Justiz und Polizei weitgehend zu rechtsfreien Räumen hat werden lassen.
Darüber hinaus findet sich auch bei der vietnamesischen OK wie fast überall die Gastronomieorientierte Erpressung. So gelang es der Polizei z. B. vor wenigen Jahren in Berlin, gleich mehrere führende Köpfe eines vietnamesischen Schutzgelderpresser-Ringes zu fassen. Konkret wurde ihnen zur Last gelegt, von einem Landsmann, der in Straubing und Berlin-Lichtenberg vietnamesische Restaurants betrieb, Schutzgelder in Höhe von 19000 DM sowie Schuldscheine mit einem Wert von 145000 DM erpreßt zu haben.

Ausbreitung auch in anderen Bundesländern

Nachdem die Vietnamesen-Mafia zunächst fast nur in Berlin operiert hat, mehren sich in letzter Zeit die Anzeichen dafür, daß diverse Gruppierungen auch in anderen Teilen Deutschlands dabei sind, sich systematisch auszubreiten. Insbesondere in Thüringen und Sachsen (vor allem Leipzig, Dresden und Chemnitz) wird vietnamesischen Clans ebenfalls eine Vielzahl von vollendeten und versuchten Gelderpressungen gegen Zigarettenhändler, Geschäftsleute (vornehmlich auf Märkten auftretende Textilienhändler), Imbißstuben und Lokale, auch zum Nachteil chinesischer Restaurants, zugerechnet. Der Leiter eines ostdeutschen Landeskriminalamtes ist sogar der Auffassung, daß es hierzulande fast keinen vietnamesischen Unternehmer mehr gibt, der nicht Schutzgebühren an die Gangs bezahlt. Die Summen sollen sich monatlich gewöhnlich zwar »nur« auf etwa 1000 DM belaufen, doch wer sich weigert, muß mit harten Konsequenzen rechnen: In Erfurt wurde z. B. ein zahlungsunwilliger Textilkaufmann von sechs bewaffneten Landsleuten überfallen, zusammengeschlagen und bedroht, daß seine Frau und Kinder umgebracht würden, wenn er sich nicht an die »Vereinbarung« halte.

Neben dem Handel mit geschmuggelten Zigaretten und Erpressungsaktionen drängen die Organisationen in zunehmendem Maße auch in andere OK-Felder vor. Hierzu zählen hauptsächlich die Produktpiraterie, der Menschenhandel, die Prostitution, das Glücksspiel und die Geldwäsche. Erkenntnissen von Ermittlern zufolge verbergen sich Geldwäscheaktivitäten z. B. hinter einem Großteil von Vorfällen, bei denen Vietnamesen chinesische Restaurants übernehmen und hierfür hohe Schutzgebühren bezahlen: Ein vietnamesischer Küchengehilfe aus einem sächsischen Chinarestaurant etwa sorgte bei Bankmitarbeitern durch die Eröffnung eines Festgeldkontos für Aufsehen, weil er sofort 190 000 DM in bar einzahlte.

Wie ein Strafverteidiger in einem Prozeß gegen vietnamesische Gewalttäter darlegte, bezahlt jeder illegal nach Deutschland eingewanderte Vietnamese durchschnittlich 5 000 bis 6 000 Dollar an seine Schlepper, wobei die Betroffenen die Schleusungsgebühr meist als Verkäufer der geschmuggelten Zigaretten oder auf andere kriminelle Art und Weise abarbeiten. Der permanente Druck auf die so rekrutierten Clan-Mitglieder bzw. Mitläufer wird mit Hinweisen auf das Wohlergehen der in der Heimat verbliebenen Familienangehörigen noch entsprechend verstärkt. Die Vietnamesen würden ihrer jeweiligen Gang dauerhaft auf Gedeih und Verderb ausgeliefert bleiben. Allein der Clan-Führer würde entscheiden, ob man mit einer Plastiktüte voller Tabakwaren als Straßenverkäufer endet oder ob man mit einer Waffe in der Tasche zur Vollstreckung von Todesurteilen bzw. zur Eintreibung ausstehender »Steuern« geschickt wird – die damit verbundenen Einnahmen müßten in jedem Fall sofort bei der Gang-Leitung abgeliefert werden.

Viet-Gangs in Deutschland

- Diverse rivalisierende Gruppierungen mit einem Kern von mehreren hundert Mitgliedern: »Nghe-Tinh-Gang«, »Bund der Wohltätigkeit«, »Ngoc-Thien-Bande«, »Quang-Binh-Clan«, »Hai-Hung«, »Hanoi«, »Vereinte Nordprovinzen«, »Hoi-Lien-Quan« etc.
- Komplexer Aktionsrahmen in einem Netzwerk zwischen Vietnam, Ost- und Westeuropa: Mord, Raub, Entführungen, Zigarettenhandel, Schutzgeldkriminalität, Menschenhandel, Prostitution, Drogenschmuggel, Produktpiraterie, Glücksspiel und Geldwäsche
- Streng hierarchischer, meist nach regionaler Herkunft geordneter Clan-Aufbau: Jeweils 15 bis 20, teilweise auch bis zu 50 Clan-Soldaten unterstehen in der Regel einem Chef und seinen bis zu vier Stellvertretern
- Funktionen von Mitgliedern in Zigaretten- und Schutzgeld-Gangs:
  - Clan-Führer und Stellvertreter
  - Vermittler und Beschaffer
  - Observanten
  - Kassierer
  - Bunkerhalter
  - Verkäufer
  - Gewalttäter und Mörder

Fallbeispiel Thüringen und Sachsen-Anhalt

Ende 1996 war in Thüringen und Sachsen-Anhalt ein Großaufgebot von 350 Beamten im Einsatz, um in insgesamt 22 Wohnungen 54 Vietnamesen festzunehmen. Den Tatverdächtigen wurde u. a. Mord, Folter (zum Teil mit glühenden Bügeleisen), Vergewaltigung, Raub und schwerer Menschenhandel zur Last gelegt. Außerdem wurden bei der Razzia Schußwaffen und hohe Bargeldsummen sichergestellt. Der Zugriff gelang, obwohl die Vietnamesen über ein ausgeklügeltes Alarminformationssystem mit Handys verfügten: Bei Erscheinen der Polizei wird von einem Vorposten eine bestimmte Nummer angewählt. Dadurch werden über einen Impulsgeber sogenannte »Pieptöne« ausgelöst. Wenig später sind die auf diese Weise gewarnten Personen verschwunden.

Fallbeispiel Berlin

Einer der bisher größten Schläge gegen die Viet-Gangs gelang der Berliner Polizei nach einer entsprechenden Information aus Sachsen im Herbst 1996 mit der Festnahme des sogenannten »Barmherzi-

gen«, einem etwa 25 Jahre alten Clan-Führer mit dem Decknamen Ngoc-Thien. Ihm werden Morde und eine Reihe anderer Straftaten zur Last gelegt. Bei der Aktion eines Sondereinsatzkommandos in einer seit längerem beobachteten konspirativen Wohnung im Berliner Bezirk Tiergarten konnten zugleich zwei weitere Vietnamesen gefaßt werden, die vermutlich seine beiden engsten Führungsgehilfen waren: die erst 15jährige Freundin des Bandenchefs und sein 24 Jahre alter mutmaßlicher Stellvertreter. Nach Polizeierkenntnissen soll die straff organisierte Ngoc-Thien-Gang mit ihren 40 bis 50 Kernmitgliedern bis dahin etwa zwei Drittel des Berliner Schwarzmarktmilieus kontrolliert und auch im mörderischen Erpressungs- und Verdrängungskrieg eine führende Position besessen haben.
Die für jeden von ihnen beherrschten Verkaufsplatz eingetriebenen Schutzsteuern beliefen sich monatlich auf 1000 bis 14 000 DM. Doch trotz dieses Fahndungserfolgs gaben die Ermittler keineswegs »Entwarnung«. Vielmehr wurde darauf hingewiesen, daß in der Folgezeit weitere claninterne Kämpfe um die Neubesetzung der Führungsriege beginnen könnten. Auch seien entsprechende Übernahmeversuche durch konkurrierende Viet-Gruppierungen wie insbesondere die Gang »Quang-Binh« möglich bzw. zu befürchten. Deren seinerzeitiger Kopf konnte allerdings am 28. Oktober 1996 durch Berliner Zielfahnder in einem Chinarestaurant in Meißen festgenommen werden. Insgesamt war eine Sonderkommission, der 35 Beamte angehörten, über mehrere Monate hinweg in Berlin und auch darüber hinaus tätig. Im Rahmen von nicht weniger als 11 500 Einsätzen an über 1 100 Verkaufsplätzen wurden ca. 36 Millionen Zigaretten und rund eine halbe Million DM Bargeld beschlagnahmt. Außerdem gelang es der Sonderkommission, 15 Morde innerhalb der Berliner Viet-Szene aufzuklären.

Fallbeispiel Sachsen

Aufschlußreiche Erkenntnisse zu den kriminellen Geschäftszweigen der vietnamesischen Mafia liegen mittlerweile auch aus dem Freistaat Sachsen vor, wo das Dresdener Landeskriminalamt im Juni 1996 die Sonderkommission VOKS (Bekämpfung vietnamesischer OK-relevanter Strukturen) in einer Personalstärke von rund 40 Beamten mit Sitz in Leipzig gebildet hatte. Die dortigen Lagebeobachtungen können wie folgt zusammengefaßt werden:

Diese Maschinenpistole war die Tatwaffe bei einem Vietnamesen-Mord in Dresden.

- Neben den illegalen Zigarettenverkäufern müssen fast alle vietnamesischen Geschäftsleute an die verschiedenen Clans Schutzgebühren entrichten. Die Einstiegsbasis für das dortige Geschäft mit der Angst bildeten zunächst legale Strukturen der vietnamesischen Gastarbeiter, die einen Einzelhandel mit Textil- und Gemüseständen aufgebaut hatten.
- Die in Sachsen operierenden Viet-Gangs stammen aus verschiedenen Regionen ihres Heimatlandes und halten zur Rekrutierung neuer Mitglieder und Arbeitskräfte dorthin nach wie vor Verbindungen aufrecht. Zu den rivalisierenden Clans werden insbesondere die Gruppen »Hai-Hung«, »Hanoi« und »Nghe-Tinh« gerechnet. Auftragsmörder werden bereits für Summen unter 5 000 DM tätig. Es sind gewöhnlich sehr junge Männer, die Soldaten genannt werden. Ihre Opfer sind Landsleute, die ihre Schutz- und Standgebühren nicht bezahlen wollen, Mitglieder feindlicher Banden sowie Überläufer und Verräter, d. h. mit den Behörden kooperierende Personen. Teilweise wird die Todesstrafe sogar

vertraglich angedroht. So hat die Polizei in Verträgen, die vietnamesische Händler mit ihren kriminellen Landsleuten schließen mußten, den Begriff »Waldstrafe« gefunden – die Hinrichtungen finden bevorzugt in Wäldern statt.

- Ein Delikt von insbesondere in letzter Zeit zunehmender Bedeutung innerhalb des Viet-Milieus ist der Prostitutionsbereich. Wie schon auf dem Zigarettensektor erfolgt auch hier die Tatbegehung in enger Arbeitsteilung und Kooperation mit anderen Zweigen der Euro-OK. Während es sich hierbei zum einen um sogenannte, vornehmlich in Rußland bzw. Osteuropa tätige Mädchenbeschaffer handelt, wird zum anderen in Deutschland mit hiesigen Hehlern und Zuhälterringen zusammengearbeitet: Junge Frauen werden vor allem in ländlichen Gebieten in den GUS-Staaten oder Polen unter falschen Versprechungen illegal nach Deutschland geschleust und dann an Bordelle im gesamten Bundesgebiet, aber auch in das benachbarte Ausland »geliefert«.

  In Chemnitz wurde z. B. eine Wohnung entdeckt, die als Zwischenlager für Mädchen diente, deren weitere Verwendung in Bordellbetrieben im süddeutschen Raum vorgesehen war. In vier Städten Bayerns und Baden-Württembergs wurden in diesem Zusammenhang Anfang November 1996 immerhin 14 vietnamesische Zuhälter festgenommen. Prinzipiell werden die Frauen dabei von Zeit zu Zeit an andere Bordelle weitergereicht, um den Kunden ein wechselndes Angebot an Prostituierten zu unterbreiten. Gilt ein Mädchen jedoch irgendwann als »verbraucht«, wird es wieder über die Grenze abgeschoben und damit sozusagen präventiv »entsorgt«. Sachsens LKA-Präsident betonte in diesem Zusammenhang: »Die Verbrecher wollen verhindern, daß die Frauen sich in Deutschland doch noch an die Polizei wenden.«

Experten der Sicherheitsbehörden gingen davon aus, daß die diversen Viet-Gangs zukünftig auch immer gezielter in westlichen Bundesländern einerseits sowie andererseits in weiteren westeuropäischen Staaten auftreten würden, um ihre kriminellen Wirkungskreise zu entfalten. Entsprechende Ermittlungskomplexe waren in Bayern, Baden-Württemberg, Bremen und Nordrhein-Westfalen zu verzeichnen und ließen diese Vermutung zu.
Doch die vor allem in den neuen Bundesländern eingerichteten Ermittlungskommissionen »Vietnam« verzeichneten große Erfolge. Die etabliertesten Banden wurden zerschlagen, viele Bandenchefs festgenommen und zu langjährigen Freiheitsstrafen verurteilt. Durch die verlorene Führung wurden die Banden teilweise handlungsunfähig. Ihre Organisationsstrukturen wurden weitgehend zerstört. Wenn auch der illegale Zigarettenverkauf durch Vietnamesen nicht vollständig unterbunden werden konnte, so wurden die Begleiterscheinungen wie Schutzgelderpressungen und Gewalt- und Tötungsdelikte doch weitgehend zurückgedrängt. Auch wenn in den neuen Bundesländern immer wieder ähnlich gelagerte Straftaten wie Erpressungen und Raubüberfälle registriert wurden, so konnte mit dem energischen Vorgehen gegen die gewaltbereiten Vietnamesen-Gangs das systematische Überschwappen in die alten Bundesländer bislang verhindert bzw. deren dortiges kriminelles Auftreten in Grenzen gehalten werden.
In ihrem gemeinsamen Lagebericht 2000 gingen die Staatsanwaltschaft und das Landeskriminalamt Berlin auf die aktuelle Lage ein. Sie gaben allerdings noch keine Entwarnung im Bereich Vietnamesen-Kriminalität. Bei steigenden OK-Ermittlungsverfahren und Täterzahlen stellten die Vietnamesen mit 62 Personen die größte OK-Gruppierung. Sie waren im Bereich des Zigarettenschmuggels tätig, der nach Berliner Angaben weiterhin im Ansteigen begriffen ist. Zwar gelang es der Berliner Kripo, den seit 1990 tätigen »Quang Binh«-Clan – siehe weiter oben – fast völlig zu zerschlagen, aber an ihre Stelle traten die »Nghi Xuan« und die »Thanh Chuong«-Banden. Die Behörden wiesen darauf hin, daß bei Festnahmen einzelner Mitglieder diese sofort durch neue Personen ersetzt werden und die Festgenommenen und ihre Familien während der Inhaftierung finanzielle Unterstützung erhalten.
Neben dem für die Vietnamesen weiterhin lukrativen Zigarettenschmuggel werden die Entwicklungen in den Kriminalitätszweigen Schleusungen und Menschenhandel in Zukunft aufmerksam zu beobachten sein.

Die amerikanische Mafia – La Cosa Nostra

Das amerikanische Bundesjustizministerium und das FBI definieren das organized crime allgemein als eine »fortgesetzte und sich selbst erhaltende kriminelle Verschwörung, die durch Furcht und Korruption erhalten wird und von Habgier motiviert ist«. Ergänzend seien hier zwei spezifische gesetzliche OK-Definitionen angeführt:

- »Wenn sich zwei oder mehr als zwei Personen kriminell absprechen, um ein Verbrechen zu begehen oder um auf irgendeine Weise oder zu irgendeinem Zweck Betrug auszuüben an den Vereinigten

Staaten, und wenn eine oder mehr als eine dieser Personen eine Handlung begeht, um das Ziel einer kriminellen Absprache zu verwirklichen, wird jede dieser Personen mit einer Geldstrafe von höchstens 10 000 Dollar oder mit einer Freiheitsstrafe bis zu fünf Jahren oder mit beiden Strafen belegt.«

- Eine weitere Definition betrifft das »fortgesetzte kriminelle Unternehmen«, das besonders hoch bestraft wird, mit mindestens 20 Jahren (bis lebenslänglich, nach Morden auch mit Todesstrafe). Es liegt dann vor, wenn »mindestens sechs Personen zusammengewirkt haben«, fortgesetzt Straftaten aus einer langen Reihe aufgelisteter Delikte begangen haben und diese Gruppe dabei eine Struktur entwickelt hat, »bei der es zu Über- und Unterordnungsverhältnissen wie in einem Management« gekommen ist.

Die Ermittlungen der US-Behörden konzentrieren sich traditionell insbesondere auf die klassischen OK-Organisationen wie die amerikanische La Cosa Nostra, die italienische Mafia, N'drangheta und Camorra sowie auf internationale Drogenkartelle. Neben der Rauschgiftkriminalität sind u. a. internationale Delikte aus den Bereichen Geldwäsche, Waffenhandel, Kfz-Verschiebung, Menschenhandel, Betrug im Rahmen von Finanztransaktionen und der Handel mit gefälschten oder gestohlenen Wertpapieren zu verzeichnen. Es liegen internationale Erkenntnisse vor, nach denen die amerikanische La Cosa Nostra seit langem auch über die USA hinaus aktiv ist. Auch hierzulande soll sie seit Jahren mit Führungspersonen der deutschen Glücksspiel-, Bordell- und Zuhälterszene in Hamburg, Berlin, Frankfurt, München und dem Rhein-/Ruhr-Gebiet verknüpft sein.

Die OK-Bekämpfung ist in den USA nach dem Zweiten Weltkrieg lange Zeit nur relativ halbherzig durchgeführt worden: Immer wieder sah sich die US-Regierung aus außenpolitischen Interessen heraus veranlaßt, mit mafiosen Strukturen anderer Staaten (bekanntlich insbesondere Italien und Japan, aber auch Südamerika) zu kooperieren bzw. gewisse Rücksichtnahmen walten zu lassen (wie dargelegt z. B. bezüglich der chinesischen Triaden), was selbstverständlich nicht ohne Auswirkungen auf das Engagement im inländischen Anti-OK-Kampf insgesamt bleiben konnte. Die gegenwärtige Bekämpfung des organized crime richtet sich nach einer von FBI und Bundesjustizministerium entwickelten nationalen Strategie und basiert auf besonderen Anti-OK-Gesetzen mit einem spezifischen Ermittlungsinstrumentarium. Als wichtigste Maßnahme ist hier der »Racketeer Influenced and Corupt Organisations Act« (RICO) als Teil eines umfassenden Anti-OK-Gesetzes aus dem Jahre 1970 zu nennen, der einen völlig neuen rechtlichen Ansatz insbesondere zur OK-Bekämpfung in den USA darstellte.

Außerdem verfügen die USA mit der Drug Enforcement Administration (DEA) über eine besondere Anti-Drogenbehörde, da die Rauschgiftkriminalität in den USA seit langem zu den dominierenden Teilsektoren der OK gehört und ihren Drahtziehern enorme Gewinnanteile ermöglicht. Die jährlichen Umsätze allein im Drogengeschäft werden von Fachleuten weltweit auf rund 500 Milliarden US-Dollar geschätzt. Wie aus aktuellen DEA-Berechnungen hervorgeht, verbindet sich allerdings mit dem Unterhalt einer hochentwickelten, nicht selten länderübergreifend agierenden OK-Gruppe ein nicht zu unterschätzender Finanzaufwand. So seien rund 30 % des Umsatzes für die Erstinvestition der Geschäfte einzukalkulieren, während weitere 60–65 % für Personal, Bestechnung, Logistik und eventuelle Nachfolgelasten (Anwälte, Prozeßkosten, Zeugeneinschüchterung) zu veranschlagen seien und »nur« 5–10 % vom Umsatz als Gewinn unter den Hintermännern zur Verteilung kommen würde.

Aktuellen Erkenntnissen des FBI zufolge bilden rund 29 000 Kriminelle den harten Kern der gegenwärtigen amerikanischen OK-Szene. Neben US-Bürgern zählen hierzu vor allem aus Italien, Rußland, Osteuropa, Mexiko, Kolumbien, Asien und Nigeria stammende Straftäter. Dementsprechend sind auch in den USA seit langem vielfältige Gruppierungen und Varianten der OK bekannt. Hinsichtlich ihrer Tradition, Qualität und Gefährlichkeit unterscheiden sich diese jedoch zum Teil deutlich, wobei die höchste Qualitätsstufe dabei die Kontrolle bzw. Übernahme ganzer Produktions- oder Dienstleistungszweige mit Hilfe der Schutzgeldkriminalität und damit verbundener Gewalt- und Korruptionsformen darstellt. In chronologischer Hinsicht können grob unterteilt mindestens drei große Entwicklungslinien der amerikanischen OK-Szene festgehalten werden, und zwar eine italienische, eine chinesische und eine russische, wobei jede dieser Wellen auch mit spezifischen (west-)europäischen Bezügen versehen ist.

Das organized crime in den USA geht entwicklungsgeschichtlich im wesentlichen auf drei Wurzeln zurück:

- erstens auf die Gauner- und Räuberbanden des Mittelalters und das Gaunerwesen des 19. Jahrhunderts,
- zweitens auf die »Desperados« der Westerngeneration,
- drittens auf die abgeschotteten Hilfs- und Schutzbündnisse diverser Ethnien, die Ende des 19. Jahr-

hunderts im Zuge der verschiedenen Zuwanderungswellen in den Staaten entstanden (sizilianische Mafia, irische und mittelamerikanische Verbrecherclans etc.).

Nicht wenige dieser letztgenannten Einwandererbündnisse entwickelten sich während der Weltwirtschaftskrise der zwanziger Jahre zu mächtigen Organisationen. Ein Teil davon wurde direkt auf dem illegalen Sektor tätig, z.B. Schmuggel. Demgegenüber betrieben andere Gruppierungen legale Geschäfte (z.B. im Bekleidungs-, Bau- oder Transportbereich) unter Nutzung krimineller Methoden, d.h. vornehmlich durch Ausschaltung von Konkurrenz, Unterdrückung der Arbeiter oder auch durch Beschaffung öffentlicher Aufträge mittels Erpressung und Korruption.
Traditionell wird die amerikanische OK-Szene dabei von der italienstämmigen La Cosa Nostra (»Unsere Sache«) mit ihren Basisdelikten der Schutzgelderpressung, der übrigen Gewaltkriminalität und der Korruption dominiert. Der enorme Aufstieg dieser Verbrecher-Syndikate setzte mit der großen Einwanderungswelle am Ende des letzten Jahrhunderts ein und ist natürlich eng mit der heimischen Mafia und Camorra verknüpft. Denn unter den vielen Italienern und Sizilianern befanden sich auch etliche Mafiosi, die ihr System der kontrollierenden Gang zunächst innerhalb des eigenen Immigrantenbereichs errichteten und die der Staatsmacht in den USA von Anfang an ablehnend gegenüberstanden. Heutzutage werden allein diesem Zweig des organized crime über 5000 Mitglieder aus etlichen Familien, zusammengefaßt in etwa zwei Dutzend Clans, zugerechnet. Ihr jährlicher Umsatz soll sich auf 60–100 Milliarden US-Dollar belaufen.

Führende Syndikate der La Cosa Nostra in den USA

- Gambino-Clan: ca. 400 Mitglieder
- Genovese-Clan: ca. 350 Mitglieder
- Lucchese-Clan: ca. 125 Mitglieder
- Colombo-Clan: ca. 100 Mitglieder
- Bonanno-Clan: ca. 75 Mitglieder

Die hauptsächlichen Tätigkeitsfelder dieser aus mehreren Mafia-Familien (mit einem Patrone an der Spitze) zusammengesetzten Clans betreffen derzeit die Bereiche Rauschgift, Schutzgelderpressung und Arbeitsmarktkontrolle. Untereinander kooperieren die Syndikate im Consiglio d'Ammistrazione, einem in New York ansässigen Verwaltungsgremium mit obersten Gerichts- und Leitungsfunktionen. Der Rat wurde bereits 1931 auf Initiative des legendären Mafia-Bosses Lucky Luciano gebildet; ihm gehören gewöhnlich 9–12 oberste Familienhäupter an, die von den einzelnen Syndikaten bestimmt werden.

1889 – das erste Opfer der Mafia

Das erste verbürgte Opfer der Mafia auf amerikanischem Boden war ein Mann namens Vincenzo Ottumvo: Er wurde am 24. Januar 1889 in New Orleans anläßlich eines Gebietsstreits getötet, in dem es um die Kontrolle der Docks am Mississippi ging. Als ein Jahr später dann auch noch der städtische Polizeichef erschossen wurde, kam es zu einem Mordprozeß gegen nicht weniger als neunzehn Sizilianer. Während des Verfahrens stellte das Gericht fest, daß die Gründung einer geheimen Organisation in den Staaten, der sogenannten Mafia, zweifellos erfolgt ist – dies geschah also vor über einem Jahrhundert.
Insbesondere die Einführung der totalen Prohibition im Jahre 1919 brachte diesen Mafiosi-Gruppen einen gewaltigen Aufschwung. Soweit die Bevölkerung auf das illegale Produkt Alkohol nicht verzichten wollte, wurde es ihnen durch die Mafiagruppierungen geliefert, aus der dann in der Folgezeit die straff organisierten Syndikate der La Cosa Nostra wurden, deren Zentrale Chikago wurde. Einer der größten Gangsterbosse war der auch heute noch bekannte Al Capone, der als Laufbursche eines Bordells begann und es dann zum König der Unterwelt Chikagos brachte, indem er mit seiner Organisation nicht nur große Teile des Alkoholgeschäfts, sondern auch Spielhöllen, Prostitutionsbetriebe sowie den übrigen Schutzgeldsektor kontrollierte. Im Jahre 1931 wurde Capone schließlich wegen Steuerhinterziehung zu einer langjährigen Freiheitsstrafe verurteilt; andere Straftaten konnten ihm interessanterweise nicht bewiesen werden.
Besonders aufsehenerregend war die Zeit der sogenannten Chikagoer Bierkriege zwischen 1924 und 1931, in denen rivalisierende Gangs am hellichten Tag aufeinander schossen, ohne daß die Polizei eingreifen konnte und wollte. Wie der prominente deutsche Kriminologe Schneider berichtet, wurden allein in vier Jahren »215 Morde bekannt, die die Gangster untereinander begangen hatten. Die Polizei erschoß während dieser vier Jahre 160 organisierte Verbrecher. Bombenwerfen durch spezialisierte, straff

organisierte Gangs diente als Methode zur Einschüchterung und Erpressung. Mit Backsteinen warf man Schaufensterscheiben ein. Man zerstörte Läden und Vergnügungsstätten. Man schlug Geschäftsinhaber brutal zusammen. Berüchtigt war auch die Black-Hand-Methode: Durch anonyme Briefe mit Morddrohungen versuchte man, Geschäftsleute zu erpressen. Diese Methode stammte von der Camorra und der Mafia. Unter Todesfurcht vertrauten sich die Opfer der Polizei nicht an, sondern sie zahlten den Preis für ihr Leben. Die organisierten Verbrecher gründeten ›Schutzvereinigungen‹, die der Geschäftswelt garantierten, nicht belästigt zu werden, und die Geschäftsleute mußten dann regelrechte ›Steuern‹ an das organisierte Verbrechertum zahlen.«

Nach und nach gelang es den Syndikaten, die öffentlichen Organisationen der Stadt zu korrumpieren und zu durchsetzen, so daß sie auch zu einem politischen Einfluß- und Machtfaktor wurden. Der Zusammenhang zwischen lokaler Politik und organized crime wurde insbesondere bei Begräbnissen von Gangsterbossen offenbart. Der damit einhergehende große Pomp sollte Macht und Reichtum der Gangster zur Schau stellen, während zugleich die Anwesenheit von gesellschaftlicher Prominenz und Lokalpolitikern die freundschaftlichen Beziehungen und den politischen Schutz der mächtigen finanziellen Interessen des organisierten Verbrechertums demonstrieren sollte.

Mit dem Ende der Prohibition im Jahre 1933 lenkte die US-Mafia ihre Aktivitäten vor allem in die Deliktsfelder Glücksspiel, Prostitution und Rauschgift um, die seitdem ihre ungebrochene Domäne geblieben sind. Die vorherrschende Strategie der amerikanischen Mafia-Syndikate ist folglich seit jeher auf die gewaltsame Einflußnahme sowohl auf illegale als auch auf legale Wirtschaftszweige mit den Zielen der Tarnung, Wettbewerbsausschaltung, Gewinnpartizipation, Kontrolle und Teil- bzw. Inhaberschaft gerichtet. Im Legalbereich sind u. a. zu nennen: Hafenverwaltungen, Schlachthöfe, Automatenindustrie, Immobiliengewerbe, Versicherungsgesellschaften, Restaurants und Gewerkschaften.

Die Kontrolle von Gewerkschaften z. B. dient nicht nur der systematischen Veruntreuung von Wohlfahrts- und Pensionsgeldern. Vielmehr ist auch die Androhung von Streiks zur Erpressung der Unternehmer bekannt. Entsprechende Zahlungen an die OK zur »Sicherung des Arbeitsfriedens« sind die Folge. Außerdem bietet sich auch die Gelegenheit, illegale Aktivitäten wie etwa illegales Glücksspiel oder die Darlehensgewährung zu Wucherzinsen auf Betriebsgeländen zu betreiben.

Die Erlangung krimineller Gewinne aus unerlaubten Unternehmen erstreckte bzw. erstreckt sich vornehmlich auf die illegale Alkoholproduktion und deren Vertrieb, den Rauschgift- und Waffenhandel, die Prostitution, das illegale Glücksspiel, Diebstahl und Verwertung von Wertpapieren und Zahlungsmitteln sowie auf erpresserische Geldverleihgeschäfte zu Wucherzinsen (geschätzter Verdienst z. B. bereits im Jahre 1970: 350 Millionen US-Dollar) und natürlich auf das »racketeering«, also dem bezahlten »Schutz«, den die Syndikate einträglichen Wirtschaftszweigen aufzwingen. In bestimmten Vierteln greift die Macht der OK sogar so weit, daß auch Metzger, Bäcker, Ärzte und selbst Bankiers einen Anteil ihres Gewinns entrichten müssen. Die Aktionspalette reicht dabei außerdem von einfachen Bordells bis hin zu Edel-Callgirl-Ringen, von der kleinen Spielhölle bis hin zu den großen Pferderennveranstaltungen und von den Slumkneipen bis hin zu den berühmten Saloons in Las Vegas etc.

Im Laufe der Jahrzehnte mehrten sich die Anzeichen bzw. Beweise, daß die Syndikate über ihre jeweiligen lokalen Hierarchiestrukturen hinaus auch überregional durchorganisiert bzw. zentralisiert sind und über teilweise enge strukturelle Verbindungen zur italienischen Mafia verfügen. Aufgrund der besonders professionellen Organisationsstrukturen, internen Abschottungsstrategien und der weitverzweigten Korruptionsgeflechte ist der Kampf gegen die Mafia äußerst schwierig. Während die Führungspersonen, die vielfach als angesehene Geschäftsleute und schon deshalb als unangreifbar gelten, sich ohnehin von nachweisbarer Illegalität zurückhalten, hüten sich von der Polizei gefaßte unbedeutendere Mafiosi gewöhnlich aus Angst um ihr Leben vor entsprechenden Aussagen. Amerikanische Quellen wissen zu berichten, daß für die Beseitigung von Verrätern und Zeugen sogar eine eigene Organisation existiert.

Als besonders bedenklich ist es auch zu bewerten, daß die immensen illegalen Gewinne wie bereits angesprochen frühzeitig in profitable Wirtschaftszweige geschleust wurden und damit legale Geschäfte finanziert werden: Lebensmittelhandel, Wäschereien, Dienstleistungsgewerbe, Beteiligungen an der Großindustrie mittels Aktienpaketen etc. Letztlich wird in den USA seit langem davon ausgegangen bzw. ist bekannt, daß die Mafia-Syndikate nicht nur etliche hochdotierte Rechtsanwalts-Kanzleien unterhalten, sondern mittels großer Bestechungs- und Beteiligungssummen an viele Politiker, Justiz- und Verwaltungsangehörige auch verschiedene demokratische Institutionen unterwandert haben. Dabei kommt dem organized crime zweifellos zugute, daß in den USA die meisten öffentlichen Amtsträger – einschließlich Sheriffs, Richter und Staatsanwälte – jeweils nur für eine bestimmte Zeit in ihre Ämter gewählt werden.

Moderne Technologien für weltweite Geschäfte der US-Mafia

Über die gegenwärtigen, zunehmend auch weltweit angelegten Aktivitäten der amerikanischen Syndikate und über die Bedeutung moderner Technologien hierfür gibt der folgende Fall beispielhaft und eindrucksvoll zugleich Auskunft:

Bei ihren Recherchen über Gruppen, die zwischen Europa und den USA illegale Geschäfte betrieben, gerieten italienische, russische und amerikanische Fahnder an ein merkwürdiges »Dreieck«: Zwischen Kalabrien, St. Petersburg und dem bolivianischen Cali wurden Ferngespräche abgehört, die ohne alle Verschlüsselung vom Kauf einer ganzen Bank und von Verbindungen zu nationalchinesischen Maklern handelten, die einen ganzen Fernmeldesatelliten zum Kauf anboten. Der Deal konnte gerade noch verhindert werden: In einer fein aufeinander abgestimmten Aktion nahmen die Strafverfolger an die 40 Personen fest. Dabei beschlagnahmten sie neben Sach- und Kapitalwerten von umgerechnet insgesamt mehr als 380 Millionen DM gleich ein halbes Dutzend modernster Büroeinrichtungen, die rund um die Uhr mit allen wichtigen Börsenplätzen der Welt und zahlreichen Brokern verbunden waren, weiter Schecks und Wechsel aus nicht weniger als 30 Ländern und bezogen auf über 150 Banken, dazu ein Dutzend Richtfunkantennen, Empfangsgeräte und Satellitentransmitter. Der Satellit sollte von der italienischen und US-amerikanischen Mafia und den lateinamerikanischen Kokainkartellen genutzt werden, um – unter anderem mit ihren Residenten in der GUS – abhörsichere Telefongespräche führen zu können.

Kolumbianische Kartelle

Aus dem südamerikanischen Raum treten insbesondere kolumbianische Drogenkartelle weltweit hervor. Die bekanntesten, vornehmlich im internationalen Kokainhandel einflußreichen Gruppierungen sind das Medellin-Kartell mit etwa 15 000 Mitgliedern und das Cali-Kartell mit rund 80 000 Mitgliedern. Für die insbesondere in der zweiten Hälfte dieses Jahrhunderts verstärkt in Erscheinung getretenen Drogenkartelle Kolumbiens, aber z. B. auch Boliviens und Panamas ist die über Jahrzehnte gewachsene enge Verflechtung mit Teilen des Staatsapparates kennzeichnend. Eine unrühmliche Rolle kommt hierbei auch ausländischen, vor allem US-amerikanischen Geheimdiensten zu. Denn nicht wenige zentral- und südamerikanische Drogenbarone, wie z. B. Panamas General Noriega, wurden erst unter dem Schutz der USA groß und mächtig.
Kolumbiens innenpolitische Situation – mit Tausenden von Mordopfern im Jahr – ist durch einen nunmehr fast 40 Jahre anhaltenden Guerilla-Krieg geprägt. Doch bislang lagen die Kampfschauplätze vornehmlich auf dem Lande, d. h. in abgelegenen Bergregionen und nur schwer zugänglichen bzw. undurchdringlichen Urwaldzonen. Seit einigen Jahren haben die großen Guerilla-Verbände jedoch ihren Kampf gegen die Regierungsherrschaft in verstärktem Maße auch auf die Städte des Landes ausgedehnt. Neben der Hauptstadt Bogota sind Medellin, die zweitgrößte Stadt Kolumbiens, und Cali, die drittgrößte Stadt, von den sich häufenden Bomben- und Brandanschlägen auf das Schienennetz der Metro, Banken, Fabriken, Gas- und Ölleitungen und Kraftwerke sowie von Straßensperren der Guerilla im ganzen Land besonders betroffen.
Die Kontrahenten im Bürgerkrieg sind

- die politisch rechtsgerichtete Regierungsschicht, die von den Rebellen als ausbeuterische, korrupte und militaristische Oligarchie angesehen wird, die sich auf Kosten der armen Bevölkerungsschichten an den Imperialismus verkauft habe,
- die knapp 300 000 Mann starken Polizei- und Armeeverbände Kolumbiens, die vielerorts noch von rund 5 500 paramilitärischen Bewaffneten unterstützt werden,
- zwei große linksgerichtete, von der Regierung als Terroristen bekämpfte Guerilla-Verbände: die marxistische ELN (»Heer der nationalen Befreiung«) und die FARC (»Revolutionäre Streitkräfte Kolumbiens«). Sie sollen – vornehmlich in Armenvierteln – bei diversen Stadt-Milizen Unterstützung finden.

Die Einkommensquellen der auf mindestens 12 000 Mitglieder geschätzten Guerilla-Verbände sind vielfältiger Natur:

- Einerseits werden jährlich rund 500 Entführungen von Einheimischen, nicht zuletzt aber auch von ausländischen Wirtschaftsvertretern registriert, bei denen zuweilen bis zu zwei Millionen Dollar Lösegeld verlangt werden. Noch 1995 z. B. wurden insgesamt über 1 100 Menschen von der Guerilla bzw. anderen Kriminellen entführt. Während gewöhnliche Kidnapper sich in der Regel mit 125 000 Dollar pro Kopf begnügten, kassierte die Guerilla im Schnitt 240 000 Dollar für einen Entführten. Bei ausländischen Opfern kann der Preis sogar auch bis zu fünf Millionen Dollar steigen.

- Zum anderen haben die Rebellen das Transportgeschäft des Landes seit langem mit Hilfe der lukrativen Schutzgeldkriminalität unter Kontrolle. Nach Auffassung des Präsidenten des Spediteure-Arbeitgeberverbandes findet sich in Kolumbien kaum ein Lastkraftwagen, für den nicht Wegegelder an die Guerilleros entrichtet werden. Im schlimmsten Fall kann ein Betroffener zu hören bekommen: »Dein Truck ist 100 000 Dollar wert, die Ladung nochmal das gleiche. Du hast drei Stunden Zeit, ihn für 200 000 auszulösen.« Oftmals gehen die Instruktionen der Rebellen an die 1 500 Spediteure des Landes sogar per Fax ein.
- Als größte Einnahmequelle der Revolutionäre gilt jedoch die systematische Erpressung der Rauschgiftproduzenten und -händler. Kolumbianische Drogenexperten berichten, daß die Guerilla für jedes Kilo Kokain, das in den Coca-Anbauzonen den Besitzer wechselt, »Steuern« kassiert. Außerdem würde kein Flugzeug mit der »heißen Ware« in die Luft steigen, ohne daß die Händler zuvor eine entsprechende »Startgebühr« entrichtet hätten.

Noch etwas anders wird die Lage allerdings von der Regierung und den Streitkräften Kolumbiens dargestellt. Danach sei die FARC selbst ein neues Drogenkartell, das intensiv am Kokainhandel beteiligt ist. Die zwischenzeitlichen Bemühungen der Armee, die Coca-Felder der Bauern zu zerstören, gaben dann auch den Anstoß für die Eskalation im kolumbianischen Bürgerkrieg. Da den Bauern von der Regierung bislang kaum Alternativen angeboten wurden, protestierten sie zu Zehntausenden und lieferten sich – unterstützt von der Guerilla – blutige Auseinandersetzungen mit den Soldaten.

Doch auch auf der anderen Seite gibt es mehr oder weniger systematische Verquickungen mit der organisierten Rauschgiftkriminalität. So sollen insbesondere die bereits angesprochenen paramilitärischen Verbände, die von reichen Viehzüchtern zum Schutz gegen Diebstahl und Guerilla gegründet wurden, nicht selten gleichzeitig mit den Drogenkartellen zusammenarbeiten.

Staatspräsident unter Verdacht

Selbst Kolumbiens ehemaliger Staatspräsident Ernesto Samper sah sich massiven Vorwürfen ausgesetzt, seinen Wahlkampf mit Drogengeldern finanziert zu haben. Aufgrund dessen wurde ihm von den USA sogar sein Einreisevisum entzogen, so daß er z. B. für Auftritte vor der UNO-Vollversammlung Sondergenehmigungen benötigte. Die Verdächtigungen gegen Samper sind als typisch für die gesellschaftliche Lage in Kolumbien anzusehen, die seit Mitte der siebziger Jahre zunehmend durch diverse Begleiterscheinungen um den ersten Devisenbringer des Landes herum, das Kokain, gekennzeichnet ist. So konnten sich mächtige Kartell-Führer wie der später Erschossene Pablo Escobar weitgehend ungehindert Plätze als angesehene Mitglieder der Gesellschaft erkaufen:

- Die Armen erhielten Arbeit als Koka-Bauern, Drogenkuriere oder Leibwächter.
- Für die Slumbewohner z. B. in Medellin wurden Sozialwohnungen und auch Schulen errichtet.
- Alteingesessene Grundbesitzerfamilien erfreuten sich an neugegründeten Baufirmen, Apartmentanlagen, Autohandlungen etc.
- Universitäten akzeptierten hohe Forschungszuschüsse, Fußball-Vereine entsprechende Sponsorengelder.
- Politische Instanzen und insbesondere der Bereich der staatlichen Sicherheitsbehörden wurden in wachsendem Maße korrumpiert, zum Teil auch durch Mord und Gewalt gefügig gemacht. Selbst die vielfach von den Drahtziehern der Rauschgift-Clans finanzierten Luxusgefängnisse des Landes sprechen hier für sich.

Aufschlußreich sind in diesem Zusammenhang auch die rechtfertigenden Äußerungen des Staatspräsidenten aus dem Jahre 1996: »Seit 15 Jahren ist der Einfluß der Drogenkartelle in allen Bereichen der Gesellschaft immer größer geworden. Wie könnte ich da sicher sein, daß sie nicht auch Einfluß auf meinen Wahlkampf genommen haben? Aber wenn, habe ich nichts davon gewußt.« Als Gegenleistung für die Schmiergeldzahlungen soll Präsident Samper insbesondere Auslieferungen von Kartell-Führern an die USA verhindert haben.

Diese Unschuldserklärung nutzte Ernesto Samper allerdings nichts. Die Amerikaner setzten Kolumbien 1997 für einen kurzen Zeitraum wieder auf das jährliche Sündenregister der Staaten, die nach Ansicht von Washington in der Drogenbekämpfung mit den USA nicht genügend kooperieren. Eine solche Eintragung bedeutet, daß keine Entwicklungshilfe fließt, Kredite und Handelserleichterungen nicht eingeräumt werden. Die damalige Außenministerin Madelaine Albright zitierte einen amerikanischen Bericht:

»Korruption bis in die höchsten Regierungsämter, milde Strafen gegen Rauschgiftbosse, Zunahme des Drogenhandels, der Produktion und der Anbaufläche für Koka (Kokain) und Schlafmohn (Heroin). In Kolumbien sind die weltweit größen Produzenten von Kokain und Marihuana zu Hause. Von Kolumbien werden jährlich bis zu 700 Tonnen Kokain in den Handel gebracht. So wurden 1998 etwa 110 Tonnen allein nach Venezuela geschleust.«
Doch dies trifft den neuesten Erkenntnissen zufolge nicht nur für Kolumbien zu. Als der mächtigste Drogenboß Brasiliens, Fernandinho Beira-Mar, im Frühjahr 2001 in seinem Versteck im Regenwald festgenommen wurde, belastete er Politiker und Unternehmer seines Landes, in seine Drogengeschäfte verwickelt zu sein.
In einem entsprechenden Bericht der UNO war zu lesen: Lateinamerika bleibt ein Zentrum der weltweiten Rauschgiftproduktion. Die Hauptschuld tragen aber nicht die Koka-Bauern, sondern andere. Sie sitzen in Präsidentenpalästen, Parlamenten, Kasernen oder Gerichten.

Ermittlungen gegen internationale Kokainkartelle

Einen Einblick in die Arbeitsweisen der kolumbianischen Kartelle gab ein Verfahren der Schweizer Behörden, das von 1995 bis 1998 Gegenstand umfangreicher internationaler Ermittlungen war.
Aufgrund seiner geographischen Lage zwischen den Hauptproduktionsländern Südamerikas und den Hauptabnehmer- und Konsumentenländern Nordamerikas ist Mexiko das Transitland für Kokainlieferungen auf dem Land-, Luft- und Seeweg. Nach Schätzungen der amerikanischen Drogenbekämpfungsbehörde (DEA) laufen 70 % des in den USA transportierten Kokains über Mexiko.

Für das von den Fahndern »Mexico« getaufte Verfahren waren die kolumbianischen Kartelle »Medellin« und »Cali« sowie die mexikanischen Kartelle »Juarez«, »Tijuana«, »Sonera« und »Golf« von besonderem Interesse.
Bei den schweizerischen Strafverfolgungsbehörden gingen Hinweise ein, nach denen Raul Salinas de Gotari, der Bruder des ehemaligen mexikanischen Präsidenten Carlos Salinas, Drogengelder in Millionenhöhe bei Schweizer Banken deponiert hatte. Weitere Hinweise brachten ihn in direkten Kontakt mit kolumbianischen und mexikanischen Drogenkartellen. Nach Verdichtung dieser Informationen eröffnete die Schweizer Bundesanwaltschaft ein Ermittlungsverfahren wegen internationalen Drogenhandels und Geldwäsche von Drogengeldern gegen Raul Salinas de Gotari und weitere Personen.
Schon bald wurden schwerpunktmäßig in Zürich und Genf mehrere Konten von Salinas und weiterer Verdächtiger entdeckt und zunächst ein zweistelliger Millionenbetrag beschlagnahmt. Dabei zeigte sich, daß die Verschleierung des Geldtransfers über mehrere Banken in unterschiedlichen Ländern professionell aufgezogen war. Die Gelder wurden teilweise als Darlehen getarnt, wobei sie sich auf Garantien wie Bargeld oder Immobilien aus dem Herkunftsland stützten. Die Kontenüberprüfungen ergaben, daß die sichergestellten Gelder auf Konten

- *eines Trusts,*
- *von Off-shore-Gesellschaften,*
- *unter falschen Namen und*
- *von Strohmännern*

eingezahlt worden waren. Die nach den Ermittlungen aus Drogengeschäften stammenden Gelder wurden größtenteils in Mexiko entweder in bar, in Pesos oder US-Dollars oder per Scheck eingezahlt und teilweise via Wechselstuben an der amerikanisch-mexikanischen Grenze ohne irgendwelche Belege konvertiert, wobei sie in den Buchgeldkreislauf gelangten. Andere Gelder wurden durch Kuriere in Behältern von Mexiko in die USA transportiert und dort eingezahlt. Ferner bedienten sich die Hintermänner der Geldtransfers einer Anlageberaterin einer amerikanischen Großbank in New York, die den Weitertransfer per SWIFT (Society for Worldwide Interbank Financial Telecommunication = computergesteuertes Kommunikationssystem zur Rationalisierung des internationalen Zahlungsverkehrs) über verschiedene Banken in den USA und Europa managte. Ein Teil der Gelder floß auf Firmenkonten auf den Cayman-Islands. Von dort aus wurden in Mexiko Firmenbeteiligungen gekauft, die hauptsächlich Grundstücke als Firmenkapital aufwiesen. Einige dieser Firmen befanden sich schon seit längerem im Besitz der Hauptbeschuldigten. Die Registereinträge lauteten zuvor auf Namen von Strohmännern.
Dieser Arbeitsweise konnten nach den internationalen Ermittlungen allein für den kurzen Zeitraum von Mai 1993 bis September 1994 Geldtransfers in Höhe von 70 Millionen US-Dollar zugeordnet werden. Mit diesen kriminellen Machenschaften gelang es der Tätergruppierung, die »Paper-Trail« (Papierspur)

der verdächtigen Tranfers fast vollständig zu beseitigen. Nach Berichten der Schweizer Behörden beseitigten die »Finanzexperten« die Papierspur in einem Fall sogar zu hundert Prozent.
Die oben aufgeführten Gelder stammten aus sogenannten Schutzgeldzahlungen für das sichere Geleit der Drogentransporte durch Mexiko. Nach Zeugenaussagen wurden diese Gelder in der Regel in bar gezahlt. Ein Zeuge beschrieb den Transport und die Übergabe von 200 Mio. US-Dollar in bar. Dabei handelte es sich um einen Schutzgeldbetrag von mehreren Kartellen. Nach seinen Angaben hatten solche Schutzgeldzahlungen mehrfach stattgefunden.
Die mit Salinas zusammenarbeitenden Drogenkartelle beschäftigten Fachleute wie Finanzbuchhalter und Juristen. Die Organisationen gingen arbeitsteilig vor. Die einzelnen Hierarchieebenen waren voneinander abgeschottet, um die Geheimhaltung zu gewährleisten und das Entdeckungsrisiko zu minimieren. Die Drogentransporte wurden von eigenen Leuten überwacht. Kam es dabei zu Problemen, so wurde eine Kontaktperson eingeschaltet, die mit den entsprechenden Ebenen verhandelte und mit den Mitteln der Bestechung für den panmäßigen Verlauf des Konvois sorgte.
Nach Zeugenaussagen wurden die Drogentransporte oftmals von der Polizei oder dem Militär begleitet. Weitere Zeugen berichteten von sogenannten »Green-light-days«, frei übersetzt »Ampelschaltung grün«, an denen die Drogentransporte an bestimmten Tagen unbehelligt durch Mexiko fließen konnten. Diese Tage wurden von den Drogenhändlern mit bestechlichen Funktionsträgern zuvor ausgehandelt.
Die international geführten Ermittlungen lenkten aber nicht nur den Blick auf die professionellen Arbeitsweisen der Kartelle, sondern bewiesen auch, daß sich bei entsprechender internationaler Zusammenarbeit Erfolge einstellen und die Kartelle auf dem Gebiet der Vermögensabschöpfung empfindlich getroffen werden können. Ende 1998 konnte durch die Schweizer Bundesanwaltschaft ein Betrag von weit über 100 Mio. US-Dollar eingezogen werden.
Voraussetzung für diesen Erfolg war eine hartnäckige internationale Ermittlungsarbeit. Zahlreiche Beschuldigte, Zeugen und Auskunftspersonen mußten vernommen werden. Eine große Anzahl von Personen war nicht bereit, offen oder unter ihrem Namen auszusagen, da sie um ihr Leben fürchteten oder mit Repressalien gegen ihre Angehörigen rechneten. Daß diese Angst begründet war, zeigte sich im Laufe der Ermittlungen, als Belastungszeugen getötet wurden oder nicht mehr auffindbar waren. Aus diesem Grund wurden 16 Personen in ein Zeugenschutzprogramm genommen. Über 30 Angestellte von knapp 50 Banken oder Kreditkartenunternehmen mußten unter bestimmten Sicherheitsvorkehrungen gehört werden. Wegen der Vortat Drogenhandel im Ausland wurden für die Schweizer Strafverfolger fünf Reisen in die USA und vier nach Mexiko erforderlich. Knapp 90 Konten und über 35 000 Dokumente mußten überprüft und ausgewertet werden. Als Folge davon wurden der Bundesanwaltschaft 213 beweiserhebliche Aktenordner mit einem Schlußbericht von über 200 Seiten übergeben ...

Fallbeispiele mit Bezügen nach Deutschland

In Deutschland wurden von 1994 bis 1999 insgesamt 8 818 kg Kokain sichergestellt. Der größe Teil wurde über die Flug- und Seehäfen eingeschmuggelt.

So wurden auf dem Flughafen in Frankfurt 230 kg Kokain sichergestellt, die unbegleitet im Frachtgut ihren Weg nach Deutschland fanden. Insgesamt wurden neun Personen festgenommen. Drei Niederländer, drei Türken und zwei Briten wurden beim Abholen der heißen Fracht verhaftet.
Im Hamburger Hafen wurde unter einer Ladung von Fruchtsäften 230 kg entdeckt, die professionell in die Kartons eingearbeitet worden waren.

Welche Verbindungen kolumbianische Kartelle nach Deutschland pflegen, wie ihre Residenten eingesetzt werden und wie professionell sie vorgehen, zeigte auch ein Kokain-Fall, der Ende 1999 ins Rollen kam.

Nach Ermittlungen der zuständigen Staatsanwaltschaft schmuggelten drei Mitglieder einer Kokainhändlerorganisation aus dem Raum Stuttgart in den Jahren 1998 und 1999 mehr als zwei Tonnen Kokain aus Kolumbien über Ecuador nach Deutschland. Dabei handelte es sich um die größte bisher nach Deutschland eingeschmuggelte Kokainmenge. Die beschuldigten Personen, zwei Männer und eine Frau, waren Angehörige einer 15köpfigen Schmuggelorganisation, die überwiegend aus Deutschen und Kolumbianern bestand. In mindestens zehn Fällen hatten die Täter Möbelstücke mit Kokain präpariert und sie als Umzugslieferungen getarnt auf dem Luftwege nach Deutschland versandt. Dabei hatten sich die kolumbianischen Hintermänner gezielt auf den Schmuggel mit Möbeln festgelegt. Um

mögliche Grenzkontrollen zu vermeiden und das Entdeckungsrisiko zu mindern, suchten sie Kontakt zu weniger verdächtig erscheinenden Deutschen. Bei jedem der Transporte wurden mindestens 200 kg Kokain geschmuggelt. Als Treffpunkte und Zieladressen in Deutschland dienten extra zu diesem Zweck angemietete Wohnungen oder Häuser. An den Treffpunkten wurde das Kokain von kolumbianischen Gruppenangehörigen übernommen und allem Anschein nach über die Niederlande auf den Markt gebracht.
Ein solcher Transport konnte Ende 1999 auf dem Flughafen von Quito/Ecuador gestoppt werden. Die Strafverfolger entdeckten 265 kg Kokain. Im Zuge internationaler Ermittlungen konnten weitere fünf Kokaintransporte bewiesen werden, die im Jahre 1999 durchgeführt worden waren. Fünf Deutsche wurden für diese Taten zu Freiheitsstrafen zwischen sieben und elf Jahren verurteilt.
Für die gleichen Hintermänner hatten die drei oben angeführten Täter gearbeitet. Sie waren nach einjährigen Ermittlungen im Raum Stuttgart festgenommen worden und in Haft gegangen. Zwei legten Geständnisse ab. Einer der drei Deutschen, der schon länger in Ecuador lebte, war das Bindeglied zu den kolumbianischen Drahtziehern. Ihm zur Seite stand ein spanischer Kontaktmann, der auch bei der Planung und Vorbereitung weiterer Kokaintransporte beratend tätig war. Er konnte mit drei weiteren Mittätern und 9 kg Kokain in Madrid/Spanien festgenommen werden.

Die Verbindungen der kolumbianischen Kartelle nach Spanien sind sehr eng. Madrid als Drehkreuz für Flüge von und nach Südamerika, die gemeinsame Geschichte und Sprache führen zu mannigfaltigen Kontakten, so auch im Drogenbereich. Spanien hat sich immer mehr zum Einfallstor für das Rauschgift nach Europa entwickelt. Das gilt neben dem Haschisch aus Marokko insbesondere für die Kokainlieferungen aus Kolumbien. So wurden 1997 zwölf Tonnen Kokain in Spanien beschlagnahmt. Immer wieder werden auf den Flughäfen von Madrid oder Barcelona Drogenkuriere festgenommen. Die kolumbianische Kokain-Mafia liefert oftmals vor der galicischen Küste in wasserdichten Paketen, die von den heimischen Fischern auftragsgemäß aus dem Wasser gezogen werden. Aus diesem Grund lassen sich immer mehr mafiose Gruppierungen in Spanien nieder. So konnten in Spanien in einem Zeitraum von drei Jahren weit über 100 Angehörige der italienischen Mafia festgenommen werden.

Nigeria-Connection

Zu denjenigen ausländischen Zweigen der Euro-OK, die in den letzen Jahren hierzulande für Aufsehen sorgten, gehört nicht zuletzt auch die auf dem Sektor Wirtschafts-OK spezialisierte sogenannte Nigeria-Connection. Internationalen Ermittlungsergebnissen zufolge handelt es sich dabei um eine Reihe von Tätergruppierungen, deren Mitglieder in einer Art Zellenstruktur mit hierarchischem Aufbau organisiert sind und weltweite Aktivitäten entfalten. Nachdem die nigerianische Mafia über lange Zeit vor allem in den USA und Großbritannien regelmäßig in Erscheinung getreten war, hat sie ihren illegalen Aktionsradius seit Ende der achtziger, Anfang der neunziger Jahre auch zunehmend auf Deutschland erstreckt. Ihre deliktische Bandbreite stützt sich dabei auf zwei große Säulen:

- zum einen auf den Handel mit Falschgeld und Drogen,
- zum anderen auf Kreditkarten-, Vorschuß-, Scheck- und Überweisungsbetrug.

Fallbeispiel Hessen

Eines der größeren Verfahren der letzten Zeit wurde z. B. vom Hessischen Landeskriminalamt gegen eine Gruppierung von Nigerianern, Deutschen und Türken geführt, denen Straftaten in beiden genannten Tätigkeitsfeldern zur Last gelegt wurden: Bei einer Durchsuchung von 15 Wohnungen und einer Baufirma im Raum Kassel konnten die Beamten gefälschte 50-Pfund-Noten und 100-Dollar-Blüten, sechs schußbereite Revolver und Pistolen, Heroin, gefälschte britische Reisepässe sowie gestohlene Verrechnungsschecks sicherstellen, die auf Summen über mehrere hunderttausend US-Dollar »hochgefälscht« waren. Hintergrund der von der LKA-Arbeitsgruppe »Lagos« geführten Polizeiaktion waren Aktivitäten nigerianischer Falschgeldhändler, die über türkische und deutsche Zwischenhändler Blüten in amerikanischer und englischer Währung im Nennwert von mehreren Millionen angeboten hatten. Die Übergabe von mehr als 2,5 Millionen gefälschten britischen Pfund sollte in Großbritannien stattfinden. Im Verlauf der Ermittlungen konnte das LKA nach eigener Darstellung umfangreiche Erkenntnisse über enge Kontakte der Tätergruppe aus Kassel in das europäische und außereuropäische Ausland gewinnen.

Auch in vielen anderen Fällen führte die Spur in den vergangenen Jahren immer wieder nach Nigeria. Dabei operiert die Nigeria-Connection hauptsächlich mit folgender Betrugsmasche: Privatpersonen und mittelständischen Unternehmen wird per Brief oder auch Fax sowie neuerdings auch per E-Mail das Angebot unterbreitet, beim Transfer von Dollarmillionen aus Nigeria nach Deutschland zu helfen. Als Gegenleistung werden meist zwischen 30 und 40 Prozent des Überweisungsbetrages versprochen. In Wahrheit geht es den Organisationen jedoch darum, von den Geprellten hohe Geldbeträge für angeblich in Nigeria anfallende Gebühren zu kassieren.

In nicht seltenen Fällen beginnen z.B. Schreiben eines Dr. Yusuf Mohammeds aus Lagos mit durchaus schmeichelnden Worten: »Sie sind uns empfohlen worden wegen Ihrer Vertrauenswürdigkeit und Ihrer Fähigkeit, eine sehr große Transaktion durchzuführen, die maximale Diskretion erfordert.« Für viele deutsche Briefempfänger klingt das Angebot, von einer Summe von etwa 15 Millionen US-Dollar einen 30%-Anteil zu erhalten, mehr als verlockend. Zumal dann, wenn die erwartete Gegenleistung lediglich darin besteht, den Betrag nur vorübergehend auf einem deutschen Bankkonto des Empfängers zu »parken«. Die Millionen stammen angeblich von der letzten Interimsregierung in Nigeria und sollen nur über diesen Umweg von der nigerianischen Zentralbank für Exportgeschäfte abrufbar sein.

Läßt man sich auf einen derartigen Köder ein, bitten die neuen Geschäftsfreunde aus Nigeria um die Angabe der Bankverbindung, Blankorechnungen, Briefbögen mit Unterschriften oder Einladungsschreiben, die angeblich für die Abwicklung der Transaktion notwendig sind. Derart komfortabel ausgestattet ist es für Dr. Mohammed und Komplizen ein Leichtes, sich in Nigeria begehrte Reisevisa zu erschleichen oder später zu versuchen, auf das Konto des deutschen Partners zuzugreifen. Als nächstes werden dann diverse Gebühren und Schmiergelder fällig, die unbedingt noch ausgelegt werden müssen. Leider verschiebt sich der ins Auge gefaßte Überweisungstermin dennoch immer wieder, und häufig muß der umworbene Geschäftsmann sogar eine Reise nach Nigeria unternehmen. Im Ergebnis entstehen nur weitere Gebühren und Auslagen, und manchmal endet die Angelegenheit auch mit einem simplen Raub. Nur eines ist sicher: Die angekündigte große Transaktion und damit auch die lukrative Provision kommt nie in Deutschland an.

Das den deutschen Polizeibehörden bisher bekanntgewordene Repertoire der briefeschreibenden nigerianischen Mafia ist vielfältig: Einmal sucht die »Nigerian National Petroleum Corporation« für ihre Gewinne einen sicheren Weg ins Ausland, ein anderes Mal bittet ein »Prince Ferdinand Igwelo«, der angeblich vor der Militärregierung flüchten mußte, um Hilfe. Auch der in Hamburg ansässige Afrika-Verein hat

ATTN: DIRECTOR/C.E.O

With due respect, trust and humility, I write you this proposal which I believe would be of great interest to you. I am **MRS. JUDITH KANTE**, the wife of late **MR. RADI KANTE** of blessed memory.

Before my husband was killed by forces loyal to Major Johnny Paul Koromah, he was the **Director-general of Gold and Diamond Mining Corporation (G. D. M. C)** of Sierra Leone. My husband was one of the main classes of people targeted by the rebel force. In the course of the revolution in the country, prominent people were hijacked from their homes or on the way to unknown destination.

Two days before his death, he managed to sneak a written message to us, explaining his condition and concerning one trunk box of valuables containing money which he had concealed under the roof. He instructed me to take our two sons and move out of Sierra Leone immediately to any neighboring country before the **Peace Keeping Force of the Economic Community of West African States (ECOMOG)** monitoring team intervened to arrest the situation of mass killings by the rebels which was the order of the day. Eventually it resulted into full war. I became a widow over night, helpless situation without a partner. At that moment of calamity, every person was running for his life. My sons and I managed to escape to South Africa safely with the box and some vital documents of property title.

Viele Briefempfänger in Deutschland und anderen Staaten fallen auf solche Briefe herein, weil das Angebot mehr als verlockend klingt. Dahinter stecken bis ins Detail ausgeklügelte Machenschaften. Hier ein solches Angebot aus dem Jahre 2001 an eine Unternehmensberatung.

mehr als 12 000 derartiger Briefe zusammengetragen, ehe man dort aufhörte zu zählen. So locken die professionell organisierten Betrügerclans aus Afrika aber auch mit weniger augenfällig-dubiosen und abenteuerlichen Angeboten: Mitunter äußern sie in seriöser Form Interesse am Kauf einer Immobilie, oder sie beziehen sich – selbst für einen erfahrenen Manager kaum durchschaubar – auf tatsächliche Ausschreibungen in Nigeria, um die Interessenten auf diese Weise zu schädigen.

Gewissermaßen als Höhepunkt in der scheinbar unerschöpflichen Phantasie der Täter, die auch mit echten bzw. perfekt gefälschten Dokumenten und Stempeln sowie über renommierte Kontaktadressen etwa in New York, Südafrika und London operieren, gelten nahezu bühnenreif inszenierte Besuche ihrer Opfer in Nigeria selbst. Um deren Vertrauen zu gewinnen bzw. zu vergrößern, wird schon einmal der vermeintliche Generaldirektor der Nationalbank aufgesucht, oder Uniformierte holen – bei Geschäften mit dem Verteidigungsministerium – ihre Opfer mit Blaulicht vom Flughafen ab. Einem deutschen Computerhändler z. B. gönnten die Betrüger sogar eine Audienz beim nigerianischen »Finanzminister«. In einem eindrucksvollen, von Polizeibeamten bewachten Büro durfte der Geschäftsmann ehrfürchtig beobachten, wie ein prächtig gekleideter Mann – immer wieder von angeblichen Anrufen des Staatspräsidenten unterbrochen – endlich den ersehnten Auszahlungsscheck über neun Millionen Dollar unterzeichnete.

Neben derartigen Späßen gehören allerdings auch gänzlich anders strukturierte Modalitäten zum lukrativen Geschäft mit der Eitelkeit und offensichtlich auch der Dummheit kapitalkräftiger wie -gieriger Deutscher bzw. übriger Europäer. Auf einer internationalen Interpol-Fachtagung zum Thema nigerianische Mafia wurde z. B. bekannt, daß ein britischer Geschäftsmann in seinem Hotelzimmer beraubt und getötet wurde. Andere »Investoren« wurden entführt oder mit vorgehaltener Waffe zur Herausgabe ihres mitgeführten Geldes gezwungen. Der von den weltweit agierenden afrikanischen Betrügergangs allein in Deutschland angerichtete Schaden betrug nach Angaben des Bundeskriminalamts allein zwischen 1988 und 1996 rund 200 Millionen DM. Doch dürfte es sich hierbei nur um die sichtbare Spitze eines Eisbergs handeln, denn die Wiesbadener Ermittler gehen davon aus, daß viele Betrugsfälle dieser Art gar nicht gemeldet werden. Manche Opfer schweigen, weil sie sich auf ein Geschäft mit offensichtlich illegalem Charakter eingelassen oder weil sie selbst »schwarzes« Kapital an die afrikanische Mafia verloren haben.

Weltweite Vernetzungen über fast ein Jahrzehnt

Ende 1997 nahmen Fahnder des nordrhein-westfälischen Landeskriminalamtes in Düsseldorf und Bremen sieben von achtzehn Mitgliedern einer solchen Nigeria-Connection fest. Die Gruppierung arbeitete seit 1988 weltweit und hatte bis zu ihrer Festnahme allein in Deutschland einen Schaden im mehrstelligen Millionenbereich angerichtet. Die Bandenmitglieder gaben sich als Mitarbeiter der nigerianischen Ölgesellschaft, der Nationalbank oder sogar als Referenten der Regierung aus und hatten weltweit Angebotsschreiben an Einzelpersonen wie Geschäftsleute, Ärzte, Rechtsanwälte, aber auch an Unternehmen und mittelständische Firmen verschickt. Für millionenschwere Transfers auf Konten der weltweiten oder deutschen Anleger versprachen sie bis zu 30prozentige Provisionen. Ihren Kunden spiegelten sie anschließend Probleme bei der Überweisung von Geldern ins Ausland vor und ließen sich für angebliche Beamtenbestechungen oder das Einschalten von Rechtsanwälten und Notaren Summen in Höhe von bis zu 100 000 Dollar überweisen, die die Geschädigten nie wiedersahen.

Märchen sind manchmal wahr

Die ganze Palette der kriminellen Machenschaften bekam eine deutsche Firma in der Nähe der deutsch-niederländischen Grenze zu spüren. Für 34,5 Millionen US-Dollar sollte das Unternehmen in einem Regierungsgebäude in Nigeria Teppichboden verlegen. Da die Firma gerade mit 15 Millionen DM in Konkurs gegangen war, kam dieses Angebot mit einer Gewinnspanne bis zu 30 Prozent gerade recht. Im Laufe von zwei Jahren traten die Deutschen mit 22 Einzeleinzahlungen in Höhe von 2 Millionen Mark in Vorkasse, bis sie merkten, daß sie der »Nigeria-Connection« aufgesessen waren. Die von Scotland Yard und der deutschen Polizei geführten Ermittlungen förderten dann folgenden Ablauf zutage: Die nigerianischen Kriminellen erhoben zunächst eine Reihe von Gebühren, die nach ihren Angaben für das Zustandekommen des Auftrages erforderlich waren. So zahlte die Firma Vertragsgebühren, Kursschwankungsgebühren, eine Vertragserfüllungsbescheinigungsgebühr und schließlich eine Gebühr für die Sonderkommission für Schuldendienst und Vertragsneubewertungen.

Im Rahmen der vertrauensbildenden Maßnahmen reisten die Deutschen nach Nigeria und trafen auf Vertreter der Nationalbank und hohe Diplomaten. Als die Geschäftsleute aus Deutschland selbst ein-

mal Geld sehen wollten, luden die Nigerianer sie großzügig in die angebliche nigerianische Botschaft nach London ein. In einem Raum zeigten die Nigerianer den deutschen Gästen schwarz eingefärbte Dollarnoten, von denen die Farbe wich, nachdem sie mit einer chemikalischen Flüssigkeit behandelt worden waren. Auf diese Weise werde das Geld nach Europa geschafft, erklärten die Verhandlungspartner und wiesen aber gleichzeitig darauf hin, daß aufgrund innenpolitischer Schwierigkeiten Überweisungen zur Zeit nicht möglich seien. Nachdem die Deutschen Probescheine in ihrer Heimat auf Echtheit überprüft hatten, wurden sie nochmals nach London eingeladen. Ihnen war zu verstehen gegeben worden, daß nun der Vorsitzende der Auszahlungskommission mit der Hälfte der Summe, nämlich etwa 17 Millionen Dollar, erscheinen und sie auszahlen werde.
Beim Entfärben der Scheine explodierten diese mit einem lauten Knall. Die Nigerianer taten überrascht und nannten als Begründung eine falsche Chemikalie. Die Deutschen zahlten darauf eine teure Ersatzchemikalie, die extra aus Benin besorgt werden mußte. Nachdem sich nun die Banknoten rot verfärbt hatten, bot die »Nigeria-Connection« eine »Katalysatorflüssigkeit« an, die allerdings nur in den USA sehr teuer beschafft werden könnte. Nochmals zahlten die Deutschen. Der Vorhang zum letzten Akt fiel dann, als es nun zu einem Treffen in Italien kam. Nach der die ganze Nacht über andauernden Entfärbungsaktion rieten die nigerianischen Betrüger zur überstürzten Abreise, da es zu erheblichen Problemen mit der italienischen Mafia gekommen sei.

Im Jahre 1994 wurde sogar eine Internationale Interessengemeinschaft der Nigeria-Geschädigten gegründet. Den Vorsitz führt eine fränkische Kauffrau, deren Verluste sich auf rund 360 000 DM belaufen, weil ihr die Betrüger vorgaukelten, Gewinne aus einer alten Investition ihres Ehemannes warteten in Nigeria auf ihren Abruf. Angaben des Opfervereins zufolge haben allein dessen Mitglieder Verluste von 180 Millionen DM zu beklagen, und bisher hat – trotz aller Anstrengungen – niemand sein Geld zurückholen können.
Nach Einschätzungen des Afrika-Vereins bietet Nigeria kriminellen Organisationen eine ideale Operationsbasis. Lagos gilt danach schon lange als ein gewaltiger Umschlagplatz für Rauschgifte aus aller Welt, und viele Beamte der Militärregierung sollen längst zu Komplizen der mafiosen Betrüger geworden sein. Ein Repräsentant der Geschädigten-Interessengemeinschaft ist nach entsprechenden – verdeckt erfolgten – Recherchen in Nigeria selbst sogar der Überzeugung, »daß Spitzenvertreter der nigerianischen Zentralbank in diesem Netzwerk aus Betrug und Korruption die Fäden ziehen«. Demnach sollen die hochrangigen Funktionäre aus Wirtschaft, Politik und Militär, die vielen Opfern persönlich vorgestellt werden, nur allzuoft echt sein.
Alle Experten sind sich darin einig, daß es nur einen wirksamen Schutz gegen die Nigeria-Connection gibt: E-Mails, Briefe und Faxe von Dr. Mohammed und Komplizen sollten sofort nach Erhalt vernichtet werden, denn wer auch nur zurückruft oder per Fax antwortet, macht bereits den ersten Schritt in eine Falle der nigerianischen Mafia, deren im Hintergrund agierenden Drahtzieher und Aktivisten nicht nur über beachtliche suggestive und organisatorische Fähigkeiten verfügen, sondern auch als extrem gefährlich einzuschätzen sind.

Italienische Mafia

In ähnlicher Weise wie die asiatischen Syndikate hat auch die heutige italienische Mafia-Szene eine sehr lange Tradition – wenn man z. B. an die bekannten Erpresser- und Räuberbanden im antiken Rom sowie an das mittelalterliche Bandenwesen denkt. In jüngerer Vergangenheit haben mafiose Gruppierungen ihre kriminellen Aktivitäten ebenfalls weit über ihre Heimat hinaus auf Europa und andere Kontinente ausgedehnt. Ursächlich hierfür waren die starken Auswanderungsströme von Italienern in Richtung USA, Kanada, Australien und Westeuropa (vor allem Frankreich, Belgien und Deutschland), in deren Zuge die Mafia natürlich von Anfang an mitschwamm, um auf diese Weise ihre illegalen Aktivitäten weltweit zu exportieren. Insbesondere in den letzten Jahrzehnten siedelten sich Mafia-Clans auch verstärkt in Südamerika an, hier vor allem in Venezuela und Brasilien.
In Italien selbst gilt eine kriminelle Organisation nach dem dortigen Strafgesetzbuch als eine Vereinigung mafiosen Typs, »wenn diejenigen, die ihr angehören, sich der Einschüchterung aufgrund einer Bindung in Vereinigungen, von Abhängigkeitsverhältnissen und der daraus entspringenden Verschwiegenheitspflicht (omerta) zum Begehen von Verbrechen bedienen, zum direkten oder indirekten Ansichziehen der Leitung oder der Kontrolle ökonomischer Aktivitäten, öffentlicher Konzessionen, Zulassungen, Aufträge und Dienstleistungen oder zum Erzielen unrechtmäßiger Profite und Vorteile für sich oder andere«.
Das italienische Innenministerium bezifferte den inländischen Personalkörper der Mafia noch vor einigen Jahren auf rund 16 000 Mitglieder, doch mittlerweile gehen die einschlägigen Sicherheitsbehörden

von über 18000 Personen aus, die sich auf diverse Gruppierungen verteilen. Demgegenüber ging die UNO-Weltkonferenz gegen transnationale Kriminalität im November 1994 bezüglich der italienischen OK-Szene noch von folgenden Zahlen aus: 1000 bis 1500 Bosse; ca. 100000 Mitglieder; jährlicher Umsatz ca. 80–100 Milliarden US-Dollar.

Hauptzweige der italienischen Mafia

In Italien existieren unterschiedliche mafiose Gruppierungen. Im folgenden werden nur die wichtigsten genannt:

- Sizilianische Mafia (Mittelpunkt Palermo): Ein Zusammenschluß von 186 Clans mit zusammen ca. 5000 Personen
- Camorra (Kampanien): Eine Verflechtung von 126 Familien mit insgesamt 6200 Mitgliedern
- N'drangheta (Kalabrien): Eine Gruppierung von 144 Familien mit 5300 Angehörigen
- Nuova Sacra Corona Unita (Apulien): Eine Organisation von rund 30 Clans mit ca. 1600 Personen
- Stidde-Gruppierungen (Mafia-Ableger): Ein neuerer Zusammenschluß von Kriminellen sizilianischer Abstammung, ohne konkrete Mitgliederzahlen.

Die sizilianische Mafia

In Sizilien konnte sich die auf frühe Wurzeln und Ursprünge im 13. Jahrhundert zurückgehende Mafia (seinerzeit als eine Art bäuerliche Selbsthilfeorganisation gegründet) bereits in der zweiten Hälfte des 19. Jahrhunderts, als die Großgrundbesitzer zum Schutz vor Banditen die sogenannten »mafiusi« (Feldhüter) einsetzten, zu einer wirtschaftspolitischen Macht entwickeln. Neben dieser Abwehr von Kriminalität betätigten sich die Mafiosi freilich selbst als Kriminelle, indem sie im Interesse der Landherren die von der Leibeigenschaft befreiten Bauern auch weiterhin zur Bestellung der Felder zwangen. Außerdem begab sich die Mafia schon frühzeitig in die größeren Orte und Städte, um dort mit ihren bewährten Methoden der Einschüchterung, Erpressung und Bestechung neue Geschäftszweige (z.B. frühe Monopolisierungen auf den Vieh- und Gemüsemärkten) zu erschließen.

Ihre Zielsetzung besteht folglich seit jeher im Aufbau und in der Erhaltung von Herrschaft in von ihr kontrollierten Regionen, unabhängig von staatlichen Institutionen. Traditionell zählen deshalb Schutzgelderpressungen, Gewaltdelikte und Korruption zu den kriminellen Schwerpunkten der Mafia. Nach innen ist sie hierarchisch strukturiert, und ihre unauflösliche, mit diversen Aufnahmeritualen und Verhaltensregeln verbundene Mitgliedschaft bedarf bis heute genauer Voraussetzungen. Die einzelnen Clans bestehen zwischen einem Dutzend und 200 bzw. noch mehr Mitgliedern. Ganz unten in der Clan-Hierarchie sind die Soldaten angesiedelt, meist zusammengefaßt in einer Gruppe von bis zu zehn Mann, die ein Capodecina, eine Art Obergefreiter, anführt. Diese Gruppenführer werden vom Capofamiglia, dem Clanchef, eingesetzt. Die innerhalb einer Provinz (unseren Regierungsbezirken vergleichbar) angesiedelten Clanchefs wiederum wählen diverse Capomandamentos als Distriktsführer. Aus deren Reihen wird – wiederum durch Wahlen – ein meist aus fünf bis sieben Mitgliedern bestehendes Leitungsorgan bestimmt, die sogenannte Cupola oder Commissione provinciale, die für die jeweilige Provinz zuständig ist. In der Vergangenheit ist mehrmals der Versuch unternommen worden, oberhalb der Provinz-Kuppeln ein für Gesamtsizilien zuständiges oberstes Mafia-Organ einzurichten, was jedoch regelmäßig an internen Streitigkeiten scheiterte.

Seit Ende des II. Weltkriegs kamen verstärkt Delikte im Zusammenhang mit dem Nachtleben, dem Bausektor, dem Rauschgifthandel, Subventions- und Kapitalanlagebetrug, Geldwäscheaktivitäten sowie Waffenhandel und Nuklearkriminalität hinzu. Wie bereits kurz angesprochen, waren die USA einer der wichtigsten Auslöser des qualitativen Sprungs der sizilianischen Mafia in der Nachkriegszeit. Lucky Luciano z.B., aber auch viele andere Mafiaführer, die in den USA zu langen Haftstrafen verurteilt worden waren, konnten sich dadurch »freikaufen«, daß sie den US-Truppen bei der Vorbereitung und Durchführung ihrer Invasion auf Sizilien zur Seite standen. Einige Mafiosi sorgten für die Fahnenflucht von Teilen des italienischen Heeres, andere kundschafteten gefahrlose Anmarschwege aus, und wieder andere waren als offizielle Dolmetscher (z.B. Vito Genovese, später Oberhaupt sämtlicher amerikanischer Mafia-Familien) und Depotaufseher sowie in anderen Funktionen für die US-Besatzungstruppen zuständig. Ausgestattet mit Bescheinigungen als »antifaschistische Widerstandskämpfer«, Waffenscheinen und sonstigen Privilegien wirkten sie nun auf ihre spezielle Weise am gesellschaftlichen und staatlichen Neuaufbau Italiens mit:

- durch die Neubildung bzw. Konzentration diverser Mafia-Clans zwecks Etablierung einer regelrechten kriminellen Parallelgesellschaft,

- durch persönliche Mitwirkung bzw. durch den Aufbau von Netzwerken (Seilschaften) in Parteien, Gemeinderäten, Regionalverwaltungen, Parlamenten und Ministerien,
- durch den systematischen Ausbau des italienisch-amerikanischen Mafia-Netzwerks mit weltweiten Verbindungen zu chinesischen und japanischen OK-Kreisen ebenso wie zu südamerikanischen Kartellen sowie später auch zur Russen-Mafia und weiteren osteuropäischen Zweigen der Euro-OK.

Mit Hilfe der neu belebten bzw. entstandenen Seilschaften in den staatlichen Behörden gelang es der Mafia in den fünfziger und sechziger Jahren, Wiederaufbau- und Umstrukturierungsgelder in Höhe von rund drei bis vier Milliarden DM in ihre Hände zu bekommen. Doch nicht einmal die Hälfte dieser staatlichen Subventionsleistungen wurde an die berechtigten Empfänger – Bauern und Handwerker – weitergegeben. Auf diese Weise konnten die Mafia-Clans eigene Banken gründen und in illegale Geschäfte wie z. B. Tabakschmuggel und Schwarzhandel investieren. Außerdem förderte der infolge des anhaltenden Vertrauens der US-Behörden leichte Zugang zu Transportmitteln den Mafia-Einstieg in den lukrativen Bausektor. Nach Einschätzung Raiths konnten die Mafia-Familien seit den fünfziger Jahren faktisch alle öffentlichen Bauaufträge an sich ziehen; »wer konkurrierte, wurde über Gehilfen in der Verwaltung oder per ›lupara‹, die abgesägte Schrotflinte, zum Rückzug« veranlaßt.

Auch in der Folgezeit setzte sich die illegale Erfolgsspur der Mafia kontinuierlich fort. So sind die siebziger Jahre durch den systematischen Einstieg ins Rauschgiftgeschäft gekennzeichnet. Sizilianische Clans brachten insbesondere den Heroinsektor in Europa und den Handel mit Übersee faktisch monopolartig unter ihre Kontrolle. Schon zu Beginn der achtziger Jahre konnten Mafia-Führer aus Palermo ohne große Schwierigkeiten den amerikanischen Geschäftsfreunden ihre Bedingungen nahezu diktieren. Einige Clans gründeten sogar ohne Wissen der US-Bosse eine parallele Handelslinie, die später – nachdem ein wichtiger Akteur ausstieg und als Zeuge auftrat – unter der Bezeichnung »Pizza-Connection« berühmt-berüchtigt wurde. Einen weiteren großen qualitativen Entwicklungssprung konnte die sizilianische Mafia – wie andere Zweige der Euro-OK auch – dann mit dem Zerfall des Ostblocks seit Anfang der neunziger Jahre vollziehen, womit sich oftmals neue bzw. völlig ungeahnte Rückzugsmöglichkeiten, Tatgelegenheiten (z. B. Waffen- und Nuklearkriminalität) und Investitionschancen (Gewinnanlagen, Geldwäsche etc.) verbinden.

Obwohl in Italien – u. a. durch einen Straftatbestand »Zugehörigkeit zu einer mafiaähnlichen Vereinigung«, die Einsetzung eines speziellen parlamentarischen Ausschusses sowie durch eine eigene Anti-Mafia-Polizei (DIA = Dipartimento investigativo antimafia), die auch mit besonderen nachrichtendienstlichen Mitteln arbeitet – in den letzten Jahrzehnten die Anstrengungen verstärkt wurden, die Mafia gezielt zu bekämpfen, stellt diese nach wie vor einen gravierenden innerstaatlichen Finanz- und Machtfaktor dar. So hat die Mafia italienischen Forschungsergebnissen zufolge allein im Jahre 1990 Gewinne in Höhe von 27 Mrd. DM erzielt. Allein das »Geschäftsvolumen« der gegen Akteure nahezu aller Wirtschaftsbereiche verbreiteten Schutzgeldkriminalität soll sich in Italien auf jährlich rund 2,3 Milliarden DM belaufen. Davon dürften ca. 95 % auf die verschiedenen mafiosen Gruppierungen entfallen, während der Rest von Einzeltätern erpreßt wird.

Basisdelikt Schutzgeldkriminalität

Manchmal sind Schutzgelderpressungen auch nur ein erster strategischer Schritt, um die finanzielle Kontrolle über ein Unternehmen zu erlangen. Durch die hohen Schutzgelder (»pizzu«) wird das Opfer in wirtschaftliche Schwierigkeiten gebracht, so daß es sich nach einem Geldgeber oder Partner umsehen muß, den dann die Mafia bestimmt. In der italienischen Baubranche z. B. kennt man dieses Phänomen in direkten und auch indirekten Varianten:

- Dem Unternehmer wird die Einstellung bestimmter Arbeitskräfte oder die Beförderung von Materialien auferlegt.
- Dem Unternehmer werden Unterpachten oder Geschäftsbeteiligungen abverlangt.
- Der Unternehmer wird zu einer festgelegten regelmäßigen Geldabgabe gezwungen.

Ein konkretes Beispiel aus der Baubranche: Ein Mafia-Clan erpreßte von einer Baufirma Schutzgelder in bar. Die Alternative, die das Unternehmen angeboten bekam, erschien ihr als das noch größere Übel: die Einräumung einer Teilhaberschaft zugunsten eines Clanmitgliedes. Doch damit nicht genug, denn die Täter sorgten dafür, daß die Baufirma ihren eigenen Bedarf nur über ausgewählte Betriebe abwickelte, die ihrerseits der Mafiafamilie Schutzgelder zahlten, um sich Schutz und Kundschaft zu sichern. So wurde der Bauunternehmer für den Kauf von Beton, für die Lieferung von Holz, für die Reparatur leichter Lastwagen und für die schweren Fahrzeuge an vier Betriebe verwiesen, die keineswegs die preiswertesten Firmen in der Region waren.

Teilweise dient die Schutzgeldkriminalität der Mafia auch zur direkten Übernahme von Ladenlokalen, Hotels, Tankstellen oder Betrieben. Sind Hotelbesitzer z. B. nicht bereit, mit ihren Erpressern zu kooperieren, so werden die Mieten der mafiaeigenen Hotels derart niedrig angesetzt, daß die widerspenstigen Hoteliers gezwungen sind, ihren Betrieb zu schließen. Da die Kosten höher sind als die Einnahmen, bleibt den Betroffenen dann oftmals keine andere Wahl, als ihr Unternehmen zu schließen bzw. weit unter Wert an die Mafia zu verkaufen und dann eventuell als deren Pächter weiterzuarbeiten.

Das Beispiel des EU-Subventionsbetrugs

Diese Strategie spielt für die Mafia-Syndikate insbesondere auch im Hinblick auf den äußerst lukrativen Sektor des Subventionsbetrugs zum Nachteil der Europäischen Union (EU) eine bedeutende Rolle. Die Subventionskriminalität stellt ein typisches Beispiel für die sich durch die fortschreitende Integration in Europa neu ergebenden Tatgelegenheiten dar. Als bevorzugte Angriffsziele für raffinierte Betrüger bieten sich die Einfuhrabschöpfungen und Ausfuhrerstattungen im Rahmen der Gemeinsamen Agrarpolitik, die Strukturfonds sowie die Eigenmittel der Union an. Bereits für das Jahr 1994 bezifferte die EU-Kommission den Umfang der Betrügereien mit ca. 2 Mrd. Mark. Schon drei Jahre später wurde die EU um 2,6 Mrd. Mark (1,3 Mrd. ECU) betrogen. Wie aus dem Jahresbericht der EU-Kommission zur Betrugsbekämpfung 1997 hervorging, nahmen sowohl die Betrugsfälle als auch die Fälle der veruntreuten Mittel weiter zu. Insgesamt wurden 5162 Betrugsfälle gegenüber 1996 von 4552 gezählt. Die EU-Justizkommissarin Anita Gradin benannte bei der Vorstellung des Berichts als Drahtzieher Mafiaorganisationen, die auf Drogenhandel, Waffenschmuggel und Geldwäsche spezialisiert sind. Aber auch die Korruptionsfälle trugen zu einem hohen Teil der Milliardenverluste bei. Insgesamt wurden 50 Verbrecherorganisationen identifiziert, die gezielt im EU-Bereich tätig wurden.
Nach Angaben der EU wurden bei den Zöllen und Agrarabgaben Unregelmäßigkeiten in Höhe von 1 Mrd. ECU aufgedeckt. Geschmuggelt wurden vor allem Zigaretten, Alkohol und Milchprodukte. Im Zigarettenschmuggel verlor die EU 1,6 Mrd an Zöllen, Verbraucher- und Mehrwertsteuer. Im Jahre 2000 wurden 6600 Fälle von Betrug und Unregelmäßigkeiten zu Lasten des EU-Haushalts gezählt. Wie in den letzten Jahren war daran die italienische Mafia nicht unwesentlich beteiligt.
Es mehren sich in den letzten Jahren die Hinweise darauf, daß die Mafia gezielt finanziell angeschlagene Unternehmen durch Wucherzinsen und das Erzwingen der Zahlung von Schutzgebühren in ihre Gewalt bringt. Mittels dieser nunmehr finanziell völlig zerrütteten bzw. bankrotten Firmen werden dann hohe Subventionen aus Brüssel kassiert, z. B. zur (angeblichen) Finanzierung neuer Fabrikationsanlagen, die wiederum zur Zinstilgung an die Mafia-Clans genutzt werden oder völlig in die Kassen der Mafia wandern. Es muß befürchtet werden, daß es nur noch eine Frage der Zeit ist, bis die Mafia derartige Täterstrategien, die durch Korruption bei den nationalen Kontrollbehörden noch begünstigt werden, auch aus anderen Mitgliedstaaten der Europäischen Union heraus systematisch anwendet – wenn dies zu unser aller Schaden nicht ohnehin schon geschehen sein sollte.
Wird mafioser Schutz nur angeboten bzw. behauptet oder werden den Opfern auch tatsächlich Schutzleistungen gewährt? Gerade in Italien zeigt sich dieser traditionelle Zwiespalt bzw. Doppelcharakter der Schutzgeldkriminalität: Natürlich sind manche Betroffene reine Erpressungsopfer aufgrund plumper Drohungen und dadurch ausgelöster Ängste. Manche sind aber auch freiwillige Kunden der Mafia und ihrer illegalen Dienstleistung »Schutzgewährung« – etwa nach Art einer Steuer oder eines Mitgliedsbeitrages im Sinne des Kaufs von Sicherheit und der Sicherung von Existenz und wirtschaftlichen Vorteilen.
So umfaßt die »Dienstleistungspalette« der Mafia-Syndikate teilweise die Schutzgewährung der Erpresser vor ihnen selbst oder vor Diebstählen und sonstigen Verbrechen anderer Banden; die Schlichtung von Streitigkeiten; die Erbringung diverser Maklerdienstleistungen (Waren, Immobilien, Kredite etc.); die Regulierung von Märkten; die Sicherung von Marktpositionen oder sogar Kartellzugängen bis hin zur Gewährung von Monopolstellungen durch Gewaltanwendungen, Preisabsprachen, Gebietsaufteilungen, Standgelder etc. Dieser Zwiespalt, d. h. der mit der »Industrie des Schutzes« in Italien verbundene Doppelcharakter, markiert deutlich die zum Teil fließenden Grenzen zwischen illegalen und legalen Geschäftspraktiken.

Die Camorra

Traditionell ist es ein Kennzeichen der italienischen Schutzgeldkriminalität, daß diese weitgehend ohne jede Benachrichtigung der Strafverfolgungsbehörden abläuft und insofern ein relativ sicheres Geschäft für die Mafia darstellt. Die Hauptursache des Anzeigenmangels liegt dabei in der geringen Bereitschaft

der betroffenen Geschäftsleute, mit den Behörden im Kampf gegen die Erpresser-Clans zu kooperieren. Mit Blick auf die auf das Jahr 1820 zurückgehende Camorra (Blusenträger, Proletariat) – ein Zusammenschluß neapolitanischer Strafgefangener gegen die Brutalität der Gefängnisaufseher –, deren Haupterwerbszweig traditionell die von Mord und anderen Gewaltakten begleitete Schutzgelderpressung ist, wurde z.B. für das Jahr 1980 geschätzt, daß allein in der Stadt Neapel von den 18000 regulären und etwa 3000 irregulären Ladenbesitzern ca. 10000 Schutzgeld (»tangente«) in einer Gesamthöhe von 600 Millionen DM bezahlt haben, was einem Schnitt von ca. 60000 DM jährlich pro Geschäftsmann entsprechen würde. Daß übrigens der italienische Staat selbst an der Etablierung der Schutzmacht Camorra alles andere als unschuldig ist, verdeutlicht ein Blick auf die Großstadt Neapel in der Mitte des vorigen Jahrhunderts: So kam die Camorra seinerzeit sogar dadurch zu offizieller Anerkennung, daß sie von den regierenden Liberalen als Hilfspolizisten dort eingesetzt wurde, wo sich die eigentlichen staatlichen Ordnungshüter nicht hineinwagten – in das zwielichtige Milieu der Spielstätten, Hafenbars und Bordelle.
Es ist sogar festgestellt worden, daß es Erpresser mit bestimmten Punktkennzeichnungen auf der Hand gab bzw. noch gibt, mit denen sie sich bei Geschäftsleuten sozusagen ausweisen. Selbst in den ärmeren Gegenden Neapels soll die Camorra systematisch Schutzgeldaktionen durchführen. Betroffen war neben Geschäften und Straßenhändlern z.B. in den achtziger Jahren auch die Szene der Hausbesetzer. Insgesamt gab es zeitweise weit über 1000 besetzte Wohnungen, wobei für jede monatlich 10 DM an Schutzgebühren zu zahlen waren. Interessanterweise soll selbst der Deutsche Generalkonsul in Neapel im Jahre 1982 in einem Kriminalitätsbericht dem Auswärtigen Amt in Bonn mitgeteilt haben, daß sogar er ein monatliches Schutzgeld in Höhe von 50 DM für sein Haus und seinen PKW zahlte.
Erst in den letzten Jahren wurden zunehmend Erfolge im Kampf gegen die »tangente« erzielt, da sich immer mehr Betroffene bereit erklären, ihre Erpresser anzuzeigen. Zur Zeit müssen z.B. kleine seßhafte Händler rund 400 DM monatlich für ihren Schutz zahlen; ambulante, d.h. fliegende Händler dagegen »nur« 200 DM. Daneben leben die Clans von Drogengeschäften, Kfz-Diebstählen, illegalen Wett- und Glücksspielen sowie von der Organisation der Prostitution. Innerhalb der Camorra tobt seit langem ein brutaler Machtkampf, dem bereits Hunderte von Menschen zum Opfer fielen. Die zwei rivalisierenden Zweige sind zum einen die ältere NF (Neue Familie) und zum anderen die jüngere NCO (Neue organisierte Camorra), denen jeweils diverse Clans angehören. Seit vor einigen Jahren ein Großteil von Camorra-Führern inhaftiert werden konnte, scheint sich in Neapel die Lage etwas entspannt zu haben – zumindest im Vergleich zu den Eskalationen von Mord, Raub und Erpressungen der siebziger und achtziger Jahre.
Eine ähnliche Entwicklung zeigt sich mittlerweile auch in der sizilianischen Hauptstadt Palermo, bekanntlich der anderen OK-Zentrale Italiens, in der die Pizza-Industrie nahezu unvorstellbare Dimensionen erreicht hatte. Als ein besonders typisches Beispiel für die Aufteilung und Kontrolle legaler wie illegaler Märkte mit Hilfe der Schutzgeldkriminalität kann der dortige Fischmarkt angesehen werden. Über Jahrzehnte herrschte dort ein Monopol einiger weniger Großhändler, die zum Nachteil der Fischer einerseits und der Verbraucher andererseits keine Konkurrenz und damit marktwirtschaftliche Verhältnisse zuließen. Traditionell war bzw. ist die Gewährung mafiosen Schutzes auch auf den anderen Großmärkten dieser Stadt, bei Bestattungsunternehmen, Parkwächtern, Blumenhändlern und in etlichen weiteren Geschäftsbereichen anzutreffen. Außerdem kontrolliert die Mafia auch weiträumig nahezu alle Formen der Klein- und Allgemeinkriminalität, selbst die Straßenräuber zahlen Schutzgelder an die Profikollegen, die dafür Gebietseinteilungen vornehmen und dadurch auch diesen illegalen Markt regulieren.

Bezahlt wird die Industrie des Schutzes natürlich nicht nur durch Bargeld, sondern je nach Branche sind auch andere Zahlungsformen weit verbreitet: Gefälligkeiten aller Art, Preisabschläge, Kaufverpflichtungen, Arbeitsleistungen, kostenlose Nutzung von Ressourcen, Anstellung von Personal (u.a. auch Wachleute) und Geschäftsbeteiligungen. Eine lange Tradition hat in Palermo und andernorts auch der mafiose Schutz von Politikern. Allerdings handelt es sich dabei nur selten um eine reine Erpressung. Viel häufiger sind freiwillige Deals auf Gegenseitigkeit, so etwa die Beschaffung von Wählerstimmen und die Garantie der persönlichen Sicherheit als Mafialeistung, der die Vermittlung staatlicher Aufträge, Subventionen oder Positionen für die Mafia-Clans gegenübersteht. Natürlich macht sich ein Politiker, der sich auf derartige Deals einläßt, erst recht erpreßbar. Das Phänomen des Politik-Schutzes markiert gleich zwei spezifische Schnittstellen der Schutzgeldkriminalität. Außer der Vernetzung mit der Korruption zeigt sich hier nämlich die gefährliche Grenze zu freiwillig eingekauften privaten Sicherheitsdienstleistungen, ganz gleich, ob die Dienstleister nun offen, z.B. auch uniformiert, in Erscheinung treten oder diskret im Hintergrund bleiben.
Nach Jahrzehnten der Ruhe ist vor allem in den letzten 15 Jahren deutliche Bewegung in die Schutzsze-

Mit den Morden an Falcone und Borsellino im Jahre 1992 überspannte die Mafia den Bogen der Gewalt. Am 23.5.1993 gingen allein in Palermo über 100 000 Bürgerinnen und Bürger auf die Straße, um gegen die Mafia zu demonstrieren. Hier ein Einladungsplakat für den 23.5.1993.

ne Palermos gekommen. Dies belegt das relativ große Meldeaufkommen bei der Polizei; so gingen z.B. allein in einem halben Jahr 63 offizielle Anzeigen ein. Sie kamen hauptsächlich aus dem Stadtzentrum und betrafen vor allem Restaurants, Automobilvertretungen, Hotels, Diskotheken und Reiseagenturen. Die Behörden fanden nicht genau heraus, warum sich die traditionell widerwilligen Geschäftsleute nun auf einmal freiwillig meldeten. Ein Grund mag in den umfangreichen Verhaftungswellen und Prozeßserien der letzten Jahre gegen die Mafia liegen. Jedenfalls kommen die Schutzgeldforderungen nach langer Zeit, in der die Kaufleute regelmäßig bezahlt hatten, plötzlich in zunehmendem Maße von Unbekannten. Vielfach sind sie auch zu hoch gesteckt, um noch glaubwürdig zu erscheinen.

Wie das seit 1990 bestehende Sorgentelefon des Einzelhändlerverbandes registriert, hat das Problem bereits zu diversen Auswirkungen geführt. Es mehren sich die Proteste von Betroffenen gegen die sie bedrohenden »Wilderer« und die Beschwerden darüber, daß die »wahre Mafia«, die ewige Zeiten ihren Tribut kassierte, nunmehr keinen Schutz mehr garantiert. Nicht alle Opfer waren dazu bereit, sich mit ihren neuen Beschützern zu arrangieren bzw. auf die Strafverfolgungsbehörden zu setzen. Denn mittlerweile hat auch eine Reihe von Betrieben und Geschäften – sozusagen gemeinsam mit ihren traditionellen Erpressungspartnern – Palermo bzw. Sizilien verlassen.

Wie eingangs bereits erwähnt, existieren in Italien also allgemeine Belege dafür, daß sich Staat und Gesellschaft wirksam gegen ihre spezifischen Zweige der Euro-OK zur Wehr setzen wollen, immerhin ein besonderer Straftatbestand »Zugehörigkeit zu einer mafiaähnlichen Vereinigung« sowie eine Anti-Mafiakommission des italienischen Parlaments. Auch ist die Weltöffentlichkeit immer wieder aufs neue von den sogenannten Maxiprozessen beeindruckt, in denen Dutzende, teilweise auch Hunderte von Mafiosis zugleich zur Rechenschaft gezogen werden. Nicht selten kommt es dabei auch zu empfindlichen Schlägen gegen die Finanzmacht der Mafia. Die Gruppe »Cosa Nostra Palermo« erlitt z.B. allein im Jahr 1993 durch behördliche Beschlagnahme einen Verlust von 80 Millionen DM; bei einem Camorra-Clan waren es im selben Jahr sogar 150 Millionen DM.

Daß darüber hinaus auch immer mehr Bürger bereit sind, öffentlich gegen die Mafia anzutreten, zeigt vor allem die große Anteilnahme der Bevölkerung an den Morden der letzten Jahre. So gingen z.B. am 23. Mai 1993 über 100 000 Bürgerinnen und Bürger Palermos auf die Straße, um der Ermordung des Untersuchungsrichters Giovanni Falcone, seiner Frau und seines Begleitschutzes ein Jahr zuvor zu gedenken. Falcone galt in den achtziger Jahren als einer der mutigsten Mafiajäger Italiens; u.a. hatte er 1986/87 maßgeblichen Anteil an einem Massenprozeß in Palermo, in dem nicht weniger als 474 Mafia-Mitglieder wegen Mordes und Rauschgifthandels zu hohen Freiheitsstrafen verurteilt wurden.

»SOS Impresa« – eine beispielhafte Initiative von Mafia-Opfern aus der italienischen Geschäftswelt

Am Beispiel von Paolo Bocedi wird deutlich, daß auch mutiges Engagement des einzelnen einen wichtigen Beitrag zur Bekämpfung der Euro-OK leisten kann.

Als Besitzer einer Möbelladenkette in Norditalien wurde Bocedi selbst Opfer der mafiosen Industrie des Schutzes. Sein nachstehender Erfahrungsbericht, den er vor einigen Jahren auf einer OK-Tagung in Berlin gab, offenbart nicht nur die Brutalität der Erpresserbanden, sondern gibt auch Zeugnis mutiger Gegenwehr. Drohungen gegen sich und seine Familie, ein Bombenattentat, Brandanschläge und Schüsse auf die eigene Person konnten Bocedi nicht daran hindern, mit der Polizei zusammenzuarbeiten und, unterstützt von der Schutzgemeinschaft mittelständischer Unternehmer »SOS Impresa«, dazu beizutragen, die Erpresserbanden dingfest zu machen:

»Der Anti-Schutzgeldverein, dessen Vorsitzender ich bin, versucht, Händler, Kaufleute und Unternehmen vor Zugriffen durch das Organisierte Verbrechen zu schützen. Auch ich wurde eines Tages erheblich bedroht. Zusammen mit anderen hatte ich den Mut, gegen die mich einschüchternden Banden vorzugehen. Ich wollte nicht einsehen, warum ich mein ehrlich verdientes Geld Erpressern geben sollte.

Eines Tages kam jemand auf einem Fahrrad zu mir und verlangte, ich sollte ihm 50 000 Lire geben. Bald kam er wieder, und nun wollte er 500 000 Lire von mir haben. Damals sah ich mich veranlaßt, dieses Geld zu zahlen, denn man hatte mich, meine Frau und meine Tochter bedroht und uns das Haus niedergebrannt. Als dann wieder jemand zu mir kam, diesmal ein kräftiger Kerl, und 500 000 Lire verlangte, gab ich ihm einen Scheck, denn ich hoffte, den Weg des Schecks verfolgen zu können. Um es kurz zu machen: Ich habe den Mann verfolgt und ihn verhaften lassen. Bald danach schrieb dieser Mann mir aus dem Gefängnis einen Brief, mit dem er von mir verlangte, ihm 3 Millionen Lire für seinen Anwalt zur Verfügung zu stellen. Nachdem ich diesen Brief erhalten hatte, kam wieder jemand zu mir und sagte: ›Ich kann Ihnen helfen, damit der Typ im Gefängnis Sie in Ruhe läßt.‹

Dieser ungebetene Besucher gehörte offenbar einer noch gefährlicheren Bande an, denn er hat mir sogar eine Bombe unter mein Auto gelegt. Während einer Verabredung auf der Autobahn hieß es dann, ich sollte 50 Millionen Lire zahlen. Als ich denen sagte, dieses Geld hätte ich nicht, gingen sie noch weiter. Mit der Bemerkung, ›dann verteilen wir die Zahlung eben auf verschiedene Banken‹, nannten sie mir fünf Bankkonten. Auf jedes dieser Konten sollte ich 20 Millionen Lire überweisen. Also forderten sie mittlerweile 100 Millionen Lire von mir. Das Auftreten dieser Leute hat mir klargemacht, daß es sich bei denen um hochkarätige Verbrecher handelte. Schon am nächsten Tag hatte ich mit ihnen wieder eine Verabredung. Ich sollte nun die 100 Millionen bringen. Bei dieser Verabredung stand ein Typ mit Pistole im Dunkeln. Dem habe ich den Koffer übergeben, dann konnte ich gehen.

Seit diesem Vorfall hat sich mein Leben völlig verändert. Seit zwei Jahren lebe ich immer unter absolutem Schutz mit Panzerwagen und Überwachung. Um meine Tochter in Sicherheit zu bringen, habe ich sie ins Ausland geschickt. Nachdem ich mit einem General der Carabinieri, den man in der Unterwelt ›Schweinegesicht‹ nennt, zusammengearbeitet habe, wurde bei mir im Hause eingebrochen. Jemand hatte dabei mit Spray an die Wand geschrieben: ›Der und Du, Ihr seid beides Schweine.‹ Daraufhin hat die Schutzgemeinschaft mittelständischer Unternehmer verstärkt versucht, Händler und Kaufleute zur Gegenwehr zu bewegen. Und wir haben in der Präfektur Anzeige erstattet. Nachdem diese Gegenwehr offensichtlich wurde, hat man auf mich geschossen – aber glücklicherweise nicht getroffen. Dafür kamen dann wochenlang Drohbriefe gegen meine Familie.

Ich könnte über sehr viele Fälle berichten, bei denen meine Kollegen, Unternehmer und Kaufleute, ähnlich bedroht worden sind. Aber ich möchte mich darauf beschränken, allen Unternehmern, Betriebsleitern, Kaufleuten, ja der gesamten Gesellschaft eine Botschaft mit auf den Weg zu geben: Die Mafia kann man nicht erfolgreich bekämpfen, ohne daß alle zusammenwirken! Ich habe Vertrauen in die Jugend, ich habe auch Vertrauen in die Institutionen. Und gerade mein Vertrauen bewegt mich dazu, Ihnen zu sagen, daß es doch wunderbar wäre, wenn wir alle zusammen eine Hand ausstreckten über Berlin nach Mailand und von Mailand bis nach Palermo. Ich selbst werde mich jedenfalls weiterhin wehren und bitte die gesamte zivilisierte Gesellschaft um ihre Unterstützung im Kampf gegen die Mafia. Und wenn dann morgen keine Opfer mehr zu beklagen sind, dann wird das unser aller Verdienst sein.«

Für Deutschland und das übrige Europa zeigt uns diese Entwicklung das folgende: Auch in Italien ist eine Mauer gefallen, eine Mauer namens Omerta, die Mauer des Schweigens. Konsequenz dieses Drucks der Öffentlichkeit auf die Politik in Italien: Über 2 500 Angehörige der öffentlichen Verwaltung standen allein im Jahre 1993 in Italien wegen Verbindungen zur Mafia (Korruption etc.) vor Gericht, und über 40 Gemeinderäte sind komplett aufgelöst worden, weil sie in entscheidendem Maße von der OK infiltriert waren. Und es war nicht nur ein früherer italienischer Regierungschef, gegen den wegen mafioser Verstrickungen ermittelt wurde.

- Dem mehrfachen christlich-demokratischen Ministerpräsidenten Andreotti wird z. B. infolge entsprechender Aussagen von Mafia-Aussteigern zur Last gelegt, sich während mehrerer Amtszeiten mit dem 20 Jahre lang steckbrieflich gesuchten Leiter einer Cupola sowie mit anderen hohen Mafia-Repräsentanten persönlich getroffen zu haben. Andreotti selbst weist allerdings energisch jeden Vorwurf zurück, politischer Verbindungsmann der Mafia gewesen zu sein. Zwischenzeitlich wurde er freigesprochen...

- Seit Frühjahr 1994 befand sich Bettino Craxi, der ehemalige Vorsitzende der Sozialistischen Partei und Ministerpräsident von 1983–1987, auf der Flucht vor der italienischen Justiz. Er konnte sich damals nach Tunesien absetzen und wurde trotz mehrerer internationaler Haftbefehle und einer rechtskräftigen Verurteilung zu einer fünfeinhalbjährigen Haftstrafe von seinem Exil-Land nicht ausgeliefert. Im Januar 2000 starb Craxi an einer heimtückischen Krankheit. Der frühere stellvertretende Vorsitzende der Sozialistischen Internationale galt in Italien als Symbolfigur für Korruption und Vetternwirtschaft, die sich u. a. in illegalen Schmiergeldzahlungen an die politischen Parteien und hohe Repräsentanten der Politik gezeigt haben.

Mailand verzeichnete einen Negativrekord. Die Aktion »Saubere Hände« deckte zahlreiche Korruptionsskandale auf.

Bedauerlicherweise hat der Fall dieser Mauer viele Menschenleben (Polizisten, Staatsanwälte, Richter, Wissenschaftler und Journalisten) gekostet, eine moralische Pflicht nicht nur für unsere italienischen Nachbarn, den Einsatz und den Idealismus der Mafia-Opfer als Ansporn zu interpretieren, daß die Bürger durch unabhängig organisierten Protest der Forderung nach wirksamerem Handeln der Politik Gewicht geben. Der italienische Staat scheint auf dem Weg zu sein, endlich selbst zum Garanten echten und unparteiischen öffentlichen Schutzes zu werden.

Italienische Mafia in Deutschland

Bekanntlich zählen Rauschgifthandel, Korruption, Schutzgeldkriminalität und andere Gewaltdelikte zu den traditionellen kriminellen Schwerpunkten der Mafia in Italien. Wie immer stärker ans Licht kommt, hat sich die Mafia in den letzten Jahrzehnten auch in Deutschland zunächst Stützpunkte, d. h. Ruhe-, Rückzugs- und Tatvorbereitungsräume, und dann auch zunehmend Aktionsräume verschafft. Während in Politik- und Polizeikreisen noch vielfach die Existenz dieses besonders gefährlichen Zweigs der Euro-OK hierzulande vehement bestritten wurde, sorgte zum gleichen Zeitpunkt, nämlich bereits zu Beginn der achtziger Jahre, im gesamten norddeutschen Raum eine Serie von organisierten Schutzgelderpressungen und Brandstiftungen gegen italienische Gastronomiebetriebe für großes öffentliches Aufsehen. Die polizeilichen Ermittler der bereits angesprochenen Sonderkommission »Zitrone« des LKA Niedersachsen arbeiteten seinerzeit übrigens auch mit dem geheimnisumwitterten Privatdetektiv Werner Mauss zusammen, der im Auftrag von Versicherungen recherchierte. In etlichen Fällen kam es bereits damals auch zur Variante der Abnahmeerpressung überteuerter Geschäftseinrichtungen und Waren.

Die »Soko Zitrone«

Die bereits im Februar 1981 erfolgte Soko-Gründung stellt einen der ersten Ansätze dar, durch raffinierte ausländische Täterkreise in Deutschland organisiert begangene Schutzgeldkriminalität und andere einschlägige Deliktsbereiche systematisch aufzuklären. Den Ausgangspunkt für diesen Ermittlungskomplex bildeten mehr als 70 Gaststätten- und Diskothekenbrände in Norddeutschland. Konkret sollte festgestellt werden, ob bestimmte Personen mehrfach auftauchten, welche Rolle sie spielten und inwieweit Merkmale gesteuerten Zusammenwirkens auszumachen waren.

Die EDV-gestützte Analyse der einzelnen Ermittlungsvorgänge konfrontierte die Beamten mit mehreren tausend Datenbildern und mehreren hunderttausend Suchbegriffen. Auf dieser Unmenge von Material rückten rund 50 Personen in das polizeiliche Blickfeld, die alle aus Süditalien stammten. Aufgrund vielfältiger offenkundig gewordener örtlicher, personeller und historischer Zusammenhänge trat die Soko in die operative Phase ein, die ihre Mitglieder u. a. auch zu einer intensiven Reisetätigkeit nach Italien, Griechenland und Belgien sowie in die Schweiz veranlaßte. Es kam zu etlichen Festnahmen, darunter waren auch die beiden Organisatoren der Brandserie. Außerdem gelang es durch den Einsatz verdeckter Ermittler, weitere Straftaten zu verhindern. Die deliktische Breite der Tätergruppe erstreckte sich u. a. auch auf Einbruchdiebstähle, Hehlerei, internationale Kfz-Verschiebungen, Rauschgifthandel und Waffenkriminalität.

Hinsichtlich der Brandstiftungen ergab sich im Laufe der Untersuchungen folgendes Bild: Dreh- und Angelpunkt war ein in seinem Umfeld als »Pate« angesprochener Italiener, der bereits Ende der sechziger Jahre damit begonnen hatte, im norddeutschen Raum eine Diskothekenkette aufzubauen. Einzelne Objekte verkaufte er oder gab sie, zum Teil unter verwirrenden vertraglichen Bindungen, in Pacht. Die auf diese Weise Beteiligten gründeten teilweise nun ihrerseits Lokalketten, die als Pizzerien, Diskotheken und auch als Hotels etabliert wurden. Dabei erfolgte die Einrichtung der Lokale ausschließlich durch den »Paten«, der die entsprechenden Gegenstände zum überwiegenden Teil aus eigens zu diesem Zweck geschaffenen Verkaufsketten aus Italien einführte.

Da zum einen die Ausstattung der Betriebe in nobelster Weise erfolgte, die »Pächter« andererseits aber in der Regel keine gelernten Gastronomen waren, konnten sie ihren erheblichen Verpflichtungen gegenüber den Einrichtungsfirmen und damit dem »Paten« bald nicht mehr nachkommen. Dieser unglückliche Umstand hatte zwangsweise zur Folge, daß – zum Leidwesen der betroffenen Versicherungen – über geeignete Geldbeschaffungstechniken nicht nur nachgedacht wurde.

Als nicht unwesentliches Problem erwies sich die Tatsache, daß auch Konkurrenten Umsätze im gastronomischen Bereich machten. Sofern diese Konkurrenten nicht durch die Erhebung von »Schutzgebühren« in die Knie zu zwingen waren, wurden sie durch Brandlegungen ausgeschaltet. Dabei stießen die Ermittler sogar auf mehrere Gastronomiebetriebe, die innerhalb eines Jahres schon zweimal ausgebrannt waren. Allerdings ließ sich nicht in jedem Fall zweifelsfrei feststellen, ob es zu einem Brand kam, weil der Wirt zu Zahlungen erpreßt wurde, oder ob der Wirt eine Erpressung nur inszeniert hatte, um auf diese Weise einen Versicherungsbetrug zu verdecken. Daß die Tätergruppierung bei ihren diversen Aktionen mit großer Brutalität und Rigorosität vorgegangen ist, belegen diese Beispiele:

- *Mehrfach wurden Brände ohne Rücksicht auf die Gefährdung von Hausbewohnern gelegt. Während in Jever ein Rentner in seiner Wohnung ums Leben kam, die sich über einer in Brand gesetzten Dis-*

Die Diskothek wurde nach Feststellungen der Polizei mit Brandbeschleunigern in Brand gesetzt und völlig zerstört.

kothek befand, konnten in Göttingen und Osnabrück über einem Nachtclub bzw. einer Pizzeria schlafende Hausbewohner erst in allerletzter Minute gerettet werden.

- *Als sich bei einer Brandlegung der Bruder einer der Haupttäter schwer verletzte, verzichteten seine Komplizen wegen des Entdeckungsrisikos auf die unumgängliche ärztliche Hilfe. Statt dessen soll der Mann unter Vortäuschung einer Selbsttötung in einem Kornfeld mit Benzin übergossen und angezündet worden sein.*
- *Ein italienischer Staatsanwalt, der mit hohem persönlichen Engagement mit der deutschen Soko kooperierte, entging nur knapp einem Meuchelmord und mußte unter ständigen Polizeischutz gestellt werden.*

Neuere Entwicklungen und Brennpunkte

In den neunziger Jahren galten polizeilichen Lageerkenntnissen zufolge insbesondere Baden-Württemberg (Stuttgart, Heidelberg, Heilbronn, Tübingen, Mannheim, Karlsruhe), Nordrhein-Westfalen (Köln, Leverkusen, Wuppertal, Münster), Hessen (Frankfurt, Offenbach) und Bayern (Kempten, München, Nürnberg) als geographische Mafia-Brennpunkte. Dies belegen auch die zahlreichen Festnahmen von Mafia-Angehörigen in Deutschland in der jüngsten Vergangenheit. Die deliktischen Schwerpunkte konzentrieren sich dabei vornehmlich auf den Rauschgift- und Waffenhandel, Kfz-Verschiebungen, Schutzgelderpressungen, Raubdelikte, Betrugs- und Falschgeldkriminalität sowie auf den Glücksspielbereich. Nachstehende Fallskizzen veranschaulichen die Situation näher.
Beim ersten Beispiel handelt es sich um ein vor einigen Jahren erfolgreich durchgeführtes Ermittlungsverfahren gegen eine vornehmlich im süddeutschen Raum aktive N'drangheta-Gruppierung. Sie konnte mit Hilfe mehrerer Vertrauenspersonen (VP) zerschlagen werden, wobei auch mehrere Köpfe der Organisation in Deutschland und Italien festgenommen wurden. Die Deliktsschwerpunkte der Gruppierung waren außer der Schutzgelderpressung Diebstahl, Raub, Hehlerei, Rauschgifthandel und Verstöße gegen das Waffengesetz. Darüber hinaus führte die Informationsgewinnung einer VP zur Aufklärung von drei Tötungsdelikten zum Nachteil eines italienischen Richters, eines Carabiniere und eines Mafia-Angehörigen:

Der Einleitung des Verfahrens lag eine polizeiliche Anzeige eines italienischen Gastronoms aus einer süddeutschen Kleinstadt zugrunde. Danach wurde er seit Wochen von drei unbekannten Landsleuten um Schutzgelder erpreßt. Zu seiner Einschüchterung hätten die Erpresser ein vor dem Lokal abgestelltes Fahrzeug eines Gastes beschossen. Nach einem erneuten Erpressungsversuch wenige Tage später konnte der Gastwirt die Täter identifizieren. Dabei bemerkte er, daß auch der Gast, dessen Fahrzeug beschossen worden war, zu der Tätergruppierung gehörte. Kurze Zeit darauf wollte der Gastronom, der seine Angaben gegenüber der Polizei nur mündlich vorgetragen hatte, allerdings seine Anzeige wieder zurückziehen.
Nach Kenntniserlangung wertete die Polizei zunächst die vorhandenen personenbezogenen Daten aus. Es stellte sich heraus, daß die Täter und ihr Opfer aus derselben Kleinstadt in Italien stammten. Ein Datenabgleich ergab außerdem, daß zwei Jahre zuvor ein Verwandter eines Tatverdächtigen bereits in einer anderen süddeutschen Stadt versucht hatte, einen italienischen Gastronomen um hohe Schutzgebühren (150 000 DM) zu erpressen. Doch der Mann war bei der Geldübergabe festgenommen und rechtskräftig zu einer mehrjährigen Freiheitsstrafe verurteilt worden.
Zugleich ergaben eingeleitete Observationsmaßnahmen, daß alle drei Täter nahezu täglich die Gaststätte des anzeigenden Wirtes aufgesucht und dort meist mehrere Stunden (u. a. telefonierend) verweilt hatten. Im weiteren Verlauf der Ermittlungen gelang es der Polizei, nicht weniger als vier VP aus dieser Szene zu gewinnen. Es wurde in Erfahrung gebracht, daß dieser N'drangheta-Clan bereits vor vielen Jahren auch in Deutschland eine Gruppierung aufgebaut hatte, mit verschiedenen Untergruppen im gesamten Bundesgebiet. So war schon 1984 bei einer Schutzgeldaktion gegen ein süddeutsches Spielcasino ein Mann erschossen worden. Anhand weiterer Aktenauswertungen wurde festgestellt, daß auch schon 1978 diverse Personen im Verdacht gestanden hatten, bundesweit italienische Gastwirte um Schutzgelder zu erpressen.
Darüber hinaus führten der VP-Einsatz und parallele Telefonüberwachungen zu dem Ergebnis, daß der Gastwirt zwischenzeitlich selbst Mitglied der mafiosen Organisation geworden war. Insgesamt konnten 56 Gruppenmitglieder ermittelt werden, 53 Italiener und drei Deutsche. Die Täterverbindungen reichten über Deutschland und Italien hinaus auch nach Ungarn, in die Schweiz und in die Niederlande.

Der hierarchisch strukturierte N'drangheta-Clan umfaßte vier Ebenen:

- Zentrale Führungsebene in Deutschland und Italien

- Leitungsebenen der Untergruppen in diversen Bundesländern
- Mittlere Führungsebene einer jeden Untergruppe
- Unterste Arbeitsstufe der einzelnen Untergruppen

In der mittleren Führungsebene der süddeutschen Untergruppe bestand der Kern aus fünf bis sechs Personen, die nicht nur Straftaten planten, sondern auch in wechselseitiger Zusammensetzung mit Kräften der untersten Stufe einzelne Delikte begingen. Allerdings war vor jeder konkreten Tatausführung die Zustimmung des Untergruppenchefs einzuholen. Lag diese vor, konnten die Mitglieder der mittleren Führungsstufe in eigener Regie z. B. Erpressungsdelikte verüben. Einen Teil der dabei erzielten Erlöse hatten sie an die Führung der Deutschlandzentrale sowie an ihren zuständigen Untergruppenchef abzuführen. Sofern ein Opfer zahlungsunfähig war, wurde es genötigt, von den Erpressern erlangtes Diebesgut (Spirituosen, Zigaretten etc.) abzukaufen.

Hier weitere Fallbeispiele aus Bayern

Als Giancarlo L., Inhaber eines italienischen Restaurants im Allgäu, gerade sein Lokal abschließen will, drängen sich zwei Landsleute durch die Tür. Sein Geschäft laufe zu gut, erklären sie dem Wirt. Das störe den einen oder anderen im Umkreis. Sogleich haben die beiden aber auch eine Lösung parat. Gegen eine monatliche »Gebühr« von 2 000 Mark könnten sie für ausreichenden Schutz sorgen. Doch der Wirt lehnt ab. In den folgenden Wochen melden sich die »besorgten« Landsleute immer wieder telefonisch. Obwohl ihre Drohungen immer massiver werden, bleibt der Restaurantbesitzer hartnäckig – auch als eines Abends in die Decke seines Lokals geschossen wird. Er will nicht zahlen, erstattet aber auch keine Anzeige bei der Polizei. Wenige Wochen später steht die Pizzeria in Flammen. Brandstiftung. Doch die polizeilichen Ermittlungen ergeben noch mehr. Das Feuer im Lokal von Giancarlo L. steht in Zusammenhang mit einer Reihe von Bränden in italienischen Restaurants. In allen Fällen sind die Inhaber von unbekannten Italienern zur Zahlung von »Schutzgebühren« aufgefordert worden. Über die Zahl derer, die sich dem Druck der Erpresser gebeugt haben und stillschweigend zahlen, kann nur spekuliert werden.

An der Holzverkleidung des Eingangs eines italienischen Restaurants in München zündeln nachts Flammen, trotz schnellen Löschens tritt ein Schaden von rund 50 000 DM ein. In der nächsten Nacht fliegt eine Flasche Buttersäure durch das Fenster, ruiniert u. a. den Fußboden, der Schaden geht in die Zehntausende. Nach weiteren zwei Wochen werden die Fensterscheiben des Lokals eingeworfen. Die ermittelnden Beamten gehen von verweigerter Schutzgelderpressung aus, doch der Wirt streitet eine Erpressung ab und gibt sich ahnungslos. Kein Einzelfall, denn Experten gehen davon aus, daß ein Großteil der rund 300 italienischen Gastwirte allein in München regelmäßig Schutzgeldbeträge an Erpresser zahlt. Viele Wirte äußern der Polizei gegenüber, daß erpreßt und auch gezahlt werde, aber man selbst nicht zu den Betroffenen gehöre.

Auch am idyllischen Chiemsee in Oberbayern und in anderen bayerischen Provinzen zeigten sich entsprechende Anzeichen organisierter Schutzgeldaktionen gegen italienische Gastwirte. Wie gut das Geschäft mit der Angst mittlerweile läuft, läßt sich auch schon daran erkennen, daß oftmals allein der sizilianische und mafiatypische Sprachgebrauch der Erpresser ausreicht, um ihre Opfer zu bezahlten Schutzaufträgen zu bewegen.
Gleichwohl können die Strafverfolgungsbehörden natürlich auch immer wieder Fahndungserfolge gegen Angehörige der italienischen Mafia verbuchen, sei es im Zuge systematischer, fallbezogener Ermittlungen oder etwa durch eher zufällige Aufgriffe. Die bayerischen Dienststellen vermeldeten z. B. im Februar 1996 innerhalb von einer Woche gleich zwei, offensichtlich unabhängig voneinander erfolgte Festnahmen:

Zunächst gelang es, ein weltweit gesuchtes Mafia-Mitglied am bayerisch-österreichischen Grenzübergang Kiefersfelden zu fassen. Der Betroffene, ein 41 Jahre alter Amerikaner, gilt als Angehöriger einer in Sizilien ansässigen Mafia-Gruppe, die sich auf die Herstellung und Verbreitung von Falschgeld und gefälschten Kreditkarten spezialisiert hat.
Nur einige Tage später kam es dann in einer Pizzeria in Mitterdarching im Landkreis Miesbach zur Festnahme eines weiteren Mafiosi. Der wegen achtfachen Mordes gesuchte Mann stammt nach Angaben des Münchener Landeskriminalamtes aus Apulien und gehört der Sacra Corona Unita an. Die Morde sollen im Zusammenhang mit Rivalitäten verschiedener, vornehmlich im Rauschgifthandel tätigen Clans verübt worden sein. Bereits im Jahre 1992 hatte sich das Mafia-Mitglied der italienischen Justiz

als Kronzeuge zur Verfügung gestellt und stand ein Jahr lang unter der Obhut eines Schutzprogramms. Dann flüchtete er jedoch über Jugoslawien, Rumänien, Polen und Venezuela nach Mitterdarching, wo er im Gebäude des Restaurants ein Zimmer bezogen hatte.

Fallbeispiel Baden-Württemberg

Daß auch Baden-Württemberg von mafiosen Gruppierungen seit langem als bevorzugter Rückzugs- wie Aktionsraum genutzt wird, wurde z. B. vor einigen Jahren wieder deutlich, als es dem dortigen Landeskriminalamt und der Staatsanwaltschaft in Zusammenarbeit mit italienischen Stellen gelang, einen in Stuttgart und im Landkreis Ludwigsburg tätigen Clan zu zerschlagen. Den Festgenommenen, darunter auch zwei Frauen, wurden u. a. Betrug, Schutzgelderpressung und Falschgelddelikte zur Last gelegt. Als die aus dem Raum Neapel stammende Familie im Jahre 1991 zwischen die Fronten rivalisierender Camorra-Clans geraten war, hatte sie sich nach Deutschland abgesetzt, um u. a. in Bad Canstatt, Weilimdorf und Zuffenhausen Restaurants sowie auch ein Im- und Exportgeschäft zu eröffnen. Sowohl legale als auch kriminelle Einkünfte sind über diese Betriebe abgewickelt worden, wobei die Straftaten unter Führung des Familienoberhauptes arbeitsteilig und streng konspirativ begangen wurden. Zusätzlich wurden die Ermittlungen dadurch erschwert, daß kaum Anzeigen von Geschädigten erstattet wurden. Mit Fotos von noch gesuchten Tatverdächtigen und mit der Veröffentlichung einer entsprechenden Telefonnummer wurden deshalb auch noch nach dem Zugriff von der Polizei weitere Opfer des Mafia-Clans und Zeugen gesucht, die bis dahin geschwiegen hatten.

Fallbeispiel – Operative Erkenntnisse

Die hier abschließend anzusprechende Fallkonstellation erinnert in auffälliger Weise an den Tatkomplex, der die »Soko Zitrone« in Niedersachsen seinerzeit beschäftigte. Es handelt sich dabei allerdings lediglich um operative, d. h. noch keine gerichtsverwertbare Qualität erlangten Erkenntnisse von deutschen Strafverfolgern. Ob bzw. inwieweit hier tatsächlich Vernetzungen zu den Vorfällen der frühen achtziger Jahre bestehen, ist derzeit nicht verläßlich zu beurteilen. Der Komplex läßt sich nach den internen polizeilichen Einschätzungen bzw. Einblicken wie folgt charakterisieren:

- *Ein von einem italienischen Möbelfabrikanten gesteuerter Clan soll in einigen Regionen hierzulande über ein Imperium von etlichen, wenn nicht sogar mehreren hundert Gastronomiebetrieben (Pizzerien, Diskotheken und Eiscafés) gebieten.*
- *Die Gruppe soll preiswerte Räumlichkeiten anmieten und überteuert ausstatten, die Lokale zunächst selbst betreiben und potentielle Pächter dann mit der Aussicht ködern, die lukrativen Betriebe ohne Ablöse übernehmen zu können.*
- *Die ursprünglichen Investitionen werden durch extrem gesteigerte Mieten, Schutzgeld-Forderungen, Brände etc. mehr als ausgeglichen.*
- *Zu den Geschäftspartnern der italienischen Drahtzieher soll auch eine deutsche Firma aus der Getränke- und Einrichterbranche zählen.*

Solange jedoch keine aussagewilligen Opfer bzw. Zeugen in Erscheinung treten, dürften die vorliegenden polizeilichen Informationen kaum zu einer Konkretisierung bzw. Klärung des Vorgangs führen.

Türkisch-kurdische Netzwerke der Euro-OK

Die nach Unabhängigkeit strebende kurdische Arbeiterpartei PKK, die seit ihrer Gründung am 27.11.1978 einen Krieg gegen die Türkei bzw. die türkische Regierung führt, ist bekanntlich auch seit langem in Deutschland aktiv. Die Organisation sieht sich als legitime Vertretung und Vorkämpferin des kurdischen Volkes (12 Millionen) an, das im Südosten der Türkei, zum Teil auch im Irak, in Syrien, im Iran und in Armenien ansässig ist und seit Jahrhunderten die Selbständigkeit in einem eigenen Staatsgebiet fordert. Immer wieder werden hierzulande Brand- und andere Anschläge, teilweise auch gegen Deutsche, die nach Ansicht der PKK mit dem türkischen Staat »kollaborieren«, begangen, die der PKK zuzurechnen sind. An dieser Situation vermochte auch das schon im November 1993 verfügte PKK-Verbot wenig zu ändern – gilt doch Deutschland wegen seiner – angeblich dann auch zur Bekämpfung der kurdischen Rebellen eingesetzten – Waffen- und Ausrüstungshilfen für den NATO-Partner Türkei als Kriegsgegner Nr. 2 der PKK.

Für das hier erörterte Phänomen der Euro-OK ist die PKK deshalb von Bedeutung, weil sie sich wie in anderen westeuropäischen Staaten zur Deckung ihres Finanzierungsbedarfs neben dem Verkauf von Propagandamaterialien und Beiträgen für PKK-gesteuerte Vereine und Organisationen auch massiv um

Spenden bemüht und bei deren Beschaffung keineswegs immer mit legalen Methoden vorgeht. Es handelt sich bei der Spendengelderpressung also um eine durch politische Motive gekennzeichnete Sonderform der Schutzgelderpressung.
Deutschland mit seinen rund 450 000 Kurden, von denen ca. 8 000 der PKK angehören sollen, ist die wichtigste Finanzquelle der PKK. Auf das Jahr gerechnet gehen Experten für Deutschland von hohen zweistelligen Millionenbeträgen aus, die in die Kassen der PKK fließen sollen. Einen wichtigen Teil dieser Geldbeschaffungsmaßnahmen machen die sogenannten Zwangsgelder aus, die von den in Deutschland lebenden Kurden eingefordert werden. Grundlage dieser Zwangsgelder ist eine möglichst lückenlose Erfassung der kurdischen Wohnbevölkerung und die Ermittlung ihrer finanziellen und sozialen Situation durch die PKK, die bis in einzelne Stadtteile hinein organisiert ist. Auf der Basis dieser Recherchen legen die Finanzeintreiber der PKK für jeden einzelnen Kurden in ihrem Zuständigkeitsbereich einen monatlichen »Beitrag« zur Unterstützung des Kampfes der PKK fest. Sicherheitsexperten gehen davon aus, daß kaum ein Kurde in Deutschland der Zahlung solcher Zwangsgelder entgeht.
Über diese monatlichen Zahlungen hinaus wird von allen Kurden verlangt, sich an diversen Spendenaktionen der PKK zu beteiligen. So ruft die PKK einmal jährlich zu einer dreimonatigen Spendenkampagne auf. Kernstück dieser Geldeintreibung ist die »Kampagne zur Befreiung und zum Aufbau Kurdistans« (BAAK). Die Vorgabe der Europäischen Frontzentrale soll sich allein für Deutschland auf einen zweistelligen Millionenbetrag pro Jahr belaufen. Der Mindestbetrag der »Spende« liegt auch bei der »BAAK« nicht im Ermessen des einzelnen, sondern wird durch die schon erwähnten Stadtteilgruppen entsprechend der finanziellen Leistungsfähigkeit festgelegt.
Dies gilt auch für kurdische Geschäftsleute, wobei auch kurdische Drogenhändler einbezogen und zur Kasse gebeten werden, so daß davon ausgegangen werden kann, daß die PKK im Detail über die Drogenaktivitäten ihrer Landsleute unterrichtet ist. Bei derartigen jährlichen PKK-Aktionen sind Einzelspenden bis zu 10 000 DM keine Seltenheit; als Faustregel der PKK gilt unter Kurden ein Monatsgehalt.

Die kurdische Arbeiterpartei PKK

- fordert einen unabhängigen kurdischen Staat – politische Dimension
- führt einen Krieg gegen die Türkei – militärische Dimension
- ist in Deutschland verboten worden – terroristisch-kriminelle Dimension
- In Deutschland bestehen auf Dauer angelegte personelle, straff organisierte und räumlich ausdifferenzierte Führungsstrukturen. Den PKK-Aktivisten wird nicht nur die systematische Begehung von Straftaten der Erpressung (Spendengelder), des Landfriedensbruchs, der Sachbeschädigung und des Hausfriedensbruchs zugerechnet, sondern darüber hinaus zur Erreichung ihrer Zwecke auch die Planung und Durchführung von Brandstiftungsdelikten.

Anhand einer Liste mit den festgelegten Beträgen suchen die Stadtteilkomitees die Spendenverpflichteten auf und fordern die Spende ein. In aller Regel wird anstandslos gezahlt. Dies wird in der Liste ebenso vermerkt wie die Höhe der geleisteten Zahlung. Falls ein Kurde die Zahlung ablehnt, wird dies ebenfalls in der Liste vermerkt und es folgt ein zweiter Besuch, bei dem der Zahlungsunwillige intensiv auf seine »patriotischen« Pflichten hingewiesen wird. Wer dennoch nicht zahlt, wird innerhalb der kurdischen Gemeinschaft als unpatriotisch diffamiert.
Dies ist die harmlose Variante. Ungeachtet einer offiziellen PKK-Richtlinie, nach der Spendenaktionen gewaltfrei verlaufen sollen, gehen jährlich mindestens 100 Strafanzeigen wegen Spenden- oder Schutzgelderpressung durch die PKK ein, bei denen es teilweise um erhebliche Gewaltanwendung geht. In der Praxis bedeutet dies Drohung, Einschüchterung, Erpressung und in letzter Konsequenz Körperverletzung etc. Dies kann kaum verwundern, betrachtet man den Druck, unter dem die Geldeintreiber stehen. Geldsammeln wird in der PKK unter dem Vorzeichen des »sozialistischen Wettbewerbes« durchgeführt. Die Geldeintreiber werden an ihren Ergebnissen gemessen. Beständig schlechte Leistungen können unter Umständen die Versetzung zur kurdischen Volksarmee, ins Operationsgebiet Türkei bedeuten.
Typisch für die PKK wie auch für die meisten in Deutschland operierenden ausländischen Zweige der Euro-OK insgesamt sind Angst, Schweigen, Gewaltanwendung, Zeugeneinschüchterung und -bedrohung: Experten des Bayerischen LKA z. B., die sich über ihr Sorgentelefon für erpreßte und bedrohte Kurden ständig mit solchen Vorfällen befassen, haben es sogar schon erlebt, daß ein Kurde es vorzog, zurück in die Türkei zu reisen, statt einen PKK-Aktivisten wegen Erpressung anzuschwärzen. Das System der Bedrohung im Gastland, aber auch der Bedrohung verbliebener Familienangehöriger in der Heimat funktioniert und schützt die Spendeneintreiber der PKK relativ effektiv vor Strafverfolgung.

Rund 100 Anrufe erpreßter und bedrohter Kurden registrierte das »Sorgentelefon« der hessischen Polizei bereits Mitte der 90er Jahre, in 21 Ermittlungsverfahren wurde gegen insgesamt 39 verdächtige PKK-Eintreiber ermittelt, doch kaum jemals waren die Opfer bereit, vor Gericht gegen ihre Peiniger auszusagen.

Wie brutal hier teilweise vorgegangen wird, zeigt z.B. ein Ermittlungsverfahren gegen mehrere Täter, die in wechselseitiger Besetzung Landsleute zu Spenden für die PKK erpreßt haben: Die Gruppe, deren Spendensammelaktionen zentral gesteuert wurden, war auf Asylbewerberheime spezialisiert. Man bat in zum Teil langen Gesprächen um Spenden für den Freiheitskampf der Kurden. Bei Weigerungen wurden die Opfer massiv geschlagen, getreten, mit Messern und Schußwaffen bedroht. Andere Betroffene wurden unter einem Vorwand in ein Fahrzeug gelockt und in abgelegene Waldgebiete verschleppt. Dort wurden sie gefesselt, verprügelt und getreten, wobei auch Knüppel und Eisenstangen zum Einsatz kamen. In anderen Fällen wurden die Opfer in die Vereinsräume »vorgeladen«, dort in den Keller geführt und brutal zusammengeschlagen. Nachdem die geforderten Spenden gezahlt wurden, erhielten die Erpreßten eine Spendenquittung.

Türkische Rauschgift-Clans

In der Praxis ist es für die polizeilichen Ermittler natürlich nicht immer sofort ersichtlich, ob sie es bei den Aktivitäten der türkischen bzw. kurdischen Euro-OK nun mit der türkisch-kurdischen Rauschgift-Mafia, deren Clans große Anteile am deutschen und westeuropäischen Heroinhandel besitzen, mit Schutzgeldkriminalität im eigentlichen kriminellen Sinne oder mit ihrer politischen Sonderform Spendengelderpressung zu tun haben. Hinzu kommt zuweilen der Umstand, daß Mischformen beider Varianten vorliegen oder daß die politisch motivierte Spendenbeschaffung den Opfern gegenüber nur vorgetäuscht wird, um deren Zahlungswilligkeit zu erhöhen. Vor diesem spezifischen Hintergrund ist der folgende beispielhaft ausgewählte Ermittlungskomplex zu drei rivalisierenden türkischen Tätergruppen mit unterschiedlichen Deliktsschwerpunkten zu sehen, der die deutsche Polizei vor einigen Jahren intensiv beschäftigte.

Schon in den achtziger Jahren verfügte die zuständige Kriminalpolizei einer deutschen Stadt über diverse Hinweise, wonach türkische Straftätergruppierungen sich gegenseitig bekämpften und in organisierten Formen Straftaten begingen. Anfang 1990 konnte dann ein Mitglied einer solchen Organisation als VP gewonnen werden. Sie berichtete, daß es in der Stadt massive Auseinandersetzungen zwischen drei türkischen Tätergruppen gäbe. Im einzelnen schilderte die VP den Aufbau der drei Organisationen und zeigte die jeweiligen Straftäterverflechtungen auf, die durch spätere ermittlungstaktische Maßnahmen bestätigt werden konnten.

Struktur und Straftaten der ersten Gruppe

Diese türkische Organisation wurde von zwei Personen geführt und verfügte über eine Stärke von 15 bis 20 Mitgliedern. Allein 15 Personen, darunter die beiden Anführer, hatten in Deutschland bis ins Jahr 1988 hinein langjährige Haftstrafen wegen Schutzgelderpressungen verbüßt. Außerdem waren vier Mitglieder in der Türkei wegen Mordes zum Tode verurteilt worden, genossen jedoch in Deutschland politisches Asyl. Die Gruppe unterhielt enge Kontakte zu weiteren türkischen OK-Clans in den süddeutschen Bundesländern und Österreich. Der Bekanntheitsgrad der Organisation und ihrer Mitglieder sowie das Wissen um deren Zugehörigkeit zu einer radikalen politischen Institution führte unter den türkischen Landsleuten dazu, daß geforderte Schutz- bzw. Spendenzahlungen aus Angst bereitwillig geleistet wurden.

Gelegentlich hatte die Polizei zwischen den drei OK-Gruppen auch Übertritte einzelner Personen beobachtet, was blutige Auseinandersetzungen nach sich zog. Darüber hinaus waren alle Organisationen wegen ihres brutalen Auftretens bei den meisten türkischen Geschäftsleuten in ihrer Stadt so gefürchtet, daß sie ihnen bisweilen auch Speisen oder Geld nur deshalb überließen, um vorübergehend in Ruhe gelassen zu werden. Regelmäßig stießen die Ermittler auf verängstigte und schweigende Zeugen. Strafanzeigen wurden selten erstattet oder delinquente Geschehnisse von Geschädigten abgeschwächt:

- *Einmal kam der Gruppierung zu Ohren, daß ein Deutscher zusammen mit einem Türken in ihrem Revier »wilderte« und in einer Bar 20000 DM Schutzgelder einforderte. Die Maßregelung der Eindringlinge sah so aus, daß dem Deutschen der Oberschenkel und dem Türken die Handflächen durchschossen wurden. Die Opfer waren nicht bereit, die ihnen namentlich bekannten Täter zu benennen.*

- *Als die VP der Polizei Schutzgeld-Opfer auflistete, stritten befragte Geschädigte ab, erpreßt zu werden. Bei einzelnen Zahlungen würde es sich um Spenden an politische Vereinigungen handeln.*
- *Einmal erschien ein Türke bei der Polizei und gab an, daß er einen illegalen Spielclub betrieben und zwei Jahre lang Schutzgebühren an die Gruppierung bezahlt habe. Die Neueröffnung des Clubs stehe bevor und ein Gruppenangehöriger hätte ihn bedroht, die Finger vom Club zu lassen, ansonsten werde er ermordet. Tatsächlich wurde wenige Tage später ein Schuß auf den Anzeigeerstatter abgegeben, der sein Ziel jedoch verfehlte.*
- *Eines Tages wurde ein türkischer Geschäftsmann mit einem Oberschenkeldurchschuß in ein Krankenhaus eingeliefert. Zeugen des Vorfalls hatten beobachtet, daß der Tatverdächtige mit einem Auto flüchtete. Daraufhin stellte die Gruppe dem ermittelten Fahrzeughalter Alibizeugen. Außerdem bestritt er, sein Auto zur Tatzeit verliehen zu haben. Über die VP konnte der Fahrer, ein Gruppenmitglied, ermittelt werden. Doch der Geschädigte wollte bei einer Gegenüberstellung den Tatverdächtigen nicht erkannt haben. Wenige Tage später tauchte er unter.*
- *Ein deutscher Barbesitzer erstattete bei der Polizei Anzeige wegen versuchter Schutzgelderpressung. Seinen Angaben zufolge forderten vier Gruppenmitglieder von ihm 60 000 DM, ansonsten werde er umgebracht. Zur Einschüchterung zeigte man ihm eine mitgeführte Maschinenpistole und einen Revolver. Wenige Tage später wurde das Lokal des Anzeigeerstatters von außen mit einer Schrotflinte beschossen. Tags darauf erschien ein Unbekannter in der Bar und gab vor, die Streitigkeiten zu beenden, falls der Inhaber 500 000 DM bezahle.*
- *Zwei Organisationsmitglieder wurden in einem Lokal in einer deutschen Stadt von einem aus den Niederlanden eingereisten Mann ermordet. Wie sich herausstellte, hatten die Getöteten Rauschgiftlieferungen nicht beglichen. In der Gaststätte hielt der Täter zunächst eine Gerichtsverhandlung ab und sprach den vorläufigen Urteilsspruch »schuldig« aus. Ein anschließendes Telefonat mit den Heroinlieferanten führte zur Bestätigung des Urteils und zur Hinrichtung der Verurteilten in dem Lokal.*

Struktur und Straftaten der beiden übrigen Gruppen

Die zweite OK-Gruppe bestand ausschließlich aus türkischen Kurden und umfaßte acht bis zwölf Mitglieder, die sich vorwiegend im Rauschgiftgeschäft betätigten. Die dritte Organisation besaß ca. zehn Angehörige. Ihr Anführer verbüßte bis Anfang des Jahres 1990 eine sechsjährige Freiheitsstrafe wegen Schutzgelderpressungen. Die abgeurteilten Straftaten hatte er zum Teil in Mittäterschaft mit dem Anführer der ersten Gruppierung begangen. Das Ziel dieses dritten Clans bestand insbesondere in der Eroberung von Marktanteilen, die von der ersten Organisation beansprucht wurden. So kassierte man nachweislich von mehreren türkischen Gastwirten wöchentliche Schutzgelder zwischen 400 und 600 DM.

Internationale Erkenntnisse über das Rauschgiftgeschäft

Das zum weltgrößten Drogenproduzenten aufgestiegene Afghanistan stellt zwischenzeitlich für die angrenzenden Staaten, die Länder Europas und die Länder in Übersee die Hauptbedrohung im Bereich der Heroinproduktion, des Drogenhandels und -schmuggels dar. Laut Bericht der »Hauptverwaltung für Sicherheit« in der Türkei entfallen 60 % des alljährlich in Europa und 40 % des weltweit beschlagnahmten Heroins aus Afghanistan. Nicht zuletzt deswegen waren die Verhältnisse in Afghanistan Hauptthemen auf Sitzungen des UNO-Sicherheitsrates im März und April 2000. Dabei forderte der UNO-Sicherheitsrat die Mitgliedstaaten auf, ihre Anstrengungen im Bereich der Drogenbekämpfung in Form von Unterstützungen der Nachbarländer zu Afghanistan zu forcieren.

Nach dem Bericht des UNO-Programms zur Drogenkontrolle UNDCP (United Nations International Drug Control Program) stammten sogar 65 % des 1999 in Westeuropa sichergestellten Heroins aus Afghanistan. Dem lag mehr als eine Verdopplung der Ernte von 1998 mit 2100 zu 1999 mit 4600 Tonnen Opium zugrunde. Für das Jahr 2000 wurde sogar eine Rekordernte von 7000 prognostiziert, was bei einem Umrechnungsverhältnis 10 : 1 etwa 350 Tonnen Heroin bedeuten würde.

Diese unheimliche Menge wird erst vorstellbar, wenn man sich vor Augen führt, daß dafür 70 000 ha Acker benötigt werden, die 95 % der insgesamt in Afghanistan vorhandenen Anbaufläche ausmachen. 1,4 Millionen Menschen leben vom Mohnanbau und erzielen jährlich einen Erlös von 70 Millionen US-Dollar. Nach UNO-Schätzungen konsumieren etwa 1 Mio. Westeuropäer regelmäßig afghanisches Heroin. Da die Produktionsmengen in Südostasien im »Goldenen Dreieck« (Myanmar, Laos, Thailand) durch Reduzierung der Anbauflächen und Förderungsprogramme erheblich gesenkt werden konnten, rückte

Afghanistan mit 75 % Anteil an der Weltproduktion zum Marktführer auf. Die riesigen Heroinströme aus Afghanistan gelangen nach Pakistan oder in den Iran und dann über die Türkei auf unterschiedlichen Routen nach Mittel- und Westeuropa.

Rekordmenge von 949 kg Heroin aus Afghanistan in Pakistan sichergestellt

Im September 2000 machten die Drogenfahnder in Pakistan einen großen Fang. Sie stellten 949 kg Heroin sicher, das aus den Mohnanbaugebieten aus dem benachbarten Afghanistan stammte. Nach pakistanischen Angaben hätte diese Menge auf dem internationalen Drogenmarkt einen Erlös von umgerechnet 220 Millionen Mark erzielt.

Versorgung des europäischen Heroinmarkts

Etwa ein Drittel der weltweit in 1998 sichergestellten Heroinmengen (33,1 t) wurden in Europa (11,2 t) beschlagnahmt. Davon konfiszierten allein türkische Behörden 4,6 t Heroin. Der mittel- und westeuropäische Heroinmarkt wird nach derzeitigen Erkenntnissen überwiegend mit Rauschgift aus Südwestasien (Afghanistan, Pakistan und dem Iran) versorgt. Die Bedeutung dieser Region (Goldener Halbmond) wird daran deutlich, daß etwa 90 % des in Europa sichergestellten Heroins aus diesen Gebieten stammen.

Neben der Türkei zählt der Iran zu den wichtigsten Drogenumschlagplätzen der Welt. Von der Gesamtmenge des aus Afghanistan eingeschmuggelten Heroins gehen 60 % im Transit in die Türkei und weiter nach Europa sowie in die arabischen Länder des Persischen Golfs. Die restlichen im Iran verbleibenden 40 % lösen im Land große Probleme aus. So sind etwa 2 Prozent der iranischen Bevölkerung drogenabhängig. Das sind umgerechnet 900 000 bis 1,5 Mio. Menschen. Der Iran betreibt an den Grenzen zu Afghanistan und Pakistan in Form von Drogenpatrouillen einen Personalaufwand von 30 000 Mann und wendet nach eigenen Angaben jährlich 1 Mrd. US-Dollar zur Drogenbekämpfung auf.

Nicht nur für den Iran, sondern auch für Europa geht die größte Gefahr von Afghanistan aus. Dort wird nicht nur Schlafmohnanbau betrieben, sondern vermehrt auch Heroin direkt vor Ort produziert.

Für 1999 gab es mit 12,8 Tonnen in Europa nochmals eine Steigerungsmenge. Davon wurden allein 6,7 t an der legendären Balkanroute aufgespürt. Das meiste Heroin wurde in der Türkei mit knapp 3,8 t, gefolgt von Großbritannien mit 2,0 t, Italien mit 1,3 t, Spanien mit 1,1 t und in Deutschland mit 0,796 t sichergestellt. Von dieser Gesamtsicherstellungsmenge konnte in Deutschland für 558,6 kg (70,1 %) ein Ausgangs-, Herkunfts- oder Transitland ermittelt werden. Dabei kamen 419,4 kg afghanisches Heroin über die Türkei und west- oder osteuropäische Staaten in die Bundesrepublik. In Großbritannien stammten sogar 90 % des von den Behörden sichergestellten Heroins aus Afghanistan.

Die Rolle der Türkei im einzelnen

Die Erkenntnisse der internationalen Rauschgiftbekämpfungsbehörden belegen, daß die Türkei seit Jahren eine große Rolle als Produktions-, Herkunfts- und Ausgangsland spielt. Trotz der nicht unerheblichen Produktionsstätten in Afghanistan oder Pakistan werden auch in der Türkei illegale Heroinlabore festgestellt. Als Basis für die Heroinproduktion dienen Opium und Morphin aus diesen Ländern. Durch die hohen Produktionsmengen in Südwestasien (Afghanistan, Pakistan) ist die Türkei zwischenzeitlich zum Haupthandelsland für den Heroinhandel und -schmuggel nach Westeuropa, insbesondere nach Deutschland, aufgestiegen. Türkische OK-Gruppierungen in Form von Familien-Clans fungieren als Brückenköpfe zwischen den Produktionsländern aus Südwestasien und den westeuropäischen Abnehmerländern.

Türkische Großfamilien zunehmend aktiv

Seit Jahren stellen türkische Staatsangehörige die stärkste Gruppe der nichtdeutschen Tatverdächtigen im organisierten Heroinschmuggel und -handel. In den letzten Jahren wurden zunehmend türkische Großfamilien als Tätergruppierungen ermittelt. Es herrscht ein großes Zusammengehörigkeitsgefühl geprägt von tief verwurzelten Familienstrukturen, was wiederum eine Abschottung nach außen bewirkt. Sie stammen in der Regel aus demselben Ort oder derselben Region. Es handelt sich um kriminelle Zusammenschlüsse mit festen Strukturen von hoher Professionalität und klarer Aufgabenverteilung. Die Clan-Mitglieder schrecken auch zum Erreichen ihrer Ziele vor Gewaltanwendung nicht zurück. Die illegal erwirtschafteten Gewinne werden profihaft gewaschen und entweder in neue kriminelle Aktivitäten oder legale Geschäfte investiert, die als Erklärung für das hohe Privatvermögen dienen sollen. Damit weisen die Familien-Clans zweifelsfrei Indikatoren für das Vorliegen Organisierter Kriminalität auf und sind somit auch als Euro-OK-Gruppierungen anzusehen.

Die illegal gewaschenen Gewinne werden profihaft gewaschen und entweder in neue kriminelle Aktivitäten oder legale Geschäfte investiert. Neben dem Service- und Tourismusbereich legen die türkischen Familien-Clans ihre illegalen Gelder in Schmuckgeschäften an. Hier eine regelrechte »Schmuckzeile« in der Türkei.

Istanbul – Brennpunkt des Heroinschmuggels

Aus den Produktionsstätten in Südwestasien oder der Osttürkei wird das Heroin in die Handelszentren der Westtürkei verbracht und dort von Großhändlern auf Kommissionsbasis übernommen oder aufgekauft. Diese verfügen über die notwendigen finanziellen Mittel und die entsprechende Logistik, um Schmuggeltransporte von kaum vorstellbaren Größenordnungen durchführen zu können.
Bei einer Pressekonferenz gaben das Bundeskriminalamt, das Zollkriminalamt und die Staatsanwaltschaft Frankfurt die Sprengung eines internationalen Drogen- und Geldwäscheringes bekannt. In die Ermittlungen waren türkische, amerikanische und niederländische Behörden eingebunden:

Bei der Aktion wurden 12 Tatverdächtige festgenommen und knapp 13 Millionen Mark beschlagnahmt. Bei einer früheren Aktion waren schon zehn Tatverdächtige festgenommen und 23 Kilogramm Heroin sichergestellt worden. Nach den durchgeführten Ermittlungen nahm dieses Kartell in zwei Jahren mindestens 40 Millionen Mark aus seinen illegalen Drogengeschäften ein und wusch es auf mannigfaltige Weise. Bei der Aktion waren insgesamt zehn Objekte, verteilt über Nord- und Süddeutschland, durchsucht worden.
Als Drahtzieher der internationalen Drogengeschäfte wurden zwei in Istanbul lebende Exil-Iraner, Vater und Sohn, festgenommen. Sie hatten das Heroin überwiegend aus Produktionsstätten in der Osttürkei bezogen. Neben den zwei Iranern wurden in Deutschland zwei, in den USA und in den Niederlanden jeweils vier Tatverdächtige festgenommen. Es wurden rund 1,1 Millionen Mark sichergestellt. Zudem wurden in Deutschland 18 Bankkonten und in den USA ein weiteres Konto mit insgesamt rund 11,5 Millionen Mark beschlagnahmt.

Nach wie vor ist Istanbul für den Schmuggel über die Balkanroute mit ihren unterschiedlichen Ausrichtungen von großer strategischer Bedeutung. Aufgrund der Infrastruktur laufen fast alle Verkehrswege über die türkische Metropole mit seinen 8,5 Millionen Einwohnern. Hier werden Fahrzeuge für den Drogenschmuggel präpariert, Transporte zusammengestellt und Kuriere angeworben. In der Stadt am Bosporus, wo Okzident und Orient miteinander verschmelzen, treffen sich Anbieter, Vermittler und europäische Hintermänner, um die todbringenden Routen über den direkten Weg oder über Depotländer wie Tschechien, Slowenien, Rumänien, Bulgarien oder Ungarn festzulegen, von wo es in kleineren Mengen mit PKW oder Bussen nach Westeuropa verbracht wird.
Nach internationalen Erkenntissen der Drogenfahnder dient Istanbul als Knotenpunkt und logistische Großhandelszentrale für die Hintermänner im Drogengeschäft zwischen Asien und Europa. Von der in den Jahren 1998 (4 624 kg) und 1999 (3 862 kg) in der Türkei sichergestellten Gesamtmenge von 8 486 kg wurden 3 300 kg in Istanbul beschlagnahmt, darunter allein in einem Fall eine Menge von 560 kg Heroin. Hauptbestimmungsland für das über die Balkanroute geschmuggelte Heroin ist Deutschland. Gleichzeitig dient es als Transitland für Transport in die west- oder nordeuropäischen Staaten wie die Schweiz, Belgien, die Niederlande, Großbritannien oder die skandinavischen Länder, wie später noch in ausführlichen Beispielen zu belegen sein wird.

Bei einer größeren Aktion durch die türkischen Strafverfolgungsbehörden zur Bekämpfung des Drogenhandels wurde im Frühjahr 2000 in der Nähe von Istanbul eine Produktionsstätte aufgespürt. Im Verlaufe der operativen Phase wurden 77 kg Heroin, 120 kg Flüssigheroin und 10 kg Morphium afghanischer Herkunft sichergestellt. Die Drogen waren für den Transport in europäische Länder vorgesehen.

Die Balkanroute

Seit Jahrzehnten ist die sogenannte Balkanroute Hauptschlagader des Heroinschmuggels, der seinen Ausgangspunkt in der Regel in der Türkei hat. Unterstrichen wird dies durch die an dieser Strecke in den letzten zehn Jahren sichergestellen Heroinmengen: Von den in Europa von 1990 bis 1999 konfiszierten 87 188 kg wurden 51 480 kg Heroin an der Balkanroute beschlagnahmt.
Seit Anfang der 90er Jahre gibt es neue Verzweigungen der »klassischen Route«, die auf den Krieg im ehemaligen Jugoslawien, auf den Fall des Eisernen Vorhangs, auf intensivere Grenzkontrollen in Form besserer technischer Ausrüstung und Beschulung zurückzuführen sind. Neben der Verzweigung der Transportwege als Antwort auf die Kontrollintensität der Behörden kommt es zu einer verstärkten Depothaltung in den osteuropäischen Ländern. Die meisten Depots werden längs der Transportwege, im Einzugsbereich der Großstädte oder in Grenznähe angelegt.

Depotfund in Prag – 62,5 kg Heroin

Anfang März 1999 kam es nach einer Drogensicherstellung an der bayerisch-tschechischen Grenze im Rahmen von Nachfolgeermittlungen zu einer Großsicherstellung von 62,5 kg Heroin in der tschechischen Haupstadt Prag. Ein 54jähriger Tscheche, sein Sohn und mehrere Mittäter wurden festgenommen. Die Täter lieferten Heroin nach Deutschland und in andere Länder.

Weiterhin kommt es an der Strecke vermehrt zu Firmengründungen, die als Scheinfirmen zur Abschottung der illegalen Aktivitäten dienen. In den Strukturen beim Heroinschmuggel über die Balkanroute sind seit einiger Zeit entscheidende Veränderungen zu beobachten. Während früher die türkischen Organisationen den Transport grundsätzlich bis in die Abnehmerländer beherrschten, transportieren die türkischen Organisationen das Heroin in vielen Fällen nur noch bis in die Depotländer in Osteuropa. Von dort wird die Ware von verschiedenen kriminellen Gruppen aus osteuropäischen Ländern übernommen und nach Mittel- oder Westeuropa weitergeschmuggelt.

Eine Tonne Heroin für Westeuropa: Internationales Ermittlungsverfahren bestätigt Depothaltungen

Einen Einblick in das internationale Heroin-Geflecht mit Depotunterhaltung gab es auf einer Pressekonferenz des baden-württembergischen Landeskriminalamtes im Herbst 1999 in Stuttgart. Darin berichtete die Polizei über einen Riesencoup gegen eine internationale Gruppierung von Heroin-Schmugglern. Die nach der gleichnamigen rumänischen Stadt benannte »Lugoj-Connection« hatte von 1997 bis zu ihrer Zerschlagung im Jahre 1999 etwa 1 000 kg Heroin nach Westeuropa geschmuggelt, wovon europaweit noch 326 kg sichergestellt werden konnten. Die Tätergruppierung zeichnete für den Transport nicht unerheblicher Heroinmengen aus den rumänischen Depots Richtung Westen verantwortlich.
Die Organisation war hierarchisch gegliedert. Zwischen den einzelnen Ebenen wie Organisatoren, Depothalter und Kurieren herrschte eine strikte Abschottung. Die Gruppierung setzte sich aus deutschen, griechischen, türkischen, niederländischen und rumänischen Staatsangehörigen zusammen. Kopf der Bande war ein 32jähriger Rumäne. Das aus der Türkei stammende Heroin wurde von den türkischen Drahtziehern in Rumänien in Depots gebunkert. Die in die Gruppierung involvierten Rumänen sorgten für Kuriere, Präparation der Fahrzeuge und den Schmuggel nach Westeuropa. Die bei den einzelnen Fahrten geschmuggelten Mengen von 20–40 kg wurden in den Empfängerstaaten an türkische Residenten übergeben und kamen von dort zur Verteilung. Neben den sichergestellten 326 kg Heroin konnten der »Lugoj-Connection« aufgrund internationaler Ermittlungen weitere Transporte mit einer Gesamtmenge von knapp 700 kg nachgewiesen werden. Empfängerstaaten waren Deutschland, die Niederlande, Großbritannien und Spanien. Im Zusammenhang mit dieser Aktion wurden in der Türkei in zwei Fällen insgesamt 860 kg (560 kg und 300 kg) Heroin beschlagnahmt.
Im Rahmen der internationalen Zusammenarbeit wurden von deutschen, britischen, niederländischen, ungarischen und rumänischen Rauschgiftbehörden insgesamt sieben Mitglieder in Rumänien, je sechs in Ungarn und Großbritannien und vier in den Niederlanden festgenommen. Fünf von ihnen waren

zum Zeitpunkt der Pressekonferenz in Deutschland schon rechtskräftig verurteilt. Diesen hochkarätigen Heroin-Ring hatten die Behörden von außen nach innen aufgerollt. Mit zahlreichen verdeckten Maßnahmen im Bereich der Kuriere hatten sie immer mehr Mosaiksteine zusammenfügen können, die dann letztlich in Form der Festnahme des Kerns der »Lugoj-Connection« zu deren völliger Zerschlagung führte.

Eine herausragende Rolle nehmen dabei die ethnischen Albaner ein, die sich seit mehreren Jahren insbesondere in Tschechien, in der Slowakei und in Ungarn festgesetzt haben und ihre Verbindungen nach Österreich, Deutschland und in die Schweiz spielen lassen.

Fallbeispiel Schweiz

Die Schweizer Behörden ermittelten in einem längeren Verfahren gegen zwei international operierende Rauschgiftringe vom Balkan. Dabei wurden insgesamt 177 kg Heroin, 1,5 kg Kokain, mehrere Waffen, Mobilfunktelefone und 800 000 Schweizer Franken sichergestellt. Das Heroin gelangte vom Herkunftsland Türkei über die Balkanroute in die Schweiz. Die Transporte wurden in der Größenordnung von fünf bis maximal 37 kg in eigens dafür präparierten Personenkraftwagen durchgeführt. Die Transporteure erhielten als Honorar 2 500 Schweizer Franken. Unter den Verhafteten befand sich auch ein 40jähriger Kosovo-Albaner als Drogenboß, der Stützpunkte in der Türkei, in Jugoslawien, in Italien und in Deutschland unterhielt. Insgesamt wurden 68 Personen verhaftet, darunter 39 Personen aus der Bundesrepublik Jugoslawien, die allesamt kosovoalbanischer Abstammung sind. Des weiteren wurden Polen, Slowaken, Ungarn, Türken, Schweizer, Albaner, Kroaten, Bulgaren und Mazedonier festgenommen. Drei Mazedonier betrieben Geldwäsche von der Schweiz nach Mazedonien. Als Logistikzentrale diente ihnen ein in Zürich ansässiges Reisebüro.

Die »klassische Balkanroute«, die aufgrund des Balkankrieges an Bedeutung verloren hatte, ist zwischenzeitlich wieder aktiviert worden. Sie führt von der Türkei über Bulgarien, Jugoslawien, Slowenien und Österreich nach Deutschland.

Die klassische Balkanroute von der Türkei, über Bulgarien, Jugoslawien und Österreich nach Deutschland ist von Drogen-Clans wieder aktiviert worden. Hier der Grenzübergang Bad Reichenhall auf der Strecke von Salzburg nach München.

Fallbeispiel Österreich

Nachdem österreichische Fahnder auf dem Flughafen Wien-Schwechat im Juni 2000 in einer Spedition 104 kg Heroin beschlagnahmt hatten, das aus der Türkei stammte und weiter nach Großbritannien geliefert werden sollte, kam es in Wels an der ungarisch-österreichischen Grenze im Januar 2001 zum bisher größten Heroinfund in Österreich. Als der auf der sogenannten rollenden Landstraße transportierte türkische LKW routinemäßig überprüft wurde, zeigte sich ein eingesetzter Rauschgiftspürhund schon bei der Außenkontrolle unruhig. Auch der 37jährige Fahrer des Lastzuges, der als Bestimmungsland Niederlande angab, erschien den eingesetzten Beamten übernatürlich nervös. Laut Frachtpapieren hatte der LKW Textilien geladen, die zu einem Händler in Düsseldorf gebracht werden sollten. Diese Fakten veranlaßten die Fahnder zu einer gründlichen Überprüfung des Lastzuges, die schließlich zur Sicherstellung von 215 Päckchen Heroin mit einem Gesamtgewicht von 135,4 kg führten. Der türkische Fahrer wurde festgenommen. Mit Hilfe der türkischen Behörden kam es dann in Istanbul zur Festnahme eines der Drahtzieher dieses Herointransportes. Nach Angaben der Behörden stammt das Heroin aus Afghanistan bzw. Pakistan.

Die »nördliche Route« nimmt ihren direkten Weg von der Türkei über Bulgarien, Rumänien, Ungarn und Österreich nach Deutschland bzw. weiter in die Niederlande oder nach Großbritannien. Auf der nördlichen Route werden im Transit aber auch andere Staaten wie Polen oder Tschechien genutzt.

Fallbeispiel Niederlande

Mehr als 130 kg Heroin fanden niederländische Drogenfahnder im Herbst 2000 in einem türkischen LKW an der deutsch-niederländischen Grenze. Das Rauschgift war in Stoffballen versteckt. Vier Männer wurden bei der versuchten Drogenübergabe an der Grenze inhaftiert.

Fallbeispiel Tschechien

Bei einer Routinekontrolle im Februar 2001 an der tschechisch-slowakischen Grenze in Breclav (Ludenburg) stießen tschechische Zollbeamte auf 90 kg Heroin, die in einem LKW versteckt waren.

Fallbeispiel Polen/Deutschland

Im Februar 1999 entdeckten deutsche Zöllner am Grenzübergang Frankfurt/Oder an der deutsch-polnischen Grenze 316 kg Heroin. Das Heroin war in den doppelten Boden der Ladefläche eingearbeitet. Das Herkunftsland war die Türkei. Die heiße Ware sollte von Polen weiter über Deutschland in die Niederlande gehen. Bei der beschlagnahmten Menge handelte es sich um den bisher größten Heroinfund. Gegen den türkischen Fahrer erging Haftbefehl.

Eine weitere Variante führt über das Schwarze Meer nach Rumänien, Weißrußland und die Ukraine nach West- oder Nordeuropa.
Die »südliche Route« verläuft über die Türkei, Bulgarien, dann über Griechenland, Mazedonien, Albanien nach Italien. Dabei haben sich vor allem Mazedonien und Albanien als Depotländer herauskristallisiert, was auf den zunehmenden Einfluß der Kosovo-Albaner auf den Heroinschmuggel und -handel zurückzuführen ist.

Die nördliche Route führt über das Schwarze Meer, Rumänien, die Ukraine, Weißrußland und Polen nach Nord- und Westeuropa. Anfang 1999 entdeckten deutsche Zöllner in Frankfurt/Oder auf einem türkischen Lkw 316 kg Heroin. Hier der Grenzübergang Frankfurt/Oder-Slubice mit Blickrichtung Polen.

Fallbeispiel Bulgarien

Einen Riesenerfolg verbuchten im Februar 2001 die bulgarischen Behörden. Innerhalb von drei Tagen beschlagnahmten sie zunächst 190 kg und dann 51 kg Heroin. Im ersten Fall wurden sie an der Grenze

zur Türkei am Grenzkontrollpunkt Kapitan Andreevo fündig. In einem türkischen LKW entdeckten sie im Boden des Lastwagens 321 Päckchen Heroin, die beim Auswiegen eine Gesamtmenge von 190 kg ergaben.
Der 37jährige türkische Fahrer wurde festgenommen. Der Wagen war auf dem Weg nach Deutschland. Die 190 kg mit hohem Reinheitsgrad im Wert von umgerechnet 17 Mio. Mark war die größte Menge Heroin, die bisher an diesem Grenzübergang beschlagnahmt wurde.
Nur drei Tage später verbuchten die bulgarischen Fahnder ihren zweiten großen Erfolg. In einem in Großbritannien zugelassenen Transporter entdeckten sie bei einer Kontrolle weitere 51 kg Heroin. Die beiden Fahrzeuginsassen wurden festgenommen.

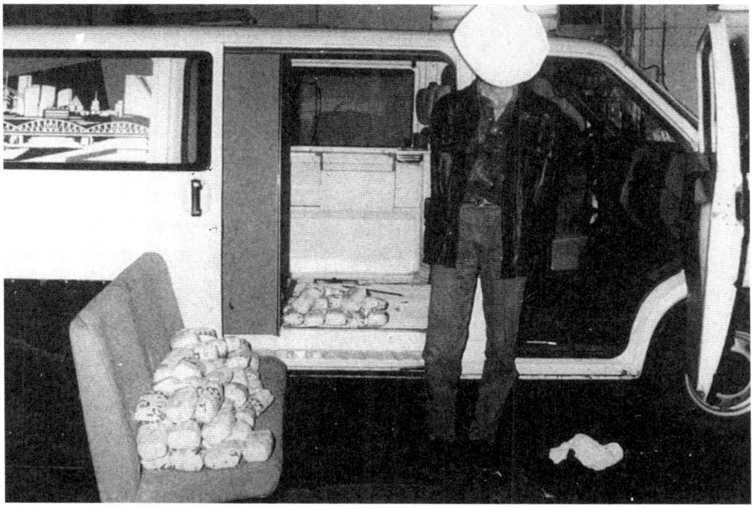

Auf der »südlichen Route« haben sich besonders Mazedonien und Albanien als Depotländer herauskristallisiert. Die Ursache ist der zunehmende Einfluß der Kosovo-Albaner auf den Heroinschmuggel und -handel. In drei Fällen benutzten die Kuriere VW-Kleintransporter. Die Rauschgiftfahnder in Skopje/Mazedonien stellten insgesamt 82 kg Heroin sicher. Die Abb. zeigt einen der Transporteure vor dem Schmuggelfahrzeug mit seiner heißen Ware. 42 kg Heroin waren professionell in einen doppelten Boden unter der Sitzbank »eingearbeitet« worden.

Fallbeispiel Griechenland

Am Jahresende 2000 kam es in der griechischen Hauptstadt Athen zur Sicherstellung der bislang größten Heroinmenge, die jemals in Griechenland beschlagnahmt wurde. Der Schlag gelang, als türkische Rauschgiftfahnder zwei Touristenbusse überprüften und dabei auf die Rekordmenge von 520 kg Heroin stießen. Vier türkische Staatsangehörige wurden festgenommen. Nach offiziellen Angaben sollte das Heroin nach Westeuropa geschleust werden.

Arbeitsweise der türkischen Organisationen

Die Hintermänner des schmutzigen Drogengeschäfts unterhalten entweder eigene Transportunternehmen oder bedienen sich der Erfahrungen von profihaften Schmuggelunternehmen, die in der Regel gleich für mehrere Auftraggeber arbeiten. Nicht selten kommen daher mit einem Transportmittel Lieferungen verschiedener Organisationen nach Westeuropa oder Deutschland. Als Transportmittel dienen türkische TIR-Lkws, Reisebusse, Wohnmobile, Personenkraftwagen, öffentliche Verkehrsmittel, aber auch Schiffe, Boote und Flugzeuge. Das auszuwählende Verkehrsmittel wird je nach Bedarf der Kontrollsituation auf der zu befahrenden Strecke angepaßt. Aufgrund der Depothaltungen kommt es zu vermehrten Pkw-Einsätzen mit kleineren Mengen, wobei die Professionalität der Täter bei den mannigfaltigen Verstecken zum Ausdruck kommt.

Reisebusse als Transportmittel

Nach fünfmonatigen sehr aufwendigen Ermittlungen kam es Mitte Februar 2000 durch eine gemeinsame Ermittlungskommission von Zoll und Polizei in Deutschland zu einer Sicherstellung von 20 kg, als ein rumänischer Kurier bei der Übergabe festgenommen werden konnte. Bei ihren Recherchen stellten die Ermittler fest, daß das Heroin in größeren Mengen per LKW aus der Türkei nach Rumänien gebracht und dort zunächst gebunkert wurde. Für den Weitertransport wurde es in kleinere Mengen portioniert, präpariert und getarnt unter Kleidungsstücken in Koffern deponiert und in Reisebussen weiter

Richtung Deutschland und die Niederlande geschmuggelt. Bei ihren Vernehmungen gestand die Tätergruppe, weitere Herointransporte durchgeführt zu haben.

Bei Anlieferung von größeren Heroinmengen per LKW nach Deutschland folgen die eingeweihten Fahrer den direkten Weisungen ihrer Bosse aus der Türkei. Per Telefon stehen diese sowohl mit ihren Fahrern als auch ihren deutschen Residenten in Verbindung. Nach geglücktem Passieren der deutschen Grenze dirigieren die Hintermänner die Schmuggel-Lkws in vielen Fällen auf eigens für die Übergabe ausgewählte Autobahnrastplätze oder ähnlich gelagerte Orte, wo sie bereits von Kurieren der türkischen Residenten in Deutschland erwartet werden. Unter den notwendigen Vorsichtsmaßnahmen wird das Heroin aus den Verstecken, in der Regel Stauräume mit doppelten Böden, in wenigen Minuten entnommen und in die Fahrzeuge der Kuriere umgeladen. Kurz danach trennen sich die Wege der Organisationsangehörigen. Die Fahrer der Lkws setzen mit ihrem Legalgut die Fahrt fort. Die Kuriere steuern mit ihren Fahrzeugen vorher festgelegte Depots an, von wo dann später auf Weisung des Residenten Teilung und Weitertransport des Heroins an bestimmte Großabnehmer erfolgen. Nicht selten dienen nach außen als legale Geschäfte getarnte Import- und Exportfirmen als Depot und damit als Umschlagplatz für harte Drogen.

Bei der Kontrolle eines BMW-Cabriolets fanden die Fahnder auf dem Rücksitz zwei Sporttaschen. Zwischen den Kleidungsstükken waren über 20 kg Heroin versteckt. Drei Kuriere wurden festgenommen. Hier die Sporttaschen und das sichergestellte Heroin.

Neuerdings kommen nicht mehr unbedingt nur türkische LKW mit türkischen Fahrern, sondern in Europa angemeldete Transporter mit einheimischen Fahrern zum Einsatz. Zu diesem Zweck gründen die Bosse nicht nur Scheinfirmen in den Transitländern, so zum Beispiel an der Balkanroute, sondern auch in den Bestimmungsländern.

Die beim Heroinhandel erwirtschafteten Gewinne werden über Scheinfirmen gewaschen, legalisiert, in die Türkei transferiert und entweder in neue Rauschgiftaufkäufe oder in »legale« Geschäfte auf dem Immobilien- oder Dienstleistungssektor investiert. Größere erfolgreiche Polizeiaktionen gegen den internationalen Rauschgifthandel, die sich daran anschließenden Ermittlungen und die darauf aufbauenden gerichtlichen Hauptverhandlungen bieten einen aufschlußreichen Einblick in die Arbeitsweisen der türkischen Heroinhändlerringe, deren Residenten, Kuriere und Verteilerringe in Deutschland. Eine solche erfolgreiche Aktion fand vor dem Landgericht Münster ihren Abschluß, als gegen sechs Mitglieder eines türkischen Familien-Clans, der sogenannten »Münsterland-Connection«, wegen Handeltreibens mit Betäubungsmitteln und anderer damit zusammenhängender Delikte Freiheitsstrafen von insgesamt 43,5 Jahren verhängt wurden. Dieser Fallkomplex sei hier ausführlich dargestellt.

Festnahme eines Familien-Clans

Ausgangspunkt waren langwierige verdeckte Ermittlungen und die Festnahme der Familienmitglieder auf frischer Tat. Bei der schon seit langem von nordrhein-westfälischen Rauschgiftfahndern und einer Spezialeinheit vorbereiteten Aktion im deutsch-niederländischen Grenzraum und den sich anschließenden Ermittlungen wurden Ausmaß und Umfang des Heroinschmuggels und -handels durch türkische Heroinorganisationen über die Balkanroute nach Deutschland, in die Niederlande und nach Belgien of-

fenkundig. Hervorragende Unterstützung bekamen die deutschen Strafverfolger von einer erstmalig eingerichteten Sonderkommission der Belgischen Gerichtspolizei, der sogenannten »Turbo-Diesel-Kommission«.
Bei einem aktuellen hochkarätigen Heroinschmuggel von Deutschland in die Niederlande kam es in der deutsch-niederländischen Grenzstadt Gronau an einer belebten Straßenkreuzung zu einer filmreifen Szene. Mitglieder der Spezialeinheit stoppten zwei Fahrzeuge und zwangen sechs Personen unter Waffenvorhalt zum Aussteigen. Blitzschnell klickten die Handschellen, die Personen verschwanden in Zivilwagen, die Fahrzeuge von der Straße, und schon war der Spuk vorbei.
Doch was für die zufälligen Zeugen wie eine Filmszene wirkte, war bittere Realität. Mit dieser spektakulären Festnahme waren die Fahnder ihrem Ziel, einen der größten internationalen Heroinhändlerringe in Deutschland zu sprengen, ein gewaltiges Stück näher gekommen. In einem der Fahrzeuge, einem extra für diese Schmuggelfahrt angemieteten Opel, stießen die Ermittler auf zwei Sporttaschen mit brisantem Inhalt: 50 Kilogramm Heroin. Aber damit nicht genug. Bei einer anschließenden Durchsuchung eines als Teppichlager getarnten Depots wurden sie nochmals fündig. Unter Teppichrollen versteckt, fanden die Fahnder zwei weitere Sporttaschen mit nochmals 50 Kilogramm Heroin. Die in 125 Beuteln verpackten Heroinzubereitungen wiesen bei der späteren chemischen Untersuchung mit 73,4 % einen hohen Reinheitsgehalt auf.

Internationaler Informationsaustausch trägt Früchte

Im Rahmen anderweitiger internationaler Ermittlungen wegen bandenmäßigen Heroinschmuggels aus der Türkei nach Deutschland und anderen westeuropäischen Ländern waren die Strafverfolgungsbehörden auf den türkischen Familien-Clan aus Steinfurt nahe Münster aufmerksam geworden. Zuvor hatte schon die belgische Soko »Turbo-Diesel« Kontakte von dortigen türkischen Zielpersonen aus dem belgischen Bergbaugebiet Beringen zu dem Steinfurter Familien-Clan signalisiert. Dieser Clan stand seit längerem im Verdacht, in Deutschland für türkische Heroinorganisationen tätig zu sein, in dem er größere Heroinmengen aus Schmuggel-Lkws übernahm, zeitweilig deponierte und später für die Verteilung sorgte. An seiner Spitze stand die 51jährige Chefin des Clans, Leyla Saka* **(alle Namen geändert)**, Mutter von vier Kindern, die als Residentin für mindestens zwei Organisationen arbeitete. Unterstützt wurde sie bei ihren Geschäften von ihrem Sohn Ismet, den Schwiegersöhnen Mehmet und Erol und den beiden Töchtern Sünü und Sarah, die wiederum aus ihrem Freundes- und Bekanntenkreis weitere Bandenmitglieder angeworben hatten. Die jüngste Tochter, 16 Jahre alt, wurde als Tarnung oder bei Gegenobservationen eingesetzt.

Harmlose Mutter als nationale Chefin eines internationalen Drogenrings

Die Rollen waren so verteilt, daß sie Leyla Saka aus ihrer Wohnung in Steinfurt als Residentin koordinierte und dirigierte, welche Lieferungen übernommen, deponiert oder weiter zu den Abnehmern verbracht werden sollten. Sie war den Bossen im ferner Istanbul gegenüber verantwortlich, welche Heroingeschäfte und in welcher Form sie abgewickelt wurden. Ihr Schwiegersohn Mehmet, ihre erste Tochter Farah und ihr Sohn Ismet waren in unterschiedlichen Funktionen wie Fahrer, Transporteure oder Kuriere eingesetzt. Ihre zweite Tochter Ünal und deren Ehemann Erol stellten ihre Wohnung für gemeinsame Treffen, als Zentrale mit Geheimnummer und als Depot zur Verfügung. Ein weiteres Depot unterhielt ein Bekannter der Familie, ein Ahmet Cosgun, in seinem Teppichhandel.

Kleinere Handlangerdienste finanziell äußerst attraktiv

Schon einige Zeit vorher hatte ihr Schwiegersohn Mehmet Kontakt zu einem nahen Verwandten der Familie bekommen, der in der Türkei lebte und seit längerem im Heroingeschäft tätig war und für den Transport nach Westeuropa, in die Niederlande, nach Belgien und Deutschland verantwortlich zeichnete. Das Heroin wurde in eigens dafür präparierten Lkws versteckt, deren Ladung als Tarnung normales Transitgut enthielt. Es stammte aus dem Iran, dem Irak und Ostanatolien und gelangte quer durch die Türkei nach Istanbul und von dort nach Deutschland. Das nach Deutschland geschmuggelte Heroin wurde zu einem späteren Zeitpunkt von dem verantwortlichen Transporteur illegal in die Niederlande verbracht, wo es über eine gut organisierte Anlaufstelle zur Verteilung kam.
Zuvor waren auf diese Weise schon mehrere Heroinlieferungen in einer Größenordnung von jeweils ca. 70–150 Kilogramm erfolgt, die für die Niederlande bestimmt waren. Einer der Söhne des großen Chefs aus Istanbul pflegte unter einer falschen Identität die Kontakte zu einer im Raum Beringen (Belgien) ansässigen türkischen Rauschgiftorganisation. Er buchte die Suiten der teuersten Hotels, feierte

mit belgischen Mädchen rauschende Kokainpartys und fuhr selbstverständlich den neuesten Mercedes der Oberklasse. Schon zu diesem Zeitpunkt war der Mehmet beim Entladen des Heroins in Deutschland und beim Transport in die Niederlande beteiligt. Pro Lieferung zahlte die Organisation ihm zwischen 3000 und 7000 Mark.
Doch nicht alle Transporte erreichten ihr Ziel. Am Grenzübergang Furth im Wald an der tschechisch-deutschen Grenze wurde einer ihrer Lkws gestoppt und 150 Kilogramm Heroin beschlagnahmt. Bei ihrem großen Coup stießen die Zöllner auf 180 Einzelpakete, wobei das Heroin in Plastikhüllen verpackt und mit Klebeband umwickelt worden war. Als Verstecke dienten drei nicht montierte Ersatzreifen. Die Päckchen waren in aufgeschlitzte Luftschläuche eingenäht. Diese befanden sich in den wieder auf Felgen montierten Reifen, die wie schlauchlose aufgepumpt waren.
Der Fahrer, der Bruder eines Drogenbosses aus Istanbul, wurde später zu einer 14jährigen Freiheitsstrafe verurteilt. Erst Monate später entdeckte man bei ihm die Telefonnummer eines engen Mitarbeiters des in Belgien aufhältlichen Sohnes. Schon hier trat die »Münsterland-Connection« in Erscheinung, indem sie im Auftrag von Istanbul den in Traunstein/Bayern Inhaftierten besuchten und betreuten.

Hohe Freiheitsstrafe schreckt nicht ab – der Familien-Clan steigt ein

Dieser Vorfall hielt aber die Mitglieder der Großfamilie nicht davon ab, nach Istanbul zu fahren, um über ihre verwandtschaftlichen Beziehungen engere Kontakte zu den dort ansässigen Drogenbossen zu knüpfen. Bei diesem Treffen kam man überein, daß der Familien-Clan in Deutschland für Übernahme, Lagerung und Verteilung von größeren Heroinmengen im Auftrag der türkischen Heroinbosse eingesetzt werden sollte. Als Residentin der türkischen Organisation in Deutschland wurde die Clan-Mutter Leyla Saka bestimmt. Vorgesehen war das Einschmuggeln von Heroinmengen von 100 bis 150 Kilogramm pro präparierten Lastkraftwagen. Schon in Istanbul durfte der Familien-Clan das große Geld schnuppern, indem den Mitgliedern mehrere tausend Mark zur Verfügung gestellt wurden, als er in finanzielle Schwierigkeiten geriet oder gegen Bestechungsgelder Visa beschafft werden mußten.
Mit der Einschaltung des münsterländischen Familien-Clans hatten die türkischen Bosse ihr Ziel erreicht, Deutschland nicht nur als Transitland, sondern auch als Absatzmarkt für ihre Heroin-Geschäfte zu nutzen. Hintermänner des Drogenringes waren Geschäftsleute, unter anderem der 50jährige Bauunternehmer Hidir Ömer aus Istanbul, die für die Anlieferung des Heroins, die Anheuerung von Spediteuren, das Präparieren der Lastkraftwagen in der Türkei und für den Transport der tödlichen Fracht nach Deutschland verantwortlich zeichneten. Zwei Söhne der Hintermänner führten die Drogengeschäfte in Amsterdam. Der Sohn Dolgan des Bauunternehmers Ömer fungierte in Amsterdam als Resident für die Niederlande. Zum Schein unterhielt er ein Obst- und Gemüsegeschäft, über das die Heroinlieferungen liefen und in dem die illegalen Gewinne einer Geldwäsche unterzogen wurden, bevor sie in die Türkei auf die Konten der Bosse zurücktransferiert wurden. Unterstützt wurde er von einem Freund, dem Sohn des Kompagnons seines Vaters.

Akribische Polizeiarbeit zahlt sich aus

Die überraschende Festnahme der Familien-Clanmitglieder, die Beschlagnahme der 100 Kilogramm Heroin kurz vor der deutsch-niederländischen Grenze, die lange Untersuchungshaft und die zuvor von den Rauschgiftfahndern verdeckt gewonnenen Erkenntnisse und Beweise verfehlten nicht ihre Wirkung. Aufgrund der hohen zu erwartenden Strafe legten einige Familienmitglieder und Personen aus dem Umfeld Geständnisse ab. Dennoch blieben einige Schmuggelfahrten ungeklärt.
So erklärte die Tochter Farah in ihrer Vernehmung, daß ihr Ehemann Mehmet schon wenige Tage nach den Sondierungsgesprächen in Istanbul mit ihr über eine geplante Lieferung von 32 Kilogramm und einen bereits durchgeführten Transport von 30 Kilogramm gesprochen habe. Kurz darauf habe er auf dem Autobahnrastplatz »Lichtenbusch« an der deutsch-belgischen Grenze bei Aachen von dem in den Niederlanden residierenden Sohn Dolgan des Istanbuler Bauunternehmers 74 Kilogramm Heroin übernommen. Dolgan hatte das Heroin zuvor aus einem Schmuggel-Lkw in Belgien ausgebaut und illegal über die Grenze gebracht. Der Ehemann sorgte dann in seinem Mercedes für den Weitertransport in ein Zwischendepot im Münsterland und erhielt dafür von dem niederländischen Residenten 7000 Mark.
Nach einer kurzen Zwischenlagerung brachte Farah zusammen mit ihrem Bruder und einem Bekannten, der als Unverdächtiger das Fahrzeug stellte, das in einer Sporttasche deponierte Heroin zu einem unbekannten Abnehmer nach Hamburg. Dabei übernahm sie in Hamburg den aktiven Part, indem sie ihren Bruder und den Bekannten an einer bestimmten Stelle absetzte und mit dem in einer Sporttasche versteckten Heroin weiterfuhr. Welche große Vertrauensbasis von Istanbul aus zu den Abnehmern in Ham-

burg bestand, zeigte die Tatsache, daß bei der Übergabe des Heroins keine Bezahlung erfolgte. Erst später holte ihr Bruder einen Teilbetrag in Höhe von 300 000 Mark von Hamburg ab und übergab ihn seiner Mutter.
Danach erfolgte eine mengenmäßig nicht festgestellte Lkw-Heroinanlieferung, die von Mehmet nach Aufteilung in drei Partien auf der Autobahnraststätte Münster, in Berlin und den Niederlanden an unbekannt gebliebene Abnehmer übergeben wurden. Dafür bekam er 12 000 Mark.

Brutale Geschäftsgebaren bis hin zum Mord

Zu diesem Zeitpunkt waren zwei der Bosse aus der Türkei in Steinfurt zu Besuch. Den einen brachte Mehmet mit seinem Wagen nach Amsterdam. Ziel dieser Fahrt war es, daß der Drogenboß seinen wegen Heroinhandels in den Niederlanden einsitzenden Sohn besuchen und dessen Geschäfte weiterführen wollte. Sein Sohn war kurz zuvor bei einer Aktion der niederländischen Polizei zusammen mit der belgischen Soko »Turbo-Diesel« verhaftet worden. Dabei wurden auch Waffen beschlagnahmt, die einen Rückschluß auf eine wenige Tage zuvor in Maastricht stattgefundene Schießerei zuließen. Dabei war die Ehefrau eines niederländischen Abnehmers schwer verletzt worden. Ihr Mann hatte die Schulden aus einem 10-Kilo-Deal nicht bezahlen können und sich aus Angst in die USA abgesetzt. Zusätzlich bestand gegen den Sohn noch ein Haftbefehl wegen Mordes an einer Frau. Sie wurde von ihm erschossen, weil sie zwei Jahre zuvor seine Mutter nach einem kleinen Kilo-Geschäft in Amsterdam an die Polizei verraten hatte.
Den zweiten brachte Mehmet nach Traunstein, wo der Bruder wegen des Einfuhrschmuggels der bereits zuvor erwähnten 150 Kilogramm am Grenzübergang bei Furth im Walde seine 14jährige Freiheitsstrafe verbüßte. Als bei einer dieser Fahrten der Mercedes des Mehmet einen Motorschaden erlitt, teilten sich die beiden Drogenbosse die Summe von 20 000 Mark für einen neuen Gebrauchtwagen und verzichteten großzügig auf eine Rückzahlung. Diese sollte allerdings dann fällig werden, wenn Mehmet aus irgendwelchen Gründen aus der Geschäftsverbindung aussteigen wollte. Damit war Mehmet noch enger an die Hintermänner gebunden.
Bei diesen Besuchen lernte der Clan auch den Residenten in den Niederlanden, den Dolgan Ömer, Sohn des Bauunternehmers, und seinen Freund Bilal kennen, die die Geschäfte für den Drogenring in Amsterdam führten. Doch die Tätergruppe arbeitete nicht nur für Istanbul, sondern auch auf eigene Rechnung. So übernahm der oben angeführte Mehmet auf einem Autobahnrastplatz bei Münster von dem Fahrer eines türkischen Schmuggel-Lkws zwei Kilogramm Heroin, die von den einzelnen Familienmitgliedern in Portionen von 50 bzw. 500 Gramm an Zwischenhändler verkauft wurden. Dabei erzielte der Clan einen Gewinn von knapp 70 000 Mark.
Mit welcher hohen kriminellen Energie die Gruppe arbeitete, zeigte sich, als einer dieser kleineren Zwischenhändler einen Betrag von 17 500 Mark für 500 Gramm gekauftes Heroin schuldig blieb und es nicht gelang, den Abnehmer ausfindig zu machen. Mit zwei Mercedes-Fahrzeugen fuhren insgesamt sieben Personen, unter ihnen die Residentin und ihre drei Töchter, zu der Arbeitsstelle der Freundin des Schuldners in der Innenstadt von Münster. Unter einem Vorwand lockte eine der Frauen die Freundin aus dem Geschäft. Kurz danach war sie von mehreren Personen umringt, und Mehmet forderte sie unter Vorhalt einer Pistole Kaliber 7.65 auf, den Aufenthaltsort ihres Freundes preiszugeben. Anderenfalls würde man sie umbringen. Als die Geschädigte sich weigerte, hielt man ihr die Waffe in den Rücken, führte sie zu einem Parkplatz und zwang sie, in eines der Mercedes-Fahrzeuge einzusteigen.
Man entführte sie in die Wohnung der Residentin, wo sie von verschiedenen Personen bewacht wurde. Während dieser Zeit, insgesamt 12 Stunden, wurde ihr mehrfach damit gedroht, sie zu vergewaltigen, sie nach Amsterdam zu bringen und sie dort der Prostitution zuzuführen. Diese Drohungen wurden über andere Türken an den Freund der Geschädigten weitergegeben. Aus Angst, daß diese Drohungen von dem Clan in die Tat umgesetzt würden, ließ der Freund über einen Bekannten 5 000 Mark überbringen. Bei der Übergabe des Geldes wurde auch dieser mit der Waffe bedroht.
Trotz dieser Zahlung hatten die Residentin und Mehmet zwei weitere Türken damit beauftragt, den Schuldner aufzuspüren und ebenfalls in die Wohnung zu verschleppen. Dort sollte er dann gefügig gemacht werden. In der Tat brachten die beiden ihn nachts gegen 03.00 Uhr in ihre Gewalt und zwangen ihn mitzukommen. Dort wurde der Freund von Mehmet mit durchgeladener Waffe bedroht und anschließend niedergeschlagen, so daß er zeitweise das Bewußtsein verlor. Dabei wurde er von seiner Schwiegermutter Leyla kräftig unterstützt. Erst als zwei türkische Freunde für ihn bürgten, konnten seine Freundin und er die Wohnung wieder verlassen.

Die heiße Phase – professionelles Vorgehen und Nutzen geheimer Kommunikationswege

Als Istanbul eine weitere große Lieferung avisierte, die von der Residentin betreut werden sollte, begann die heiße Phase. Tage später passierten zwei Schmuggel-Lkw aus Istanbul kommend die tschechisch-deutsche Grenze bei Waidhaus. Kurz vor der Kontrolle überließ ein Mitglied der türkischen Organisation dem Lkw-Fahrer allein das Fahrzeug und gelangte zu Fuß über die »grüne Grenze« nach Deutschland. Aus sicherer Entfernung beobachtete er die Zollabfertigung und wurde Zeuge der Festnahme des Fahrers und der Beschlagnahme von insgesamt 95 kg Heroin. In drei unterschiedlichen Verstecken, im Staukasten und im doppelten Boden, zwischen Fahrer- und Beifahrersitz, fanden die Fahnder einmal 30 bzw. 26 kg und zum anderen 39 kg Heroin. Es handelte sich um insgesamt 93 Päckchen, wie schon im Fall Furth im Wald mit Klebeband umwickelt. Der TIR-Lkw hatte den Weg von Istanbul über Bulgarien, Jugoslawien, Ungarn und Tschechien nach Waidhaus genommen. Die Ladung bestand aus 17 Paletten Blattfedern, die für den Raum Stuttgart bestimmt waren. Zu diesem Zeitpunkt hielt sich der große Boß aus der Türkei in Antwerpen auf und hoffte, daß in Waidhaus bei dem angehaltenen Lkw nur eines der Verstecke gefunden worden war und er nach der Freigabe des Lkw die anderen beiden Heroinmengen noch auf den Markt bringen konnte.

Der zweite Lkw mit einer Schmuggelladung von 170 Kilogramm überstand die zollrechtliche Überprüfung schadlos, nahm den Beifahrer des ersten Lkws auf und fuhr mit seiner Ladung weiter Richtung Großraum Köln. Unbeeindruckt durch die Festnahme des Fahrers und der Beschlagnahme des Lkws mit seiner Heroinlieferung von 95 Kilogramm steuerten die Hintermänner von Istanbul und Amsterdam aus telefonisch den weiteren Weg der brisanten Ladung mit 170 Kilogramm Heroin. 100 Kilogramm dieses Transports waren für Abnehmer aus Bremen bestimmt, die restlichen 70 Kilogramm sollten in die Niederlande weitergeschleust werden.

Mitglieder des Münsterland-Clans setzten sich nach Köln in Bewegung, um mit den Fahrern Verbindung aufzunehmen und das Heroin zu übernehmen. Als sie unterwegs in eine zufällige Polizeikontrolle gerieten, glaubten sie sich observiert und dirigierten den Lkw kurzerhand in ein Naherholungsgebiet in der Nähe von Münster um. Von nun an liefen die Drähte zwischen Istanbul und dem Münsterland heiß. Der niederländische Resident Dolgan und sein Begleiter, wie in anderen Fällen auch eigens aus den Niederlanden eingereist, suchten und fanden im Hauptbahnhof Münster Kontakt zu den Bremer Abnehmern. Ein zweiter platzte allerdings. Daraufhin wartete man auf weitere Weisungen aus Istanbul.

Trotz der großen von der Gesamtorganisation an den Tag gelegten Kaltschnäuzigkeit zeigte der Aufgriff an der deutsch-tschechischen Grenze und die vermutete Observation bei einigen Mitgliedern des deutschen Familien-Clans ein wenig Wirkung. So observierten sie nun ihrerseits den Lkw, bewegten ihn sogar einige Meter weiter und warteten polizeiliche Reaktionen ab. Obwohl diese nicht erfolgten, setzte sich die münsterländische Residentin telefonisch mit Istanbul in Verbindung und schilderte die Lage, unter anderem äußerte sie, daß der Lkw und ihre Wohnung polizeilich überwacht würden. Istanbul reagierte verärgert, glaubte nicht an eine Observation und bestand auf Durchführung der Entladeaktion.

Alle Gespräche liefen über eine Geheimnummer, die die Residentin als Vorsichtsmaßnahme beantragt und in kürzester Zeit bekommen hatte. Über Telefon dirigierte die Clan-Chefin daraufhin alle Beteiligten in ihre Wohnung. Nach einem mit Istanbul abgesprochenen Plan verließen kurze Zeit später über zehn Personen paarweise die Wohnung und entfernten sich zu Fuß oder mit Fahrzeugen in verschiedene Richtungen. Mit dieser taktischen Variante gelang es ihnen, den Lkw unbehelligt in Richtung Autobahnraststätte Münster zu fahren. Auf dem Weg dorthin oder auf dem Raststättenparkplatz trafen sie auf die Bremer Abnehmer. 100 Kilogramm wurden in einen Bulli umgeladen. Kurze Zeit später meldete die Residentin telefonisch an die Auftraggeber: »Alle sind gerettet.« Was nichts anderes hieß, als daß die Weitergabe des Heroins problemlos über die Bühne gegangen war.

Die Aktion hatte sich über 15 Stunden hingezogen und war in immer kürzeren Abständen von den Hintermännern in Istanbul abgefragt und dirigiert worden, wobei sie auch mit den Käufern aus Bremen in dauernder telefonischer Verbindung standen. Die restlichen 70 Kilogramm wurden in einem Depot zwischengelagert und am nächsten Tag von einem Bandenmitglied über die deutsch-niederländische Grenze nach Amsterdam geschmuggelt. Schon einen Tag später erteilte der Bauunternehmer aus Istanbul seinem Sohn telefonisch die Weisung, an die deutsche Residentin 18 000 Mark für die geglückte Aktion zu zahlen.

Die Falle schnappt zu

Knapp drei Monate später ging nachts bei der Residentin ein verschlüsselter Anruf von Istanbul ein, der einen neuen Herointransport ankündigte. In diesem Telefonat bekam Schwiegersohn Mehmet den Auf-

trag, die Hälfte des Heroins weiter nach den Niederlanden zu schmuggeln. Da der Familien-Clan davon ausging, daß sein Telefon abgehört würde, suchte man wiederum die Wohnung mit der Geheimnummer auf und machte Istanbul darauf aufmerksam, daß ab sofort nur noch über diesen Anschluß zu telefonieren sei. Im weiteren Gespräch wurden zwischen dem Schwiegersohn und dem Bauunternehmer Ömer aus Istanbul bereits Detailabsprachen getroffen. Danach sollte eine Gesamtmenge von 100 000 Lire, jeweils aufgeteilt in 50 000 Lire, mit einem Lkw in Berlin eintreffen. Gemeint waren damit 100 Kilogramm, aufgeteilt in jeweils 50 Kilogramm. Die einzelnen Teilmengen sollten bestimmte Bezeichnungen tragen. Die eine war für Amsterdam bestimmt, die andere sollte zunächst bei der Residentin verbleiben. Von der Zentrale in Istanbul bekam der Schwiegersohn Mehmet weiterhin den Auftrag, das Heroin in Berlin zu übernehmen.
Auch in diesem Fall klappte die Kommunikation hervorragend. Fünfzehn Minuten nach Ende des Gespräches meldete sich der Sohn Dolgan des Bauunternehmers aus Amsterdam und teilte Mehmet mit, daß er noch in der Nacht nach Amsterdam zu fahren habe, um den türkischen Verbindungsmann aufzunehmen. Diesem war der Schmuggel-Lkw bekannt, und er sollte den Kontakt zu den Lkw-Fahrern in Berlin herstellen. Weiterhin kam die Weisung, daß für die Fahrt nach Amsterdam ein Mietwagen zu nehmen sei. Als Treffpunkt wurde eine Shell-Tankstelle kurz vor Amsterdam vereinbart. Gegen 01.30 Uhr machte sich eine Vierergruppe unter Führung der Residentin und des Schwiegersohnes Mehmet auf den Weg nach Amsterdam. Gegen 03.00 Uhr traf die Gruppe an der Tankstelle auf den Sohn des Bauunternehmers und den bis zu diesem Zeitpunkt unbekannten Kontaktmann. Letzteren nahm man auf und traf gegen 05.30 Uhr wieder im Bereich Münster ein.
Bereits um 08.00 Uhr mieteten Mehmet, der Sohn der Residentin, Ismet, und der Verbindungsmann einen Leihwagen an und fuhren Richtung Berlin. Gegen 15.00 Uhr meldete sich der Schwiegersohn bei der Residentin und teilte ihr mit, daß man kurz vor Berlin sei, aber noch nicht auf den Lkw getroffen sei. Als dann die Ware auf Anraten des Verbindungsmannes aus Amsterdam in der City von Berlin übernommen werden sollte, weigerte Mehmet sich und bestand darauf, nur auf einem Autobahnrastplatz umzuladen. Der Kontaktmann willigte ein, und man fuhr von Berlin wieder Richtung Hannover. Kurz vor einem Halt auf einem Rastplatz zeigte der Amsterdamer auf einen türkischen Lkw, der die gleiche Fahrtrichtung fuhr und teilte den anderen beiden mit, daß dieser mit 120 Kilogramm Heroin auf dem Weg nach Köln sei. Nach seinen Angaben sollte das Heroin später von dort nach Amsterdam weitergeschmuggelt werden. Von einem Rastplatz aus setzte sich der Kontaktmann mit Istanbul in Verbindung und benannte diesen Platz als den, zu dem der Lkw von dort aus dirigiert werden müßte.

Nachdem er den beiden Münsterländer Kurieren noch den zu erwartenden türkischen Lkw genauestens beschrieben hatte, setzte er sich auf unbekannte Weise von dem Rastplatz ab und überließ ihnen das weitere Vorgehen. Als der Lkw allerdings nach längerem Warten immer noch nicht eingetroffen war, fuhren die beiden Kuriere die Autobahn ab und entdeckten ihn gegen 20.00 Uhr auf einem anderen Autobahnparkplatz. Die Lkw-Fahrer hielten den Rastplatz aber nicht für geeignet und bestimmten einen anderen als Übergabeort, den sie scheinbar von früheren Fahrten kannten. Da aber zu diesem Zeitpunkt auf dem neuen Übergabeparkplatz nach Meinung der türkischen Lkw-Fahrer zuviel Betrieb herrschte, wurde der Ausbau und die Übergabe des Heroins auf einen späteren Zeitpunkt verschoben. Gegen 20.00 Uhr setzte sich Mehmet telefonisch mit der Zentrale in Steinfurt in Verbindung und teilte seiner Schwiegermutter mit, daß man auf den Lkw getroffen sei, sich aber wegen zu großer Betriebsamkeit noch nicht zu einer Übergabe entschlossen habe. Nach ihrer nächtlichen Rückkehr aus Amsterdam hatten die Residentin und ihre Töchter das Geheimtelefon in der Zentrale den ganzen Tag und Abend über besetzt gehalten. So standen sie ständig mit dem Bauunternehmer in Istanbul in Verbindung, der sich fortlaufend über die Geschehnisse in Deutschland unterrichten ließ. Nachdem sowohl die türkischen Transporteure als auch die deutschen-türkischen Kuriere einige Stunden geschlafen hatten und sich die Situation auf dem Rastplatz beruhigt hatte, kam es gegen 02.00 Uhr zur Übergabe des Heroins. Die Lkw-Fahrer bauten das Heroin aus dem Versteck aus und luden vier große Sporttaschen in den Kofferraum. Eine weitere wurde hinter den Vordersitzen verstaut.
Auf direktem Wege fuhren die beiden Kuriere mit der heißen Ware über die Autobahn Richtung Münster, wo sie gegen 05.30 Uhr eintrafen. Das Mietfahrzeug samt Ladung fuhr der Schwiegersohn in seine Garage. Nach einem Telefonat mit seiner Schwiegermutter, in dem er ihr mitteilte, daß die Aktion gelungen sei, setzte eine hektische Betriebsamkeit ein. Sogleich liefen wieder die Drähte zwischen Münster, Istanbul und Amsterdam heiß.
In einem Gespräch zwischen dem Chef Ömer und seiner Residentin in Deutschland ging es darum, in welcher Form ein Teil des Heroins in die Niederlande verbracht werden sollte. Auch sein Sohn Dolgan aus Amsterdam klinkte sich telefonisch in die Überlegungen ein. Man kam überein, das Einschmuggeln

des Heroins mit einer familiären Einkaufsfahrt nach Holland zu tarnen, um bei eventuellen Kontrollen keine Aufmerksamkeit auf sich zu lenken. Auf diese Weise sollten die für die Niederlande vorgesehenen 50 Kilogramm in die Wohnung des Dolgan in Amsterdam verbracht werden. Gleichzeitig legte der Chef in Istanbul fest, daß der Mehmet in Amsterdam Männer aufzunehmen und diese in den Raum Köln zu bringen habe. Dort sollte offensichtlich der Lkw entladen werden, der sich mit 120 Kilogramm Heroin von Berlin in die Region Köln bewegt hatte.
Nachdem die restlichen 50 Kilogramm in ein Teppichlager gebracht worden waren, das dem Familien-Clan als Depot diente, wurde die Familieneinkaufsfahrt vorbereitet. Wie schon in den anderen Fällen wurden Familienmitglieder damit beauftragt, verdeckt Ausschau zu halten, ob irgendwelche Observationen polizeilicherseits liefen.
Gegen 13.00 Uhr kam die Weisung von Istanbul, daß nun die Fahrt angetreten werden müsse. Daraufhin kündigte Mehmet dem Residenten in Amsterdam seine baldige Ankunft an. Mit den im Mietwagen deponierten 50 Kilogramm bewegte er sich Richtung niederländische Grenze, dicht gefolgt von einem zweiten Fahrzeug, in dem die Residentin, Mehmet und ihr zweiter Schwiegersohn saßen. Gesteuert wurde das Fahrzeug von dem Depothalter Ahmet Cosgun, der für die Zwischenlagerung der anderen 50 Kilogramm sein Teppichimport- und Exportgeschäft zur Verfügung gestellt hatte. Als sich die Rauschgiftfahnder sicher waren, daß die Fahrt in Richtung Niederlande ging, kam es zu der bereits geschilderten spektakulären Festnahme in Gronau.

Der Festnahmeschock wirkt – weitere Festnahmen und Sicherstellungen auf internationaler Ebene

Unter dem Eindruck der spektakulären Festnahme gab der Schwiegersohn das Versteck des Depots preis und machte noch zusätzliche Angaben zu den 120 Kilogramm, die im Raum Köln gebunkert waren. Diese Informationen liefen sofort an die Fahnder in Amsterdam, die tags zuvor ihre verdeckten Maßnahmen gegen den niederländischen Residenten und Sohn des Istanbuler Bauunternehmers eingestellt hatten.
Sie wurden aufgrund der deutschen Hinweise wieder in Gang gebracht und führten letztendlich zum Erfolg. Dolgan Ömer wurde in Amsterdam sofort wieder in die Observation genommen. Noch in derselben Nacht fuhr er in Begleitung von drei weiteren Personen in zwei Fahrzeugen nach Belgien. In Gent beobachteten niederländische und belgische Rauschgiftfahnder das Umladen der 120 kg Heroin. Die Polizei begleitete unauffällig beide Pkw auf dem Rückweg bis kurz vor Amsterdam. Dort wurden Pkws und Personen kontrolliert, durchsucht, das Heroin beschlagnahmt und die Personen festgenommen. Die darauffolgenden Hausdurchsuchungen erbrachten bei Dolgan noch weitere 57 kg Heroin und noch 5 Kilo bei einem anderen Familienmitglied.
Auch die türkischen Behörden waren in diese Aktion eingebunden und verhafteten insgesamt neun Personen, unter ihnen den Hauptdrahtzieher in Istanbul, den Bauunternehmer Ömer, und stellten noch einmal 63 kg Heroin sicher. Aufgrund des internationalen Nachrichtenaustausches und der Auswertung der in den vier Ländern gewonnenen Erkenntnisse steht fest, daß Steinfurt über zwei Jahre ein großer Umschlagplatz für Heroin war. Nach vorsichtigen Schätzungen ist davon auszugehen, daß monatlich vom Steinfurter Depot aus 200 Kilogramm Heroin nach Hamburg, Bremen, Köln und in die Niederlande/Belgien gingen, gesteuert von einer Residentin, die auf dem Lande mit ihrer Familie ein ganz normales Leben führte…
Bei der Hauptverhandlung vor dem Landgericht Münster verhängte die Kammer drakonische Strafen: Die Chefin der Münsterland-Connection und Residentin für die Istanbuler Hintermänner Leyla Saska wurde zu 11 Jahren und 6 Monaten verurteilt. Ihr Schwiegersohn Mehmet bekam 10 Jahre Freiheitsstrafe und ihr Sohn Ismet 5 Jahre Jugendstrafe. Die Töchter Farah und Ünal wurden zu 3 Jahren und sechs Monaten und 6 Jahren verurteilt. Der Depothalter mußte seine Tätigkeiten mit 6 Jahren büßen. Der niederländische Depothalter und seine Komplizen wurden in den Niederlanden zu hohen Freiheitsstrafen verurteilt: Der Sohn des Istanbuler Drogenbosses, Dolgan Ömer als Depothalter in Amsterdam, zu 10 Jahren und seine beiden Vertrauensleute zu 6 bzw. 5 Jahren.
Der große Boß in Istanbul, der Bauunternehmer Hidir Ömer, wurde zwar festgenommen, aber nach 14 Tagen entlassen. Welche Verbindungen er hatte oder welche Gelder geflossen sind, steht nicht fest. Fest steht nur, daß er hochgerechnet in etwa fünf Tonnen Heroin mit seinen Helfershelfern nach Deutschland und in die Niederlande schmuggelte und dabei in etwa einen Gewinn von 100 Millionen Mark machte, die zwischenzeitlich »gewaschen« und damit legalisiert sein dürften…

Hinweis auf weiteren Drogen-Clan

In einer rheinischen Großstadt wurde von der dortigen Kriminalpolizei gegen eine zweite türkisch-kurdische Familie wegen illegalen Rauschgifthandels ermittelt. Als sich nach einiger Zeit kein Erfolg einstellte,

sollte der Fall abgeschlossen werden. Wenige Tage vor Abschluß der Ermittlungen kam wiederum von der belgischen Soko »Turbo-Diesel« ein Hinweis auf Rauschgiftkontakte dieser Familie nach Belgien. Diese Verbindung konnte aufgrund bestimmter verdeckter Ermittlungen belegt werden.
Sofort wurde der Fall wieder neu aufgerollt und das Landeskriminalamt eingeschaltet. In intensiver Zusammenarbeit mit den belgischen Rauschgiftfahndern wurden Heroinlieferungen aus Belgien nach Nordrhein-Westfalen observiert, wobei Verhaftungen und Beschlagnahmen erfolgten.

Die Rechnung geht nicht auf – der Erschossene lebt

Weitere Heroinlieferungen gingen von Belgien aus nach Berlin, wo ein türkischer Abnehmer, der seine Schulden nicht bezahlen konnte, beseitigt werden sollte. Nachdem ein Türke aus Belgien den an ihn erteilten Mordauftrag nicht zustande brachte, erteilte der türkisch-kurdische Chef der Rauschgiftorganisation, der mit einer belgischen Freundin in Belgien lebte, den Mordauftrag an zwei Söhne der Familie aus der rheinischen Großstadt. Zuvor hatte der Drogenchef versucht, mit gefälschten Papieren in Belgien Asyl zu bekommen.
Mit einer List lockten die beiden gedungenen Killer den säumigen Abnehmer aus seiner Wohnung in Berlin in Richtung Magdeburg. Auf einem kleinen Parkplatz am Rande der Autobahn streckten die beiden Brüder das Opfer mit zwei Kopfschüssen in seinem eigenen Fahrzeug nieder. Die Täter verließen den Tatort ohne zu wissen, daß das Opfer noch lebte und zuvor das Kennzeichen ihres Auto in seine Hand notiert hatte. So konnte kurz darauf dieser Mordversuch sehr schnell von der Polizei geklärt werden. Der Mann überlebte und legte ein Geständnis ab, das zu seiner Verhaftung führte. In seiner Vernehmung gab er zu, über einen längeren Zeitraum Heroin in Mengen von 2 bis 3 Kilogramm nach Berlin geliefert bekommen zu haben.
Auch diese Organisation wurde über die Balkanroute mit Heroin aus der Türkei beliefert. Monatlich gelangten in zwei präparierten Lkws jeweils 40 kg Heroin nach Deutschland bzw. Belgien. Das Rauschgift war jeweils in extra dafür gefertigten Verstecken in den Führerhäusern untergebracht. Anlaufplatz der beiden Lkws war jeweils ein Industriegelände in Köln. Dort übernahmen die Freundin des Bosses und ein in Belgien lebender Türke die heiße Ware. Nach verdeckten Maßnahmen und Observationen von Lieferungen schlugen die belgischen und deutschen Fahnder zu. Sie entdeckten in Belgien eine konspirative Wohnung des Bosses und konnten ihn am Grenzübergang in Aachen festnehmen. Doch schon nach drei Wochen floh er mit drei weiteren Mithäftlingen aus der Untersuchungshaft. Weitere Angehörige des türkisch-kurdischen Drogenringes wurden in Belgien, Bremen und Berlin festgenommen.
Die Gerichte verhängten hohe Strafen. Die Freundin des Drogenbosses wurde in Tongeren (Belgien) verhaftet und zu 7 Jahren Freiheitsstrafe verurteilt. Sie hatte nicht nur das Heroin in Köln übernommen, sondern auch noch Kurierfahrten nach Spanien durchgeführt und bei Abnehmern kassiert. Die rechte Hand des Drogenchefs bekam 9 Jahre, ein weiteres Clan-Mitglied wurde in Belgien festgenommen und nach Deutschland abgeschoben, wo es zu 10 Jahren verurteilt wurde. Auch die drei Söhne des Verbindungs-Clans in der rheinischen Großstadt erhielten hohe Strafen. Ein Sohn wurde im Zug von Dortmund nach Bremen festgenommen und ging 7 Jahre hinter Gitter. Seine beiden Brüder, die Auftragskiller von Berlin, wurden wegen Rauschgifthandels und Mordversuchs zu einer lebenslangen Haft verurteilt. Ihr Opfer, das die beiden Kopfschüsse überlebte, wurde trotz seines Geständnisses zu 4 Jahren Haft verurteilt.

Führungsrolle – auf lange Zeit gesichert

Die türkischen Familien-Clans werden noch auf lange Sicht ihre Führungsrolle im Heroinschmuggel und -handel mit Zielrichtung Mittel- und Westeuropa beibehalten, auch wenn ethnische Albaner auf ihre Art versuchen, von dem großen Kuchen des Heroingeschäftes etwas abzubekommen. Die steigende Konsumentenzahl in den Abnehmerländern auf der einen Seite und die grenzüberschreitenden verwandtschaftlichen Beziehungen, die gewachsenen Strukturen in der Türkei, der logistische Mittelpunkt Istanbul und die zahlreichen Residenten mit geschäftlichen oder scheingeschäftlichen Strukturen in den Transit- bzw. Konsumländern auf der anderen Seite sind der Garant für das lukrative Geschäft von Asien nach Europa und den ständig wachsenden Reichtum bestimmter Großfamilien in der Türkei.

Die Rote Mafia

Entgegen immer wieder geäußerter Einschätzungen handelt es sich beim OK-Phänomen in der UdSSR bzw. in Rußland keineswegs um eine Erscheinung, die erst durch die tiefgreifenden politischen und wirtschaftlichen Umbrüche der letzten Jahre entstanden ist. Vielmehr berichtete das sowjetische Innenmini-

sterium bereits auf einer auch in der Fachwelt viel zu wenig beachteten BKA-Arbeitstagung im Jahre 1990, daß die Ursprünge der heutigen russischen OK bis in die sechziger Jahre hinein zurückgehen, die durch die Herausbildung einer großen kriminellen Schattenwirtschaft und entsprechender Täterstrukturen vor allem im Handel und in der Baumwollproduktion gekennzeichnet sind. Diese Entwicklung setzte sich auch in anderen ökonomischen Bereichen mit vielfältigen Begleiterscheinungen der Diebstahls-, Betrugs- und Raubkriminalität fort, natürlich flankiert durch ein weitverzweigtes System der Korruption von Partei-, Staats- und Wirtschaftsfunktionären.
Unter den sowjetischen Berufsverbrechern kam es zur Herausbildung von ungekrönten Königen, die sich das Territorium und die Einflußsphären aufteilten und die Geschäftemacher der Schattenwirtschaft ebenso wie bedeutende Teile des Genossenschaftswesens mit Zwangsabgaben belegten. Schon zu sowjetischen Zeiten sollen ganze Städte unter der Kontrolle der Unterwelt gestanden haben, in der Moskauer Region z. B. Balaschicha, Luberzy und Puschkino. Diese Entwicklung führte teilweise sogar zum förmlichen Zusammenwachsen beider Bereiche. Während sich die eine Seite verpflichtete, 10–15 % der Gesamtsumme der – zum Teil rechtswidrigen – Einnahmen zu zahlen, übernahm die Gegenseite deren Sicherheit, was bis hin zur Abrechnung (inklusive Mord) mit Konkurrenten ging. Wie aus sowjetischen bzw. russischen Quellen hervorgeht, ist es sogar über lange Zeiträume hinweg zu regelmäßigen Kongressen (z. B. 1985 an der Schwarzmeerküste) zwischen den Verbrecherorganisationen einerseits und den »Schattenökonomen« und korrumpierten Funktionären andererseits gekommen. Auch andere illegal tätige Geschäftsleute, z. B. Rauschgifthändler und Taschendiebe, mußten frühzeitig Abgaben an die mafiosen Clan-Führer ihrer Region zahlen, um weiterhin unbehelligt »arbeiten« zu können.
Die gegenwärtige und zukünftige Belastung der inneren Sicherheit durch das organisiert verübte Verbrechen in Rußland ist vor dem Hintergrund eines dramatischen Anstiegs der Gesamtkriminalität zu sehen, wobei in den letzten Jahren vor allem die Anteile der Eigentums- und Gewaltdelikte durch einen hohen Zuwachs gekennzeichnet sind. Nach Ansicht vieler Beobachter in Rußland wie im Westen haben der Zerfall an Staatlichkeit und lebensnotwendiger Kontrolle in der gesamten Region der früheren Sowjetunion ein Stadium erreicht, das an Anomie grenzt.
Über den konkreten OK-Anteil an der gesamten Kriminalität sowie über das Anwachsen von OK-Delikten liegen allerdings keine systematisch und regelmäßig erhobenen Daten vor. Anhaltspunkte zur russischen OK-Lage liefern insbesondere Angaben zur Zahl und zum Umfang von OK-Gruppierungen, die in den letzten Jahren verschiedentlich von Vertretern des russischen Innenministeriums bekanntgegeben wurden. Danach bestand die sogenannte Rote Mafia Rußlands, für die sich ebenso wie für mafiose Strukturen anderer GUS-Staaten in jüngster Zeit immer mehr die globale Bezeichnung Russen-Mafia durchgesetzt hat, Anfang der neunziger Jahre aus rund 500 Syndikaten. Bereits 1991 sollen diese allein mit Drogengeschäften mehr als 3 Mrd. Rubel umgesetzt haben. Die Syndikate wurden als Zusammenschlüsse von Wirtschaftskriminellen, arbeitslosen Geheimdienstlern, Mitgliedern linker Terrorgruppen und auch Angehörigen der GUS-Streitkräfte beschrieben, deren Aktivitäten sich von Osteuropa aus verstärkt nach Westeuropa und Deutschland erstrecken.

Von ähnlichen Angaben ging 1994 auch das Europäische Parlament bei seiner allgemeinen Skizzierung der russischen OK-Lage aus: »Vor allem der russische Markt bietet Möglichkeiten für illegale Geschäfte. Schätzungsweise sind derzeit ca. 500 Syndikate in Rußland aktiv, ihr Umsatz im Drogenhandel wird auf 16 Mrd. Rubel geschätzt. Auch ehemalige Geheimdienstmitarbeiter sollen bei den organisierten Banden mitarbeiten. Den Schwarzmarkt und die Schutzgelderpressung kontrollieren zunehmend OK-Gruppen von Tschetschenen und aus Aserbaidschan. Zunehmend treten diese Gruppen auch in Westeuropa (Deutschland, Österreich, Schweiz und Belgien) auf. Auch ausländische OK-Banden (vor allem Italiener) sind in den GUS-Staaten aktiv.«
Demgegenüber bezifferte Tschernikow, ein führender Vertreter des russischen Innenministeriums, für das Jahr 1993 die Anzahl der in Rußland organisierten kriminellen Vereinigungen bereits mit 4 300 bei einer Gesamtstärke von ca. 100 000 Personen. Jede siebte Gruppierung soll danach mit korrumpierten Beschäftigten staatlicher Behörden in Verbindung gestanden haben. Auch Kolesnikow, ein anderer russischer Experte, ging für das Jahr 1993 von über 4 300 OK-Gruppen aus, von denen fast ein Drittel nicht nur über überregionale, sondern auch über internationale Verbindungen verfügte. Zugleich teilte der stellvertretende russische Innenminister Yegorov anläßlich eines Besuches im Bundeskriminalamt mit, daß bereits um die 200 Gruppierungen allein der russischen Russen-Mafia grenzüberschreitend in westeuropäischen Ländern tätig seien. Nach weiteren Einschätzungen von offizieller russischer Seite aus dem Jahre 1994 belief sich die Zahl der OK-Gruppen seinerzeit schon auf 5 691 Organisationen mit 100 000 Mitgliedern. Mittlerweile sollen nicht weniger als 8 000 einzelne OK-Gruppen in Rußland aktiv sein. Teilweise handelt es sich hierbei allerdings nur um drei- bis vierköpfige Organisationen.

Nach übereinstimmenden Analysen östlicher wie westlicher Sicherheitsexperten hat sich das Organisierte Verbrechen in den letzten Jahren zu einem zunehmend alltäglichen Bestandteil des russischen Wirtschaftslebens entwickelt, der kaum mehr wegzudenken ist. Die grundsätzliche Bedeutung der inneren Sicherheit als Standortfaktor für die Wirtschaft zeigt sich damit wie in kaum einer anderen Region der Welt nahezu täglich immer wieder neu. Begünstigt wird diese nicht zuletzt auch für deutsche Unternehmen äußerst bedrohliche Kriminalitätserscheinung grundsätzlich durch die Einführung marktwirtschaftlicher Strukturen, häufig aber auch durch engste Verfilzungen zwischen staatlichen Stellen und OK-Gruppierungen. Im einzelnen ist die gegenwärtige Situation in Rußland durch folgende Besonderheiten gekennzeichnet:

Deliktische Brennpunkte

Hinsichtlich der Verbrechensformen der Russen-Mafia ist ähnlich wie bei Staaten mit traditionell hoher OK-Dichte von einer Vielzahl von Erscheinungen auszugehen, u. a. von Korruption, Schutzgelderpressung, Prostitution, Falschgeldkriminalität, Finanzmanipulationen im Bankenbereich, Geldwäsche, Drogen- und Waffenhandel, Nuklearkriminalität sowie Mord und Entführung auf Bestellung. Anläßlich einer OK-Tagung der Europäischen Rechtsakademie Trier Anfang Dezember 1994 führte z. B. General Chebotarev aus dem russischen Innenministerium in diesem Zusammenhang aus, daß bis dahin im Jahre 1994 400 bestellte Morde auf das Konto organisierter Straftäter gegangen waren. Eine herausragende Bedeutung für die wirtschaftliche und politische Entwicklung Rußlands kommt hier insbesondere auch den Bereichen Korruption, Schutzgelderpressung sowie Waffen- und Nuklearkriminalität zu.

Korruption

Allein in einem Jahr wurden 1900 Strafverfahren gegen korrupte Behördenmitarbeiter eingeleitet und 3300 Bestechungsfälle verhindert. Außerdem wurde gegen 1600 Dienstpersonen ermittelt, die grob gegen die Bestimmungen des Erlasses des Präsidenten über den Kampf gegen die Korruption verstoßen haben. Mehr als 600 von ihnen wurden ihres Amtes enthoben oder anderweitig zur Verantwortung gezogen. Neueren amtlichen Angaben zufolge setzen OK-Gruppen 30 % ihrer Einnahmen zur Bestechung von Beamten und Politikern ein. Das Ausmaß der Unterwanderung von Staat und Wirtschaft durch kriminelle Gruppierungen wird auch darin sichtbar, daß 40 % aller Geschäftsleute mit der Russen-Mafia in Verbindung stehen sollen. Außerdem sollen die Mafia-Clans mittlerweile über nicht weniger als 80 % der stimmberechtigten Aktien verfügen.

Schutzgelderpressung

Expertenauffassungen zufolge hat sich auch die Schutzgeldkriminalität in den letzten Jahren als ein zunehmend alltägliches Element der russischen Geschäftsabläufe herausgebildet. Es wird davon ausgegangen, daß mindestens 70–80 % aller russischen Geschäftsleute Schutzgebühren bezahlen.
Nach Auffassung eines Insiders aus der Sicherheitsbranche fallen Experten im täglichen Straßenbild

Bei einem Treffen von Schutzgelderpressern schlägt eine Sondereinheit zu. Hier schwerbewaffnete Mitglieder der Spezialtruppe bei der Durchsuchung.

Zwei bewaffnete Schutzgelderpresser am Boden. Im Hintergrund die Fahrzeuge der Kriminellen, vor allem Mercedes- und BMW-Fahrzeuge der Mittel- und Oberklasse, die in Deutschland gestohlen wurden.

meist schon bald die »Buiki«, die Stiere, auf: »Das sind die Geldeintreiber der Schutzgelderpresserbanden, auf neurussisch ›Raketier‹ genannt. Daß fast alle Ladengeschäfte und Gaststätten Raket bezahlen, ist in Moskau kein Geheimnis. Man spricht nur noch darüber, wenn es Opfer gibt, sei es auf seiten zahlungsunwilliger Geschäftsleute oder bei den manchmal zu regelrechten Feuergefechten und Straßenkämpfen ausartenden Verteilungskämpfen rivalisierender Banden.«

Ein Opfer derartiger Milieustreitigkeiten wurde z. B. mit beträchtlichen Auswirkungen der Direktor einer großen Moskauer Spedition. Dieser Betrieb verfügt über Valuta und hat seinen Hauptsitz in einem Vorort Moskaus. Eines Abends erhielt der Direktor in seiner Privatwohnung ungebetenen Besuch von zwei Herren mit Maschinenpistolen im Anschlag. Sie stellten sich als Angehörige der Tschetschenen-Mafia vor und verlangten die regelmäßige Zahlung von Schutzgeld. Aufgrund des äußerst brutalen Images dieser Gruppierung traute sich der Geschäftsmann nicht, die Forderung abzulehnen. Auch an die Polizei erfolgte keine Meldung, dafür aber an den in jenem Vorort ansässigen russischen OK-Clan. Der war zur Hilfe bereit, allerdings unter der Bedingung des direkten Einflusses auf die Unternehmensführung – diesen Einfluß hat er seitdem.

Inwieweit Raub und Schutzgeldaktivitäten mittlerweile in Rußland, aber auch in anderen GUS-Staaten an der Tagesordnung sind, zeigt auch, daß Einheimische und westliche Geschäftsleute nicht nur während des Geschäftslebens vor Ort kriminellen Einflußnahmen unterliegen, sondern auch während des Transports von Waren betroffen sind. So besteht eine für Rußland typische Sonderform der Schutzgeldkriminalität darin, daß einige russische private Sicherheitsunternehmen, die z. B. von deutschen Spediteuren mit der Begleitung und Sicherung von LKW-Transporten beauftragt werden, Anteile am Warenwert von bis zu 10% ähnlich den Raketiers verlangen. Für Rußland, aber z. B. auch für Polen ist es typisch, daß etliche dieser privaten Sicherheitsunternehmen, die Transport- und Objektschutz anbieten, von ehemaligen Polizisten, Militärs und Geheimdienstlern betrieben werden. Vor diesem Hintergrund wird verständlich, daß nicht wenige dieser Firmen mit der Russen-Mafia eng kooperieren bzw. selbst mafiose Unternehmen sind, die ihre Opfer dazu erpressen, Kunden zu werden. Der Unterschied zur gewöhnlichen Schutzgeldeintreibung besteht lediglich darin, daß die Täter hier nicht im Hintergrund bleiben, sondern sich offiziell zu ihrem Gewerbe bekennen und präsent sind. Aufgrund dieser Probleme bieten mittlerweile auch diverse deutsche Sicherheitsunternehmen bewaffnete Transportbegleitungen an. Auf die dramatische Gefährdung auch westlicher Unternehmen vor Ort in Rußland durch die Russen-Mafia wird im Rahmen der deutschen Lageanalyse noch detailliert eingegangen.

Waffen- und Nuklearkriminalität

Mit dem Zerfall des alten Systems sind ungeahnte Sicherheitslücken und Bedrohungspotentiale entstanden bzw. sichtbar geworden, deren Auswirkungen weit über die innere Sicherheit Rußlands hinausreichen. Es zeichnen sich bereits jetzt ernsthafte Beeinträchtigungen der inneren und äußeren Sicherheit in Europa ab, die zu neuen Risiken auch der internationalen Politik (illegale Materialentledigungen, Erpressungen, Terrorismus, Kriege) führen. Im Jahre 1992 wurden z. B. in Deutschland im Rahmen von insgesamt über 150 eingeleiteten OK-Ermittlungsverfahren zum Komplex Nuklearkriminalität in immerhin 19 Fällen radioaktive Substanzen sichergestellt. Dieses Material ist – wie der frühere BKA-Präsident Zachert bereits 1993 betonte – »ein Indiz dafür, daß derartige Stoffe tatsächlich dem illegalen Markt zur Verfügung stehen. Die politischen und wirtschaftlichen Veränderungen in den Staaten Osteuropas führen offenbar zu Sicherheitslücken und eröffnen ungeahnte Gefahrenpotentiale. Es scheint möglich, daß nukleares Material unterschiedlichster Herkunft in unbefugte Hände gelangen kann.«

Interne Gruppenstrukturen

Im Vergleich zur traditionellen OK-Szene der alten UdSSR erreicht die jetzige Russen-Mafia hinsichtlich ihrer Strukturen und Größe, ihres Machtanspruchs und der vielfach von brutalster Gewalt begleiteten Ausprägung ihrer Aktivitäten völlig ungeahnte Dimensionen. Ihre Führungskader rekrutiert sie häufig aus alten Partei-, Militär- und Geheimdienstkreisen. Mittlerweile kontrollieren die großen Mafia-Gruppierungen, die in der Regel hierarchisch strukturiert und diszipliniert geführt werden, weitgehend das Immobiliengeschäft, den Einzelhandel, das Taxi- und Transportgewerbe, den Devisenhandel, die Dienstleistungsbranche (vor allem die Gastronomie und die Casinos) sowie alle Formen krimineller Aktivitäten. Auch der Flughafen Sheremetevo soll zum Teil unter dem Einfluß der Russen-Mafia stehen.
Die größeren Mafia-Clans, in Anlehnung an die sizilianische Mafia meist durch ritualisierte Aufnahmefor-

men und eine straffe, militärisch-administrative Hierarchie gekennzeichnet, weisen gewöhnlich einen pyramidenartigen inneren Aufbau auf. Die unterste Stufe bilden dabei die Straßenbanden, die einem Anführer ihres Bezirks untergeordnet sind und sich in erster Linie mit dem Schwarzhandel und der Schutzgeldkriminalität befassen. So kassieren sie monatliche Zwangsabgaben von den Schwarzhändlern, den Geschäftsleuten (Restaurants, Lebensmittelgeschäfte, Tankstellen, Kfz-Gewerbe, Blumen- und Buchläden, Kioske etc.) und selbst von den Bettlern am Roten Platz. Teilweise werden nicht nur Geldbeträge, sondern auch Waren, Wohnungen oder auch Autos erpreßt.
Auf der mittleren Ebene finden sich die sogenannten Unterstützergruppen der Mafia. Sie geben innerhalb einer OK-Gruppierung die Aufträge von oben nach unten weiter und halten zwecks neuer Tatgelegenheiten und »gesellschaftlicher Akzeptanz« informative Kontakte zu Journalisten, Bankiers und Vertretern des öffentlichen Lebens.
Die Spitze dieser Pyramide nehmen schließlich die Hintermänner und Drahtzieher ein, die sogenannten Paten oder Diebe im Gesetz. Ihre Anzahl wird in Rußland auf etwa 300 Personen (GUS-Staaten insgesamt nach UNO-Erkenntnissen: 500 Bandenchefs) geschätzt, wovon sich einige im Gefängnis befinden. Diese Führungsleute kontrollieren die Kriminalität insgesamt, entwickeln neue Tatstrategien, Möglichkeiten der Infiltration der legalen Wirtschaft und Maßnahmen zur weiteren Monopolisierung. Sie bedienen sich dabei eigener Aufklärungs- und Gegenaufklärungsmechanismen, intellektueller Kapazitäten (juristischer und ökonomischer Sachverstand) und diverser Korruptions- und Gewaltpotentiale. Es gilt unter Experten als sicher, daß aufgrund der Rivalität der einzelnen Clans oberhalb dieser Paten-Ebene kein einheitliches Mafia-Zentrum in Rußland existiert.

Pyramidenartiger Aufbau eines russischen Mafia-Clans

- Paten
- Unterstützergruppen
- Straßenbanden

Zu den ersten der ethnischen Gruppierungen, die sich in Rußland systematisch organisierten, gehörte die tschetschenische Mafia. Derzeit soll sie über rund 3000 Mitglieder verfügen, die ihre Schutzgeld- und anderen Aktivitäten wie andere Mafia-Clans auch längst nicht mehr nur nach Osteuropa (insbesondere Polen, Tschechien und Ungarn), sondern auch zunehmend in die USA, nach Israel, Deutschland und Österreich etc. ausdehnen. Zu den einflußreichsten OK-Syndikaten Rußlands zählen daneben die dagestanische, die georgische und die aserbaidschanische Gruppe. Hinzu kommen diverse weitere ethnisch geprägte sowie rein russische Mafia-Kreise.

Bekämpfungsproblematik

Mit fortschreitender Kriminalitätsbelastung ist die OK-Bekämpfung durch die russischen Behörden in den letzten Jahren deutlich intensiviert worden. Entsprechende Programme und Erlasse des ehemaligen Präsidenten Jelzins und des amtierenden Präsidenten Putin haben zur personellen Erweiterung der Institutionen der inneren Sicherheit und zu zusätzlichen Kompetenzen bei der Strafverfolgung geführt. Allerdings dürften diese – nicht immer demokratischen und rechtsstaatlichen Gesichtspunkten Rechnung tragenden – Maßnahmen bei dem Fortbestehen traditioneller Beziehungsgeflechte und Machtstrukturen sowie bei einer anhaltenden schlechten Wirtschaftslage weiterhin auf massive Umsetzungswiderstände stoßen und damit in absehbarer Zeit kaum einen beträchtlichen Kriminalitätsrückgang bewirken. Außerdem ist weiterhin von brutalen und professionell auftretenden OK-Gruppierungen auszugehen, die ihre illegalen Markt- und Machtpositionen verteidigen und ausbauen wollen.
Erschwerend kommt die Tatsache hinzu, daß die Arbeitslosigkeit bzw. niedrige Gehälter viele Menschen zum illegalen Nebenerwerb geradezu treiben. Gerade die Erpressungskriminalität ist in zahlreichen Wirtschaftsbereichen und Sozialschichten ein zunehmend normaler Aspekt des täglichen Lebens geworden. Im Gegensatz zu Deutschland oder anderen westeuropäischen Staaten wird Gewaltanwendung zur Existenzsicherung innerhalb der Bevölkerung vielfach eher akzeptiert. In vielen Fällen sind massive Gewaltandrohungen, Bewaffnungen etc. bis hin zu schweren Mißhandlungen und Tötungsdelikten anzutreffen. Steigende Tendenz dürften auch diejenigen Erpressungen haben, die in Verbindung mit der Entführungskriminalität ablaufen. Neben einer Vielzahl russischer Geschäftsleute sind auch schon westliche Entführungs- und Mordopfer zu verzeichnen. Auch wird von Fachleuten nicht ausgeschlossen, daß es zu Kidnapping-Serien gegen wohlhabende Ausländer bzw. deren Angehörige nach südamerikanischem Muster kommen kann.
Insgesamt gesehen steht den russischen OK-Gruppierungen nach wie vor eine kaum bzw. nur sehr

unzureichend funktionierende staatliche Ordnung und innere Sicherheit gegenüber. Im Gegensatz zum Staat ist die Russen-Mafia anpassungsfähig, mobil und gut gerüstet, ihre Mitglieder sind gut bezahlt und hochmotiviert. Es fehlen nicht nur wirkungsvolle Gesetze und Institutionen, durch die ein ordentliches Wirtschaftsleben nach innen und nach außen einschließlich des Schutzes von Geschäftsleuten und Unternehmen sichergestellt wird. Hinzu kommt, daß die mafiosen Systeme vielfach eng mit staatlichen und wirtschaftlichen Akteuren kooperieren bzw. vernetzt sind. Von besonderer Bedeutung ist in diesem Zusammenhang auch die Infiltration des russischen Bankensektors durch die OK. So sollen etwa 4 000 Banken bzw. bedeutende Bankfilialen in Rußland unter der Kontrolle der Mafia-Clans stehen.

Die Russen-Mafia auch im Westen auf dem Vormarsch

Im Zuge der insbesondere im letzten Jahrzehnt zugenommenen Emigrationsströme aus der UdSSR bzw. Rußland hat auch die OK-Szene in den USA und in Westeuropa einen weiteren Auftrieb erhalten. So reisten z. B. Anfang der 90er Jahre allein in einem Halbjahr bereits rund 50 000 Personen aus der UdSSR in die Bundesrepublik Deutschland. Eine Entwicklung, die generell auch in den USA, in Italien, in Frankreich oder in Österreich anzutreffen ist und durch den anwachsenden Tourismus noch verstärkt wird. Wenngleich es sich bei diesen Personenströmen natürlich zum allergrößten Teil um nichtkriminelle Menschen handelt, sind jedoch auch immer wieder kriminelle Elemente unter ihnen. Gerade über sie werden häufig Kontakte zum heimatlichen Mafia-Milieu gehalten und intensiviert.

Die sowjetischen Behörden besaßen bereits 1990 konkrete Anhaltspunkte, wonach Mitglieder dortiger mafioser Schutzgeld-Gruppierungen aus der UdSSR in die USA, die Bundesrepublik und die anderen genannten Staaten einreisten, um bei ehemaligen Landsleuten abzukassieren. Mittlerweile gehen Experten davon aus, daß etwa 200 Gruppierungen der Russen-Mafia grenzüberschreitend in nahezu allen westeuropäischen Ländern auf dem Erpressungssektor sowie auf anderen Deliktsfeldern aktiv sind. Der Aufbau von Infrastrukturen russischer OK-Gruppen wurde z. B. auch schon in Luxemburg, Belgien, in der Schweiz sowie auch in Großbritannien registriert. Nach neuesten BND-Erkenntnissen sollen es sogar schon 300 verschiedene Zweige der russischen Mafia sein, die weltweit (nicht zuletzt auch in Israel) bzw. grenzübergreifend agieren.

In den USA geht das FBI davon aus, daß rund 4 000 Russen dem harten Kern der etwa 29 000 Kriminelle umfassenden OK-Szene zuzurechnen sind. Davon hat etwa die Hälfte legal einreisen können, während die übrigen auf verschiedenen Wegen, auch mit gefälschten Papieren, illegal ins Land gekommen sein dürften. FBI-Experten halten die Russen-Mafia für den gefährlichsten OK-Zweig überhaupt. So sollen die in den USA auftretenden russischen Kriminellen über eine gute Bildung verfügen, mehrsprachig und sehr gewalttätig sein. Außerdem hätten sie keinerlei Angst vor dem amerikanischen Strafrechtssystem.

Russen-Mafia in Deutschland

Insbesondere seit dem Zerfall der Sowjetunion häufen sich auch in Deutschland bekanntgewordene Gewaltdelikte, Wirtschaftsstraftaten und andere illegale Aktivitäten diverser mafioser Gruppierungen Rußlands und anderer GUS-Staaten. Doch bisher ist es den hiesigen Behörden nur selten gelungen, Tatkomplexe aufzuhellen und die Täter bzw. Drahtzieher dieser spezifischen Sparte der Euro-OK zu überführen. Nach Erkenntnissen von Fachleuten sind inzwischen rund 300 größere und kleinere Zweige der russischen Mafia hierzulande tätig, die wiederum vielfältige Verbindungen zu kriminellen Gruppen, zum Teil aber auch zu staatlichen Strukturen in Rußland aufweisen. Für nicht wenige deutsche OK-Ermittler steht seit langem fest, daß eine Reihe von GUS-Spitzenpolitikern – worunter z. B. auch ein ehemaliger ukrainischer Staatspräsident sein soll – enge Mafia-Kontakte pflegen und sich an illegalen Geschäften beteiligen bzw. bereichern, die sich auch auf Deutschland erstrecken.

Angeblich haben sich mehr als ein Dutzend Clan-

Hier der Investigation-Journalist Jürgen Roth bei einem Vortrag über die Rote Mafia und deren Korruptionstaktiken. Er schrieb den Bestseller »Die roten Bosse«.

chefs, sogenannte Paten, sogar in Deutschland und hier vornehmlich in Berlin niedergelassen. Insider glauben sogar, einige der führenden Repräsentanten der in Deutschland wie im übrigen Westeuropa ansässigen russischen OK-Szene namentlich zu kennen. Doch zuweilen müssen sie sich selbst bei mutmaßlichen Gipfeltreffen auf Observationen oder vorsorgliche Überprüfungen von Kfz-Kennzeichen beschränken, wenn etwa (exil-)russische Geschäftsleute aus ganz Europa im Rahmen stilvoll organisierter Festlichkeiten in noblen Schloßhotels (z. B. an der Schwarzwald-Hochstraße) zusammenkommen. Recherchen Roths zufolge zählen folgende Gruppierungen zu den einflußreichsten Clans der Russen-Mafia in Deutschland: die Dolgoprudnenskaja, die Puschkinskaja, die Tschetschenische Gruppe, die Djibu und die Solnzewskaja.
Die lukrative Schutzgeldkriminalität ist eines ihrer zentralen Aktionsfelder – kein Wunder angesichts der mittlerweile allein im Großraum Berlin auf rund 200 000 Personen geschätzten russischen »Kolonie«. Ihre Opfer, gewöhnlich Landsleute, finden sie vornehmlich im Rotlichtmilieu und in Spielsalons. Hinzu kommt der »Schutz« von Geschäftsleuten, Händlern und Personen diverser Branchen. Weitere Schwerpunkte sind der Handel mit lukrativen Gütern (Drogen, Waffen, Atommaterial, Kunstgegenstände, Autos etc.) und Menschen (vornehmlich weibliche Prostituierte) sowie systematische Geldwäscheaktivitäten.
Doch das Auftreten russischer OK-Kreise in Deutschland ist keinesfalls nur eine Erscheinung der neunziger Jahre, wie fälschlicherweise manchmal noch behauptet wird. Bereits seit den siebziger Jahren sind weltweit OK-Gruppen aus der sogenannten Exilrussen-Szene aktiv, neben Deutschland insbesondere auch in den USA, Israel, Kanada und Polen. Aktionszentrum hierzulande der diversen Zweige der Exilrussen-Mafia mit internationalen Verbindungen ist traditionell Berlin, dem innerhalb des mafiosen Vierecks Moskau – Wien – Berlin – New York eine beachtliche Bedeutung zukommt. Aber auch in Großstädten wie Hamburg und München sowie im Großraum Rhein – Ruhr – Main sind seit langem Aktivitäten zu verzeichnen. Seit einigen Jahren gilt dies natürlich auch zunehmend für die östlichen Bundesländer, wo vor und nach der Wende u. a. auch russische Militärkreise in illegale bzw. mafiose Geschäfte verstrickt gewesen sein sollen. Ein geradezu aberwitziger Verdacht schreckte in diesem Zusammenhang Ende 1995, Anfang 1996 nicht nur die Öffentlichkeit, sondern auch diverse für die äußere und innere Sicherheit zuständigen Behörden auf, der sich letztlich aber nicht bestätigen sollte. So behaupteten Anwohner und auch Kommunalpolitiker aus der Gegend von Sperenberg hartnäckig, daß der etwa 40 Kilometer südlich von Berlin gelegene frühere russische Militärflugplatz nunmehr von der Russen-Mafia als Umschlagplatz für illegale Einwanderer und allerlei Schmuggelgut genutzt wird.
Die deliktische Breite der russischen OK erstreckt sich seit den siebziger Jahren auf den organisierten

Aktionszentrum der Exilrussen-Mafia ist traditionell Berlin. Als Treffpunkt gelten Geschäfte an der Berliner Kantstraße.

Die Hintermänner der »Roten Mafia« bevorzugen Suiten in den besten Hotels. Keine Chance für die Strafverfolger: Hotelzimmer gelten als Wohnungen. Abhörmaßnahmen gesetzlich verboten.

Schmuggel und Handel (Ikonen, Drogen, Waffen), die Glücksspielszene und die Schutzgeldkriminalität zum Nachteil exilrussischer Geschäftsleute. Deren traditionell bevorzugte Geschäftszweige sind Restaurants, Spielhallen sowie Im- und Export-Firmen (Elektronikbranche, Textil- und Antiquitätenhandel etc.). Einige dieser Geschäftsleute demonstrierten ihren Wohlstand durch entsprechende Statussymbole wie Autos, Kleidung und Häuser zu deutlich nach außen, was ihnen teilweise zum Verhängnis werden sollte: Seit Öffnung der Grenzen im Osten wurden diese Geschäftsleute sowie Angehörige der Exilrussen-Mafia in Deutschland selbst Opfer von neueren OK-Gruppierungen Rußlands. Ein nicht unrentables Geschäft, wenn man bedenkt, daß insbesondere die in den GUS-Staaten lebenden Angehörigen der Betroffenen bei einer Zahlungsverweigerung dem Zugriff der mehr und mehr mobilen OK weitgehend wehrlos ausgesetzt sind.
So wurden in einem Zeitraum von acht Jahren im Dunstkreis der Roten Mafia allein in Berlin 23 Morde, im übrigen Deutschland noch einmal 18 und im Zusammenhang mit in Deutschland geführten Ermittlungen 30 Tötungsdelikte in Großbritannien, den Niederlanden, Belgien, Spanien, Litauen, Lettland und vor allem in Moskau bekannt.

Das Labyrinth wird immer undurchschaubarer

In letzter Zeit ist es Beobachtungen von Sicherheitsexperten zufolge zunehmend zu geschäftlichen, personellen und auch deliktischen Verflechtungen zwischen Exilrussen, der Exilrussen-Mafia und diversen Clans der Russen-Mafia (russischer, georgischer, tschetschenischer und ukrainischer Prägung) gekommen. Innerhalb dieses auch für erfahrene Ermittler zunehmend unübersichtlicher werdenden Labyrinths der östlichen Euro-OK scheinen gravierende und auch tödliche Machtkämpfe ausgetragen zu werden, wobei man derartige Konflikte gewöhnlich intern, d. h. ohne Einschaltung der deutschen Polizei regelt. So war z. B. eine georgische Mafiagruppe in Berlin darauf spezialisiert, den von Tschetschenen und Mitgliedern des Moskauer Mafiaclans Dolgoprudnenskaja erpreßten Exilrussen ihren Schutz gegen diese Erpressungen aufzudrängen, ohne jemals wirklich den versprochenen und bezahlten Schutz zu gewähren. Wie in kaum einem anderen Bereich verwischen sich gerade bei der Schutzgeldkriminalität die Spuren oftmals – wenn die Ermittlungsbehörden Erpressungsvorfälle überhaupt mitbekommen. So ist es häufig unklar, ob die Erpressungsopfer nun reine Opfer oder eher Opfer-Täter sind.

Auch in Deutschland einflußreiche Zweige der Russen-Mafia

- Tsetschenskaja Obschina: Waffen- und Autogeschäfte, Raub- und Banküberfälle, Erpressungen, Wirtschaftsverbrechen, Entführungen
- Djibu: Diebstahls- und Erpressungskriminalität
- Dolgoprudnenskaja: Geldwäsche, Wirtschaftsdelikte, Schutzgeldkriminalität (inkl. Unternehmensbewachungen)
- Solnzewskaja: Drogen- und Waffenhandel, Erpressungen, Kontrolle im Rotlichtmilieu, Investitionen im Banken- und Hotelbereich
- Puschkinskaja: Schutzgeldkriminalität, Kinder-Entführungen

Typische Erscheinungsformen der Schutzgeldkriminalität

Wie in Rußland wählen die einzelnen mafiosen Zweige auch hierzulande vielfältige Verfahrensweisen der Schutzgelderpressung, um mit deren Hilfe ihre jeweiligen Gewinn- und Machtzwecke zu verfolgen. Teilweise umfassen systematisch entwickelte Täterkonzeptionen mehrere Strategieelemente mit spezifischen zeitlichen Dimensionen. Die »Integration« einer anvisierten Firma in einen OK-Clan läuft z. B. nach folgendem Muster ab:

a) Zuerst Forderung von Umsatz- oder Gewinnbeteiligungen
b) Anschließend Forderung der Beschäftigung von Mafiaangehörigen
c) Endstufe: Durchsetzung vollständiger Kontrolle bzw. Übernahme

Im einzelnen werden von den Tätern hauptsächlich fünf verschiedene Wege beschritten, um ihre Ziele zu erreichen.

Variante 1: Umsatz- und Gewinnbeteiligungen

- *Ein russischer Lokalbesitzer zeigte an, daß er von Landsleuten unter Bedrohung seines Lebens zur Zahlung von Schutzgebühren aufgefordert worden sei. Der Anführer der Tätergruppe wurde einige*

Zeit später in seiner Wohnung erschossen aufgefunden. Danach hatte das Opfer kein Interesse mehr an weiteren polizeilichen Ermittlungen.

- *Ein von der Polizei als glaubwürdig eingeschätzter Zeuge meldete sich bei einer Polizeidienststelle und gab an, daß russische Berufssportler, die in Deutschland ihr Geld verdienen, einen entsprechenden Anteil an Schutzgeld an die Russen-Mafia abzuführen haben. Als Druckmittel würden die Betroffenen u. a. Briefsendungen mit toten Tieren bzw. Tierteilen erhalten.*
- *Der Inhaber eines Joint-Venture-Unternehmens aus der Modebranche wurde in Berlin auf offener Straße von mehreren russischen Staatsangehörigen zusammengeschlagen und mit Waffen bedroht. Man wollte ihn um 5 % seiner laufenden Geschäftseinnahmen erpressen (rund 50 000 DM). Es stellte sich heraus, daß die Täter Mitglieder eines russischen Mafiaclans waren, die eigens für die Erpressung aus Moskau angereist kamen.*

Die weiteren typischen, z. B. wiederholt im Berliner Raum praktizierten Erscheinungsformen zeigen, daß Erpressungen nicht selten auch der gezielten Kontrolle und früher oder später sogar der vollständigen Übernahme gewinnträchtiger Geschäfts- und Unternehmensbereiche dienen.

Variante 2: Erpresserische Entführungen

Bereits Anfang der neunziger Jahre lockte z. B. eine ukrainisch-russische Tätergruppierung zwecks Abwicklung eines Teegeschäfts einen in Westfalen im Asylstatus lebenden ehemals ukrainischen Geschäftsmann mit seiner Ehefrau zunächst nach Posen und dann nach Warschau:

Bei seiner Ankunft wurde das Ehepaar brutal mißhandelt. Vorhandenes Bargeld und Schmuck wurden ihnen abgenommen. Außerdem forderten die Täter Schutzgeldzahlungen in Höhe von 80 000 DM und eine zukünftige Beteiligung an seinen Geschäften. Während der Ehemann in der Gewalt der Entführer blieb, reiste der Haupttäter mit der Ehefrau und einem Foto des Schwerverletzten nach Deutschland, um dort von der Geschäftspartnerin des Opfers einen Betrag von 50 000 DM zu erpressen. Später konnte der Geschäftsmann durch eine polnische Sondereinheit befreit und die Täter festgenommen werden. Der Haupttäter konnte allerdings bei seiner versuchten Festnahme an der deutsch-polnischen Grenze flüchten. Die Ermittlungen ergaben, daß die Täter einer OK-Gruppierung angehörten, die sich u. a. auf Erpressungen zum Nachteil ehemaliger Landsleute spezialisiert hatte und über Stützpunkte in Rußland, Polen und Berlin sowie in weiteren deutschen Städten verfügte.

In diesem Gebäude an der Peripherie von Posen wurde der Ehemann festgehalten, während der Haupttäter mit der Ehefrau nach Deutschland reiste, um mit dem Foto des Schwerverletzten 50 000 Mark zu erpressen.

Nach der Befreiung der Geisel wird einer der Haupttäter von einer polnischen Sondereinheit in Posen festgenommen. In seiner Begleitung befanden sich einige russische Afghanistan-Veteranen, die die Bewachung für einige Dollar übernommen hatten.

Variante 3: Personaleinstellungen

Eine im Besitz von Exilrussen befindliche Im- und Exportfirma wurde unter Einschüchterungen und Gewaltanwendungen zur Beschäftigung eines bestimmten Buchhalters gezwungen. Auf diese Weise konnte die dahinterstehende Gruppierung einen idealen Einblick in die laufenden Geschäfte erlangen und ihre Schutzgebühren entsprechend variieren. In ähnlich strukturierten Fällen wurden Türsteher, Dolmetscher oder auch Mitgeschäftsführer positioniert.

Variante 4: Eroberung von Ladengeschäften

Ein Trupp von fünf Männern betritt forsch ein Ladengeschäft und fordert ohne große Umstände einen Untermietvertrag. Fünf- und sechsstellige Beträge bieten sie an, auch in bar, wenn sich der Inhaber zurückzieht. Wer sich sträubt, sieht sich Drohungen und Gewalt ausgesetzt. In einigen Fällen wurde auf diese Weise sogar das gesamte Haus kurzerhand gekauft bzw. »übernommen«.

Variante 5: Erpressung von innen

Diese insbesondere bei tschetschenischen Clans beliebte Methode besteht darin, mittels Erpressung bzw. mit einer finanziellen Beteiligung in bestehende deutsch-russische Joint-Venture-Unternehmen einzutreten. Anschließend wird das im Rahmen der Geschäftsbeteiligung erlangte Wissen über eventuelle Unkorrektheiten (z. B. illegal erwirtschaftete Gewinne, Geldwäsche, Steuerfragen) oder über unternehmerisches Fehlverhalten der Partner gezielt genutzt, um die Unternehmer zu erpressen – durch angedrohtes Anschwärzen bei benachteiligten Partnern oder den Behörden.

Deutschland-orientierte Geschäftsbereiche der Russen-Mafia in Rußland selbst

Neben den vielfältigen illegalen Aktivitäten der Russen-Mafia, die Deutschland zum Tatort haben, betreiben diverse russische Tätergruppierungen auch in ihrer Heimat selbst kriminelle Geschäftsbereiche, die direkte Bezüge zu Deutschland aufweisen. Wie die weitere Darstellung zeigt, handelt es sich auch hier um oftmals sehr unterschiedliche Sektoren, deren Gemeinsamkeit jedoch in der folgenden Täterkonzeption zum Ausdruck kommt: Systematischer Zugriff auf deutsches Kapital und damit verbunden die möglichst auf Dauer angelegte Erlangung von Macht und Einfluß auf ökonomische, ggf. auch politische Prozesse. Betroffen hiervon sind sowohl staatliche Hilfsleistungen der Bundesrepublik für die Deutschstämmigen in Rußland als auch – und das in zunehmend gravierenderer und bedrohlicherer Form – deutsche Unternehmen auf den russischen Wirtschaftsmärkten.

Deutsche Fördergelder für die Rußlanddeutschen im Visier der Russen-Mafia

Die Regierungen Deutschlands und Rußlands kooperieren seit langem bei der finanziellen Unterstützung der Rußlanddeutschen. Deren Geschichte begann bereits unter der sogenannten deutschen Zarin Katharina II., die im Jahre 1763 in Hessen, der Pfalz, Baden und Württemberg Bauern mit der Versicherung anwarb, ihnen Religions- und Steuerfreiheit sowie Freistellung vom Wehrdienst zu gewähren. Angesichts des wirtschaftlichen Elends nach dem Siebenjährigen Krieg siedelten 8 000 Familien in die seinerzeit fast menschenleeren Gebiete an der mittleren Wolga über. Lange Zeit später – 1924 – wurde mit Billigung der Moskauer Zentralregierung sogar eine eigene »Autonome Sozialistische Sowjetrepublik der Wolgadeutschen« ausgerufen.

Doch im August 1941, wenige Wochen nach dem Einmarsch der deutschen Wehrmacht in die UdSSR, betrieb Stalin die Auflösung der Wolgarepublik. Über eine Million Menschen wurden in der Folgezeit in Arbeitslager in Kirgistan, Sibirien und Tadschikistan verbracht, rund 300 000 Personen kamen dabei um. Ein Dekret des Obersten Sowjet von Dezember 1948 schrieb dann die »Umsiedlung der Volksschädlinge« auf ewige Zeiten fest. Erst Ende des Jahres 1955 amnestierte die Sowjetführung die Verfemten. Dem Wunsch nach Neugründung deutscher Schulen, der Erteilung muttersprachlichen Unterrichts, der Gewährung einer gewissen Regionalautonomie entsprach die russische Regierung jedoch nicht. Im Jahre 1989 wurde dann die »Allunionsgesellschaft der sowjetischen Wiedergeburt« – die größte Organisation der Rußlanddeutschen – gegründet, die auf die Wiedererrichtung eines eigenständigen Gemeinwesens hinarbeitet. In der heutigen Russischen Föderation leben noch rund zwei Millionen Deutschstämmige. Ihre zentralen Siedlungsgebiete sind die Bereiche um Omsk und Altai sowie die Wolgaregion.

Das zwischen Rußland und Deutschland vereinbarte Förderprogramm zur Schaffung von Wohnraum und Arbeitsplätzen im mittelständischen Bereich aus dem Jahre 1995 sah rund 90 Millionen DM an Hilfszahlungen vor, zu denen noch einmal 30 Millionen DM als Moskauer Leistungen hinzukamen. Experten gingen zwar schon immer davon aus, daß auch Gruppierungen der russischen Mafia und andere Betrüger auf illegale Weise an diesen deutschen wie russischen Steuergeldern teilhaben, doch erst eine interne Analyse des Bundesnachrichtendienstes vom Herbst 1995 brachte detailliertere Erkenntnisse zu dieser – mittlerweile auch von offiziellen Bonner Regierungsstellen eingeräumten – Problematik. Danach wird davon ausgegangen, daß die »Wiedergeburt« und ihre Führungsspitze womöglich noch immer unter dem Einfluß ehemaliger KGB-Offiziere stehen, die sie bereits seit ihrer Gründung 1989 kontrolliert und systematisch unterwandert hatten.

Eine wichtige Rolle bei der Abzweigung von Geldströmen kommt dabei einer Reihe von Unternehmen im Umfeld der Organisation zu, über die in der Vergangenheit offensichtlich ein Großteil der Entwicklungsleistungen verbucht, verwaltet und weitergeleitet wurde. Kriminelle Kreise innerhalb der »Wiedergeburt« sollen laut BND durch dubiose Geschäfte und Transaktionen sogar derart hohe Gewinne erzielt haben, daß – vorübergehend – ein eigenes Geldinstitut gegründet werden konnte: die »Wiedergeburt-Bank« in der kasachischen Hauptstadt Almaty.
Die Organisationen der Rußlanddeutschen selbst räumen gewisse Unregelmäßigkeiten einiger schwarzer Schafe unter ihnen in den letzten Jahren ein und betonen, nunmehr über weniger Vermittler, d.h. direktere Transferwege und effektivere Kontrollmechanismen zu verfügen – wenngleich ihrer Einschätzung zufolge nach wie vor in Rußland ohne diverse »Beschleunigungsgelder« kaum etwas zu erreichen sei. Welche Ausmaße diese spezifische Ausprägung der deutsch-russischen Subventionskriminalität erreicht haben dürfte, veranschaulichen die nachstehenden Angaben:

- Nach Erkenntnissen heutiger Funktionäre rußlanddeutscher Verbände wurden z.B. im Jahre 1993 allein im Gebiet Wolgograd rund 90% aller Mittel »zweckentfremdet«. So sind u.a. für 150 Kulturzentren Gelder zur Anschaffung von Fernseh- und Videogeräten gezahlt worden, die ihre wahren Empfänger jedoch nicht erreicht haben.
- Der BND-Analyse zufolge sollen sich auch Mitarbeiter des »Vereins der Deutschen im Ausland«, die von der Bundesregierung insbesondere mit der Koordination von millionenteuren Bauprojekten an der Wolga betraut worden waren, durch Veruntreuungen und andere kriminelle Aktivitäten persönlich bereichert haben.

Die Hilfsgelder für die Deutschstämmigen sind bzw. waren natürlich nicht die einzigen staatlichen Kapitaltransfers von Deutschland nach Rußland. Ein weiterer, bedeutende Summen vereinnahmender Sektor ist der Bereich der Unterstützungszahlungen für Wohnungsbauvorhaben etc., zu denen sich die Bundesrepublik im Zusammenhang mit dem endgültigen Abzug der russischen Truppen aus Ostdeutschland verpflichtet hat. Auch hier dürfte es nach Erkenntnissen von Insidern durchaus zu vergleichbaren Erscheinungen, d.h. illegalen Zugriffen der Russen-Mafia bzw. auch anderer Betrüger auf Bonner Hilfsleistungen gekommen sein.

Die Gefährdungslage der deutschen Wirtschaft in Rußland

Auch die alltägliche Geschäftstätigkeit in Rußland birgt für westliche und damit auch deutsche Unternehmen vielfältige Risiken. Nähere offizielle Angaben über die Anzahl erpreßter ausländischer Unternehmen liegen nicht vor; gleichwohl wird von Fachleuten angenommen, daß mittlerweile der überwiegende Anteil etablierter westlicher Unternehmen in einer Erpressungssituation lebt, der vielfach nachgegeben wird.
Auch persönliche Gespräche der Autoren mit Sicherheitsbeauftragten großer deutscher, in Rußland tätiger Unternehmen haben bestätigt, daß meist in der Hoffnung gezahlt wird, »Ruhe« zu haben. Doch oft ist zu erleben, daß diese Strategie nur für kurze Zeit aufgeht. Wenn die »Kuh« auch bewußt nicht geschlachtet wird, so wird doch häufig bis an die Grenze des Möglichen gemolken. Dabei wird von seiten der Erpresser die Tatsache ausgenutzt, daß diese Großunternehmen es sich nicht leisten können, den wichtigen Markt Rußland zu vernachlässigen bzw. zu verlassen – zumindest so lange nicht, wie sich die Präsenz dort trotz allem noch einigermaßen rechnet.
Die Forderungen gegen ausländische Firmen haben sich auf 10–20% des jährlichen Profits eingependelt. Allein in Moskau, neben St. Petersburg der Hauptschwerpunkt der russischen OK-Szene, sind ca. sechs große Mafia-Gruppierungen näher bekannt, die von Paten bzw. Godfathers in Anlehnung an die strukturelle Organisation der klassischen sizilianischen Mafia geführt werden und wie schon erwähnt aufgrund ihres Einflusses zum Teil ganze Stadtviertel beherrschen.
Das illegale Geschäft mit der Angst wird gewöhnlich in drei unterschiedlichen Formen betrieben:

- »Low-Grade-Criminal-Gang«: die kleine Erpressung z.B. auf offener Straße oder im Büro mit dem Angebot, dafür »Sicherheitsschutz« zu erhalten.
- »Middle-Grade-Criminal-Gang«: oftmals Erpresser brutalen Stils, deren Kennzeichen Beharrlichkeit und Gewalttätigkeit sind.
- »High-Grade-Criminal-Gang«: Erpressungen durch »wohlerzogene« kriminelle Gruppierungen, die eng mit Funktionären des alten Parteiapparates und der Sowjetbürokratie kooperieren.

Konkret laufen gegen Unternehmen gerichtete Erpressungsfälle nach unterschiedlichen Schemata ab. Mindestens vier verschiedene Varianten lassen sich nach Erkenntnissen von Rußland-Experten unterscheiden:

1. Die direkte Erpressung

Eine Gruppe von Tätern betritt das Büro des Geschäftsmannes und spricht diesen nicht selten mit seinem Namen an. Der Zweck des Besuchs stellt sich schnell heraus, indem offen nach Geld gefragt wird.

2. Die Erpressung durch einen russischen Angestellten

Ein russischer Mitarbeiter oder eine Mitarbeiterin überbringt eine Geldforderung an den westlichen Manager. Dieses hat angesichts wachsender Zahlen des russischen Personals erhebliche Auswirkungen auf die Arbeitsmoral.

3. Die Erpressung durch ein Geschäft

Bei diesem Verfahren wird dem Unternehmen ein Vertrag vorgeschlagen, der einen »Service« anbietet und als Gegenleistung Teilhabe am Profit fordert.

4. Die Erpressung durch einen Joint-Venture-Partner

Hier können zwei Grundformen unterschieden werden. Zum einen kommt es vor, daß sich der Partner in Wirklichkeit als eine kriminelle Gruppierung offenbart. Zum anderen gibt es Fälle, in denen der ursprüngliche ehrenhafte Geschäftspartner unbemerkt von einer Mafia-Organisation aufgekauft wurde. Wie die Erpressung eines ausländischen Unternehmens im Rahmen eines Joint-Venture-Geschäftes im einzelnen ablaufen kann, zeigt das folgende Beispiel:

- Bruch der Vertragsbeziehung durch die russischen Geschäftspartner unter Angabe von offensichtlich fadenscheinigen Begründungen
- Forderung, 2 Millionen US-Dollar »Kompensation« zu zahlen
- Morddrohungen gegen den westlichen Managing Director
- Evakuierung des Schlüsselpersonals
- Einladung der Russen in die Konzernzentrale in das westliche Ausland
- Wiederholung der erpresserischen Forderung und Morddrohung gegen den General Manager
- Einschaltung des Geheimdienstes
- Einschaltung der Botschaft und der russischen Zentralbank mit dem Ergebnis einer scheinbaren Beilegung des Konflikts
- Verschärfung der Erpressung

Wie können sich deutsche und andere westliche Unternehmen vor Erpressungen der Russen-Mafia schützen?

Diese Frage ist natürlich nicht leicht zu beantworten. Vor allem muß man sich bewußt machen, daß die Zielscheibe der OK sehr umfassend ausgerichtet sein kann. Außer dem Unternehmen selbst stellen auch die Angestellten sowie die Familienmitglieder potentielle Angriffsflächen dar.

1. OK-Zielscheibe: Das Unternehmen selbst

Bevorzugte Täterstrategien auf dieser Ebene sind die Ausspähung der Bürosicherheit, das Abhören der Kommunikation und die Analyse der Unternehmensdaten und Geschäftsstrategien.

2. OK-Zielscheibe: Die Angestellten

Wenn die Angestellten im Visier der Mafia sind, muß insbesondere mit dem »Umdrehen« von Mitarbeitern oder mit Gewaltandrohungen und -anwendungen gegen sie gerechnet werden.

3. OK-Zielscheibe: Die eigene Familie

Besonders bedrohlich ist die Lage natürlich dann, wenn die eigenen Familienmitglieder in das Kalkül der Erpresser einbezogen werden. Zu nennen sind hier vor allem die Identifizierung persönlicher Schwachpunkte und die Ausspähung der privaten Lebensgewohnheiten.
Vor diesem Hintergrund wird die Beantwortung der eingangs gestellten Frage in drei Teilaspekte gegliedert. Zunächst ist auf die notwendige Sicherheitsvorsorge eines Unternehmens einzugehen, bevor es sich in Rußland niederläßt. Dann interessieren mögliche Schutzmaßnahmen vor Ort, wenn sich also die Firma in Rußland befindet. Und schließlich ist die konkrete Erpressungssituation näher zu beleuchten.

Präventionsmaßnahmen in Deutschland

Grundsätzlich wird von Expertenseite empfohlen, daß sich die Unternehmen so intensiv wie möglich mit dem Thema »Geschäfte in Rußland« vertraut machen. Schon in dieser Phase sollten Verbindungen zur deutschen Botschaft in Moskau, zu den Delegierten der deutschen Wirtschaft und andere nützliche Kontakte geknüpft werden. Es dürfte im Interesse der Geschäftsführung liegen, den sensiblen Bereich Unternehmenssicherheit nicht nur dem für den Auslandseinsatz vorgesehenen Personal zu überlassen, sondern von der Zentrale aus zu koordinieren. Bereits existierende Krisenpläne sollten um das Mafia-Phänomen ergänzt werden. Dazu gehört auch die Einbeziehung aller möglicherweise betroffenen Akteure einschließlich der eventuellen Hinzuziehung von Unterhändlern für Verhandlungen mit Erpressern. Darüber hinaus ist die Frage des Versicherungsschutzes gegen besondere Risiken zu klären. Auch können schon jetzt Erkundigungen über verläßlichen Sicherheitsschutz eingeholt werden.

Das vorgesehene Personal sowie auch deren mitreisende Angehörige müssen sorgfältig für den Rußland-Einsatz ausgewählt bzw. vorbereitet werden. Sicherheitsexperten halten insbesondere auch rußlanderfahrene Ex-DDR-Bürger für geeignetes Personal. Außerdem sollte zumindest ein Mitglied der Führungsgruppe über akzeptable russische Sprachkenntnisse verfügen. Für bestimmtes Personal sollte auch ein persönliches Sicherheitstraining durchgeführt werden. Des weiteren ist es ratsam, die Standorte für Fabriken, Büros und Wohnungen genau zu erkunden und deren Sicherheit vor dem Bezug zu beurteilen.

Russische Partner sollten nach Möglichkeit auf kriminelle Verbindungen hin durchleuchtet werden. Selbstverständlich müssen auch russische Manager und Angestellte über möglichst sichere Wohnungen verfügen und in die Sicherheitsvorsorge des Unternehmens integriert werden; für Notfälle empfiehlt sich die Vorbereitung eines Evakuierungsplans. Hinsichtlich der Außendarstellung sollte in der Anfangsphase »under cover« gearbeitet werden. Man muß sich darüber im klaren sein, daß spätestens mit der Registrierung Daten auch in falsche Hände fallen.

Präventionsmaßnahmen in Rußland

Vor Ort selbst sollte sofort Kontakt zu anderen westlichen Unternehmen und zu deutschen Stellen aufgenommen werden. Nach Auffassung von Sicherheitsexperten sollte davon ausgegangen werden, daß Fax und Telefon jederzeit und jederorts mitgeschnitten werden können und meist auch werden. Auch ist die Gefahr einzukalkulieren, daß der Profit eines Unternehmens von interessierter Seite genau analysiert wird. Jeder Mitarbeiter bzw. Familienangehörige sollte bestimmte Sicherheitsregeln für das Verhalten zu Hause, in der Stadt und im Unternehmen kennen. Es ist zu empfehlen, alle Erpressungsaktionen grundsätzlich ernst zu nehmen und bei genereller Verweigerung mit sofortiger Gewaltanwendung zu rechnen.

Verhaltensempfehlungen für den Umgang mit Erpressern

Ist eine Erpressungssituation konkret eingetreten, bieten sich dem betroffenen Unternehmen grundsätzlich mehrere Handlungsoptionen an. Eine mögliche Reaktion besteht natürlich darin, daß man entweder in voller Höhe das Schutzgeld zahlt oder mit dem Ziel verhandelt, eine geringere Summe zu erreichen. Für diesen Fall geben Sicherheitsprofis die folgenden Tips zur Verhandlungstaktik:

1. Konzentrieren Sie sich vor dem Beginn von Verhandlungen genau auf Ihre Ziele und die exakten Grenzen eventueller Zugeständnisse.
2. Kalkulieren Sie ein, daß die russische Seite zu spät kommt. Das ist normal.
3. Lassen Sie die russische Seite das Eröffnungsangebot machen.
4. Machen Sie niemals ein unverlangtes Zugeständnis.
5. Erlauben Sie den Erpressern niemals, zu bereits verhandelten Punkten zurückzukehren.
6. Rechnen Sie mit dem gesamten Spektrum menschlicher Gefühlsausbrüche.
7. Never »break silence«.
8. Stellen Sie sich auf ein abruptes Ende ein.

Allerdings hat sich den Erfahrungen von Sicherheitsexperten nach klar erwiesen, daß das Zahlen als Reaktion auf eine Erpressung nur selten die richtige Antwort ist. In der Regel schafft dies nur vorübergehend »Luft« und bedeutet vielfach eher den Einkauf weiterer Probleme. So werden mit Managern auch andere Handlungsoptionen trainiert, die von der Zahlungsverweigerung, dem Vertrauen auf Festnahme und die Effizienz russischer Behörden über den Kauf von Sicherheitsschutz bis hin zum Verlassen Rußlands durch die gefährdeten Personen bzw. durch das Unternehmen selbst reichen. Darüber hinaus gibt

es noch die Option, die Instrumentarien der Botschaft, der Bürokratie und der Polizei – vielleicht auch die Mafia-Konkurrenz – zu nutzen, um die Täter auf diese Weise zur Aufgabe zu zwingen.
Erfahrungsgemäß erfordert jeder Fall eine individuelle Beurteilung. Wenngleich Parallelen im Ablauf von Erpressungssituationen zutage treten, existiert deshalb noch keine »Patentlösung« für die richtige Reaktion der Opfer. Oftmals gibt es eine Kombination mehrerer Möglichkeiten, die dazu beitragen, unmittelbare Gefahren für Leib und Gut abzuwenden und das Rußland-Geschäft fortzusetzen. Wer das Land panikartig verläßt, hat nach Einschätzung von Experten in seinem Krisenmanagement vermeidbare Fehler gemacht.
Vorausschauend ist festzuhalten, daß insbesondere auf übergeordneter Ebene noch vielfältige tiefgreifende Maßnahmen erforderlich sind, um dem Standortfaktor Sicherheit in Rußland wesentlich mehr Gewicht als bisher zu verleihen. In erster Linie müssen die Unternehmen vor Ort durch ein effektives Netzwerk der deutschen Organe bestmöglich unterstützt werden. Dazu gehört die aktive und effiziente Einbindung unserer zuständigen Ministerien und unserer Moskauer Botschaft, der BKA-Verbindungsbeamten und der deutschen Wirtschaftsvertreter vor Ort und natürlich der als verläßlich bekannten russischen Institutionen. Im Prinzip ist dieses Netzwerk verfügbar, doch soweit deutsche Unternehmen betroffen sind, funktioniert es noch nicht im erforderlichen Maße. Dieser Mißstand liegt aber auch an zahlreichen der über 700 in Rußland repräsentierten deutschen Unternehmen selbst, die vielfach noch Probleme damit haben, sich zu öffnen. Hinzu kommt, daß es keine systematisch arbeitende Koordinationsstelle in Moskau gibt, die dieses Netzwerk dauerhaft zusammenhält und steuert.
Zugleich sollten auch die vorhandenen OK-Informationen und Sicherheitsanalysen der westlichen Nachrichtendienste in weit größerem Maße als bisher der Wirtschaft zugänglich gemacht werden. Außerdem müssen die westlichen Entsendeländer noch gezielter dazu beitragen, die innere Stabilität Rußlands von außen zu unterstützen. Hierzu zählen die Verbesserung des zwischenstaatlichen Informationsaustausches auch unterhalb der Ebene der Ministerien, die polizeiliche Kooperation bei konkreten Ermittlungen und operativen Einsätzen, der gegenseitige Expertenaustausch sowie die Unterstützung der russischen Polizei durch Ausrüstungshilfen und Ausbildungsprogramme.

An dieser Stelle scheint noch eine kritische Anmerkung angebracht, die der eine oder andere Leser sicherlich anders bewerten mag. Es mutet äußerst bedenklich an, daß sich mittlerweile deutsche bzw. westliche Sicherheitsberatungsunternehmen nicht mehr nur als Manager-Trainer, sondern in konkreten Fällen – quasi vor den Augen der Behörden – sogar als Berater bei Verhandlungen mit der Moskauer Mafia anbieten: Zum Image des Maklers für Schutzgeldkriminalität ist es dann nicht mehr weit. Interessanterweise rekrutieren derartige, weltweit tätige Sicherheitsfirmen nicht unbedeutende Teile ihres Führungspersonals ihrerseits aus Nato- und Geheimdienstkreisen, wie z. B. dem britischen Abwehrdienst MI 5. Gleichwohl soll mit Blick auf die Entführungsserien Südamerikas oder auch auf spektakuläre Fälle hierzulande wie die Reemtsma-Entführung im Frühjahr 1996 nicht verhehlt werden, daß derartige Dienstleister sicherlich ihren menschenrettenden Zweck erfüllen können – dies um so mehr, wenn die Polizei allein dazu nicht in der Lage zu sein scheint.
Gott sei Dank sind vergleichbare Entwicklungen im Zusammenhang mit der Schutzgeldkriminalität in Deutschland bisher noch nicht eingetreten. Von Führungskräften des hiesigen privaten Sicherheitsgewerbes ist den Autoren jedenfalls versichert worden, daß von seiten der Wirtschaft bisher noch keine erpressungsbezogenen Aufträge an sie herangetragen wurden. Ein bedeutender Repräsentant der Branche, zuvor sowohl Chef der deutschen Spionageabwehr als auch Präsident unseres Auslandsnachrichtendienstes, erklärte in einer öffentlichen Diskussion mit einem der Autoren vor einiger Zeit auch ganz offen, auf solche Aufträge überhaupt nicht vorbereitet zu sein und gegebenenfalls auf die Polizei zu verweisen.

Aktuelle Fakten zur Gefährdungslage deutscher Unternehmen: Erzwingung von Joint Ventures

Angesichts aktueller Entwicklungen ist noch einmal auf die konkrete Gefährdungslage deutscher Unternehmen in Rußland zurückzukommen: In jüngster Zeit sind zwei Entwicklungstendenzen zu beobachten, einmal die steigende Bedeutung von Joint Ventures und zum zweiten die offensichtlich steigende Zahl von Rückkehrern. Aufgrund dessen scheint die Schutzgeldkriminalität nun auch mehr als bisher von seiten der Wirtschaft thematisiert zu werden. Dies legen jedenfalls einige aktuelle Beiträge in Sicherheits-Fachzeitschriften sowie die Tatsache nahe, daß diese Problematik mittlerweile auch auf Sicherheitskongressen öffentlich zur Sprache kommt. In der Titelstory »Gefährlicher Osthandel?« eines deutschen Branchenblatts z. B. wird diese neue Bedrohungslage wie folgt dargelegt:

»Es häufen sich die Rückkehrer. Das sind Unternehmen, die ihre Aktivitäten in den Staaten der ehemaligen Sowjetunion einfrieren oder ganz aufgeben. Grund: die unvermeidbare Einbeziehung in das mafiose Flechtwerk von Schutzgelderpressung und Korruption. In der Tat ist in den Ländern der ehemaligen SU die Wirtschaft weit verästelt von extremer Rechtsunsicherheit geprägt, da von den staatlichen Sicherheitsorganen keine Hilfe zu erwarten ist, diese vielmehr selbst stark involviert sind, wenn man den Berichten erfahrener Ostinvestoren lauscht. Die Rechtsunsicherheit wird u. a. dadurch charakterisiert, daß es immer wieder Phasen gibt, bei denen einzelne Mitglieder der staatlichen Organe sich bemühen, den Filz und die Korruption zu bekämpfen, mithin auch diejenigen Manager westlicher Unternehmen, die den z. Z. geltenden Spielregeln Rechnung tragen, auf die Strafbarkeit hinweisen und mit Verfolgung drohen. Diese Beamten verbleiben zwar meist nicht lange auf ihren Posten, doch ist der verantwortliche Mitarbeiter oft unsicher, welche Sanktionen er mehr fürchten soll. Eine Reihe von Unternehmen haben daher ihre Mitarbeiter zurückgezogen und sind dabei, die getätigten Investitionen abzuschreiben.«

Als besonders gefährlich stellen sich in letzter Zeit Engagements mittelständischer Unternehmen dar, denn die russische Mafia hat damit begonnen, Joint Ventures zu erzwingen. Konkret bewegen Abnehmer der westlichen Ware die Lieferanten dazu, gemeinsame Gesellschaften mit Sitz in Deutschland zu gründen. Sie bestehen auf Unterschriftsvollmachten. Wenn die Geschäfte gut laufen – und dafür sorgen die Partner –, werden für Investitionen Kredite aufgenommen. Der deutsche Unternehmer hat natürlich im Vertrauen auf die gutgehenden Geschäfte Bankbürgschaften gestellt. Gelegentlich geben auch die beteiligten Partner die Bürgschaftserklärung ab.

Nach einer Phase vertrauensbildender Maßnahmen wird dann von den russischen »Partnern« in einer Blitzaktion abgeräumt: Die Kredite werden in Rußland, der Ukraine, oder wo auch immer die Gesellschaft tätig ist, in Anspruch genommen. Jedenfalls kommen sie nie bei den gemeinsam geplanten Investitionen an. Die Partner verschwinden oft spurlos, gelegentlich sind sie aber auch noch so dreist, ihre Opfer auszulachen, residieren weiter in den Büros des gemeinsamen Unternehmens und suchen sich neue Opfer. Die deutsche Bank hält sich derweil am Vermögen des deutschen Partners schadlos.

Im Vergleich zur italienischen Mafia, der wenigstens noch eine Art Prinzipientreue nach dem Motto »Kuh melken – aber nicht schlachten« nachgesagt wird, kennen derartige Erpresser in Rußland offensichtlich keine Skrupel. Sie müssen aber wahrscheinlich zuweilen auch diverse Strukturen der öffentlichen Verwaltung und der Polizei mitfinanzieren, so daß schnell die Grenzen überschritten sind. Hinzu kommt der Umstand, daß für die Mafia in den GUS-Staaten scheinbar kein Bankgeheimnis gilt. Insider gehen davon aus, daß sie in jedem Kreditinstitut über Informanten verfügt bzw. Beschäftigte bedroht. Dem Vernehmen nach sollen mindestens drei dutzend Banker in den letzten zwei Jahren Mordanschlägen zum Opfer gefallen sein.

Das bereits angesprochene Branchenblatt hat von einem deutschen Geschäftsmann, der seine Tätigkeit in St. Petersburg von heute auf morgen abgebrochen hat, näheres erfahren. Danach habe dieser an die Mafia geringere Schutzgebühren gezahlt, als nach dem Umsatz gefordert. Man legte ihm lückenlose Aufzeichnungen des deutschen, in St. Petersburg tätigen Kreditinstituts über sämtliche Umsätze – auch in Deutschland – vor. Als er tags darauf nach Deutschland abreisen wollte, war sein Flug mit einer westlichen Airline storniert. Man erwartete ihn bei der Abfertigung und eröffnete ihm, daß die Mafia zu allem Zugriff habe, also auch zu den Daten der Flugabfertigung und folglich auch zu seinen Reiseplänen. Die Täter rieten ihm, daß es besser sei zu zahlen. Noch auf dem Flughafen stellte er die erforderlichen Schecks aus. Dabei hatte der Mann insofern noch Glück, als man nicht die doppelte (Straf-)Summe verlangte, wie es bei Zahlungsunwilligen sonst den Gepflogenheiten entspricht. In der Einsicht, daß es zu gesundheitsschädlich wäre, brachte der Unternehmer nach seiner Rückkehr nicht den Mut auf, die Schecks zu sperren.

Horrorvision: Verlust der Unternehmenskontrolle auch in der Heimat

Gerade derartige Rückkehrer-Fälle führen drastisch vor Augen, welche große Bedeutung die innere Sicherheit als Standortfaktor für die Wirtschaft erlangen kann. Es steht zu befürchten, daß sich die Lage noch weiter verschlechtern wird, wenn keine tiefgreifenden Gegenmaßnahmen erfolgen. Vor diesem Hintergrund muß man Verständnis dafür aufbringen, daß manche Geschäftsleute zukünftig auf ihre Ost-Aktivitäten verzichten. Dies gilt um so mehr, wenn weit mehr als »nur« die Zahlung von Schutzgebühren bei den russischen Niederlassungen auf dem Spiel steht. Denn in der einen oder anderen Täterkonzeption scheinen die geschilderten Formen der qualifizierten Schutzgeldkriminalität auch die Funktion zu haben, die Kontrolle über ein Unternehmen auch im westlichen Ausland zu übernehmen.

Die Formel, vor der westliche Nachrichtendienste längst nicht mehr nur in hinter verschlossenen Türen tagenden Politzirkeln warnen, klingt denkbar einfach: Hat die Mafia über ein Joint-Venture-System erst einmal die russische Filiale oder die Tochterfirma eines ausländischen Unternehmens unter ihre Kontrolle gebracht, ist es aus ihrer Perspektive heraus nur logisch, wenn sie dies als Vorstufe für die Beherrschung bzw. Übernahme auch der Mutterfirma in Deutschland oder anderen westlichen Staaten ansieht. Wie aus Insiderquellen hervorgeht, kommt es in deutschen diplomatischen Vertretungen in Rußland bereits vor, daß zuweilen verängstigte Vertreter deutscher Unternehmen (z. B. Speditionen) melden, sie seien von Mafiaclans dazu erpreßt worden, für verschiedene Personen eine Firmeneinladung auszustellen, damit sie ein Besuchervisum für Deutschland erhalten. Unsere Sicherheitsbehörden, Politiker und Wirtschaftsverbände dürften hier vor ungeahnten Herausforderungen stehen.

Polnische Mafia

Wie überall in den ehemals kommunistischen Staaten Mittel- und Osteuropas haben die politischen Umbrüche des Jahres 1989 auch das Leben in Polen fundamental verändert. Auf der einen Seite gelten die politische Souveränität, die Freiheit der Bürger und die Institutionalisierung demokratischer und marktwirtschaftlicher Strukturen als positive Errungenschaften des neuen Polens. Die Kehrseite der Entwicklung markieren allerdings die wachsende Arbeitslosigkeit, die sich verfestigende Schattenwirtschaft und die rasant ansteigende Kriminalität, die in allen Bereichen eine zuvor nicht bekannte Dimension erreicht hat.

Im Rahmen des deutlichen Anstiegs der Gesamtkriminalität konnte sich in den letzten Jahren eine dynamisch agierende Euro-OK etablieren, der ein noch weitgehend im Umbruch befindliches Rechtssystem sowie eine anhaltende Reorganisation der Strafverfolgungsbehörden und damit verbunden eine oftmals noch machtlose Polizei gegenübersteht. Sowohl traditionelle internationale als auch neuere polnische Zweige der Euro-OK haben es frühzeitig verstanden, die vielfältigen sich aus der Öffnung der Grenzen ergebenden Möglichkeiten zu nutzen, internationale Kontakte zwischen diversen Gruppierungen zu knüpfen und ihre Tätigkeitsfelder zu erweitern.

Der Anfang 1994 neu entstandene Dienst der polnischen Polizei zur Bekämpfung des Organisierten Verbrechens geht von folgender OK-Definition aus: »Verbrecherischer, aus Gewinnsucht tätiger, zur stetigen Begehung von vielfältigen Straftaten organisierter Verband, der, um dieses Ziel zu erreichen, mit Korruption, Terror, Gewalt- und Waffenanwendung vorgeht.« Der entsprechende Deliktskatalog der Euro-OK besteht nach Erkenntnissen der Behörden insbesondere aus diesen Bereichen: Rauschgiftkriminalität, Geld- und Wertpapierfälschung, Erpressungen, Waffen- und Nuklearkriminalität, Betrugsfälle zum Schaden von Regierungsfonds und Banken, Straftaten zum Schaden der Umwelt, illegales Glücksspiel, Geldwäsche, Zoll-, Steuer- und Devisendelikte, Menschenhandel, Warenschmuggel, Kfz-Verschiebung und Korruption. Hinsichtlich der strukturellen und strategischen Erscheinungsformen von OK-Gruppierungen sind wie in anderen Staaten auch in Polen zwei Haupttendenzen zu verzeichnen, zum einen ein verstärkter Rückgriff auf juristisch-ökonomische Fachkenntnisse und moderne Technologien sowie zum anderen eine Zunahme von OK-Gruppen mit internationalen Verbindungen.

Um ihre illegalen Ziele möglichst gut und sicher zu erreichen, sind grundsätzlich auch die polnischen OK-Kreise darum bestrebt, arbeitsteilige und hierarchische Strukturen aufzubauen, in denen die einzelnen Mitglieder ihre jeweiligen Aufgaben kennen und wissen, gegenüber wem und für welche Aktivitäten sie verantwortlich sind. Verfehlungen von Gruppenangehörigen werden wie andernorts auch gewöhnlich nach bestimmten Regeln eines internen Sanktionierungssystems bestraft. Andererseits können die Täter in Notsituationen auf vielfältige Unterstützungsleistungen der Gruppe vertrauen, wobei das Ausmaß der Hilfe natürlich von der Stellung des Betroffenen in der Organisation abhängig ist. Diese inneren Strukturmerkmale tragen dazu bei, daß die meisten OK-Clans stark abgeschottet und nur sehr schwer aufzudecken sind.

Gleichwohl ist davon auszugehen, daß die derzeitigen Täterkreise Polens noch nicht so stark entwickelt und durchorganisiert sind wie z. B. die italienische Mafia, die chinesischen Triaden oder die japanische Yakuza. Vielmehr sind die inneren Strukturen einheimischer Gruppierungen zur Zeit noch einfach und klar gegliedert. Auch die Verbindungen zu den Eliten in Politik und Wirtschaft dürften im Vergleich zu den traditionellen Zweigen der weltweiten OK und der Euro-OK nach wie vor noch im Entstehen begriffen sein. Immerhin legen bekannte Korruptionsfälle hier bereits die Spitze eines in seinen konkreten Ausmaßen unbekannten Eisbergs offen.

Da sich polnische Polizeibeamte, Juristen und Wissenschaftler erst seit der politischen Wende gezielt mit dem Phänomen Euro-OK befassen, sind die dortigen Erfahrungen bei der Erkennung und Aufklärung des Organisierten Verbrechens noch unzureichend. Deshalb haben die deutsche OK-Definition so-

wie die entwickelten Indikatoren den Behörden frühzeitig beim Aufbau eigener Erkenntnissysteme für die Bekämpfung der – im allgemeinen keine staatlichen Grenzen kennenden – Euro-OK gedient. Nach neuesten Analysen von Sicherheitsbehörden beträgt die Anzahl der polnischen OK-Gruppen ca. 200 Gangs mit insgesamt rund 4000 bis 5000 Mitgliedern. Daneben agieren in unserem östlichen Nachbarland etwa 60 russische, weißrussische und ukrainische Gruppen sowie rund 20 weitere ausländische Organisationen vornehmlich aus Italien, der Türkei, dem Libanon, Kolumbien und Nigeria.
So betrachtet z. B. die italienische Mafia Polen als attraktives Geldwäscheland, da dort Geldtransaktionen noch kaum kontrolliert werden und das Bankgeheimnis strikt eingehalten wird. Die »Schwarzgelder« werden in Immobilien, Restaurants und Pizzerien speziell in den Regionen Warschau, Posen, Breslau und an der Ostseeküste angelegt. Immer mehr polnische Gangs schließen sich gut organisierten italienischen Gruppen an. Dies nicht zuletzt aus Angst vor der Russen-Mafia, die in ganz Polen tätig ist und – u. a. durch Schutzgeldaktionen – über erhebliche Finanzmittel verfügt.

Schutzgeldkriminalität – auch in Polen ein Grundpfeiler der Euro-OK

Für die spezifische polnische Situation der Schutzgeldkriminalität liegen dank mehrerer aktueller Analysen der Polizei besonders aussagekräftige Erkenntnisse vor. Aufgrund ihrer sowohl allgemeinen, teilweise über Polen hinausgehenden phänomenologischen als auch wegen ihrer fallorientierten Aspekte sind es diese Ausarbeitungen unbedingt wert, hier ausführlich berücksichtigt zu werden.
Neben einigen anderen Verbrechensformen zählt die Schutzgeldkriminalität zu den gravierendsten und lukrativsten Erscheinungsarten der in Polen anzutreffenden Euro-OK. Während jedoch regelmäßig Fälle z. B. zur Kfz-Kriminalität aufgedeckt und verfolgt werden, sind entsprechende Berichte zur Tätigkeit von Gruppierungen der Schutzgeld-Mafia eher selten. Gab es noch im Jahre 1992 »nur« in 15 von 49 Woiwodschaften in Polen polizeiliche Erkenntnisse zur Erpressung von Tributzahlungen für Schutzleistungen, ist seitdem ein drastischer Anstieg der Schutzgeldkriminalität zu verzeichnen. Insbesondere operative Polizeierkenntnisse deuten auf mehrere hundert derartiger Tatkomplexe hin.
Neuerdings wird verstärkt festgestellt, daß sich einige OK-Clans – auch um das Risiko der Anzeige bei der Polizei zu vermeiden – darauf spezialisieren, von widerrechtlichen wirtschaftlichen Tätigkeiten zu profitieren. Um das Milieu der potentiellen Opfer aufzuklären, installieren die Erpresser ein Netz von Informanten, die Hinweise auf geplante Delikte sammeln und weitergeben. Unter Androhung von Anzeigen bei der Polizei oder traditionell der Körperverletzung und Entführung gelingt es diesen OK-Kreisen meistens, Anteile an kriminellen Gewinnen zu erpressen. Zu den Androhungen kommen häufig Prügel, Körperverbrennungen, Schleppaktionen hinter Autos, Lebendbegrabungen, Fingerabschneidungen, Waffen- und Sprengstoffeinsätze sowie Entführungen.

Charakteristik der Schutzgeldkriminalität

Im Gegensatz zur Autoverschiebung z. B. sind die Organisierung von Schutzgeld-Banden und die Ausübung entsprechender Taten relativ einfach und zugleich auch weitgehend sicher. Auf seiten der Täter ist weder eine besondere Ausrüstung noch eine spezifische Ausbildung erforderlich. Gewöhnlich sind in personeller Hinsicht lediglich drei Kategorien von Tätern notwendig:

Organisatoren/Residenten

Hier handelt es sich um die Leitungsebene eines Mafia-Clans, also um die eigentlichen Drahtzieher und Finanziers des »Schutzgewerbes«. Sie verfügen über die erforderlichen Marktkenntnisse, um ihren nachgeordneten Komplizen diejenigen Personen zu benennen, die als potentielle Opfer in Frage kommen.

Realisationsgruppen

Dieser gewöhnlich äußerst skrupellosen Täterebene der Schutzgeld-Mafia fällt die Aufgabe zu, die ausgewählten Opfer mit Hilfe von Einschüchterungen, Gewaltandrohungen und Gewaltanwendungen zur Zahlung von Schutzgebühren zu zwingen.

Kassierer

Die Mitglieder auf der untersten Gruppenstufe sammeln die erpreßten Beträge bei den Opfern ein und leiten sie innerhalb der Organisation weiter.
Von OK-Clan zu OK-Clan kann der konkrete Aufbau natürlich variieren. So etwa in der Frage, wie viele Hierarchiestufen eine einzelne Organisation aufweist und welche Mittäter dabei fest integriert oder aber

austauschbar sind. In der Regel sind die obersten Leitungspositionen ebenso wie das regionale bzw. örtliche Management auf der Residentenebene von Straftätern besetzt, die dauerhaft zusammenarbeiten und fest in die Bande integriert sind. Hinzu kommen sogenannte Gelegenheitsmitglieder auf den unteren Ebenen, die häufig in ihren Wohnungen auf Abruf bereitstehen und für ein festes Gehalt oder eine Prämie einen bestimmten Auftrag durchführen. Sie werden meist telefonisch durch denselben Mittelsmann oder Residenten beauftragt.
Manche Mafia-Gruppen verfügen darüber hinaus noch über einen Kreis von Ersatzkräften, die bei Ausfall eines anderen Straftäters einspringen können. Diese Reservisten haben jedoch keine engen Verbindungen mit der Gruppe, sondern werden nur für Einzelaktionen engagiert. Allgemeintypisch geht man bei der polnischen Polizei von nachstehender Organisationsstruktur der Schutzgeld-Mafia aus, die sicherlich auch für diverse OK-Kreise anderer Staaten mehr oder weniger zutrifft. Die Abläufe innerhalb eines Clans sind dabei denkbar einfach: Während die Aufträge von oben nach unten laufen, nimmt das eingenommene Geld – abzüglich festgelegter Anteile – den umgekehrten Weg.

Aufbau eines polnischen Schutzgeld-Mafiaclans

I. Die höchste Leitungsebene
II. Residenten-Ebene A-Stadt, B-Stadt, C-Stadt etc.
III. Realisationsebene mit Bedrohungs- und Gewaltgruppen
IV. Kassiererebene

Gewalt, Angst und Schweigen sind die typischen Kennzeichen des polnischen wie internationalen Schutzgeldgeschäfts, dessen Erträge kontinuierlich anwachsen. Weil die meisten Geschädigten aus Angst vor Repressalien den Geldforderungen nachkommen und schweigen, ist dieser Deliktsbereich für die Euro-OK relativ sicher. Oftmals reicht die bloße Androhung von Gewalt bereits aus, denn die Opfer sind gewöhnlich der Überzeugung, daß jeglicher Widerstand und insbesondere jede Information an die Polizei eine akute Gefährdung ihres Eigentums oder ihrer Familie bedeutet.
Bei den nach polizeilichen Erkenntnissen bisher in Polen in Erscheinung getretenen Täterstrukturen lassen sich grundsätzlich zwei große Zweige der Schutzgeld-Mafia unterscheiden:

Russischsprachige Täterkreise

Derartige Gruppierungen suchen sich als Opfer ihrer Aktionen gewöhnlich russischsprachige Händler, Unternehmer und Prostituierte aus der ehemaligen Sowjetunion. Allerdings sind ihre Aktivitäten den Behörden kaum bekannt, weil bei der Polizei üblicherweise keine entsprechenden Anzeigen eingehen. Dies gilt erst recht in den unzähligen bzw. nirgendwo registrierten Fällen, in denen russische, deutsche und andere ausländische Touristen in Polen auf Straßen und Wegen, Bahnhöfen und Parkplätzen sowie auf Basaren zur Zahlung von Schutzgebühren genötigt werden und sich dadurch vielfach zum sofortigen Verlassen der Republik Polen veranlaßt sehen.

Polnische und internationale OK-Gruppen

Dieser zweite Pfeiler der polnischen Schutzgeld-Mafia ist vornehmlich im Milieu der Besitzer von Wechselstuben, Autohandlungen und Gesellschaftsagenturen sowie im übrigen Handels- und Gaststättengewerbe aktiv. Hier gelingt es der Polizei immerhin in einzelnen Fällen, Gruppenstrukturen aufzudecken, allerdings immer nur mit Unterstützung der Geschädigten.

Varianten

Mittlerweile sind den Ermittlungsbehörden verschiedene Erpressungsformen bekanntgeworden. Als die am weitesten verbreitete Variante gilt dabei die Erzwingung von einmaligen Zahlungen. Außerdem werden periodische Beträge für die Gewährleistung des Schutzes von Geschäften verlangt sowie Zahlungen erpreßt, die von den Tätern als Sammlungen deklariert werden, z. B. für Anwaltskosten zugunsten Inhaftierter. Darüber hinaus sind in einzelnen Fällen auch Inhaber von Geschäften gezwungen worden, bestimmte Waren zu überteuerten Preisen abzunehmen.
Der klassische Modus operandi der Schutzgeldkriminalität ist dadurch gekennzeichnet, daß ein Opfer zunächst telefonisch die Mitteilung erhält, daß es eine Schutzgebühr zu zahlen hat. Eine solche Forderung geht gewöhnlich mit der Androhung von Gewalt gegen Personen bzw. Eigentum einher, falls die Zahlung innerhalb einer ebenfalls von den Tätern gesetzten Frist verweigert werden sollte. Allerdings bleibt es häufig nicht nur bei verbalen Einschüchterungen und Drohungen, sondern es kommt zu ge-

zielten Sachbeschädigungen. Wenn sich das Opfer daraufhin immer noch nicht zahlungswillig zeigt, greifen die Erpresser zu stärkeren Repressionsmethoden.
Ein solches Vorgehen der Mafia zielt darauf ab, ihre Opfer einem permanenten psychologischen Druck auszusetzen. Je mehr eine Erpressungssituation durch demonstrierte Entschlossenheit und Brutalität geprägt ist, desto größer ist logischerweise die Chance für die Täter, die Zahlungsbereitschaft ihrer Opfer zu erzwingen. Ein weiteres Merkmal der angewandten Tätertaktik besteht darin, eine Reihe von Opfern über längere Zeiträume hinweg regelmäßig um gewöhnlich kleinere Summen zu »erleichtern«. Auf diese Weise wird die Zahlungswilligkeit im Sinne der OK beeinflußt und aufrechterhalten. Demgegenüber haben überhöhte Geldforderungen für die Täter den Nachteil, daß die Geschädigten in Panik geraten und damit unkontrollierbare Reaktionen ausgelöst werden könnten. Letztlich ist das Spektrum der Möglichkeiten, angesprochene Opfer vom Sinn und Zweck einer Schutzgebühr zu überzeugen, lediglich von der Phantasie der mafiosen Gruppierungen begrenzt.
Wie überall auf der Welt kennzeichnet man auch in unserem östlichen Nachbarland die Schutzgeldkriminalität als einen Deliktsbereich mit einer sehr hohen Dunkelziffer. Dieser kriminologische Begriff bezeichnet das Verhältnis von polizeilich bekannten, also in der Kriminalstatistik als Hellfeld ausgewiesenen Straftaten, zu denjenigen Taten, die nicht bekannt werden und somit im Dunkelfeld der Kriminalität bleiben. Gewöhnlich geht man von einer Dunkelziffer von 1:10 aus, wobei dies hauptsächlich vom Anzeigenverhalten der Bevölkerung abhängig ist.
Die Gründe für das mangelnde Anzeigenaufkommen liegen in Polen vornehmlich im Faktor Angst sowie im Mangel eines systematischen Zeugenschutzprogramms. Nach dem polnischen Strafrecht gibt es keinerlei Möglichkeiten, ohne Anzeige und Vernehmung eines Geschädigten ein polizeiliches Ermittlungsverfahren einzuleiten. Meistens haben die Informationen, die die Behörden über Erpressungsfälle erhalten, lediglich operativen, d. h. verdeckten Charakter.
Wenn die Polizei ein Opfer davon zu überzeugen versucht, eine offizielle Anzeige gegen die Täter zu erstatten, erhält sie fast immer zur Antwort: »Ich habe Familie, ich muß für sie sorgen. Wer garantiert mir und meiner Familie Schutz und Sicherheit? Falls nicht, kann ich alles nur privat erzählen, aber nichts unterschreiben. Vor dem Gericht werde ich sagen, daß alles, was Sie aufgrund meiner Worte geschrieben haben, Lüge ist!« Andere Opfer wiederum sagen aus Furcht vor der Rache der Täter überhaupt nichts. Sie sind der Auffassung, daß es allemal sicherer und auch bequemer ist, die Forderungen nach Schutzgebühren zu erfüllen und darüber zu schweigen. Vor diesem Hintergrund wird verständlich, warum in Polen nur sehr selten Schutzgeld-Fälle gerichtlich bearbeitet werden, obwohl dieser Deliktsbereich wie dargelegt ein immenses Ausmaß aufweist.

Fallbeispiel aus der Woiwodschaft Szczecin

Operativen Erkenntnissen der polnischen Polizei zufolge ist das illegale Schutzgeschäft in der Woiwodschaft Szczecin weit verbreitet. Zu den Hauptschauplätzen zählen außer Szczecin selbst Swinoujscie, Miedzyzdroje und die Umgebung der Grenzübergänge, wo sich zahlreiche Markthallen und Marktplätze befinden. Da jedoch in rund 90 % aller Fälle Anzeigen und Vernehmungen von Geschädigten fehlen, reichen die operativen Erkenntnisse der Ermittler als Rechtsgrundlage für strafprozessuale Untersuchungen nicht aus. Aus diesem Grund sind unter den OK-Verfahren, die von den Behörden in der Woiwodschaft Szczecin durchgeführt wurden, nur wenige Schutzgeldverfahren.
Ein hiervon ausgewählter Fall soll die Lage in Polen abschließend näher beleuchten. Dabei wird auch deutlich, mit welchen Schwierigkeiten es die Ermittler zu tun bekommen, wenn sie über einzelne Taten hinaus versuchen, so tief wie möglich in die Strukturen der mafiosen Gangs einzudringen, um auch die Drahtzieher und Führungspersonen zu überführen:

Ursächlich für diesen Fall war die Anzeige einer Besitzerin eines Textiliengeschäfts in Szczecin. Seit sechs Monaten waren die Geschäftsfrau und ihr Lebensgefährte regelmäßig Opfer einer Gruppe gewesen, die von ihnen unter Anwendung von Drohungen und Gewalt Schutzgelder erpreßt hatten. Als der Lebensgefährte wegen unpünktlicher Zahlungen dann stark verprügelt wurde, entschlossen sich die Opfer, die Polizei einzuschalten. Nach Vernehmungen von Geschädigten und Zeugen stellten die Ermittler fest, daß sie es mit »alten Bekannten« zu tun hatten, die an zahlreichen gleichgearteten Delikten teilgenommen hatten, mangels Beweisen bis dahin jedoch unbestraft geblieben waren.
Während der ersten Ermittlungszeit versteckten sich die beiden Geschädigten aus Angst vor möglichen Racheaktionen der Tätergruppe bzw. erhielten ständigen Polizeischutz. Ein Mitglied der oberen Leitungsebene konnte ebenso wie die beiden Haupttäter der mittleren Leitungsebene identifiziert werden. Allerdings konnte nur ein Haupttäter festgenommen und inhaftiert werden, während sein Komplize, ein

Mann mit polnischer und deutscher Staatsbürgerschaft, nach Deutschland flüchten konnte. Auch der Mann aus der Führungsebene, ebenfalls ein Deutsch-Pole, lebt in Deutschland, jedoch unbehelligt, da seine Gruppenzugehörigkeit und Funktion nur aus dem operativen Erkenntnisbereich hergeleitet wird. Da außerdem eine Reihe von polnischen untergeordneten Gruppenmitgliedern flüchten konnte, ist durch die polizeilichen Ermittlungen immerhin ein Arm dieser OK-Vereinigung auf Zeit abgetrennt worden.

Grenzüberschreitende Kfz-Kriminalität und Einbruchskriminalität

Zu denjenigen Deliktsbereichen des Organisierten Verbrechens, die in besonderer Weise durch grenzüberschreitende Bezüge gekennzeichnet sind, zählen auch die Phänomene der professionellen Autoverschiebung und der Einbruchsdiebstähle.

Professionelle Autoverschiebung

Obwohl es keineswegs neu ist, hat das Phänomen der organisierten Autoverschiebung in den neunziger Jahren durch die politischen und wirtschaftlichen Umbrüche im östlichen Europa in gravierendem Maße an Gewicht gewonnen, wobei gerade Polen vor allem als Abnehmer- wie Transitland auf dem Weg in den GUS-Raum bzw. darüber noch hinaus einen herausragenden Stellenwert einnimmt.
Es handelt sich hier um einen Sektor, in dem die Wirtschaftsbeziehungen zwischen westeuropäischen Staaten, und hier vor allem Deutschland, und Polen in hervorragender Weise funktionieren – wenngleich die Zusammenarbeit natürlich illegaler Natur ist. Dementsprechend setzen sich die Täter-gruppierungen in diesem Kriminalitätsfeld vornehmlich aus deutschen und polnischen Akteuren der Euro-OK zusammen, mittlerweile jedoch immer häufiger auch unter Beteiligung von russischen und ukrainischen Staatsangehörigen.
Verglichen mit der Schutzgeldkriminalität erfordert die grenzüberschreitende Kfz-Verschiebung jedoch grundsätzlich kompliziertere, vielstufig organisierte Unternehmensstrukturen. Die Auftraggeber und Finanziers an der Gruppenspitze benötigen diverse Akteure mit teils einfachen Fähigkeiten, teilweise aber auch hochspezialisierten Fachkenntnissen wie Profidiebe, Automechaniker, Fälschungsexperten und auch Händler. Im einzelnen verfügen die in diesem Gewerbe maßgeblichen Mafia-Clans gewöhnlich über fünf oder noch mehr Hierarchieebenen bzw. Organisationsstufen in den betroffenen Staaten.

Hierarchieebenen bzw. Organisationsstufen eines polnischen Kfz-Verschieber-Clans

- Höchste Führungsebene
- Mittlere Managementebene
- Residenten
- Arbeitsebene
- Absatzebene
- Sicherheits- und Strafgruppe

Nach der obersten Führungsebene, deren Köpfe in Polen bzw. Deutschland oder auch in einem Drittstaat ansässig sind, ist die mittlere Managementebene die wichtigste Instanz innerhalb einer Verschieberorganisation. Ihre Angehörigen führen meist die Geschäfte im eigentlichen Sinne, d. h. von der Bestellung bis hin zum Absatz der Fahrzeuge, wozu sie sich verschiedener Residenten in großen deutschen Städten sowie in anderen europäischen Zentren bedienen. In der Regel sind es Exilpolen mit einer doppelten Staatsangehörigkeit, von denen einige einem offiziellen, selbständigen Gewerbe (z. B. als Autohändler oder im Ex- und Importbereich) nachgehen. Sie koordinieren die arbeitsteiligen Aktivitäten vor Ort, in dem sie die Gruppenmitglieder auf der Arbeitsebene führen: Autodiebe, Dokumenten- und Kennzeichenfälscher, Mechaniker und Kuriere, deren Aufgabe die oft in Gruppenstärke erfolgende Überführung der Fahrzeuge nach Polen bzw. in andere östlich gelegene Staaten ist. Der Absatz verläuft gewöhnlich über professionelle Hehler bzw. Händler, teilweise auch über Automärkte, wobei die Käufer die Fahrzeuge gewöhnlich in gutem Glauben erwerben.
Als Zentren der Kfz-Verschiebung in Polen gelten Gdansk, Szczecin, Katowice, Wroclaw, Poznan und die Hauptstadt des Landes, Warszawa. Unter den großen Mafia-Clans werden zum Teil äußerst brutale Kämpfe um Markt- und Machtpositionen geführt, Erkenntnissen der polnischen Behörden zufolge teilweise auch unter Verwendung bezahlter Auftragsmörder aus der ehemaligen Sowjetunion. In diesem Zusammenhang ist noch ein weiteres wichtiges Organisationselement großer OK-Gruppierungen anzusprechen, das in das eigentliche Autogeschäft nicht involviert ist. Es handelt sich hier um die sogenannte Sicherheits- und Strafgruppe, deren Verantwortungsbereich die innere und äußere Absicherung der Clan-Aktivitäten einschließlich der Aufrechterhaltung der internen Disziplin umfaßt. Sofern eine derartige

Organisationseinheit vorhanden ist, ist sie gewöhnlich der Managementebene zugeordnet bzw. im Umfeld der Residenten angesiedelt.
Eine häufig genutzte Variante der Autoverschiebung vollzieht sich unter Beteiligung der deutschen Fahrzeugbesitzer. Diese fahren ihre Wagen legal nach Polen und »verkaufen« sie dort an die Verschieber bzw. deren Helfer. Anschließend erstatten sie entweder noch in Polen oder erst in Deutschland eine Diebstahlsanzeige. Über die Versicherungen profitieren die angeblichen Diebstahlsopfer dann ein zweites Mal. Darüber hinaus spielt auch der westeuropäische Leihwagen-Sektor im Kalkül mancher Täterkreise eine Rolle. Neben der betrügerischen Anmietung von Fahrzeugen kommt es hier zu legalen Anmietungen von Fahrzeugen durch Organisationsmitglieder bzw. »Strohleute«, außer polnischen und deutschen

Auch die organisierten Einbrechergruppierungen werden immer gewaltbereiter. Mittels Spengstoff verschafften sich die Täter in den frühen Morgenstunden Zugang zu einem Juweliergeschäft in Münsters »Guter Stube«, dem Prinzipalmarkt. Der mit Flattband großräumig abgesperrte Tatort zeigt die Polizei bei der Spurensicherung.

Der freigesprengte Zugang mit der herabgestürzten Deckenkonstruktion und den Scherben der zu Bruch gegangenen Schaufensterscheiben.

Auch in Osnabrück sprengten die Täter die Eingangstür eines Juweliergeschäftes. Die Wucht der Detonation ist sichtbar.

Staatsangehörigen auch US-Amerikaner und Kanadier, die die Autos nach Polen bringen, dort illegal veräußern und dann als gestohlen melden.
Es ist charakteristisch für die Kfz-Kriminalität, daß die polnischen Strafverfolgungsbehörden zwar – häufiger als bei Schutzgeldkomplexen – Täter ermitteln und zur gerichtlichen Verurteilung bringen, aber gewöhnlich trifft es hier lediglich Angehörige unterer Gruppenstufen, so vornehmlich Diebe, Kuriere und Verkäufer/Hehler. Demgegenüber gelingt es nur selten, auch Fälschungsspezialisten zu überführen, während die Residenten und die Mitglieder der obersten Leitungsebene gewöhnlich im Verborgenen bleiben und folglich nicht nur straffrei ausgehen, sondern mit ihrem lukrativen Geschäft fortfahren.

Professionelle Einbruchskriminalität

Seit Mitte der neunziger Jahre werden in der Bundesrepublik zunehmend professionelle Einbruchsdiebstähle festgestellt, die unter anderem polnischen Gruppierungen zuzuordnen sind. Dabei gehen die Täter gezielt Juwelier-, Optiker-, Fotogeschäfte, Drogerien und Parfümerien, Elektrogroßmärkte und Kaufhäuser mit Zielrichtung Schmuck-, Foto-, Parfümerie-, Optik- und Elektronikabteilungen an. Als Täter fungieren junge Männer, die in Bars, Restaurants, Bistros, Cafés, Spielsalons oder Diskotheken angeworben werden. Ausgestattet mit Fahrzeugen und teilweise gefälschten Papieren werden sie auf Weisung der Hinterleute tätig. Die wiederum stützen sich auf in Deutschland ansässige Residenten, die bereits lohnende Objekte ausbaldowert haben und auch bei der Tatausführung »behilflich« sind.
Die Tatobjekte werden mit brachialer Gewalt angegangen, wobei Schnelligkeit Trumpf ist. Es handelt sich um sogenannte Blitzeinbrüche, die gut geplant sind, blitzschnell ausgeführt werden und dennoch eine hohe Beute versprechen.

Fallbeispiele

Mit Gullydeckeln hatten zwei junge Täter die Schaufensterscheiben von zwei Fotofachgeschäften eingeworfen und in Windeseile Fotogeräte und Videokameras an sich genommen. Für jeden Einbruch benötigten sie nur etwas mehr als eine Minute. Nachdem ein 26jähriger Pole bereits am ersten Prozeßtag vor einem Landgericht die Beteiligung an drei Blitzeinbrüchen in Fotogeschäfte gestanden hatte, bestätigte er am zweiten noch einmal den Tathergang. Danach hatten die Täter alle drei Tatorte mit gestohlenen Fahrzeugen angefahren, die Rollgitter hochgeschoben, die Scheiben eingeschlagen und blitzschnell die Fotoapparate entwendet. Als es darum ging, ob er einer organisierten Bande angehöre, schwieg er.
Ein als Zeuge geladener Polizeibeamter berichtete daraufhin über die Ergebnisse der Ermittlungen, die ganz klar bestätigt hatten, daß der Täter Mitglied einer straff organisierten polnischen Einbrechergruppierung ist. Demnach hatte die Polizei 37 Blitzeinbrüche mit derselben Arbeitsweise geklärt und mindestens 28 Tätern, die alle aus einem Ort stammten, eine Beteiligung nachgewiesen. Die Beutezüge waren vorher genauestens geplant und kamen mit wechselnden Besetzungen und einer ausgeklügelten Arbeitsteilung zur Ausführung. Von einem weiteren Angeklagten wurde er zudem belastet, an weiteren Einbrüchen beteiligt gewesen zu sein.
Einen großen Erfolg verbuchte eine eigens für polnische Einbrecher gegründete Kommission »Blitz« mit Sitz in Gütersloh. Nach umfangreichen Ermittlungen nahm sie 20 tatverdächtige Polen fest. Der aus mehreren Banden bestehenden Gruppierung konnten bundesweit über hundert Einbrüche nachgewiesen werden. Allein in Nordrhein-Westfalen wurden über einen längeren Zeitraum 138 Blitzeinbrüche auf Juwelier-, Foto- und Optikergeschäfte verübt. Davon konnten die Fahnder 86 aufklären. Neben diesen Straftaten hatten die Täter noch zahlreiche Raubüberfälle, Pkw-Diebstähle und andere Straftaten verübt. Den geschätzten Gesamtschaden bezifferte die Kommission auf 40 Millionen Mark. Bei der Tatausführung hatten die Täter mit zuvor gestohlenen Fahrzeugen Schaufenster und Geschäftseingänge eingerammt, blitzschnell ausgestellte Waren ergriffen und mit der Beute die Flucht ergriffen. Seit 1999 waren mit dieser Arbeitsweise in Nordrhein-Westfalen vor allem Juweliergeschäfte angegangen worden. Nach Polizeiangaben stammen alle Hintermänner und Täter aus Polen, einige Helfer aus Deutschland. Die Kommission »Blitz« hellte auch interessante Strukturen auf und stellte vier Ebenen fest:
Hinter der oberen Führungsebene verbergen sich die Auftraggeber, die als Führungspersonen agieren. Sie bestimmen Art und Weise des Vorgehens, stellen die Teams zusammen und übernehmen nicht selten die Beuteverwertung. Sie halten sich im Hintergrund und haben mit der eigentlichen Tatausführung nichts zu tun.
Bei der Residentenebene handelt es sich in der Regel um Deutsch-Polen, die den Tätergruppen in Deutschland Unterkunft, Kraftfahrzeuge und Logistik zur Verfügung stellen. Sie sind bei der Tatausfüh-

rung nicht anwesend, sondern führen die nächste Ebene der Gruppenführer lediglich an die zuvor ausbaldowerten Tatobjekte heran. Auch sie sind bei der eigentlichen Tatausführung nicht dabei, sondern zeichnen nur für die Tatvorbereitung verantwortlich.
Die Gruppenführer reisen mit den eigentlichen Tätern, den Arbeitern, aus Polen an und logieren bei den Residenten. Sie legen die Tatorte fest und bestimmen die Arbeitsweisen. Sie dirigieren die in der Regel aus fünf Personen bestehende Gruppe, ohne an der Tat selbst mitzuwirken.
Die Arbeiter werden je nach ihren Fähigkeiten eingesetzt, führen die Taten in wechselnder Beteiligung durch und sind für die Beutesicherung verantwortlich. Sie werden mit wenigen hundert Mark entlohnt und auch teilweise mit Gewalt gefügig gemacht. Ein Aufstieg bis in die Führungsebene ist bei entsprechender Eignung möglich.
Als Ergebnis der EK Blitz resümierte ein Polizeisprecher: »Für uns ist das ganz klar Organisierte Kriminalität!«

Sehr erfolgreich arbeitete die in Gütersloh eingerichtete EK Blitz. Sie konnte eine polnische Tätergruppierung festnehmen, die von Hintermännern in Polen gesteuert wurde. Hier ein Tatort: Ein zuvor gestohlenes Fahrzeug wurde von den Tätern als Ramme genutzt.

Dieses Ermittlungsergebnis bestätigen auch verschiedene Landeskriminalämter, die davon ausgehen, daß es sich bei diesen straff organisierten Trupps um OK-Gruppierungen handelt. Zahlreiche Indikatoren wie profihafte Planung, Arbeitsteilung, Plazieren von Residenten, Androhung und Anwendung von internen Sanktionen, konspiratives Vorgehen, Benutzung von modernen Kommunikationsmitteln und professionelle Beuteverwertung sprechen dafür. Als Hintermänner und Drahtzieher kommen Täter in Frage, die früher selbst als Einbrecher im Westen aktiv waren und heute dabei sind, die typische OK-Karriere zu durchlaufen, die sie bald zum »honorigen Geschäftsmann« führen wird.

Die neue Balkan-Mafia

Die klassische Jugo-Mafia der 80er und frühen 90er Jahre wurde durch Namen wie Ljubomir Magas, Rade Caldovic, Dado Djurisic oder Darko Asanin geprägt. Fahnder in Wien, Mailand, Mannheim, Mainz, Düsseldorf oder vor allem in Frankfurt am Main kannten ihre Namen und fürchteten ihre Gewaltbereitschaft. Sie waren Angehörige der Ravna Gora, der sogenannten »serbischen Selbstverteidigung«. Vordergründig unterstützte die ehemalige monarchistische Exilorganisation ihre Mitglieder vor allem in Asylverfahren. Über ihre Mitgliedschaft in der Ravna Gora ließen sich Magas und Co. ihre politische Verfolgung im Heimatland Jugoslawien bestätigen und erwarben somit Anspruch auf ein Asylverfahren in Deutschland. Durch gezielte Unterwanderung war die Organisation zum Deckmantel für die kriminellen Aktivitäten der klassischen Jugo-Mafia geworden.
Schon bald stufte das Bundeskriminalamt die Exilorganisation als Tarnung für eine kriminelle Vereinigung ein, die sich mit der Planung und Ausführung von Einbruchsdiebstählen, Schutzgelderpressungen, Raubüberfällen, Schleusungen und vor allem Drogenhandel bis hin zum Mord befaßte.

So gingen einer Ermittlungseinheit in den neuen Bundesländern über 30 Mitglieder einer jugoslawischen Gruppierung ins Netz. Über einen Zeitraum von einem Jahr hatten sie zahlreiche Einbruchsdieb-

stähle, Raubdelikte, schwere Körperverletzungen, Vergewaltigungen, Schutzgelderpressungen und andere Delikte begangen. Im Zusammenhang mit den Ermittlungen wurden umfangreiches Diebesgut und mehrere Faustfeuerwaffen beschlagnahmt. Einer der Täter hatte bei einer Fahrzeugkontrolle auf die eingesetzten Beamten geschossen und einen Polizeibeamten lebensgefährlich verletzt.
Die weiteren Ermittlungen bestätigten, daß die Mitglieder der mafiaähnlich struktuierten Organisation eine hohe Gewaltbereitschaft an den Tag gelegt hatten. Die Führungsmitglieder wurden ständig von Bodygards begleitet, die mit großkalibrigen Waffen ausgestattet waren.

Die klassische Jugo-Mafia etablierte sich seit Anfang der 70er Jahre in Österreich, der Schweiz sowie vor allem in Deutschland.
Als es 1978 in der Wiener Innenstadt zu einem »Versöhnungsgespräch« zwischen der Jugo-Mafia und einer montenegrinischen Splittergruppe kommen sollte, waren die beiden späteren deutschen Jugo-Bosse Magas und Caldovic mit von der Partie. Als das Gespräch nicht in die richtige Richtung lief, beendete Caldovic die Angelegenheit auf seine Weise. Auf den Kopf des montenegrinischen abtrünnigen Bosses zerbarst eine 2-Liter-Weinflasche. Obwohl die Wiener Fahnder Tatzeugen ermittelten, mußte das Verfahren von der Wiener Staatsanwaltschaft eingestellt werden. Die seitens der Angeklagten angedrohten Repressalien hatten ausgereicht, die Tatzeugen zum Schweigen zu bringen. Zuvor war es schon in Mailand zu bewaffneten Auseinandersetzungen gekommen, bei denen eine Maschinenpistole zum Einsatz kam.

Zehn Jahre dirigierte der Amateurboxer Magas einen vertikal und horizontal strukturierten Schutzgelderpresserring, der außerdem für organisierte Serieneinbrüche und Morde zuständig war. Im November 1986 kam für ihn das plötzliche Ende, als er von seinem Landsmann Goran Vukovic auf den Treppen des Frankfurter Landgerichts erschossen wurde. Magas war bis zu seiner Ermordung der ungekrönte König der jugoslawischen OK-Kriminellen und war selbst nicht zimperlich. Als es ein jugoslawischer Zeuge wagte, gegen ihn auszusagen, jagten ihm Magas-Getreue in einem Amsterdamer Café eine Kugel in den Kopf. Die Rede war auch von einer Todesliste, auf der sein Mörder Vukovic stand.
Der Spitzengangster Magas sollte sich am 10. November mit weiteren Angeklagten vor einer Kammer des Landgerichts Frankfurt verantworten. Zusammen mit seinem Anwalt war er zur Gerichtsverhandlung erschienen. Als nach zwei Stunden die Verhandlung unterbrochen wurde, standen der Anwalt, Magas und seine Mitangeklagten auf einer Treppe, um den Verlauf der Verhandlung zu diskutieren. Als sich Magas dann seinem Auto zuwandte, streckte ihn Vukovic mit mehreren Schüssen nieder. Im Krankenhaus erlag Magas später seinen schweren Verletzungen.
Vukovic wurde wegen dieser Tat zu sieben Jahren Freiheitsstrafe verurteilt und 1991 nach Verbüßung von zwei Dritteln nach Jugoslawien abgeschoben. Kurze Zeit später explodierte in Belgrad eine Autobombe, die ihn fast zum Krüppel machte. Drei weitere Attentate überstand der zwischenzeitlich zum »Paten von Belgrad« aufgestiegene Vukovic. Doch im Dezember 1995 erwischte es auch ihn standesgemäß. Als er in sein Auto steigen wollte, streckten ihn zwei Kopfschüsse nieder, und sein Körper wurde regelrecht von Geschossen durchsiebt. Nach Angaben der Polizei wurde Goran Vukovic Opfer eines in Belgrad schwelenden Bandenkrieges.
Nach Zeugenaussagen wurde die Beerdigung des Magas in Belgrad fast zu einem Staatsbegräbnis. Tausende von Anhängern und, so Insider, zahlreiche Personen aus Wirtschaft und Politik gaben dem Jugo-Paten das letzte Geleit. Wenn nicht schon vorher Beweise für die Verquickung von Jugo-Mafia und Politik vorlagen, vor allem mit dem Geheimdienst, so lieferte das pompöse Begräbnis den eindeutigen Beweis.
Bereits einige Jahre zuvor konnte auch Dado Djurisic seinem Mörder nicht entkommen. In den Abendstunden des 20. Januar 1991 fiel Djurisic vor der Villa des im Milieu nicht gerade unbekannten Ebby Thust einem Mordanschlag zum Opfer. In seinem geleasten Mercedes 560 trafen ihn mehrere Schüsse aus einer Pump-Gun tödlich. Djurisic war mehrfach vorbestraft, unter anderem wegen eines versuchten Tötungsdelikts. Aufgrund seiner enormen Gewaltbereitschaft hatte er es geschafft, zu einem der führenden Jugo-Gang-Köpfe aufzusteigen. Bei der hessischen Polizei galt er bis zu seiner Ermordung als Drahtzieher des Heroin- und Kokainhandels im Rhein-Main-Gebiet. In seinem Notizbuch fanden die Ermittler zahlreiche Anschriften von Lokalen und Restaurants, die als Umschlagplätze des Rauschgifthandels galten. Djurisic erwartete vor dem Darmstädter Landgericht einen Prozeß im Heroinhandel im Kilo-Bereich.
Im Fall Magas bestätigte sich nach eineinhalb Jahren die Vermutung der Strafverfolger: Rade Caldovic wurde Nachfolger von Magas. Die Führungsspitze der Ravna Gora wählte ihn im Februar 1988 bei ei-

nem Treffen in Düsseldorf zu ihrem Boß. Damit war er ganz oben. Obwohl er als Berufsbezeichnung nur »Teilzeitarbeiter im Baubereich« angab, führte er demgegenüber einen sehr aufwendigen Lebenswandel. Zu seinem damaligen Fuhrpark gehörten ein 560er Mercedes, ein 300er Mercedes und ein Golf.
Schon 1985 war Caldovic vom Landgericht München wegen versuchter räuberischer Erpressung – Schutzgeld – zu drei Jahren und vier Monaten Freiheitsstrafe verurteilt worden. Von dem Inhaber eines Spielsalons hatte er unter Androhung von Gewalt 20 % Gewinnbeteiligung erpressen wollen. Als dieser sich mehrfach weigerte, drohte Caldovic: »Ich mache Dich kaputt!« Tage später stürmten Caldovic und seine Leute um Mitternacht das Casino und schossen wild um sich. Der Inhaber konnte sich in den Keller retten. Die sofort am Tatort eintreffende Polizei verhinderte Schlimmeres.
In einem Bericht über die Jugo-Mafia stellte die Berliner Staatsanwaltschaft fest, daß diese auf dem Gebiet des Taschendiebstahls, des Villen- und Wohnungseinbruchs, in den Bereichen der Schutzgelderpressung, der Prostitution und im Bereich des Rauschgifthandels tätig sei. Im Zusammenhang mit der Einschleusung und der illegalen Arbeitnehmerüberlassung übernehme sie mit kriminellen Mitteln immer mehr Baufirmen. In diesem Zusammenhang sprach die Behörde die Vermutung aus, daß Rade Caldovic an der Spitze der Jugo-Mafia stehe. Das war es dann aber auch.

So offenbarten sich in einem Ermittlungsverfahren Zusammenhänge zwischen Schutzgelderpressungen, dem illegalen Glücksspiel und der illegalen Arbeitnehmerüberlassung. Mit Hilfe von professionellen Falschspielern trieben jugoslawische Tätergruppen Bauunternehmer an den Rand des Ruins. Aufgrund der hohen Spielschulden wurden die Inhaber von Baufirmen unter Androhung von Gewalt gezwungen, »stille Teilhaber« in ihren Firmen zu dulden und illegale jugoslawische Arbeiter zu beschäftigen. Nachdem die kriminellen Hintermänner über einen gewissen Zeitraum Gelder aus der Firma »entnommen« hatten, folgte unweigerlich der Konkurs. Sodann erfolgte eine Neugründung unter Mißachtung jeglicher Steuer- und Sozialabgaben. Drohte ein Unternehmer mit Anzeige, wurden ihm Repressalien angedroht oder auch von den sogenannten »Kommandoebenen« der Jugo-Köpfe verwirklicht. So wurde ein Bauunternehmerehepaar auf offener Straße in seinem Fahrzeug gestoppt und krankenhausreif geschlagen, weil es gewagt hatte, eine Anzeige zu erstatten. Die Gang hatte ein fast undurchschaubares Geflecht von zwanzig Firmen aufgebaut, die illegale jugoslawische Bauarbeiter vermittelten. Mit diesen kriminellen Machenschaften »erwirtschaftete« die Tätergruppe enorme Gewinne. Nicht weiter verwunderlich, wenn ein Illegaler pro Monat allein schon 10 000 DM abwarf.

Unterschiedliche Polizeibehörden bissen sich an Caldovic die Zähne aus. Er hatte es nicht mehr nötig, sich selbst die Hände schmutzig zu machen, er ließ arbeiten. Wenn sich auch bei den Fahndern die Hinweise hinsichtlich seiner kriminellen Tätigkeiten als einflußreicher Drahtzieher der Jugo-Mafia häuften, aussagekräftige Beweise hatten sie nicht.
Fünfzehn Jahre beschäftigten sich deutsche Behörden mit Caldovic. Mit Gewalt, Drohung und gut dotierten Rechtsanwälten hatte er zahlreiche Asylverfahren angestrengt, gefälschte Unterlagen vorgelegt und zum Schluß noch eine deutsche Frau geheiratet. Unter den Augen von Polizei, Staatsanwaltschaft und Gericht war er zum »Geschäftsmann« aufgestiegen und als rechtskräftig verurteilter Straftäter an die Spitze einer angeblichen Exilorganisation gelangt, die vom BKA als kriminelle Vereinigung eingestuft worden war. 1992 reiste Caldovic nach Holland aus…

Eine noch größere Karriere machte Darko Asanin. Als 19jähriger kam er mit leeren Taschen nach Deutschland. Der Amateurboxer jobbte als Hilfsarbeiter, war Mitglied einer Bundesliga-Boxstaffel, fungierte als Rausschmeißer und verdingte sich als Leibwächter eines weiteren Jugo-Bosses mit Namen Contic. Als dieser einem Mordanschlag zum Opfer fiel, begann der Aufstieg Asanins. Er wurde Geschäftsführer eines Spielkasinos, drei Monate später führte er es schon auf eigene Rechnung. Er gründete Kasinos, Privat- und Billardklubs in mehreren deutschen Großstädten. Als er 1988 nach einem Raubüberfall in Essen in das Visier der nordrhein-westfälischen Fahnder geriet, flüchtete er nach Jugoslawien.

1990 kommt es im Spielermilieu in Belgrad zu einem Mord. Asanin wandert für Monate in Untersuchungshaft. Im anschließenden Termin wird er freigesprochen, sein Mittäter nicht einmal angeklagt. Gute Beziehungen zur Polizei und zum Geheimdienst retten seinen Kopf. Bei dem Prozeß in Belgrad spielte auch ein Mord in Belgien eine Rolle, in den der von Asanin Ermordete verwickelt sein sollte. Zwei belgische Polizisten, die als Zeugen geladen waren, verließen Belgrad, weil sie befürchteten, von Asanin oder seinen Leuten umgebracht zu werden.

Das BKA stufte Asanin, der selbstverständlich auch Mitglied der Rovna Gora war, rangmäßig noch über Caldovic ein. Nach Polizeiangaben lebt er heute als Unternehmer in Belgrad und genießt ein hohes Ansehen. Die Morde an Contic und der Belgrader Spielermord konnten bis heute nicht geklärt werden...

Die neue Jugo-Mafia

Als kleine Kriminelle aus Albanien, aus Mazedonien, aus Montenegro oder vor allem aus der serbischen Provinz Kosovo erstmals in Frankfurt, Berlin oder München auftauchten, um auf der Straße den Passanten beim Hütchenspiel das Geld abzuzocken, wurden sie noch belächelt. Doch spätestens nach den Schießereien in Frankfurt – ab Mitte der 80er Jahre – oder den Überfällen der berüchtigten Hahnwald-Bande im Jahre 1992 in Köln wissen die Fahnder, mit wem sie es zu tun haben.
Zu diesem Zeitpunkt war der Kampf um die Macht- und Interessengebiete im Bereich der jugoslawischen Straftätergruppierungen schon voll im Gange. So bekam die klassische Mafia nach und nach Konkurrenz von ihren Landsleuten aus der nach Selbständigkeit strebenden Provinz Kosovo.
Die fast grenzenlose Gewaltbereitschaft zur Durchsetzung dieser kriminellen Interessen und interner Sanktionierungsmaßnahmen zeigte sich in einem erschreckenden Ausmaß im Land Hessen und in der schon angesprochenen Jugoslawen-Hochburg Frankfurt am Main. Von Mitte bis Ende der 80er Jahre registrierten die Ermittlungsbehörden 113 versuchte und vollendete Tötungsdelikte im Jugo-Milieu. Anfang der 90er Jahre setzte sich diese Gewaltserie fort. 1990 wurden 5 Morde und 17 versuchte Tötungsdelikte, 1991 6 Morde und 14 versuchte Tötungsdelikte gezählt.
Die Vielzahl und Art der Gewaltdelikte spiegelt die Brutalität und Rücksichtslosigkeit der klassischen und neuen Jugo-Mafia wider. Wenn auch nicht alle Tötungsdelikte einen OK-Hintergrund hatten, so fanden sie doch alle im Milieu statt und hatten somit einen engen Bezug zur Organisierten Kriminalität. Nicht selten bezeichneten festgenommene Täter die Taten als notwendige »Betriebsunfälle«...

Ein Golf rollt an einer Gruppe von fünfzehn Jugoslawen vorbei, die sich vor einem Lokal aufhält. Plötzlich eröffnen die Täter aus dem fahrenden Fahrzeug das Feuer. Sechs Menschen brechen von Schüssen getroffen zusammen. Zwei Kosovo-Albaner erliegen ihren schweren Schußverletzungen, vier werden schwer verletzt. Kurze Zeit später faßt die Polizei die Täter.

Nach Feststellungen der Strafverfolger waren Machtkämpfe rivalisierender jugoslawischer Banden auf dem Drogensektor der Auslöser für die brutale Tat. Im Juni 1994 kam es zu einem weiteren kaltblütigen Mord:

Bei hellichtem Tage fallen die tödlichen Schüsse auf der »Zeil«, der belebtesten Einkaufsstraße Frankfurts. Der Täter kommt mit einem Fahrrad und feuert mit insgesamt 36 Schüssen aus einer Maschinenpistole auf eine männliche Person. Das Opfer bricht tödlich getroffen zusammen, eine unbeteiligte Frau erleidet einen Brustdurchschuß und zwei weitere Personen werden schwer verletzt. Der Täter flüchtet in ein Lederwarengeschäft, wo ihn ein Sondereinsatzkommando der Polizei festnimmt.

Es handelt sich um einen Kosovo-Albaner, gesucht wegen Mordes und versuchten Mordes in Frankfurt. Er war dabei, als wenige Tage zuvor eine Person auf der »Zeil« schwer verletzt und auf der »Kaiserstraße« eine Person erstochen wurde. Auch das Opfer stammt aus dem Kosovo. Wiederum waren kriminelle Machenschaften auf dem

Frankfurt/Main – einst Hochburg der Jugo-Mafia. Es ist ruhiger geworden. Ein leitender Kripo-Beamter: »Was nicht heißt, daß die Albaner keine Schußwaffen mehr gebrauchen. Doch der Schuß in die Decke reicht schon, um ihren Forderungen Nachdruck zu verleihen.«

Rauschgiftsektor die Hintergründe für diese Gewalttat. Im Juli 1995 verurteilte eine Frankfurter Kammer den Täter zu einer lebenslangen Freiheitsstrafe wegen Mordes. Doch das Urteil hörte der Angeklagte nicht mehr. Er war kurz zuvor auf dem Transport aus der Untersuchungshaft zur Urteilsverkündung geflohen.
Ein europäisches Kuriosum am Rande: Im Sommer 1996 spürten ihn deutsche Zielfahnder in Portugal auf. Er wurde von der Polizei festgenommen, aber von der Justiz wieder freigelassen. Begründung: Der Täter sei in Deutschland zu einer lebenslangen Haftstrafe verurteilt worden, die es in Portugal nicht gebe, und somit könne der Mann auch nicht ausgeliefert werden.
Zwischenzeitlich hat sich die Lage in Frankfurt ein wenig beruhigt. Ein leitender Beamter: »Was nicht heißt, daß die Albaner keine Schußwaffen mehr gebrauchen. Doch der Schuß in die Decke reicht schon, um ihren Forderungen Nachdruck zu verleihen.«

Brennpunkt Hamburg

Anfang der 90er Jahre wurde vor allem die Hamburger Polizei mit einem neuen Typus der Jugo-Kriminalität konfrontiert. Während die klassischen jugoslawischen Täter sich auf Geschäfts-, Juwelier- und Boutiquen-Einbrüche spezialisiert hatten, gab es plötzlich den jugoslawischen Wohnhauseinbrecher mit kosovo-albanischer Herkunft. Nach etwas über zwei Jahren Tätigkeit hatte eine Hamburger Ermittlungskommission weit über 8000 Datensätze in Bearbeitung und konnte bestimmten Täterkreisen über 26000 (!) Einbruchsdiebstähle in den norddeutschen Bundesländern zuordnen, wobei der Schwerpunkt der Täter und der Taten im Hamburger Raum lagen. Ab 1995 erfolgte dann ein allmählicher Übergang zu Hehlereidelikten, Betrügereien, Urkundendelikten, vor allem aber zur Rauschgift- und Rotlichtkriminalität.
Bei den Ermittlungen stellten sich die Grenzen der qualifizierten Bandenkriminalität zur Euro-OK als fließend dar. So konnten einige OK-Indikatoren wie Abschottung, Codierung in Sprache und Schrift, hierarchischer Aufbau, internationale Verbindungen, Hilfe für Gruppenmitglieder und Geldwäsche festgestellt werden. Daraus ist zu folgern, daß schon einige der »Hintermänner« der Albaner-Szene in die OK-Szene aufgestiegen oder auf dem Weg dorthin sind. Das Potential für die Drahtzieher im Hintergrund ist aufgrund der politischen Entwicklungen in Albanien und vor allem in der serbischen Provinz Kosovo unerschöpflich.
Auf diese Tatsache ging der aus dem Kosovo geflüchtete und jetzt in Deutschland lebende Vizepräsident der Demokratischen Liga, Anton Kolaj, in einem längeren Zeitungsinterview ein: »Viele Jugendliche sind besonders gefährdet. Sie wurden aus ihrem Umfeld herausgerissen. Die alten Strukturen – Großfamilie, patriarchalische Ordnung – in der Heimat sind zerbrochen. Viele sind hier in Deutschland orientierungslos und rutschen in die Kriminalität ab!«
Nach Recherchen des Bundesnachrichtendienstes spannt sich über die heutige Bundesrepublik Jugoslawien und die geschwächten Nachfolgestaaten ein dichtes Netz Organisierter Kriminalität. Die Entwicklung dieses Phänomens mit seinen Auswirkungen auf Westeuropa, vor allem auf Österreich, die Schweiz und Deutschland, verdient die besondere Aufmerksamkeit der hiesigen Strafverfolgungsbehörden.
Mannigfaltige Beziehungen dieser Tätergruppierungen zu hier lebenden Landsleuten mit unterschiedlichem Status bilden einen idealen Nährboden für ihre kriminellen Tätigkeiten im westlichen Ausland. Nach dem BND verbergen sich unter dem Oberbegriff »Albanien-Mafia« drei Gruppierungen: nämlich die eigentliche »Albanische Mafia« (Albanien), die »Makedonien-Mafia« (Makedonien) und die »Kosovo-Mafia« (Kosovo). Nach seiner Einschätzung gilt die »Kosovo-Mafia« auf dem Balkan im Rauschgift-, Waffen- und Zigarettenhandel als feste Größe. Weitere Deliktsfelder sind der Menschenhandel und die illegale Kfz-Verschiebung.
Auf dem Gesamtbalkan leben etwa 5,6 Millionen Albaner, davon in Griechenland 50000, in Montenegro 60000, in Serbien 800000, in Albanien 3,1 Millionen und in der südlichen Provinz Kosovo 1,9 Millionen. Selbstverständlich bestehen aufgrund verwandtschaftlicher Beziehungen Verflechtungen über die Grenzen hinweg. Aufgrund dieser Verteilung ist eine klare Abgrenzung bei den straffällig werdenden Albanern nicht möglich, so daß besser die Bezeichnung ethnische Albaner Verwendung finden sollte. Wieviel ethnische Albaner durch die politischen Wirrungen zusätzlich noch in Westeuropa aufhältlich sind, ist nicht bekannt. Anfang 1996 hielten sich laut Statistischem Bundesamt 798000 offiziell gemeldete Staatsangehörige aus der Bundesrepublik Jugoslawien in Deutschland auf. Der überwiegende Teil dürfte dabei von Kosovo-Albanern gestellt worden sein.

Problemfeld Albaner-Kriminalität

Nach einem Papier des BKA aus dem Jahre 1997 stellt die Albaner-Kriminalität in Deutschland ein großes und stetig wachsendes Problemfeld dar. Die in diesem Lagebild aufgezeigte Entwicklung wird durch

Lagebilder anderer europäischer Länder gestützt. Im europäischen Ausland sind davon vor allem Skandinavien, die Niederlande, Spanien, Italien, Tschechien, die Slowakei, Österreich und die Schweiz betroffen.
Zur Schweizer Drogensituation schreibt das Bundesamt für Polizei in seinem Jahresbericht 2000:

Ausländische Tätergruppierungen mit beachtlichem Organisationsgrad konnten sich auf dem Schweizer Markt weiter etablieren. Der Heroinhandel wird schwergewichtig von jungen albanischstämmigen Personen aus Ex-Jugoslawien und Albanien kontrolliert... Neuerdings versuchen sie auch im Kokaingeschäft Fuß zu fassen.

Wie in Deutschland legen die kriminellen ethnischen Albaner auch in diesen Ländern eine bedrohliche Aggressivität und eine hohe Beweglichkeit an den Tag. Diese Fakten belegen, daß ihnen ein gut verzweigtes internationales Netzwerk sowohl als Ruhe- als auch Aktionsraum zur Verfügung steht. Mit wachsender Sorge wird auch die Entwicklung der politischen Lage in Albanien und im Kosovo beobachtet, die bei Verschlechterung einen erneuten Einwanderungsdruck auf einige Staaten in Westeuropa mit sich bringen könnte.

Während in den neuen Bundesländern die kriminellen Aktivitäten der ethnischen Albaner noch keine große Rolle spielen, ist in den alten Bundesländern eine flächendeckende Ausbreitung vom Norden bis zum Süden erkennbar. Die Deliktspalette erstreckt sich auf den Drogen- und Waffenhandel, Geldwäsche, Raubstraftaten, Einbruchsdiebstähle, Scheckfälschungen, Kfz-Verschiebung, illegale Einschleusung, Mädchen- und Frauenhandel, Urkundenfälschung, Schutzgelderpressung, Körperverletzungs- und Sexualdelikte sowie vor allem auf Rauschgiftdelikte und Straftaten im Dunstkreis der Rotlicht-Szene. In den Bereichen Drogenhandel und Rotlichtmilieu sind seit einiger Zeit verstärkt Auseinandersetzungen und Verdrängungsbemühungen der ethnisch-albanischen Straftäter gegenüber bisher marktbeherrschenden Gruppierungen anderer Nationalitäten zu verzeichnen. Immer wieder treffen türkische und albanische Kriminelle aufeinander, wobei die Machtkämpfe von äußerst massiver und brutaler Gewalt geprägt sind.

Die Kosovo-Albaner sind nicht nur im Drogenschmuggel, auf dem Einbruchssektor oder im Rotlichtmilieu tätig, sondern auch in der internationalen Kraftfahrzeugverschiebung. Beschlagnahmte Fahrzeuge auf dem Innenhof der mazedonischen Stadt Gostivar. Kosovo-Albaner-Anteil fast 70 Prozent.

OK-Gruppierungen können sich die entsprechenden Fachleute leisten. Gegen entsprechende Honorierung fälschen oder verfälschen sie alles, was notwendig ist. Hier eine Auswahl an Reisepässen, die bei einer kosovo-albanischen Einbrechergruppierung sichergestellt werden konnte.

Brennpunkte in Deutschland sind Hamburg, Niedersachsen, Nordrhein-Westfalen, Hessen, Rheinland-Pfalz, Saarland, Baden-Württemberg und Thüringen.

Gewaltbereitschaft in Hamburger »Albaner-Szene«

Galt Hamburg seit Jahren als Mittelpunkt der kosovo-albanischen Einbrecherszene ohne große Gewaltanwendung, so vollzog sich ab Mitte der 90er Jahre ein Wandel zu Hehlerei- und Betrugsdelikten, vor allem aber in die Rauschgift- und Rotlichtszene, gepaart mit einer großen Gewaltbereitschaft.
Im Herbst 1994 erregte eine Serie von Gewalttaten durch Albaner die Gemüter der Hanseaten. Die Polizei hatte zwei vollendete und sechs versuchte Tötungsdelikte zu bearbeiten. Ursprung dieser Gewalttaten war ein Vorfall Mitte Oktober, bei dem ein Albaner in der Nähe eines Lokals in St. Georg auf ein Mitglied einer konkurrierenden Gruppe schoß. Das Opfer wurde schwer verletzt in ein Krankenhaus eingeliefert und sofort operiert. Dieser Vorfall wurde der Polizei nicht bekannt. Das Opfer und Zeugen dieses Anschlags schwiegen aus Angst vor irgendwelchen Racheakten. Auch die Ärzte meldeten sich nicht bei der Polizei. Diese Tat führte allerdings zum offenen Ausbruch der gewaltsamen Auseinandersetzungen. Dahinter verbargen sich zwei konkurrierende Albanergruppen, die im Rauschgiftstraßendeal in St. Pauli und Sankt Georg tätig waren.
Zwei Tage nach dem ersten Vorfall kam es zu der nächsten Schießerei zwischen den rivalisierenden albanischen Gruppen in der Diskothek »Club 88« auf der Reeperbahn:

In den frühen Morgenstunden stürmen mehrere junge Männer die Diskothek und eröffnen das Feuer, einer zieht ein Messer. Ein Albaner wird von einer Kugel tödlich getroffen. Ein zweiter Albaner, mit mehreren Messerstichen in der Brust, rettet sich schwer verletzt in die nahe gelegene Davidswache. Ein dritter überlebt mit mehreren Brustschüssen. Einen als Gast anwesenden Deutschen trifft ein Geschoß am Hals. Die Täter flüchten und können später festgenommen werden. Sie sind der Polizei keine Unbekannten. Sie gehören zum Umfeld der Wohnungseinbrecher.

Mit dieser Tat wurde der »Club 88« schon zum zweiten Mal innerhalb kurzer Zeit zum Tatort einer Milieu-Straftat. Im November 1992 feuerte ein 19jähriger Türke dreimal auf einen Landsmann. Er trifft einen am Tresen sitzenden 28jährigen deutschen Disco-Besucher, der später den schweren Schußverletzungen erliegt.
Ende November 1994 kam es zu einer weiteren Schießerei auf einer Parallelstraße der Reeperbahn, in deren Verlauf zwei Albaner durch Schüsse verletzt wurden. Mitte Dezember erreichte die Todesserie dann am Paul-Nevermann-Platz und auf der Großen Bergstraße ihren vorläufigen Höhepunkt:

Gegen 17.00 Uhr sitzt ein 21jähriger Kosovo-Albaner in einem McDonald's-Restaurant. Plötzlich fallen Schüsse. Der McDonald's-Gast bricht an Hals und Knie getroffen zusammen. Der Täter flüchtet und

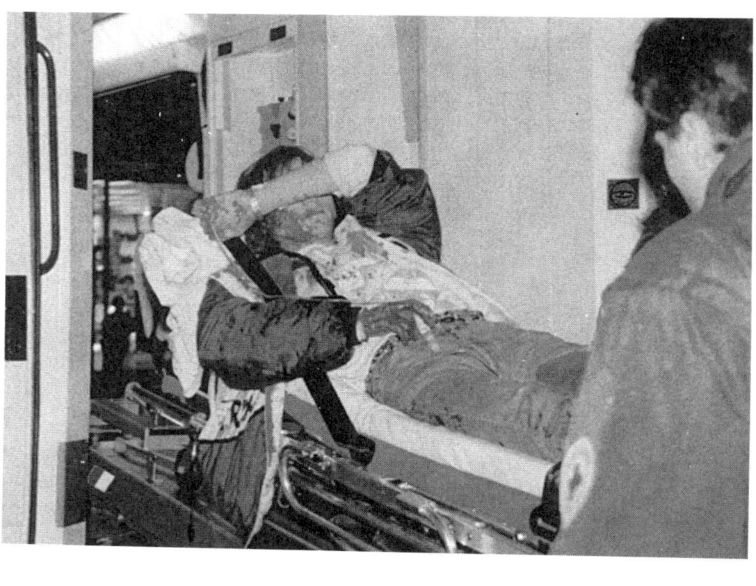

Gewaltbereitschaft in der Hamburger Albaner-Szene: Nachdem die Schüsse im McDonald's-Restaurant gefallen sind, wird der junge Albaner mit dem Notarztwagen abtransportiert. Anschließend starb ein 43jähriger Geschäftsmann, als er den Täter festhalten wollte. Einer der Komplicen richtete ihn mit einem gezielten Kopfschuß hin.

rennt durch einen Tunnel in die Große Bergstraße, verfolgt von einem Zeugen, der die Passanten auffordert, den flüchtenden Mann festzuhalten. Diesen Hilferuf hört ein 43jähriger Geschäftsmann, der glaubt einen Ladendieb vor sich zu haben und stürzt sich auf den Täter. Es kommt zu einem Handgemenge. Plötzlich lösen sich aus der Menge der Schaulustigen zwei bewaffnete Männer. Einer fordert die Verfolger auf, den Verdächtigen sofort loszulassen. Im gleichen Augenblick bricht der Kaufmann von einer Kugel im Kopf getroffen zusammen. Die drei Täter flüchten gemeinsam. Kurze Zeit später erliegt der Kaufmann seinen Schußverletzungen.

Festnahme des »Albaner-Willi«

Mitte 2001 wurde ein 34jähriger Albaner, der in Hamburg unter dem Spitznamen »Albaner-Willi« jahrelang auf dem Kiez für Furore gesorgt hatte, nach einem einjährigen Mammutprozeß wegen dirigistischer Zuhälterei, Förderung der Prostitution und gewerbs- und bandenmäßigen Einschleusens zu 6 Jahren und 9 Monaten Freiheitsstrafe verurteilt. Sein mit ihm angeklagter 29jähriger Bruder erhielt 4 Jahre und 3 Monate. Vier weitere Mittäter, die in den Bordellen als Zuhälter und Geschäftsführer gearbeitet hatten, waren zuvor schon zu Freiheits- und Geldstrafen verurteilt worden. »Albaner-Willi« stand an der Spitze der Kiez-Gruppierung. Zusammen mit seinem Bruder bestimmte er, wann, wo und wie seine etwa 300 Prostituierten zu arbeiten hatten. Mit seinem Bruder als Stellvertreter kontrollierte er sein Rotlicht-Imperium. Von 1994 bis 1997 hatten die Frauen sechs Tage auf dem Strich zu arbeiten und täglich 160 Mark an »Albaner-Willi« zu zahlen. So häuften sich die Schulden der Frauen und zwangen sie in die Abhängigkeit »ihres Chefs«. »Albaner-Willi« war 1997 bei einer Razzia festgenommen worden, bei der 8 Bordelle und 19 Wohnungen von den Fahndern unter die Lupe genommen worden waren.
»Albaner-Willi« hatte mit seinen Geschäften rund 2,5 Millionen Mark Gewinn gemacht, sein Bruder um die 100 000. In einer der größten Gewinnabschöpfungen im OK-Bereich beschlagnahmte die Staatsanwaltschaft bei »Albaner-Willi« außerdem mehrere Luxusautos.

Der Machtkampf im Rotlichtviertel von Hannover

Der Kampf um die Macht im Hannoveraner Rotlichtviertel »Steintor« wurde Mitte der 90ziger Jahre immer brutaler. Nach Ansicht der Hannoveraner Polizeiführung waren Ende 1996 die Geschäfte rund um die Ware Sex noch in den Händen deutscher Bordellbesitzer. Doch hinter dieser Kulisse wickelten schon Türken ihre großen Drogengeschäfte ab, und Albaner versuchten ein Stück von diesem Kuchen mitzubekommen. Die letzteren verlagerten ihre Tätigkeiten zunehmend in den Bereich des Rotlichtmilieus und in die Rauschgiftszene. Dabei nahm die Brutalität zu, und immer öfter waren Waffen im Spiel.
An zwei aufeinanderfolgenden Oktobertagen gab es im Hannoveraner Rotlichtmilieu erste bewaffnete Auseinandersetzungen in der von Kurden beherrschten Rauschgiftszene.

Einen Tag später tauchen in den Abendstunden 12 mit Maschinenpistolen, Pistolen und Messern bewaffnete Albaner vor dem Restaurant »Sofra« im Steintorviertel auf. Gezielt suchen sie die Auseinandersetzung mit den Kurden. Aus der Gruppe heraus wird ein Kurde vor dem »Sofra« niedergestochen und schwer verletzt. Ein zweiter flüchtet in das Lokal, er wird verfolgt und erschossen. Ein weiterer Kurde, der sich im »Sofra« aufhält, wird durch Schüsse und Stiche ebenfalls schwer verletzt. Nach der Spurenlage waren die Tatwaffen zwei Maschinenpistolen und eine Pistole. Täter: Kleindealer, die im Steintorviertel mit Heroin und Kokain handeln. Ziel: Verdrängung der Kurden aus dem lukrativen Rauschgiftgeschäft.

Vorausgegangen waren auch in Hannover weitere Gewalttaten. Vor einem Café wurde ein Jugoslawe erschossen, der im Drogenmilieu verkehrte. Bei einer Messerstecherei im Hütchenspielerbereich gab es zwei Schwerverletzte. Ende 1994 und Mitte 1995 kam es zu weiteren Bluttaten. Ein 18jähriger Kosovo-Albaner starb nach einem Bauchschuß. Und bei einer bewaffneten Auseinandersetzung vor einer Diskothek zwischen Türken und Kosovo-Albanern blieb ein junger Türke tödlich getroffen auf der Strecke.

Bandenkrieg im Ruhrgebiet – Razzia in einer Dortmunder Diskothek

Schon wochenlang observierten Fahnder zwei Diskotheken im Dortmunder Bahnhofsbereich, bevor sie eine Razzia starteten. Grund: Die Lokale gelten als Treffpunkt von Türken und Albanern, jeweils 20 Mann stark, die sich seit längerem einen Bandenkrieg im Ruhrgebiet liefern. Vorausgegangen waren mehrere blutige Auseinandersetzungen. So »besuchte« die albanische Gruppe Mitte September 1994 ih-

re »türkischen Feinde« mit Baseballschlägern und einer scharfen Waffe. Bei einem zweiten »Besuch« wurde der Türsteher dieser Diskothek mit einem Oberschenkel-Steckschuß in ein Krankenhaus eingeliefert. Zu beiden Fällen machte er bei der Polizei keine Angaben. Ergebnis der Razzia: Acht Festnahmen, davon eine mit Haftbefehl, geringe Mengen Rauschgift.
Doch sie zeigte kaum Wirkung. Acht Tage später wurde erneut geschossen. Wenige Wochen danach stach in der Diskothek eine Frau einen Mann aus dem Milieu nieder, der von sich aus auf eine Anzeige bei der Polizei verzichtete. Kurz darauf wurde die Frau krankenhausreif geschlagen. »Interne Sanktion« heißt das im Polizei-Jargon.

Die Schießereien häufen sich

Gerade einmal fünf Wochen nach der Großrazzia erschien vor der Diskothek um Mitternacht eine Gruppe von Albanern. Beim Betreten versetzte einer der Albaner einem Türsteher einen Stoß, der dazu führte, daß den Albanern kein Eintritt gewährt wurde. Sofort zog einer der abgewiesenen Gäste eine Waffe und schoß gezielt auf einen der Kontrolleure. Geistesgegenwärtig warf sich dieser zur Seite. Der Schuß verfehlte sein Ziel. Als das Wachpersonal seine Waffen zog, flüchtete der Anführer mit einem Porsche, der Rest flüchtete zu Fuß.

In den frühen Morgenstunden eines Augusttages fallen 1996 Schüsse vor der Mona-Bar in Wanne-Eickel. Zurück bleiben ein Toter, von zwei Schüssen getroffen, und ein Schwerverletzter. Beides 25 Jahre alte Albaner. Schußverletzungen trägt ein 30jähriger Türke davon. Tatverdächtige werden in Gelsenkirchen und in Ludwigshafen festgenommen. Einer von ihnen hatte seine Schußverletzung von einem Arzt in Ludwigshafen behandeln lassen.

Schon des öfteren war die Bar in der Vergangenheit in die Schlagzeilen geraten. Wiederholt waren gegen die Betreiber Razzien und Ermittlungen wegen Menschenhandels und Prostitution zum Nachteil eingeschleuster osteuropäischer Frauen gelaufen. Beim Schußwechsel befanden sich auch diesmal drei Ukrainerinnen und zwei Polinnen in der Bar.
Als Hintergrund dieser Vorfälle vermuten die Fahnder einen Machtkampf um die kriminelle Vorherrschaft zwischen Albanern und Türken im Ruhrgebiet.

Mit Maschinenpistole Rauschgiftschulden eingetrieben

Siebeneinhalb Monate glich das Gericht einer Festung, als gegen einen 25jährigen Albaner in Dortmund verhandelt wurde, der mit brutaler Gewalt Schulden aus Rauschgiftgeschäften für eine albanische Gruppierung eingetrieben hatte. Eine Befreiung durch seine Landsleute wurde nicht ausgeschlossen. Die Große Strafkammer rechnete ihm eine nicht unerhebliche Rolle in der organisierten Rauschgiftkriminalität zu. Die Anklage lautete auf räuberische Erpressung und gefährliche Körperverletzung in mehreren Fällen.
Die Hauptverhandlung zeigte, welches Gewaltpotential bei ihm vorhanden war. Mal erschien er bei den Schuldnern mit Messern, Baseballschlägern oder Waffen, er stach zu, schlug zu oder schoß einem Gläubiger in den Oberschenkel, mal hielt er eine Maschinenpistole an die Schläfe oder legte ein Kabel um den Hals. Einer der Anklagepunkte gipfelte darin, daß er einem Zeugen ein Messer 15 cm tief in den Kopf getrieben hatte.

Bei jeder Straftat hatte er sich mit einem gefährlichen zahlenmäßig großen Aufgebot von Landsleuten umgeben, die allein schon durch ihr massiertes Auftreten einschüchternd wirkten. Dieses Klima herrschte auch noch im Gerichtssaal. Zeugen, die zuvor eingeschüchtert worden waren, verweigerten die Aussage oder konnten sich an nichts mehr erinnern. Sie fürchteten schlichtweg um die Sicherheit ihrer Familien.
Weitere Beispiele gibt es aus anderen Bundesländern aus bereits abgeschlossenen oder noch laufenden Ermittlungen zu berichten. Sie würden aber den Rahmen dieses Kapitels sprengen. Dabei fällt vor allem auf, daß die Albaner nicht deliktstreu handeln, sondern eine breite Platte von Straftaten begehen. In den lukrativen Bereichen des Drogen- und Rotlichtmilieus sind sie dabei, regionale Monopolstellungen zu erringen, um letztlich die Marktführung zu übernehmen. Die steigende Qualität der festgestellten Kriminalität ist an OK-Indikatoren wie

- Konspiratives Täterverhalten
- Abschottung der Hintermänner
- Benutzen von Codierungen

- Aufbau von hierarchischen Strukturen
- Überregionale/internationale Täterverbindungen
- Fluchthilfe
- Rücksichtslose Gewaltanwendung
- Einschüchterung und Bedrohung von Zeugen
- Bereitstellen von Verteidigern
- Finanzielle Hilfe für Inhaftierte
  und nicht zuletzt
- Bemühen um Kontrolle über bestimmte kriminelle Bereiche

zu erkennen.
Nach den vom Bundeskriminalamt bundesweit erhobenen Daten reicht das Spektrum vom Ladendiebstahl über Eigentumsdelikte, Schutzgelderpressungen, Raubüberfälle, Brandstiftungen, organisierte Schleusungs-, Menschenhandels- und Rauschgiftdelikte bis hin zu Tötungsdelikten einschließlich Auftragsmord. Auch wenn die Kriminalität von deutschen Behörden quantitativ und qualitativ unterschiedlich gesehen und beurteilt wird, so wächst hier doch ein bestimmtes Euro-OK-Potential heran, das nicht unterschätzt und verharmlost werden darf. Dazu bedarf es einer fortgeschriebenen Bekämpfungskonzeption, der Koordination und Analyse der laufenden Ermittlungsverfahren und des spezifischen Informationsaustausches.
Den Grad der Gefährdung durch die albanische Kriminalität lieferte bereits 1995 ein Frankfurter Richter in seiner Urteilsbegründung, als er im »Auftragsmord-Prozeß« gegen den angeklagten Kosovo-Albaner resümierte: »Der Täter hat mit einem unbedingten Vernichtungswillen gehandelt und neue Verbrechensdimensionen eröffnet.«
Unter dem Titel »Sprache der Morde« schrieb der Spiegel 1999: »Familienclans aus dem Kosovo und Albanien haben über weite Teile Europas kriminelle Netzwerke gespannt. Gewalttätigkeit und Verschwiegenheit sind die Schlüssel ihres Erfolgs. Über Schattenbanken transferieren sie stattliche Summen in die Heimat.«
Ein leitender Kriminalbeamter aus Hamburg sieht die Bekämpfung der Albaner-Kriminalität nicht in rechtlichen, nicht organisatorischen und auch nicht in taktischen Problemen, sondern in der Mystfizierung der Gefahr mit der zum Beispiel »Albaner-Willi« zum König vom Straßenstrich aufsteigen konnte, indem bis zu seiner Verhaftung Zeugen sich nicht trauten, gegen ihn auszusagen...
Wie sich die Kriminalität der Kosovo-Albaner entwickeln wird, bleibt abzuwarten. Die derzeitigen instabilen politischen Verhältnisse lassen sicherlich nichts Gutes ahnen.

Rumänische Banden

Wenn sich die Fachwelt auch uneins darüber ist, ob es sich hier bereits um Organisiertes Verbrechen oder »nur« um im Vorfeld der Euro-OK angesiedelte qualifizierte Bandenkriminalität handelt, wie sie vom BKA bezeichnet wird, so erscheint uns Autoren mit Blick auf diesen in den letzten 10 Jahren massenhaft und oftmals äußerst brutal in Erscheinung getretenen Kriminalitätszweig die Abhandlung in diesem Zusammenhang mehr als geboten. Neben rumänischen Tätergruppierungen, die mit ihren groben Methoden im »Selbstbedienungsladen Deutschland« an mittelalterliche Räuberhorden erinnern und in der neueren deutschen Kriminalgeschichte ohne Beispiel sind, sind in letzter Zeit hierzulande aber auch ähnlich massiv vorgehende Einbrecher- und Räuberbanden insbesondere aus Polen sowie auch aus anderen Regionen Mittel- und Osteuropas (u. a. Albanien und Serbien, aber auch aus dem Libanon) auffällig geworden, um am deutschen Wohlstand partizipieren zu können.
Da sich der insbesondere seit 1992/93 verstärkt festgestellte bundesweite Trend einer Zunahme qualifizierter Eigentums- und Raubdelikte durch überörtlich agierende ausländische Verbrecher-Clans auch in den Folgejahren fortsetzte-, liegen detaillierte polizeiliche Lageerkenntnisse von einigen Dutzend Sonderkommissionen (»Karpaten«, »Balkan«, »Moldau«, »Ostwind« etc.) hierzu vor, die sich aufgrund der hohen Anzahl der Tatverdächtigen, der Schwere der Delikte und ihrer brutalen Vorgehensweise schwerpunktmäßig auf rumänische Täterkreise beziehen.
Das Tätigkeitsfeld dehnte sich dabei in zunehmendem Maße von Ostdeutschland Richtung Westen aus, auch in das benachbarte südliche und westliche Ausland (Schweiz, Frankreich, Belgien, Niederlande, Österreich). Zum Teil verlagerte sich das Geschehen von ländlichen Bereichen auch in städtische Gebiete. Zentrale Merkmale dieser mit einer hohen kriminellen Energie oftmals serienweise begangenen Verbrechen sind der schnelle, planmäßige Zugriff auf die Tatobjekte, die Anwendung brachialer Gewalt gegen Sachen, Vandalismus in den Objekten und die Einschüchterung von Zeugen. Oft werden erhebliche Mengen von Diebesgut erlangt.

Das »Rekordjahr« 1995

1995 belief sich der in 14 Bundesländern registrierte Gesamtschaden auf mehr als 100 Millionen DM. Allein Brandenburg ermittelte für 1995 einen Schaden von 30 Millionen DM. In fünf Monaten verübten rumänische Täter sieben bewaffnete Raubüberfälle mit der Zielrichtung Tabakwaren. Angegangen wurden das Zentrallager einer großen Handelskette, und das gleich viermal, ein Postfrachtzentrum, eine Speditionsfirma und ein Autohaus. Die Täter erbeuteten verzollte Zigaretten, Bargeld und Kraftfahrzeuge im Wert von rund 1 Million DM, wobei allein der Wert der erbeuteten Tabakwaren bei 700 000 DM lag. Weitere sieben gleichartig gelagerte Delikte wurden in Mecklenburg-Vorpommern, Sachsen und Sachsen-Anhalt registriert. Hessen zählte 1400 Straftaten mit einem Schaden von 12 Millionen DM. Sachsen machte die Rumänen-Clans für 790 Tresoreinbrüche sowie 80 Blitzeinbrüche in Supermärkte und Tankstellen sowie 76 Wohnungseinbrüche verantwortlich. In Bayern erbeuteten die Rumänenbanden bei 209 Tresoraufbrüchen 1,5 Millionen Mark. In Hessen verzeichnete die beim Regierungspräsidium angesiedelte »AG Karpaten« in 1995 insgesamt 768 Straftaten, darunter 289 Einbrüche in Lebensmittelmärkte, Tankstellen, Autohäuser, Büro- und Lagerräume, Garten- und Jagdhütten und in sonstige Geschäfte/Banken. In 54 Fällen waren Poststellen die Zielrichtung. Es wurden 365 vollendete und 142 versuchte Kfz-Diebstähle gezählt. In den Vortatphasen wurden 73 Kennzeichendiebstähle registriert. Nach Angaben des BKA verübten allein in den ersten neun Monaten des Jahres 1995 rund 1000 rumänische Täter über 5 000 Einbruchsdiebstähle in Deutschland.
Insgesamt wurden von 1995 bis 1999 von den rumänischen Einbrecherbanden bundesweit nicht weniger als rund 27 000 Straftaten begangen. Dabei ging die Zahl der Taten nach einem Höchststand im Jahre 1995 mit allein 10 446 Delikten auf immerhin noch rund 1700 Taten im Jahre 1999 zurück. Die geographischen Schwerpunkte lagen 1999 in Sachsen (512 Straftaten), Hamburg (254) und Brandenburg (220), während sich die Tatzahlen in Berlin, Niedersachsen, Schleswig-Holstein und Nordrhein-Westfalen zwischen 114 und 167 bewegten. Demgegenüber betrug das Straftatenaufkommen in Bayern »lediglich« 48 und in Baden-Württemberg »nur noch« 19 Taten.

Das Auto als brutale Waffe

Das Fluchtverhalten der nicht selten bewaffneten Täter ist gewöhnlich rücksichtslos, außer einem Zeugen wurde auch ein Polizeibeamter durch Überfahren mit einem Fluchtfahrzeug (in der Nähe der im Ostharz gelegenen Stadt Wernigerode) getötet: Bei einer Fahndungsaktion gegen rumänische Einbrecher mißachtete ein Täterfahrzeug die Haltezeichen eines Polizeibeamten. Die Täter überfuhren den Beamten mit hoher Geschwindigkeit und verletzten ihn dabei so schwer, daß er noch am Tatort verstarb. Das Tatfahrzeug konnte später sichergestellt werden. Mit ihm war zuvor ein Blitzeinbruch verübt worden. Dort hatten die Täter zwei entwendete Fahrzeuge zurückgelassen.
In einem anderen Fall täuschten drei rumänische Täter durch Abbremsen des Fahrzeuges und entsprechendes Blinkersetzen vor, eine polizeiliche Anhaltekontrolle beachten zu wollen. Doch dann rasten sie voll auf die Beamten zu. Eine schnelle Reaktion und Schüsse aus einer Maschinenpistole retteten den Beamten das Leben. Einer der angeschossenen Täter gab in seiner Vernehmung zu, daß der Fahrer die Polizeibeamten brutal überfahren wollte.

Besonders kennzeichnend für die Tatbegehung sind sogenannte Tatketten: Die Haupttat (vor allem Tresoraufbrüche, Blitzeinbrüche und Raubüberfälle) wird regelmäßig von Vortaten – z. B. Diebstähle von Kfz und Kennzeichen, Einbruchdiebstähle in Baumärkte und auf Baustellen zur Erlangung von Tatwerkzeugen – und Nachtaten begleitet. Neben 6 512 Haupttaten wurden allein 1995 3 934 »Logistiktaten« erfaßt. Sie werden zum Teil unter Anwendung massiver Gewalt ausgeführt, indem die Täter etwa mit zuvor entwendeten Fahrzeugen Türen oder Tore auframmen, bis zu 20 Zentner schwere Tresore aus ihren Verankerungen herausreißen, vor Ort aufbrechen oder abtransportieren und dann in angrenzenden Waldgebieten öffnen. Dies geschieht oft äußerst lautstark mit Hilfe von Brecheisen, Hämmern, Äxten und selbst Sprengstoffen. Während Bargeld, Schecks, Briefmarken, Telefonkarten und Stempel mitgenommen werden, bleiben alle übrigen Papiere ebenso zurück wie die aufgebrochenen Geldschränke. Bei Antreffen auf frischer Tat durch Polizeibeamte flüchten die Einbrecher gewöhnlich sofort. Auch aus aussichtslos erscheinenden Situationen heraus werden noch Fluchtversuche unternommen.
Die rumänischen Tätergruppierungen stammen häufig aus den im Nordosten Rumäniens gelegenen, wirtschaftlich schwachen Grenzbereichen zu Moldawien, aber auch aus Bukarest und anderen Regionen Mittel- und Südrumäniens. Ihre Einreise nach Deutschland erfolgt in der Regel auf illegalem Weg, vorzugsweise über die deutsch-polnischen und bayerischen Grenzgebiete. Beim Versuch der verbotenen

Einreise wurden seit 1995 weit über 10 000 rumänische Staatsangehörige festgestellt. Die Tatverdächtigen besitzen in der Mehrzahl rumänische Reisepässe ohne Aufenthaltstitel.
Über diese offiziellen, d. h. gesicherten allgemeinen Hellfelderkenntnisse des Bundeslagebildes hinaus läßt sich das wegen seiner außerordentlich großen Relevanz für das Sicherheitsgefühl der Bevölkerung in vornehmlich ländlichen Räumen viel diskutierte Phänomen der Rumänen-Kriminalität noch durch eine Reihe weiterer Aspekte beschreiben. Die nachfolgenden Angaben stützen sich hauptsächlich auf operative Erkenntnisse deutscher und auch ausländischer Sicherheitsbehörden, Aussagen von festgenommenen bzw. verurteilten Tätern sowie auf Beobachtungen und Recherchen von Zeugen bzw. Journalisten.

Ergänzende Erkenntnisse zur Situation in Rumänien

Die hierzulande vorliegenden Informationen zur Lage in Rumänien selbst sind relativ dürftig. Eindeutig steht lediglich fest, daß die große materielle Not vieler Menschen in Rumänien den Drahtziehern der Banden, die seit langem auch schon in ihrer Heimat systematisch rauben, immer wieder am illegalen Gelderwerb im vergleichsweise äußerst wohlhabenden Deutschland interessierte junge Männer förmlich in die Hände spült. Die anhaltende Betreuung und Führung des teilweise selbst in entlegenen Dorfgasthäusern angeworbenen Nachwuchses beginnt mit mehr oder weniger systematischen Schulungen in den erforderlichen kriminellen Techniken und auch der – teilweise sogar videogestützten – Einstimmung auf die komfortablen deutschen Lebens-, Verkehrs- sowie auch Gefängnisverhältnisse. Es werden sogar mehrwöchige paramilitärische Trainingslager (Nahkampf, Überlebenstraining etc.) abgehalten. Diese zunächst sehr unsicheren Aussagen konnten von einer deutschen Großstadtkripo untermauert werden, als sie ein Videoband beschlagnahmte, auf dem der Tagesablauf in einem solchen Trainingslager dargestellt war. In diesem Rahmen sollen Deutschland-Erfahrene auch systematische Übungen für das zweckmäßige Verhalten an Tatorten und auf der Flucht veranstalten. Außerdem sollen Notizzettel mit codierten Telefonnummern eines Notfalltreffs ausgegeben werden, um in Deutschland versprengte Gruppenangehörige wieder aufnehmen und erneut in Marsch setzen zu können.
Ob es sich bei den zweifellos vorhandenen, systematisch und organisiert vorgehenden rumänischen Hintermännern und Organisatoren jedoch tatsächlich um intakt gebliebene Seilschaften und Netzwerke des ehemaligen Bukarester Geheimdienstes Securitate (aus der Ceaucescu-Zeit) handelt, wie hierzulande immer wieder vor allem von bayerischen Stellen und auch vom bayerischen Innenminister Beckstein persönlich vermutet bzw. behauptet wird, ist bislang nicht zweifelsfrei erwiesen. Vor allem jene Spezialisten, die einst die Minderheit der Rumänendeutschen bespitzelten, stehen unter einem entsprechenden Verdacht. Viele von ihnen verfügen über gute deutsche Sprachkenntnisse und haben langjährige Kontakte in die Bundesrepublik. Immerhin räumen auch rumänische Sicherheitsbehörden ein, daß zahlreiche frühere Securitate-Mitglieder, die nicht in den verschiedenen Nachfolge-Nachrichtendiensten Verwendung fanden, unter dem Deckmantel privater Wachdienste in kriminelle Strukturen verstrickt sind.
Gleichartig zweifelhaft bzw. ungeklärt ist auch die Annahme, daß die einzelnen Einsatztrupps zentral von einem rumänischen Mafia-Geheimbund – genannt »die Garde« – gelenkt werden. Die Garde wiederum soll danach von Securitate-Veteranen im Verein mit hochgestellten Persönlichkeiten des rumänischen Staatswesens kontrolliert werden. Nach Aussage eines in Schweinfurt ergriffenen Tatverdächtigen gegenüber der Polizei haben die Gruppierungen jeweils ein Soll von einer halben bis zu drei Millionen DM, das sie an die Garde abliefern müssen. Als Belohnung würden den Tätern größere Anteile an ihren illegalen Erlösen sowie mehrmonatige Urlaube in ihrer Heimat winken.
Andere Aussagen lassen den Schluß zu, daß das Territorium der Bundesrepublik unter den Banden förmlich aufgeteilt zu sein scheint. Einige Experten wie z. B. der Vorsitzende des Bundes Deutscher Kriminalbeamter, Eike Bleibtreu, schließen auch nicht aus, daß Drahtzieher der Garde auch hinter denjenigen rumänischen Gruppierungen stecken könnten, die hierzulande seit Jahren insbesondere Kinder für Taschendiebstähle und Tageswohnungseinbrüche einsetzen. Dieser ungeklärte Befund dürfte ausschlaggebend dafür sein, daß sich in der offiziellen Lesart der deutschen Behörden noch nicht die Einstufung der rumänischen Täterbanden als Elemente einer spezifischen Rumänen-Mafia und somit als eigenständiger Zweig der Euro-OK durchgesetzt hat – wenngleich selbst in Sitzungen z. B. der AG Kripo und ihr nachgeordneter Institutionen entsprechende (Minderheits-)Auffassungen vertreten sind.

Ergänzende Erkenntnisse zur Vorgehensweise in Deutschland

Viele Einbruchdiebstähle der rumänischen Clans folgen einem einheitlichen Muster. Die Täter erkunden zunächst geeignete Objekte und Fluchtwege, möglichst Autobahnen oder Bundesstraßen. An den ent-

wendeten PKW und Kleintransportern werden ebenfalls gestohlene Kennzeichen angebracht. Die nur wenige Minuten andauernden Überfälle bzw. Einbrüche erfolgen gewöhnlich nachts, Wachpersonal wird ggf. ausgeschaltet und dabei zuweilen auch mißhandelt. Vorhandene Alarmeinrichtungen werden funktionsuntauglich gemacht, ebenso Fahrzeuge von Opfern, um eine etwaige Verfolgung zu erschweren. Tresore und andere Zielobjekte werden mit grober Gewalt von der nicht selten vier-, zehn- oder sogar zwölfköpfigen Tätergruppe aus ihren Verankerungen entfernt und in Waldgebiete zwecks Ausplünderung abtransportiert. Wie nicht nur gelegentlich aufgefundene »Tresorfriedhöfe«, sondern auch andere Spuren wie Feuerstellen, Zelte und Matratzenlager belegen, dienen deutsche Wälder den Rumänen auch als Nachtquartiere, teilweise zum Schutz vor Polizei-Hubschraubern auch in militärischer Manier unter Tarnnetzen verborgen. Bei einem Dorf im hessischen Schwalm-Eder-Kreis ließen die Täter nach Darstellung der Polizei sogar das Wasser aus einem Teich ab, um an die Fische zu gelangen, die sie roh verzehrten.
Als zentrale Anlauf- bzw. auch Stützpunkte für die nach Deutschland geschleusten Männer, die meist zwischen 20 und 30 Jahre alt sind, gelten insbesondere die sächsischen Metropolen Leipzig und Dresden. Die »AG Karpaten« stellte Stützpunkte in Erfurt, Leipzig, Gotha, Halle und Kitzingen fest. Innerhalb der Clans wird gewöhnlich planmäßig und arbeitsteilig vorgegangen, auch an brutalen Aufpassern für die nötige interne Gruppendisziplin scheint es nicht zu fehlen. In Teilbereichen wie Paßfälschung, Schleuserwesen und Beuteverwertung dürften teilweise hochqualifizierte Experten und Hintermänner am Werk sein, die die Einsatztrupps logistisch unterstützen und auch personell ständig mit neu rekrutiertem Nachwuchs versorgen. Festgenommene Täter verweigern in der Regel auftragsgemäß jede Aussage, verwenden falsche Dokumente und führen bis zu zwanzig verschiedene Alias-Namen.

Fallbeispiele Brandenburg/Berlin

Neben Sachsen zählte Brandenburg zu den von Anfang an bevorzugten Einsatzräumen für die organisierten Beutezüge rumänischer Gangs. Vor allem die Inhaber von ländlichen Garten- und Baumärkten, Elektrogeschäften, Tankstellen und Imbißstuben leben seit Jahren in Angst um ihr Hab und Gut. Auch Banken, Firmenbürogebäude und Poststellen beschaffen sich immer wieder neue Alarmsysteme, manche Geschäfte vermelden inzwischen bis zu zehn Überfälle – einschließlich daraus resultierender Probleme mit den betroffenen Versicherungen. In einem Lebensmittelmarkt in Neuseddin bei Potsdam z. B. wurde mit Hilfe eines Lkw und mit Stahlseilen ein 1000 kg schwerer Tresor aus der Verankerung gerissen. Doch kaum waren die Wände um einen neuen schweren Geldschrank wieder hochgemauert, erschienen die Täter erneut, um nach dem gleichen Muster wie beim ersten Mal zu operieren. In Hessen transportierten die Täter einen 1500 kg schweren Tresor in einen Steinbruch und leisteten Schwerstarbeit. Vor Erreichen der Beute hatten sie eine dreifache Stahl- und eine 20 cm starke Betonmantelung zu »knacken«.

Zigarettenraub mit Maschinenpistolen

Spektakulär verlief auch ein regelrechter Ansturm von 15 bis 20 Tätern auf ein Auslieferungslager in Mittenwalde an der Autobahn Berlin–Dresden. Die Räuber waren mit Maschinenpistolen der tschechischen Marke Skorpion bewaffnet und schossen zur Einschüchterung wiederholt in die Luft. Außer zwei überwältigten Wachmännern wurde dabei auch ein Lkw-Fahrer drangsaliert und gefesselt, nachdem er den Räubern zuvor den Weg ins Zigarettenlager hatte zeigen müssen. Das Leben einer Wachschutzangestellten wurde mehrfach mit dem sogenannten »russischen Roulette« bedroht. Die Täter standen untereinander in Funkkontakt. Die bei dieser Aktion erbeuteten Waren beliefen sich auf einen Verkaufswert von über 300 000 DM.

In ihrer Brutalität und Grobschlächtigkeit stellen die Rumänen-Clans einen Straftätertypus dar, der den deutschen Strafverfolgungsbehörden bisher noch unbekannt war. Zwei weitere Beispiele diesbezüglich aus Brandenburg: Bei einem Banküberfall riß eine Tätergruppe statt des Geldautomaten in der Eile des Geschehens den Kontoauszugsdrucker aus seiner Verankerung heraus. Und den Container, in dem die Sparkasse des märkischen Neuenhagen residierte, versuchten die Verbrecher gleich am Stück auf einen Lkw zu heben.
Die Beamten der in allen Brandenburger Polizeipräsidien eingesetzten Sonderkommissionen besaßen Anhaltspunkte, wonach in Berlin-Treptow, Leipzig und Halle feste Anlaufstationen für die rumänischen Banden bestanden. Als Quartiere gelten neben den Wäldern auch Abbruchhäuser und leerstehende ehemalige Kasernengebäude. Die bisher in Brandenburg festgenommenen Rumänen stammen vornehmlich aus dem unweit vom Schwarzen Meer gelegenen Bezirk Galati. Dort erfahren sie offensicht-

lich eine gründliche Vorbereitung, sowohl in Technik und Kondition als auch für das Verhalten im Falle einer Festnahme. Jedenfalls erhalten die Ermittler immer eine Standardantwort, wonach die Festgenommenen rein zufällig an die Diebesgruppe geraten seien und sich erst zwei Tage in Deutschland aufhalten würden.
Auch Berlin ist im Laufe der Jahre als Einsatz- bzw. Ruheraum zunehmend attraktiver für rumänische Tätergruppierungen geworden, wie regelmäßige Festnahmen belegen. Allerdings weisen erfahrene OK-Experten wie z.B. Uwe Schmidt (Landeskriminalamt) und Hans Jürgen Fätkinhäuser (Staatsanwaltschaft) anläßlich von Fahndungserfolgen immer wieder öffentlich auf eine zentrale Schwierigkeit hin: Die bei Tatverdächtigen vorübergehend beschlagnahmten Bargeldbeträge können solange nicht dauerhaft vom Staat eingezogen werden, wie die z.B. in den USA gesetzlich verankerte Beweislast-Umkehr nicht auch hierzulande eingeführt wird. Ein konkreter Fall aus Berlin beleuchtet die Problematik beispielhaft:

Im Rahmen eines umfangreichen Verfahrens wegen gewerbsmäßiger Hehlerei gab es Hinweise, daß die mutmaßlichen rumänischen Täter sich in einem bestimmten Haus im Bezirk Wedding treffen würden. Bei der Festnahme der Rumänen-Gruppe, deren Mitglieder teilweise bereits mit Haftbefehl gesucht wurden, fand man verstreut in der Wohnung rund 100 000 DM. Den Männern werden Überfälle auf Postämter und Tankstellen zur Last gelegt, doch bei dem Bargeld stehen die Ermittler vor einem gravierenden Zuordnungsproblem zu einzelnen Straftaten.

Fallbeispiel Niedersachsen

Aufschlußreiche Details zur organisierten wie auch spontanen Vorgehensweise der Rumänen-Clans ergab z.B. ein Prozeß vor dem Landgericht Göttingen gegen fünf Mitglieder einer Bande, die von Polizeihunden in einem Kornfeld aufgespürt werden konnten.

Gemeinsam mit drei entkommenen Komplizen hatten sie kurz vor ihrer Ergreifung mit Brachialgewalt den Tresor der Poststelle von Volkmarshausen (Kreis Göttingen) gestohlen. Zu ihrem Raubzug nach Südniedersachsen war die Gruppe wenige Tage zuvor von Leipzig aus aufgebrochen. Im brandenburgischen Kreis Prignitz fiel ihnen zufällig auch eine 19jährige Frau in die Hände. Sie war nachts mit ihrem Freund zu Fuß auf einer Landstraße unterwegs, als die Rumänen mit einem gestohlenen Auto neben dem Paar anhielten. Nachdem der junge Mann niedergeschlagen wurde, entführten sie ihr Opfer in ein abgelegenes Waldstück, wo die Frau dann von vier Tätern auf brutale Art und Weise sexuell mißbraucht wurde.
Außerdem schilderte ein Clan-Angehöriger vor dem Gericht, wie er und andere Rumänen von Kontaktpersonen gegen eine Zahlung von 200 bis 250 DM illegal über die deutsch-polnische Grenze in die Bundesrepublik eingeschleust wurden. Für ihre Fortbewegung in Deutschland hätten sie zumeist Autos gestohlen, ohne zu zahlen getankt und sich Essen, Trinken und Bargeld durch Einbrüche beschafft. Anlaufstelle und Ausgangspunkt für ihre Streifzüge sei eine Adresse in Leipzig gewesen.

»Winterschlaf«

Allein von Januar 1994 bis Dezember 1995 begingen die rumänischen Gangstertrupps im bevölkerungsreichsten deutschen Bundesland Nordrhein-Westfalen 724 Einbrüche und 613 Autodiebstähle. Dann brach die Serie plötzlich ab, um jedoch nach einiger Zeit in der ersten Hälfte des Jahres 1996 durch Hunderte neuer Straftaten wieder sprunghaft anzusteigen. Eine auch in anderen Ländern zu beobachtende Entwicklung, die Ermittler davon ausgehen läßt, daß die Gangs über die Weihnachtszeit in ihrer Heimat bzw. in anderen bevorzugten Ruhequartieren überwintern. Dafür spricht auch, daß die berüchtigten Waldlager der bis zu zehn Mann starken Gangs nicht im Winter, sondern nur in den übrigen wärmeren Jahreszeiten entdeckt wurden.
Ohnehin wird die Zuordnung von konkreten Straftaten für die Polizei immer schwieriger, weil Tätergruppierungen aus Kosovo-Albanern und Polen das kriminelle Vorgehen der rumänischen »Kollegen« mittlerweile förmlich kopieren. Die nachstehenden Lage-Schlaglichter verdeutlichen weitere typische bzw. aufschlußreiche Aspekte und Erkenntnisse zu diesem spezifischen Zweig der Euro-OK.

Aufgrund mehrerer Vorfälle insbesondere in Sachsen warnten die Behörden vor einer erhöhten Brutalität der Täter, wenn diese bei ihren Raubzügen überrascht werden: Nachdem dort zunächst ein Deutscher in seinem Schrebergarten von Rumänen erschlagen wurde, erlitt ein anderer Mann in Ostsach-

sen schwere Verletzungen, als er Einbrecher auf frischer Tat ertappte. Nicht anders erging es einer Frau, die den Diebstahl ihres Autos in der Nähe von Pirna verhindern wollte.
Das Fluchtverhalten der Täter nimmt häufig waghalsige Formen an: Auf der Autobahn A 5 in Hessen (zwischen dem Hattenbacher Dreieck und Frankfurt) wurden Rumänen, die in einem gestohlenen Fahrzeug unterwegs waren, nach einer hektischen Verfolgungsjagd zum Anhalten gezwungen. Die Männer ließen sich aus dem ausrollenden Auto herausfallen und rannten über die vielbefahrene Autobahn in einen gegenüberliegenden Wald. Trotz eines Großaufgebotes von über 100 Polizeibeamten konnten nur zwei der vier Flüchtigen ergriffen werden. Da die Rumänen sich jedoch gegenseitig das Alibi gaben, lediglich als Anhalter in dem Wagen gesessen zu haben, wurden sie von der Staatsanwaltschaft wieder auf freien Fuß gesetzt.

Postämter als Tatorte

Mitte 1997 verzeichnete Rheinland-Pfalz drei Einbrüche in unterschiedliche Postämter. Die Täter erbeuteten Bargeld, Briefmarken und Telefonkarten im Wert von 30 000 DM. In den frühen Morgenstunden fiel einer Polizeistreife auf der Autobahn A 61 bei Bingen ein roter BMW mit Viersener Kennzeichen auf, in dem einige Osteuropäer saßen. Als die Polizisten den Wagen zum Stoppen aufforderten, stoppte dieser zwar, aber die Insassen sprangen aus dem Fahrzeug und flüchteten über die Autobahn ohne Rücksicht auf den fließenden Verkehr sternförmig in ein Waldgelände. Das Fluchtgelände wurde abgesperrt, und ein Hubschrauber entdeckte nach zweieinhalb Stunden drei Rumänen in einer Erdmulde. Ein Sondereinsatzkommando (SEK) konnte die Männer festnehmen. Wenig später auch einen vierten, bei dem 5 000 Mark gefunden wurden. Im BMW fanden die Beamten weiteres Bargeld, Briefmarken und Telefonkarten aus den drei Tresoraufbrüchen in den zuvor angegangenen Postämtern.

Bemerkenswert sind auch die Aspekte Mobilität und Logistik der rumänischen Gangs: Vier Männer konnten in Ludwigsburg gestellt werden – in einem in Hamburg gestohlenen VW Golf mit Kennzeichen, die wiederum im Kreis Oldenburg entwendet worden waren. Ein weiteres Fahrzeug, das in Nordbaden sichergestellt wurde, war in Cottbus gestohlen worden. Selbst an der belgischen Grenze tauchte eine rumänische Gruppierung gleich in mehreren Fahrzeugen auf, die zuvor in Sachsen gestohlen worden waren. In Altenbuch im Spessart entdeckten Fahnder ein umfangreiches Depot, in dem vorwiegend gestohlene Elektrowaren für den Abtransport gestapelt waren. Wie aus den Meldungen verschiedener deutscher Polizeistationen hervorgeht, begehen einzelne Tätergruppierungen nicht selten sogar zwei oder noch mehr Einbrüche in einer Nacht. Gelegentlich führen aber auch direkte Spuren nach Rumänien selbst. Die Brigade gegen das Organisierte Verbrechen des Bukarester Innenministeriums konnte eine zehnköpfige Bande im Kreis Alba in Siebenbürgen ergreifen und dabei Beutestücke sicherstellen, die aus Einbrüchen in Hamburg, Itzehoe, Tating, Garding und St. Peter-Ording stammten.
Auch in konspirativer und tatabsichernder Hinsicht gehen viele Rumänen-Trupps zunehmend professioneller vor. Neben der bereits erwähnten Kombination gestohlener Fahrzeuge und Nummernschilder ist oftmals die Nutzung modernster Kommunikationsmittel typisch – einschließlich des Abhörens des Polizeifunks. Bei einem Banküberfall in der Rhön z. B. unterbrachen drei Räuber sogar die Stromzufuhr eines ganzen Dorfes, um den Alarm auszuschalten. Nach Angaben von Rudi Geil, dem ehemaligen Innenminister in Mecklenburg-Vorpommern, verfügt die Polizei auch über Erkenntnisse, wonach einige ihrer Dienststellen sogar von den Banden ständig beobachtet wurden. Ihre genaue Anzahl, Sammelstellen und Hintermänner haben die Gruppierungen auch in allen übrigen Bundesländern nun schon seit Jahren geheimhalten können. Selbst bei z. B. vornehmlich nur in Mecklenburg-Vorpommern agierenden Rumänen-Clans kann nicht ausgeschlossen werden, daß sich deren Zentrale(n) in Berlin oder Dresden, womöglich aber auch in Warschau oder Bukarest befindet.
Bezüglich der Tatobjekte und Unterschlupfmöglichkeiten kristallisieren sich in jüngster Zeit diverse weitere Örtlichkeiten heraus: einzelstehende Villen bzw. Eigenheime einerseits sowie Asylbewerberunterkünfte, Jagdhütten, Gartenanlagen und Ferienhäuser andererseits. In dünnbesiedelten ländlichen Gebieten Hessens z. B. standen verängstigte Bewohner bereits kurz davor, zu ihrem Selbstschutz eigene Bürgerwehren gegen die Rumänen aufzustellen, teilweise gar flankiert von der Forderung nach Abschaffung der Hundesteuer. Experten der Polizei raten jedoch generell von derartigen Aktionen aus Gründen der Gefährlichkeit ab und sind bemüht, dies bei Bedarf durch den Einsatz zusätzlicher Polizeikräfte zu verhindern. In einem Fall forderten mehrere tausend Bürger mit Hilfe einer großen Unterschriftensammelaktion die Errichtung einer eigenen Polizeidienststelle in ihrer Region.
Abschließend darf nicht verschwiegen werden, daß eine anhaltende Bedrohung unserer inneren Sicherheit durch nicht selten hordenartig daherkommende Verbrecherbanden (samt Tausenden von Delikten

allein rumänischer Clans) – und zwar grundsätzlich unabhängig von deren Nationalität – gravierende Auswirkungen auf die innenpolitische Gesamtsituation haben könnte. In besonders stark heimgesuchten Regionen wie beispielsweise dem hessischen Bad Hersfeld (Landkreis Hersfeld-Rotenburg: über 400 Vorfälle) war zumindest zeitweilig eine derart negative Stimmung bei der verunsicherten und verängstigten Bevölkerung anzutreffen, die bedauerlicherweise sogar bis hin zu genereller, offen geäußerter Ausländerfeindlichkeit geht.
Bei einer öffentlichen Vortrags- und Diskussionsveranstaltung über die Euro-OK mußte einer der Autoren ebenso wie seine Mitreferenten – darunter der damalige Präsident des hessischen Landeskriminalamts, Timm, und der frühere hessische Innenminister Nassauer – sogar die Erfahrung machen, daß insbesondere ältere Menschen, die doch die grauenhafte Nazi-Diktatur noch persönlich erlebt haben, nach einem starken Führer und nach polizeistaatlichen Strukturen riefen, weil sie der Demokratie einfach nicht mehr zutrauen, der rumänischen bzw. osteuropäischen Banden dauerhaft Herr zu werden. Und als dann noch ein Kind in eindringlichen Worten Vorfälle gewaltbegleiteter Taschengelderpressungen an Hersfelder Schulen schilderte, konnten die Referenten erstaunt zur Kenntnis nehmen, wie schnell diese negative Grundstimmung – für die Polizei, Politik und auch Wissenschaft bis zu einem gewissen Grad Verständnis aufzubringen lernen müssen – sich auch auf jüngere Bevölkerungskreise erstrecken kann.

Wie eingangs erwähnt, stuft das BKA die hier geschilderte Kriminalität überörtlich agierender rumänischer Straftätergruppierungen nicht als Organisierte Kriminalität im Sinne der gültigen deutschen OK-Definition ein. Das Amt spricht von einer qualifizierten Bandenkriminalität, die nach den bisher vorliegenden Erkenntnissen noch keine wesentlichen generellen Merkmale der OK-Deskriptoren enthält. Insbesondere fehlen nach seiner Auffassung die speziellen Merkmale wie der Aufbau von Geschäften oder geschäftsähnlichen Strukturen, die Gewaltanwendung bzw. Einschüchterung und die Einflußnahme auf Politik, Medien, Verwaltung, Wirtschaft und Justiz. Aus deutscher OK-Sicht mag das noch hingenommen werden, aus europäischer Perspektive stimmt dies allerdings bedenklich. Sehr wohl fließen die Beutegelder in die Hände rumänischer Krimineller, die letztendlich mit diesen illegalen Geldern in die legale Wirtschaft einsteigen, langsam, aber sicher Ansehen und politische Macht gewinnen und somit auch Einfluß auf Institutionen des öffentlichen Lebens nehmen. Dieser Einfluß bleibt – wie die Entwicklungen in anderen Ländern (siehe Italien und Rußland) beweisen – nicht auf Rumänien beschränkt, sondern wird mit einiger Verspätung auch im übrigen Europa zu spüren sein.

Kapitel III: Aktuelle Euro-OK-Lagebilder

Internationale Erkenntnisse

Eine Untersuchung des deutschen Bundesnachrichtendienstes über Sonderformen der Euro-OK stellte fest, daß sich die OK den konkreten wirtschaftlichen und sozialen Rahmenbedingungen anpaßt. Die Mischung aus Assimilation und Infiltration ist die Basis für den Erfolg und macht die OK-Bekämpfung so schwer.

Der BND nahm eine regionale Differenzierung vor und beschrieb länderspezifische Besonderheiten in Polen, in den europäischen GUS-Staaten, in Rußland, im ehemaligen Jugoslawien, in Bulgarien, Rumänien, Ungarn, Tschechien und in den baltischen Staaten Estland, Lettland und Litauen. Dabei stellte er fest, daß in allen diesen Staaten einheimische oder internationale OK-Gruppierungen existieren, die sich mit allen klassischen Bereichen der OK beschäftigen. Festgestellt wurden u. a. russische, türkische, bulgarische, albanische Organisationen und sogar kolumbianische Drogenkartelle. Vor allem die italienische OK hatte zu diesem Zeitpunkt schon enorme Summen in den Tourismus- und Immobilienbereich, in Investmentgesellschaften und in Spielcasinos investiert.

Insbesondere der Rauschgiftschmuggel, Schleusertätigkeiten, Menschenhandel, die illegale Kfz-Verschiebung und Geldwäsche sind die bevorzugten Aktivitäten in den mittel- und osteuropäischen Ländern. Zielgebiet im Rauschgiftschmuggel, bei der Schleusung und dem Menschenhandel ist Westeuropa.

Rauschgift

Im internationalen Rauschgiftschmuggel ist die Balkanroute, wie zuvor bereits dargestellt, die bevorzugte Rauschgifttransportroute für Heroin auf Straße und Bahn. Nach Schätzungen von Interpol werden jährlich bis 80 % des in Europa sichergestellten Heroins aus bzw. über die Türkei nach Europa eingeführt.

Zwischenzeitlich ist eine weite Verzweigung der Routen gegeben. Die Erfolge an den Grenzen in Form von Großsicherstellungen haben in den letzten Jahren zu einer Depotbildung in osteuropäischen Staaten geführt. Neben der klassischen Route Türkei, Bulgarien, ehemaliges Jugoslawien und Österreich wird die nördliche Route genutzt, die über verschiedene mittel- und osteuropäische Staaten verläuft. Die neuen Routen laufen über Weißrußland, die Ukraine und Polen nach Deutschland. Als südliche wird der Weg von der Türkei über Bulgarien, Griechenland, Makedonien, Albanien nach Italien bezeichnet. Am häufigsten frequentiert auf der nördlichen Route waren Österreich, Ungarn, Rumänien, die Tschechische und Slowakische Republik. In den beiden letzten Ländern, in Polen, Bulgarien und Rumänien wurden Depots festgestellt.

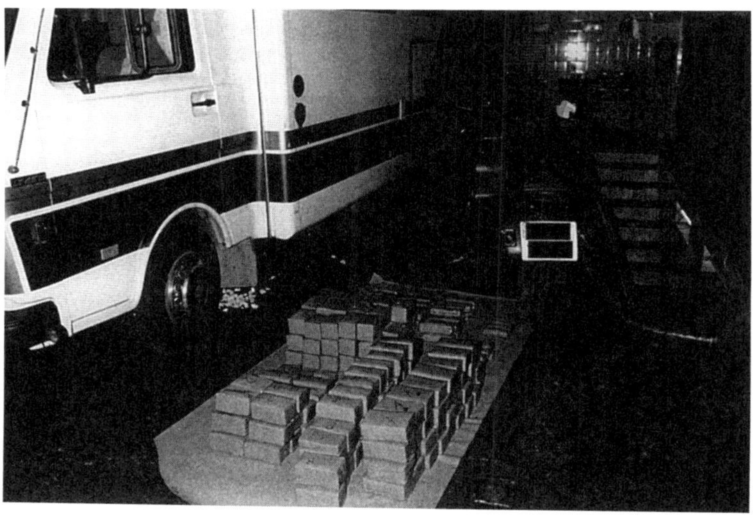

Nicht selten werden von den Drogen-Kartellen Wohnmobile präpariert. Hier ein von der Polizei beschlagnahmtes Wohnmobil, in dem Hunderte Kilo Drogen transportiert wurden.

Beschlagnahmt wurden in der Slowakischen und Tschechischen Republik vor allem Mengen von 05,5 bis 10 kg, die auf die Existenz von Depots hindeuten. In Griechenland, in der Slowakei, in Tschechien und in der Schweiz wurden kosovo-albanische OK-Gruppierungen festgestellt. Polnische, tschechische und rumänische Staatsangehörige wurden oft als Kuriere nach Westeuropa eingesetzt. Welche Mengen bei diesen Kuriertransporten in einem kurzen Zeitraum nach Deutschland geschmuggelt werden können, zeigte ein Ermittlungsverfahren vor dem Landgericht Münster.

Von August 1997 bis zum Oktober 1998 wurden bei 15 Schmuggelfahrten von 6 rumänischen Kurieren in Kraftwagen bzw. Reisebussen insgesamt 476 kg Heroin Richtung Deutschland und Niederlande transportiert. Aus dieser Menge konnte bei einem Reinheitsgehalt von 88 % Heroinhydrochlorid eine straßenverkaufsmäßige Menge von etwa 2 Tonnen Heroin hergestellt werden. Die Depots, von denen aus das Heroin in Mengen von 20–40 kg geschmuggelt wurde, lagen in der rumänischen Stadt Sibiu. Die Täter wurden zu Freiheitsstrafen von vier bis zu 13 Jahren verurteilt.

Schleusung

Die Tschechische Republik gilt als das bedeutendste Transitland im Bereich der illegalen Schleusungen. Die Hauptrouten verlaufen über Ungarn und die Slowakei. Geschleust werden vor allem Rumänen, Bulgaren, Kosovo-Albaner, Türken und Iraker, aber auch zahlreiche Ausländer aus anderen Ländern. Dabei spielt Prag als Ausgangspunkt von Großschleusungen eine bedeutende Rolle. Die Geschleusten werden einzeln oder in Gruppen nach dort verbracht, um anschließend mit einem Sammeltransport die Reise nach Skandinavien, in die Niederlande oder Deutschland anzutreten.

So wurden in der Nähe einer Autobahnraststätte in Süddeutschland 46 afghanische Staatsangehörige ohne Ausweispapiere aufgegriffen. Im Zuge der sofort eingeleiteten Fahndungsmaßnahmen wurde ein tschechischer Sattelzug als Schleusungsfahrzeug festgestellt. Die Geschleusten waren hinter mehreren Paletten mit Eisenteilen versteckt worden. Die beiden festgenommenen Fahrer gaben an, den LKW an einer Tankstelle von nicht näher bekannten Personen kurz vor dem Grenzübergang übernommen zu haben. Sie waren nicht bereit, weitere Angaben über ihre Hintermänner zu machen.

Die Tschechische Republik gilt als bedeutendstes Transitland im Bereich der illegalen Schleusungen. Dabei spielt Prag als Ausgangspunkt für Großschleusungen eine große Rolle.

Bedingt durch zahlreiche Krisenregionen und schwierige wirtschaftliche Lagen bestimmter Länder steigt die Nachfrage nach international operierenden Schleuserorganisationen, die der Euro-OK zuzurechnen sind. Riesige Gewinne mit Schleuserlöhnen von bis zu 40 000 US-Dollar pro Fall, geringe Risiken, fehlende Gesetze und mangelnde internationale Zusammenarbeit beflügeln diesen Trend.

Menschenhandel

Der Menschenhandel in Westeuropa und Deutschland ist durch die hohe Anzahl der Opfer aus den Staaten Osteuropas geprägt. Der Deliktsbereich wird von einer Vielzahl milieubedingter Straftaten begleitet. Er gilt als Einstieg in Bereiche der Organisierten Kriminalität. Im Verhältnis zu den relativ geringen

Investitionskosten sind hohe Gewinne zu erzielen. Diese wiederum sind für weitere kriminelle Aktivitäten einsetzbar, erleichtern den Aufbau geschäftsähnlicher Strukturen und führen so über den Einstieg in die legale Geschäftswelt zur Verfestigung von OK-Strukturen.
Ein Ende des expandierenden Menschenhandels mit Beginn der Tatausführung in Osteuropa ist nicht in Sicht. Westeuropa und Deutschland werden auch zukünftig Aktionsräume der Menschenhändler sein.

In einem Fall von schwerem Menschenhandel durch bulgarische Täter führte die Spur vom Norden in den Süden in einen bordellartigen Betrieb. Die Täter gehörten einem international organisierten Menschenhändlerring an, der junge bulgarische und tschechische Mädchen in den Heimatländern anwarb, um sie dann in Deutschland der Prostitution zuzuführen.
Bei einer Kontrolle wurde ein 13jähriges tschechisches Mädchen entdeckt, das der Prostitution nachgehen mußte. Die Vernehmungen erbrachten, daß sie zusammen mit ihrer 14jährigen Freundin über eine Frau an zwei junge Bulgaren herangeführt wurde. Diese luden sie zu einem Diskothekenbesuch in Prag mit dem Versprechen ein, sie später wieder nach Hause zu bringen. Man fuhr aber mit ihnen nicht nach Prag, sondern Richtung deutsche Grenze. Als die beiden Mädchen dies merkten, wurde ihnen nun das Aufsuchen einer deutschen Diskothek vorgetäuscht. Nochmals gab es die Zusage, daß man anschließend wieder gemeinsam nach Hause fahren werde. In der Nähe der deutschen Grenze brachten die Bulgaren die Mädchen gegen ihren Willen über Nacht in einem Hotel unter. Ein von den Bulgaren verständigter deutscher Schlepper brachte alle vier illegal über die Grenze. Sie wurden direkt in ein Bordell an der Ostseeküste gebracht und mußten dort für die beiden Bulgaren »anschaffen«. Eines der Mädchen wurde wiederholt zusammengeschlagen und gab aus Angst alle Einnahmen ab. Sie wurde dann für etwa 6 000 DM von der Küste ins Binnenland an einen Türken verkauft. Dort traf sie auf drei weitere bulgarische Mädchen, eines davon auch gerade erst 16 Jahre. Der bulgarische Schlepper bekam allein für ein Mädchen 10 000 DM.

Aktuelles OK-Lagebild Deutschland

Lange Zeit fehlte in Deutschland eine Übersicht über den Stand und die Entwicklung der Organisierten Kriminalität. Statistiken und klassische Datensammlungen ließen in dieser Richtung keine gezielten Aussagen zu. Die kriminalpolizeilichen Meldedienste waren ausschließlich auf Täter, Perseveranz und Straftaten ausgerichtet. Deliktsübergreifende und deliktsunabhängig arbeitende Tätergruppierungen fanden darin keine Berücksichtigung. Eine auf diese Kriterien angelegte Auswertung konnte somit keine Erkenntnisse über die Organisierte Kriminalität und deren Ausmaß erbringen.
Es war ein polizeiliches Lagebild gefordert, das taktische, strategische und kriminalpolitische Aussagen zuließ, um Gesetzesinitiativen oder organisatorische Maßnahmen zur Bekämpfung der Organisierten Kriminalität auf den Weg zu bringen. Mit der Einigung im Jahre 1990 in der gemeinsamen Arbeitsgruppe Justiz und Polizei auf eine einheitliche Begriffsdefinition wurden neue Voraussetzungen geschaffen: Mit Festlegung der Definition der Organisierten Kriminalität beauftragte die Arbeitsgemeinschaft (AG) Kripo Anfang 1992 die Kommission OK kurzfristig mit der Erstellung eines Gesamtlagebildes für das Jahr 1991. Aufgrund der Definition OK und eines gesondert erstellten Erhebungsrasters bereiteten die Landeskriminalämter und das Bundeskriminalamt OK-Ermittlungsverfahren nach einem strengen Maßstab auf. Dieses Lagebild gab zum ersten Mal einen Überblick über die Anzahl und Verteilung der Straftaten, Schäden und Gewinne, Tatverdächtige und Tatbegehungen, Deliktspräferenzen und OK-typische Verhaltensweisen.
Zwischenzeitlich ist das Gesamtlagebild auf der Grundlage der Länderlagebilder zu einem festen Bestandteil in der Bekämpfung der Euro-OK geworden. Eine nur an Ermittlungsverfahren ausgerichtete Lagedarstellung ist aber nur bedingt geeignet, fundierte Aussagen, Bewertungen und Prognosen für dieses Kriminalitätsphänomen zu erstellen. Aus diesem Grund werden in den Lageberichten über die Darstellung von ausgewählten Ermittlungsverfahren hinaus Sonderauswertungen zu Aktivitäten ausländischer Gruppierungen und zu den Bereichen Zeugenschutz und Finanzermittlungen vorgestellt. Abgerundet werden die Lageberichte durch beispielhafte Querschnittsanalysen zu OK-relevanten Kriminalitätsbereichen. Hiermit wird die besondere Bedrohungslage in Einzelfeldern der OK dokumentiert.
Als Gründe für die Notwendigkeit der Erstellung eines OK-Lagebildes führte das BKA in den Vorbemerkungen zum Lagebild 1992 an:

- Eine erfolgreiche OK-Bekämpfung ist zwingend auf das Erkennen der Brennpunkte angewiesen, um durch Schwerpunktsetzungen eine Problembegrenzung oder -bewältigung zu erreichen.
- Ein zielgerichteter Personal- und Sachmitteleinsatz bei der Bekämpfung der Organisierten Kriminalität

ist nur möglich, wenn eine annähernd abgesicherte Darstellung des qualitativen und quantitativen Ausmaßes der Organisierten Kriminalität herausgearbeitet werden kann.

- Im kriminalpolizeilichen Bereich können erforderliche Rechtsänderungen nur initiiert werden, wenn durch Vorlage von »Rechtstatsachen« der gesetzgeberische Bedarf belegt wird. Eine erhebliche Bedeutung kommt dabei einer quantifizierenden Lagedarstellung OK zu.
- Darüber hinaus ist die Öffentlichkeit mit gesicherten Lageinformationen zu versorgen, um einen breiten gesellschaftlichen Konsens hinsichtlich der Bekämpfungserfordernisse herzustellen.

Von 1992 bis 2000 wurden in Deutschland 4 615 OK-Verfahren mit 77 538 Tätern bearbeitet. Die Schäden betrugen 21 854 405 Mrd. DM bei geschätzten Gewinnen für die Täter von 9 945 293 Mrd. DM.
Der durch die OK tatsächlich entstehende Schaden wird vom BKA mit jährlich über 10 Mrd. geschätzt. Experten gehen seit Jahren davon aus, daß das Dunkelfeld bei den OK-Schäden in seiner Gesamtheit und seinen Folgen bedeutend größer ist und bei ca. 150 Mill. jährlich liegt.

Lagebild Deutschland 2000 (1999)

Das Lagebild 2000 stellt im ersten Teil die Bilanz der Bekämpfungslage (Ressourcen, Ermittlungsergebnisse) und zum zweiten Teil die Strukturanalyse (Kriminalitätsbereiche, Gruppenstrukturen nach Staatsangehörigkeit) auf der Basis der durchgeführten Ermittlungsverfahren dar. Mit der Erweiterung der Strukturanalyse um den Bereich »OK-relevante Kriminalitätsbereiche« hat das Lagebild seit dem Jahre 1999 eine weitere Qualitätssteigerung erfahren.

OK-Bekämpfungsbilanz

Im Jahre 2000 wurden in der Bundesrepublik Deutschland insgesamt 854 (1998=818) OK-Ermittlungsverfahren bearbeitet. 473 (413) davon waren Erstmeldungen. Allein in den Bundesländern Nordrhein-Westfalen, Hessen, Berlin und Bayern waren 433 (388) oder 50,7 % (47,5 %) aller OK-Verfahren anhängig. In 355 (327) Verfahren bildeten polizeiliche Erkenntnisse den Ausgangspunkt der Ermittlungen, die Einleitung von 253 (233) Verfahren ging auf die Erstattung von Anzeigen zurück, und in 219 (221) Verfahren war die aktive Beschaffung von Informationen die Grundlage für die Verfahrenseinleitung (Informationen von Vertrauenspersonen, Informanten, Vorfeldermittlungen, Vorgangs- und Verfahrensauswertung). Es wurden 9 421 (7 777) Tatverdächtige aus 92 Staaten ermittelt, 2 290 (2 541) davon wurden festgenommen und gegen 2 471 (1 995) wurden Haftbefehle erwirkt.
Mit den OK-Ermittlungen in den 845 (816) Verfahren waren 3 021 (2 743) reine OK-Ermittler betraut. Unterstützungskräfte wurden in die Berechnung nicht mit einbezogen. Das Lagebild wies Schäden in Höhe von 7 286 413 (1 426 941) Mrd. DM aus. Die zusätzlich geschätzten Gewinne – für Delikte, bei denen keine Schadensangaben zu melden sind – beliefen sich auf 1 530 641 (1 984 303) Mrd. DM. In 258 (181) Fällen wurden Maßnahmen zur Vermögensabschöpfung durchgeführt. Dabei wurden Bargeld und Vermögenswerte in Höhe von 583 527 (118 593) Mio. DM sichergestellt bzw. beschlagnahmt. Damit erhöhte sich die Zahl der Verfahren mit Vermögensabschöpfungsmaßnahmen von 1992 bis 1999 kontinuierlich von damals 5 % auf heute 30,2 %.
Die Bewertung der Bekämpfungssituation zeigte, daß über zwei Drittel der OK-Verfahren aus der sogenannten Kontrollkriminalität hervorgegangen sind. Das heißt, sie wurden von den Strafverfolgungsbehörden initiiert. Die durchschnittliche Bearbeitungsdauer der OK-Verfahren blieb mit 15 (16) Monaten nahezu konstant. Die Gründe für die lange zeitliche Dauer liegen in der gestiegenen Qualität der Ermittlungsverfahren mit einer detaillierten Beweisführung und der Durchführung von Strukturermittlungen, die tiefer in die OK-Kriminalitätsbereiche und deren Personenstrukturen eindringen.
Die Vermögensabschöpfung ist zwischenzeitlich von allen Bundesländern konzeptionell und organisatorisch in Form von Spezialdienststellen umgesetzt und trägt in der OK-Bekämpfung erste Früchte. So wurden im größten Bundesland Nordrhein-Westfalen 19 Sonderdezernate zur Vermögensabschöpfung eingerichtet. Zusätzlich wurden 250 Staatsanwälte und Richter in der äußerst komplizierten Rechtsmaterie geschult. Seit Mitte 2000 kommen in über 50 Polizeidienststellen speziell geschulte Finanzermittler zum Einsatz. Ihr Ergebnis: 170 Millionen Mark an abgeschöpften illegalen Gewinnen im Jahre 2000 (1999=135 Mio. Mark). Hinter diesen Maßnahmen steht die Erkenntnis, daß die mafiosen Gruppierungen nichts mehr trifft als der Zugriff auf ihr Betriebskapital. Nach neuesten Erkenntnissen der Europäischen Union verfügt Deutschland über die weitestgehenden Zugriffe auf das Kapital mutmaßlicher Krimineller.
Für das Bundeslagebild 2000 wurden 553 (480) Verfahren mit Sachverhaltsdaten zur OK-Relevanz ge-

meldet. Unter Berücksichtigung von Mehrfachnennungen wurden für die einzelnen Alternativen folgende Zahlen bekannt.

Alternative a)

»unter Verwendung gewerblicher oder geschäftsähnlicher Strukturen« = 481 oder 90,2 % Sachverhalte (396 oder 82,5 %)

Bei dieser Alternative legen die Täter großen Wert darauf, ihre illegalen und legalen Geschäfte so zu verflechten, daß sie damit ihre kriminellen Aktivitäten und die daraus resultierenden Gewinne den Behörden gegenüber verschleiern können. Die in 2000 unter Strukturaspekten untersuchten OK-Ermittlungsverfahren boten ein breites Spektrum gewerblicher und geschäftlicher Strukturen, die zur Tarnung krimineller Aktivitäten genutzt wurden.

Alternative b)

»unter Anwendung von Gewalt oder anderer zur Einschüchterung geeigneter Mittel« = 247 oder 46,3 % Sachverhalte (235 Sachverhalte oder 49 %)

Der Begriff der Gewalt ist sehr weit auszulegen. Die Erscheinungsformen der Gewalt und die Mittel zu Einschüchterung sind breit gefächert und reichen von der bloßen Gewaltandrohung bis hin zur tatsächlichen Gewaltanwendung in mannigfaltigen Formen.

Alternative c)

»unter Einflußnahme auf Politik, Medien, öffentliche Verwaltung, Justiz oder Wirtschaft« = 95 oder 17,8 % Sachverhalte (88 oder 18,3 %)

Unter Einflußnahme ist hier das Einwirken auf Entscheidungsprozesse in den oben genannten Bereichen gemeint. Die begünstigenden Handlungen oder Unterlassungen sind für den Täter von Interesse und bringen ihm Vorteile. Diese Einflußnahme geht über den legitimen Charakter hinaus und gilt damit als verwerflich in ihren Mitteln oder Zielsetzungen. Als Indikatoren für eine verwerfliche Einflußnahme gelten Einschüchterung, Bedrohung, Gewalt, Erpressung, die Schaffung von Abhängigkeiten oder die Korruption.

Strukturermittlungen

Nach 1998 und 1999 wurde in Deutschland im Jahre 2000 zum dritten Mal eine Strukturanalyse der am stärksten vertretenen OK-Gruppen vorgenommen. Untersucht wurden deutsche, türkische, jugoslawische, italienische und polnische Tätergruppierungen. Die Analyse wurde auf der Grundlage der deutschen OK-Definition und den bereits dargestellten OK-Indikatoren erstellt. Ziel einer Strukturanalyse ist es, eine möglichst genaue Beschreibung der in Deutschland tätigen OK-Gruppierungen zu bekommen. Untersucht wurden dabei die Täterstrukturen mit ihren jeweiligen nationalen bzw. ethnischen Ausprägungen. Erstmalig wurden 1999 die OK-relevanten Tätigkeitsbereiche in die Analyse einbezogen.
Die den Verfahren zugrunde liegenden Tätergruppierungen wurden hinsichtlich ihres OK-Potentials in drei Kategorien: hoch, mittel bzw. niedrig aufgeteilt. Die Auswertung erbrachte:

Hohes OK-Potential:	79	(70)	Tätergruppierungen
Mittleres OK-Potential:	515	(499)	Tätergruppierungen
Niedriges OK-Potential:	260	(247)	Tätergruppierungen

Wie schon 1998 und 1999 festgestellt, verfügen knapp 10 % der untersuchten Gruppierungen über ein hohes OK-Potential.
Der Rauschgifthandel und -schmuggel stellt nach wie vor den Brennpunkt der OK in Deutschland dar. Es folgen die Kriminalität i. Z. m. d. Wirtschaftsleben, die Eigentumskriminalität, die Kriminalität i. Z. m. d. Nachtleben, die Schleuserkriminalität, die Gewalt und Fälschungskriminalität, der Waffenhandel/-schmuggel und mit Abstand die Umweltkriminalität.

Analyse OK-relevanter Kriminalitätsbereiche
Rauschgifthandel und -schmuggel

Der illegale Handel und Schmuggel von Rauschgiften sind nach wie vor das Hauptbetätigungsfeld von in Deutschland erkannten OK-Gruppierungen. Sie verfügen über ein hohes OK-Potential und sind in erster Linie im Kokain- und Heroinbereich tätig.

Der Kokainhandel wird von deutschen und italienischen Gruppierungen beherrscht. Für den Schmuggel aus den Herkunfts- und Anbauländern über unterschiedliche Transitländer wie zum Beispiel Brasilien oder Venezuela zeichnen italienische Gruppen verantwortlich.

Kokain – italienische Gruppierungen aktiv

Im Spätsommer 1999 gelang Drogenfahndern in Italien und Österreich ein großer Schlag gegen den internationalen Kokainhandel. Im Zusammenhang mit dem geplanten Drogentransport vom italienischen Hafen Gioia Tauro nach Wien wurden in der österreichischen Hauptstadt 9 Personen aus den Niederlanden, Österreich, der Slowakei und Mazedonien festgenommen. Das Rauschgift sollte von Wien aus in Westeuropa zur Verteilung kommen. Die insgesamt in Italien beschlagnahmte Kokainmenge von 1200 kg hatte nach italienischen Medienberichten einen Straßenverkaufswert von 414 Millionen Mark.

Die Türkei ist schon seit Jahren Haupthandelsland für Heroin. Türkische Familien-Clans sorgen für den Nachschub aus Südwestasien nach Westeuropa. Haupthandelsroute ist weiterhin die Balkanroute mit ihren verschiedenen Ausläufern. In insgesamt 16 Fällen wurden 419,4 kg Heroin nachweislich aus der Türkei über Staaten Ost- und Westeuropas nach Deutschland eingeschmuggelt. Nach Einschätzung von IKPO-Interpol werden 60–80 % des in Europa sichergestellten Heroins auf diesen Routen geschmuggelt.

Balkanroute – Türkei Haupthandelsland für Heroin

So zerschlugen Drogenfahnder aus mehreren europäischen Ländern einen internationalen Drogenhändlerring, der seit 1998 im Drogenschmuggel von der Türkei über die Balkanroute nach Westeuropa tätig war. 18 Verdächtige wurden in Österreich und Deutschland festgenommen. Die Bande bestand mehrheitlich aus Albanern, deren Hintermänner in Skopje (Mazedonien) und Istanbul (Türkei) saßen. Das Heroin gelangte teilweise über München nach Hamburg, Berlin, Frankfurt oder Stuttgart. Der Bande konnte der Handel mit 66 kg Heroin nachgewiesen werden. Die tatsächlich von der Türkei über den Balkan geschmuggelte Menge dürfte nach den geführten Ermittlungen um ein Vielfaches höher liegen. Die Fahnder machten darauf aufmerksam, daß Mazedonien und Albanien im Heroinschmuggel nach West- oder Nordeuropa immer mehr an Bedeutung gewinnen.

Damit verbunden gewinnen kosovo-albanische Tätergruppen immer mehr an Einfluß und bedürfen der besonderen Beobachtung, zumal sie ein großes Gewaltpotential an den Tag legen, um ihre Drogenaktivitäten auszudehnen.

Kosovo-Albaner – internationale Heroinschmuggler

So verbuchte die Frankfurter Kripo ihren größten Fahndungserfolg seit 15 Jahren, als sie einen international operierenden kosovo-albanischen Rauschgiftring auffliegen ließ. Insgesamt 77 Personen gingen den Ermittlern ins Netz, darunter einige Personen der Führungsspitze sowie Kuriere und Verteiler. Es wurden 77 kg Heroin und 2,7 Mio. DM an Bargeld beschlagnahmt. An der Spitze der kriminellen Organisation stand ein 35jähriger Immobilienhändler, der die kriminellen Aktivitäten von seinem Wohnsitz Prag aus steuerte. Er wurde bereits mit Haftbefehl in Finnland gesucht, wo er 14 Jahre Freiheitsstrafe zu verbüßen hatte. In die Ermittlungsarbeit waren bulgarische, rumänische, tschechische und slowakische Behörden eingebunden. Insgesamt wurden 26 Ermittlungsverfahren eingeleitet.

Kosovo-Albaner – Sicherheitsvorkehrungen in der Hauptverhandlung

Großer Aufwand war nötig, als in Bochum gegen drei Kosovo-Albaner wegen Rauschgifthandels über 6 Monate verhandelt wurde. Mehr als 100 Polizeibeamte eines Sondereinsatzkommandos sicherten an den Prozeßtagen das Gerichtsgebäude und übernahmen in gepanzerten Fahrzeugen den An- und Abtransport der Angeklagten, weil die deutschen Behörden Attentate und Befreiungsversuche befürchteten. Das Trio gehörte einer europaweit agierenden Drogen-Mafia-Gruppierung an und wurde beschuldigt, mit über 50 kg Heroin und Kokain Handel betrieben zu haben.

Kosovo-Albaner – gewalttätige Übernahme der Rauschgiftszene

Auch der Münchener Kripo gelang in Zusammenarbeit mit dem Zoll ein großer Schlag gegen eine international verzweigte Albaner-Connection. Sie hatte versucht, den Heroinhandel in der bayerischen

Haupstadt an sich zu ziehen und dabei selbst vor Auftragsmorden nicht zurückgeschreckt. Nach 15monatigen Ermittlungen wurden 44 Täter ermittelt, darunter 24 kosovo-albanische Asylbewerber aus München. 20 Tatverdächtige gingen in Haft, darunter der Chef, ein 41jähriger aus Tirana. 62 Kilo Heroin wurden beschlagnahmt.
Bereits 5 Jahre zuvor hatten die Kosovo-Albaner begonnen, die Türken von der Drogenhandelsszene zu verdrängen. Als es zu drei Morden an Konkurrenten kam, begannen die verdeckten Ermittlungen. Dabei fanden die Beamten heraus, daß die Gruppierung das Heroin von der Türkei über Tschechien beziehungsweise über Mazedonien nach München bzw. Zürich schmuggelte. Als Depot-Betreiber oder Vermittler waren in den Transit- bzw. Absatzländern ebenfalls Asylbewerber oder Kosovo-Albaner mit bulgarischer, mazedonischer, tschechischer, polnischer, holländischer und deutscher Staatsangehörigkeit tätig. Bei zwei Transporten in die Schweiz hatten die Fahnder zuvor fünf Dealer festgenommen und 35 kg Heroin beschlagnahmt. Als in München die Vorräte knapp wurden, holten sie mit einem VW-Bulli Nachschub aus Holland. Einer der Täter wurde in Kleve mit 7 kg Heroin und drei Kosovo-Albaner bei ihrer Rückkehr nach München ebenfalls mit 7 kg Heroin festgenommen. Es erfolgten 20 Festnahmen, darunter auch eine Frau mit 13 kg Heroin.

Gewerbliche Strukturen dienen einmal als Beweis für eine legale Einnahmequelle und zum anderen als Anlaufstelle für Kuriere und Hintermänner. Im Rauschgifthandel und -schmuggel herrscht ein professionelles Vorgehen vor. Strategien zu angestrebten Monopolstellungen sind nicht selten mit hoher Gewalttätigkeit verbunden. Klare Vertriebs- und Verteilerstrukturen sind erkennbar. Diese weit fortgeschrittene Professionalität führt bei den angesprochenen Gruppierungen im Rauschgifthandel und -schmuggel zu den höchsten Gewinnen in dem Gesamtspektrum der Euro-OK.

Waffenhandel und -schmuggel

Der Waffenhandel und -schmuggel erfaßt Verstöße gegen das Waffen- und das Kriegswaffenkontrollgesetz. In diesem Bereich wurden Deutsche, Italiener und Türken als Täter mit einem mittleren OK-Potential festgestellt.

Anfang 2001 staunten Fahnder nicht schlecht, als sie nach einer Verfolgungsjagd auf der Autobahn an der niederländischen-deutschen Grenze einen Toyota stoppten, der mit zwei jungen Männern besetzt war. Neben Amphetaminen und Heroin im Wert von 300 000 Mark entdeckten sie acht vollautomatische Maschinenpistolen, sieben Ingram M-11 aus amerikanischer Produktion und eine Intratec TEC 9 aus östlicher Produktion, zusätzlich noch 71 Schuß 9-Millimeter-Munition. Die Waffen waren allesamt mit Schalldämpfern ausgerüstet. Die Drogen und Waffen hatten die jungen Täter in Amsterdam übernommen. Nach ihren Einlassungen waren sie für ausländische Hintermänner lediglich als Kuriere im Einsatz.

Es wurde nur eine gegen eine geringe Anzahl von Gruppierungen auf diesem Gebiet ermittelt, wobei diese in der Regel von minderer Qualität waren. Dennoch sind im Milieu Waffen im Einsatz, die nach der Strukturanalyse aber oftmals nur zur Selbstdarstellung oder als Statussymbol dienen.
Eine besondere Rolle als Waffenlieferant spielen Staaten des ehemaligen Ostblocks. Die Gründe liegen einmal in den dort immer noch vorhandenen Waffenfabriken, in mangelnder staatlicher Kontrolle des Verbleibs und zum anderen aber auch in der hohen Korruptionsbereitschaft der eingesetzten Kontrollinstanzen.

Wirtschaftskriminalität

Mit dieser Bezeichnung werden Straftaten im Zusammenhang mit dem Wirtschaftsleben angesprochen. Es handelt sich um kriminelle Aktivitäten im Bereich von Betrügereien, Veruntreuungen, um Konkursstraftaten und Verstöße gegen strafrechtliche Nebengesetze im Wirtschaftsbereich. Schwerpunkte sind die illegale Beschäftigung und Betrugsstraftaten, u. a. die Produktpiraterie.
Nach einer Schätzung der Internationalen Welthandelskammer entfallen ca. 5–8 Prozent des Welthandels mit einem Wertvolumen von 60 bis 100 Mrd. US-Dollar auf nachgeahmte Waren. Gefälscht werden Uhren, Textilien, Videos, Autoersatzteile, Arzneimittel, Computerzubehör und Bild-, Ton- und Datenträger. Der letzte Bereich lag in Deutschland 1999 bei 21,4 Mio. und steigerte sich im Jahr 2000 auf 38,0 Mio. Mark. Der Wert der beschlagnahmten Waren wuchs von 2,1 Mio. im Jahre 1996 auf 185,6 Mio. Mark im Jahre 2000. An der Spitze der Herkunft der gefälschten Güter stand Tschechien mit 26,2 %, gefolgt von den USA mit 19,8 %, dahinter die asiatischen Länder (China, Hongkong, Japan, Viet-

nam) mit 13,6 %, Thailand mit 10,3 %, Polen mit 9,3 % und die Türkei mit 7,4 %. Der Rest entfällt auf sonstige Länder.

Nach Schätzungen der Internationalen Welthandelskammer entfallen ca. 5–8 Prozent des Welthandels von 60 bis 100 Mrd. US-Dollar auf nachgemachte Waren (Produktpiraterie). Hier ein vom Zoll entdecktes Lager eines Pakistani im Textilbereich. Über einen legalen Großhandel lief das Geschäft mit den imitierten Waren.
Bild oben: Das legale Lager.
Bild unten: Die in noch Plastikbeuteln verpackte imitierte Ware.

Produktpiraterie – Software

Anfang 1999 beschlagnahmten Kölner Zollfahnder mehr als 288 000 gefälschte CDs und 185 450 gefälschte Disketten. Bei einem Amerikaner wurden insgesamt 685 000 Plagiate im Gesamtwert von 120 Millionen DM gefunden. Im Juni 1999 wurde der Texaner von der Wirtschaftskammer des Landgerichts Aachen zu vier Jahren Freiheitsstrafe verurteilt. Das Gericht hielt es für erwiesen, daß der Angeklagte in seinen Firmen in Großbritannien und Luxemburg über einen Zeitraum von eineinhalb Jahren illegale Kopien von Computer-Software und Handbüchern des amerikanischen Softwareherstellers Microsoft produziert hatte. Das Urteil erging wegen gewerbsmäßigen, gravierenden Verstoßes gegen das Markenrecht. Das Gericht kam zu der Erkenntnis, daß die Produkte kaum als Fälschungen zu erkennen waren und bis zu 60 Angestellte sie mit hoher Sachkenntnis hergestellt und vertrieben hatten.

Der Bereich der Wirtschaftskriminalität wird von deutschen OK-Gruppen dominiert. Daneben sind türkische und italienische Gruppierungen anzutreffen. Die Tätergruppen sind überdurchschnittlich groß und existieren in der Regel schon über einen längeren Zeitraum. Von den speziellen Merkmalen wurden eine nicht unerhebliche Gewaltanwendung und Einflußnahmen in Richtung öffentliches Leben festgestellt. Die Wirtschaftskriminalität verursachte einen Schaden von 876 Mio. DM. Neben der Schädigung von Einzelpersonen fallen vor allem aber die Schäden für die Allgemeinheit ins Gewicht. Hier geht es um illegale Arbeitnehmerüberlassungen und organisierte Steuerhinterziehungen, die wiederum Steuer- und Beitragsverluste in Millionenhöhe nach sich ziehen. Des weiteren werden honorige Anbieter von Waren und Dienstleistungen vom Markt gedrängt, weil sie mit den Angeboten der illegalen Strukturen nicht mithalten können.

Im Herbst 2000 durchsuchten Fahnder in einer international abgestimmten Aktion 199 Firmen und Wohnungen, davon 45 in Portugal. Ihr Ermittlungsziel: Illegale Arbeitnehmerüberlassung.

Moderne Sklavenhaltung

Die zuständige Staatsanwaltschaft München deckte mit ihren Ermittlungen den bisher bundesweit größten Skandal auf, in den namhafte deutsche Baukonzerne verwickelt waren. Über kriminelle Vermittler kamen die portugiesischen Arbeiter auf mindestens 230 Großbaustellen zum Einsatz. Die Arbeiter mußten wie Sklaven arbeiten, Vermittler kassierten den Großteil ihres Billiglohnes und zahlten weder Lohnsteuer noch Sozialversicherung. Zehn Manager von deutschen Firmen wußten von den kriminellen Machenschaften. Einer ging in Haft, die anderen retteten sich über Kautionen vor der Inhaftierung. In Portugal wurden 14 Personen festgenommen, die 4 Hauptverdächtigen konnten sich allerdings rechtzeitig absetzen.
Nach Berechnungen der Sonderkommission »Formica« wurden die Sozialversicherungen und der deut-

sche Fiskus um mindestens 34 Millionen Mark geprellt. Die meisten der Baustellen befanden sich im Raum München. 112 Firmen sind in die Vorgänge verwickelt. Die bisherigen Ermittlungen und Beweismittel umfassen rund 6 000 Aktenordner.

Fälschungskriminalität

Hierunter ist vor allem die Herstellung und das Inverkehrbringen von Falschgeld, die Fälschung unbarer Zahlungsmittel und der Bereich der Urkundenfälschung zu sehen. Das OK-Potential ist vergleichsweise niedrig, zeigt in Einzelfällen aber Professionalität. Auch hier waren die Nutzung gewerblicher Strukturen und Gewaltanwendung erkennbar. Die Fälschungskriminalität war häufig in Verbindung mit anderen Kriminalitätsbereichen zu verzeichnen. Deliktsübergreifende Gruppen waren neben der Fälschungskriminalität noch in den Handel mit illegalen Gütern, in Rauschgift- und Waffendelikte sowie in den Menschenhandel verstrickt.
Die Verwendung falscher Dokumente ermöglichte die Anmietung und damit verbunden die Unterschlagung von Fahrzeugen, unberechtigten Bezug von staatlichen Unterstützungen und nicht zuletzt die Flucht vor dem staatlichen Zugriff.

Falschgeld – professionelle Ausstattung

In Heilbronn stellten Fahnder Falschgeld im Nennwert von über 4 Millionen Dollar sicher, umgerechnet 7,2 Millionen Mark. Vier Tatverdächtige wurden festgenommen. Des weiteren entdeckten die Beamten mehrere Bündel fertig gedruckter und geschnittener US-Dollar-Noten im Nennwert von 100 000 US-Dollar, rund 50 Bögen ungeschnittener falscher Dollar-Noten, Druckplatten, Wasserzeichen- und Siebdruckrahmen sowie die entsprechenden Offsetdruckmaschinen.

Eigentumskriminalität

In den Begriff der Eigentumskriminalität fallen der Diebstahl bzw. der Einbruchsdiebstahl in oder aus Wohnungen und Geschäftsräumen, der Diebstahl und Unterschlagung von Kraftfahrzeugen, unbaren Zahlungsmitteln, Ausweisen, Wert- und Kunstgegenständen und der Diebstahl von Lkw-Ladungen mit zentraler Beuteverwertung in Form von Hehlerei.
In Richtung Stehlgut lagen die Schwerpunkte nach wie vor bei der internationalen Verschiebung von Kraftfahrzeugen. Weitere bevorzugte Objekte waren der Computer- und Unterhaltungselektronikbereich, Mobiltelefone, unbare Zahlungsmittel, Ausweise und Bargeld. Deutsche, polnische und italienische OK-Strukturen traten hier häufig in Erscheinung. Die Strukturen waren hierarchisch aufgebaut, wurden autoritär geführt und verfügten über eine ausgeprägte Arbeitsteiligkeit.

Internationale Kfz-Verschiebung – deutsch-italienische Strukturen

So ermittelte eine nordrhein-westfälische Dienststelle gegen eine deutsch-italienische Autoschieberbande, die auf Bestellung in Norditalien Luxuswagen stahl und mit gefälschten Papieren über offizielle Autohändler in Deutschland verkaufte. Der Gesamtschaden belief sich auf 3 Millionen Mark.

Internationale Kfz-Verschiebung – Mietwagen

Nach europaweit geführten Ermittlungen nahmen deutsche Fahnder eine zehnköpfige Autoschieberbande fest. Bei den Tätern handelte es sich überwiegend um Holländer und Engländer, die über einen Zeitraum von mehreren Jahren mindestens 250 Mietwagen nach Afrika verschoben haben sollen. Der entstandene Schaden wird auf 30 Millionen Mark geschätzt. Allein in Nordrhein-Westfalen hatten sie 100 Mietwagen unterschlagen und ins Ausland verschoben. Die Bande war außerdem in der Schweiz, in Österreich, Frankreich, Holland, Belgien und England aktiv.

Genutzt wurden gewerbliche oder geschäftsähnliche Strukturen, Gewaltanwendungen und Repressalien waren festzustellen. Einflußnahmen erfolgten in Richtung von Zeugen und im Zusammenhang mit dem Aussageverhalten und der Sanktionierung von Mittätern.
Die Unterversorgung bestimmter Staaten und das Wohlstandsgefälle sorgen für importierte Kriminalitätsstrukturen. Ihre kriminellen Aktivitäten richten die Täter nach Angebot und Nachfrage aus.

Rotlichtkriminalität

Hierunter ist die Kriminalität im Zusammenhang mit dem Nachtleben zu verstehen und umfaßt ein breites Spektrum an Straftaten wie Förderung der Prostitution, Zuhälterei, Menschenhandel und illega-

les Glücksspiel. Bei diesem Bereich handelt es sich um einen klassischen OK-Bereich, der wiederum durch die hohen Gewinne den Einstieg in andere Sektoren der Euro-OK ermöglicht.
Gewerbliche Strukturen täuschen Legalität vor. Mit der Anwendung von Gewalt in mannigfaltiger Art werden Machtpositionen geschaffen, erhalten oder ausgebaut.

Rotlichtmilieu – gewaltbereite Szene bis zum Mord

Nach über zweijährigen Ermittlungen (1997–1999) klärte die Kriminalpolizei in Siegen zahlreiche Straftaten im Rotlichtmilieu, darunter drei Tötungsdelikte. Hintergrund war der Kampf um die Vorherrschaft im Rotlichtmilieu im Großraum Siegen. Ein in Haft sitzender 45jähriger Zuhälter gilt als überführt, 1992 einen Bombenanschlag und 1995 eine Brandstiftung in Auftrag gegeben zu haben. Der Anschlag mit einer Autobombe galt einem Konkurrenten. Bei der Explosion starb eine 21jährige Prostituierte. Ihr Zuhälter wurde nur leicht verletzt. Bei dem Brand in einem Wohnhaus kamen zwei Prostituierte um. In der operativen Phase wurden 50 Wohnungen in Hessen, Rheinland-Pfalz und Nordrhein-Westfalen durchsucht. Es ergingen 32 Haftbefehle, 14 gefährdete Personen erhielten Zeugenschutzmaßnahmen.

Rotlichtkriminalität: Hierunter ist die Kriminalität im Zusammenhang mit dem Nachtleben zu verstehen. Sie umfaßt ein breites Spektrum an Straftaten wie Prostitution, Menschenhandel, Körperverletzungen, Freiheitsberaubungen, illegales Glücksspiel und anderes mehr.

Durch Gefälligkeiten, Bestechung und Korrumpierung werden Abhängigkeiten herbeigeführt und die Basis für Erpressungsdelikte geschaffen. Deutsche und ausländische Gruppierungen kontrollieren das Geschäft, wobei die deutschen Täter schon in der Minderzahl sind. Eine besondere Rolle im Rotlichtbereich spielen türkische, litauische und russische Gruppierungen. Durch den andauernden Zustrom von ausländischen Prostituierten, vor allem aus Osteuropa, werden sich diese Strukturen noch verfestigen, gepaart mit einer enormen Gewaltbereitschaft.

Menschenhandel – russische Gruppierungen

Das BKA führte seit Anfang 1999 im Auftrag der Staatsanwaltschaft Oldenburg in Niedersachsen Ermittlungen gegen russische und ukrainische Staatsangehörige wegen Verdachts des schweren Menschenhandels und der Geldwäsche. Anfang Februar durchsuchten Beamte des BKA zusammen mit ihren Kollegen aus Niedersachsen eine Bar im Bereich Aurich und die Wohnung des Barbesitzers in Bremen. Der 48jährige Russe wurde angetroffen und aufgrund eines bestehenden Haftbefehles festgenommen. Er steht im Verdacht, zusammen mit weiteren russischen Staatsangehörigen Frauen unter Vorspiegelung falscher Tatsachen in ihren Heimatländern, vornehmlich der Ukraine und Rußland, angeworben zu haben (Arbeit als Au-pair-Mädchen, Kellnerin etc.) und sie unter Ausnutzung ihrer Hilflosigkeit im fremden Land und ihrer finanziellen Lage (Abbezahlen von Schulden, die durch Visabeschaffung, Transportkosten, Unterbringungskosten etc. entstanden waren) zur Ausübung und Fortsetzung der Prostitution gezwungen zu haben. Die Frauen wurden von einem ukrainischen Staatsangehörigen, der sich eines 43jährigen Ukrainers in Deutschland bediente, vermittelt. Dieser Gehilfe verteilte die Frauen auf die Barbetriebe und trieb das Geld bei den Barbesitzern ein.
In einem vorhergehenden Verfahren waren im Juni 1999 in einem als Pension getarnten bordellähnlichen Betrieb in Wildeshausen 18 Frauen aus der Ukraine und Rußland festgestellt worden. Die Betreiber sowie der in Deutschland aufhältige Vermittler wurden festgenommen.

Als Herkunftsländer der Frauen sind die Russische Föderation, die Ukraine und die Baltischen Staaten von Bedeutung. Das Wohlstandsgefälle und die schlechte Zukunft in den Heimatländern sind die Gründe für Migration und die anschließende Zuführung in die nicht selten gewaltsame Prostitution.

Menschenhandel – Größenordnung

Eines der größten Ermittlungsverfahren wegen schwerem Menschenhandel und Zuhälterei begann Mitte 2000 vor dem Bochumer Landgericht. Polizei und Staatsanwaltschaft ermittelten gegen 233 Beschuldigte aus Deutschland und 8 weiteren europäischen Ländern. Ihnen wird vorgeworfen, 263 osteuropäische Frauen nach Deutschland eingeschleust und in Bordellen des Ruhrgebiets zur Prostitution gezwungen zu haben. Mehrere Frauen sind noch minderjährig. Als Hauptverdächtige sind ein 32jähriger Türke und eine 25jährige Ukrainerin angeklagt. Die Opfer wurden mit den üblichen Stellenangeboten wie Kindermädchen oder Putzfrau über Annoncen oder Bekannte über Vermittler nach Deutschland gelockt. Schon in Litauen waren sie eingesperrt und wurden durch brutale Vergewaltigungen gefügig gemacht. In Deutschland wurden ihnen die Touristenvisa oder falsche Pässe wieder abgenommen, so daß sie den einzelnen Klubchefs ausgeliefert waren.

Die OK-Netzwerke mit hohem OK-Potential verzeichnen hohe Gewinne, die wiederum professionell in legale Strukturen oder in die Erschließung neuer Kriminalitätsbereiche fließen.

Menschenhandel – Ausbeutung

In Hamburg und Schleswig-Holstein sprengten Hamburger Fahnder einen Zuhälterring, der mit Prostituierten aus Osteuropa das große Geld machte. Elf Etablissements, ein Lokal und eine Wohnung waren das Ziel der Beamten. Sie nahmen 5 Personen, darunter den Kopf der Bande, einen Griechen, einen Deutschen, einen Jugoslawen und zwei Russinnen fest, gegen die wegen gewerbsmäßiger Beihilfe zum Verstoß gegen das Ausländergesetz und wegen Verdachts der Zuhälterei ermittelt wurde. Des weiteren wurden 25 Prostituierte festgenommen. Mindestens 20 Frauen wurden von Osteuropa nach Deutschland eingeschleust. Die Frauen wurden rabiat ausgebeutet. Ihnen wurden Mieten in Rechnung gestellt, die selbst in der Modellprostitution nicht üblich sind. Gelder wurden ihnen nicht ausgezahlt. Somit waren sie vollkommen von den Drahtziehern abhängig. Aufgrund von gefundenem Beweismaterial gehen die Ermittler davon aus, daß die Zuhälter den Frauen eine halbe Million abgepreßt haben. Bei dem 21jährigen Jugoslawen, der als Geldeintreiber in den Bordellen fungierte, fanden die Beamten Überweisungsträger für Konten in Estland.

Die Lebensader des Rotlichtmilieus – der internationale Frauenhandel

Jährlich werden Tausende von Frauen weltweit Opfer des Frauenhandels, indem sie von gewissenlosen Kriminellen als Prostituierte, billige Service- oder Arbeitskräfte oder sogar als Ehefrauen mit sklavenartigem Charakter vermarktet werden. Sie werden entführt, gekauft oder verkauft, sie werden mit üblen Tricks oder falschen Versprechungen gelockt oder in vielen Fällen unter Zwang mit brutaler Gewaltanwendung ihrer neuen »Arbeitsstätte« zugeführt. Mit der »Handelsware Frau« hat sich ein weltweit agierender Industriezweig gebildet, dessen kriminelle Spuren von den armen zu den reichen Ländern verlaufen. Dieser kaum zu sättigende Markt ist nach den Erkenntissen der Europäischen Union in den letzten fünf Jahren stark angestiegen. Die Zahl der Frauen, die zwecks Prostitutionsausübung nach Westeuropa geschleust wurden, wird auf 200 000 bis 500 000 geschätzt.
In Deutschland liegt die Zahl der offiziell registrierten Prostituierten bei 60 000. Vorsichtig geschätzt sind etwa 400 000 Frauen in diesem Gewerbe tätig. Von den ca. 200 000 Vollprofis kommen zwischenzeitlich etwa 50 000 aus Osteuropa. Nach unterschiedlichen Schätzungen kommt es in der Bundesrepublik täglich zu etwa 300 000 bis zu 1 000 000 sexuellen Kontakten mit steigender Tendenz. Die Hauptursachen des Frauenhandels liegen in den enormen Gewinnspannen, die die Drahtzieher und Organisatoren für sich nach Abzug aller Unkosten verbuchen können, und in dem fehlenden Risiko, einer Strafverfolgung geschweige denn einer empfindlichen Verurteilung ausgesetzt zu sein. Die Umsätze im deutschen Rotlichtmilieu werden auf 12 bis 70 Mrd. Mark pro Jahr geschätzt. Nicht verwunderlich, wenn eine »durchschnittliche« Prostituierte zwischen 84 000 und 360 000 DM pro Jahr erwirtschaftet und eine »Edelprostituierte« es bereits auf ca. 1 Milllion DM bei 220 Arbeitstagen im Jahr bringt…
Wenn auch die anderen Bereiche des Frauenhandels in ihrer Verfolgung nicht vernachlässigt werden dürfen, so soll doch im folgenden nur der lukrative Bereich des Frauenhandels zum Zwecke der Prostitution näher beleuchtet werden.

Definitionsprobleme

Unter dem Begriff »Menschenhandel« werden in der breiten Öffentlichkeit und in sensationell aufgemachten Berichten der Print- und Bildmedien immer häufiger Bereiche wie der Frauen- und Mädchenhandel, der Heiratshandel, der Handel mit Frauen auf dem Arbeitsmarkt, Schlepper- und Schleuseraktivitäten, illegale Arbeitnehmerüberlassung und in jüngster Zeit auch der Kinderhandel verstanden.
Der Begriff des »Menschenhandels« ist juristisch jedoch mit den §§ 180 b StGB (Menschenhandel) und 181 StGB (schwerer Menschenhandel) belegt. Diese Strafbestimmungen wurden durch das 26. StÄG vom 15.7.1992 neu gefaßt. Sie verfolgen das Ziel, ausländische wie deutsche Mädchen und Frauen vor den mit der Prostitutionsausübung für sie und ihre persönliche Freiheit verbundenen Gefahren besser zu schützen. Geschütztes Rechtsgut ist die persönliche Freiheit und die sexuelle Selbstbestimmung, insbesondere ausländischer Mädchen und Frauen, sofern sie wegen ihrer Sprache und der ihnen fremden Lebensbedingungen Schwierigkeiten haben, sich gegenüber kriminellen und international organisierten und operierenden Tätern – in der Regel Anwerber, Schlepper, Vermittler, Zuhälter und Bordellbesitzer – wirksam zur Wehr zu setzen.
Die qualifizierenden Tatbestandsmerkmale im schweren Menschenhandel sind die Gewaltanwendung, das Anwerben mit List, die Entführung oder das gewerbsmäßige Handeln. Nach der neuen Vorschrift können sowohl Frauen, die schon als Prostituierte arbeiten, als auch prostitutionswillige Frauen Opfer des Menschenhandels werden, wenn die Täter sie über Art und Ausmaß der Prostitution täuschen oder sie von ihnen zuhälterisch ausgebeutet werden. Obwohl aufgrund der geschlechtsneutralen Formulierung im deutschen Strafgesetzbuch auch Männer Opfer eines Menschenhandels werden können, spielt diese Variante in der Praxis kaum eine Rolle und wird im folgenden auch keine weitere Beachtung finden. Der Schwerpunkt wird somit auf dem Frauenhandel mit dem Ziele der Zwangsprostitution liegen.

Frauenhandel

Das Thema Frauenhandel beschäftigt die verschiedenartigsten nationalen und internationalen Institutionen schon seit langem. Dennoch gibt es bis heute weder in Deutschland noch in der internationalen Staatengemeinschaft eine rechtliche bzw. allgemeingültige Definition. Grund dafür dürften einmal die Komplexität des Phänomens, unterschiedliche Kulturen, aber auch die unterschiedlichen Rechtssysteme der einzelnen Staaten sein.
Im April 1997 fand in Den Haag eine Ministerkonferenz der Europäischen Union über das Thema Frauenhandel zum Zwecke sexueller Ausbeutung statt. Sie gab folgende Erklärung ab: Frauenhandel zum Zwecke sexueller Ausbeutung ist eine schwere und in ihrem Umfang zunehmende Form des internationalen Organisierten Verbrechens, die den Frauenhändlern bei relativ geringem Risiko hohe Gewinne einträgt. Der Begriff des Frauenhandels bezieht sich auf jegliches Verhalten, das die legale oder illegale Einreise, den Transit durch, den Aufenthalt in oder die Ausreise aus dem Staatsgebiet eines Landes von Frauen zum Zwecke der gewinnbringenden sexuellen Ausbeutung erleichtert, und mittels Nötigung, insbesondere Gewalt oder Drohungen, oder Täuschung, Autoritätsmißbrauchs oder sonstiger Formen von Zwang dergestalt, daß die Person keine reale und zumutbare Alternative hat, als sich dem ausgeübten Zwang oder Mißbrauch zu unterwerfen.

Entwicklungstendenzen

Nach Öffnung der mittel- und osteuropäischen Grenzen hat der organisierte Frauenhandel und damit das Prostitutionsgeschäft riesige Steigerungsraten erfahren. Die oft internationalen Verbrecherringen angehörenden Täter machen sich die soziale und wirtschaftliche Situation in den Herkunftsländern zunutze, um die Frauen in die Illegalität und in die Prostitution abzudrängen.
Der in Deutschland aufgedeckte Frauen- und Mädchenhandel ist in der Mehrheit der Fälle der Organisierten Kriminalität zuzurechnen. Nach Erkenntissen des Landeskriminalamtes Baden-Württemberg (LKA BW) waren zum Beispiel alle im Jahre 1995 in BW angefallenen 21 Fälle von Menschenhandel nach der strengen Rasterprüfung (Definition/Indikatoren) der Organisierten Kriminalität zuzurechnen.
Bis Anfang der 90er Jahre wurden vor allem Mädchen aus Dritte-Welt-Ländern wie Thailand, den Philippinen, Brasilien, Kolumbien, Kenia, Togo, Ghana oder aus den französischen Überseekolonien wie Guadeloupe, Martinique oder Réunion nach Deutschland verbracht.

So ermittelte eine niedersächsische Ermittlungskommission über zwei Jahre gegen einen 45jährigen Deutschen und seine thailändische Ehefrau, bevor die beiden 1990 wegen Menschenhandels, Zuhälterei und Förderung der Prostitution zu einer Freiheitsstrafe von vier Jahren verurteilt wurden. In diesem

Verfahren wurde gegen über 200 Beschuldigte in der Bundesrepublik, in Spanien, Dänemark und Thailand ermittelt. Der Deutsche hatte mit seiner Frau und mit Hilfe ihrer Verwandten in Thailand und Deutschland eine Schlepperorganisation und einen Menschenhändlerring aufgebaut. Über 90 Thailänderinnen wurden von der Soko ermittelt, die mit falschen Versprechungen und Zahlung von Krediten bis zur Höhe von 15 000 bis 17 000 DM nach Deutschland gelockt und zur Prostitutionsausübung gezwungen worden waren.

Die meisten Frauen kommen aus der ehemaligen Sowjetunion und Südosteuropa. Hier eine Razzia in einem Bordell in Hamburg. Illegal aufhältliche Frauen werden abgeführt.

Ende der 80er Jahre kam es zu einer intensiven Zusammenarbeit zwischen der französischen und deutschen Polizei. Die Soko »Karibik« beim Landeskriminalamt Nordrhein-Westfalen ermittelte gegen 35 in Deutschland ansässige Farbige mit französischem Paß, die rund 200 farbige Frauen und Mädchen von den französischen Antillen (Guadeloupe/Martinique) über Frankreich unter Vorspiegelung falscher Tatsachen nach Deutschland verbracht, bei der Prostitutionsausübung überwacht und ausgebeutet hatten.
Noch 1992 wurden von einem nordrhein-westfälischen Landgericht ein Menschenhändler und seine Partnerin zu sieben bzw. fünf Jahren Freiheitsstrafe verurteilt. Sie hatten über drei Jahre weit über hundert Filipinas nach Deutschland gelockt und an Bars verkauft, wo sie zu Striptease und Prostitution gezwungen wurden. Die in ärmlichen Verhältnissen auf den Philippinen lebenden Frauen hatten das Geld für ihre Tanzausbildung meist mühsam in der Hoffnung auf das versprochene Engagement als Folkloretänzerin im Ausland zusammengespart, ohne zu ahnen, was sie in Deutschland erwartete.
Mit den politischen Veränderungen in der ehemaligen Sowjetunion und in Südosteuropa änderte sich dieses Bild. Die Fallzahlen des grenzüberschreitenden Frauenhandels stiegen drastisch an.
Die Fälle steigerten sich von 143 (1991) auf 1 091 (1997). Insgesamt wurden von 1991 bis 1996 4 702 Fälle – nicht Ermittlungsverfahren – registriert. Doch nicht nur die von den Strafverfolgungsbehörden aufgedeckten Fälle des Frauen- und Mädchenhandels stiegen an, sondern auch die Zahl der Opfer erhöhte sich. Gefragt waren nicht mehr die Frauen aus Thailand, aus Südamerika oder aus Afrika, sondern die »Billigware« aus Osteuropa. Diese Entwicklung spiegelte sich auch in den Zahlen des BKA wider, die für die Jahre 1992/93 bereits 219 Opfer aus Polen, 218 aus der ehemaligen Tschechoslowakei, 147 aus der ehemaligen Sowjetunion und 25 Opfer aus Rumänien auswiesen.

Herkunft der Opfer – die modernen Sklavinnen aus dem Osten

So wurden in den Großräumen Bonn–Köln und Mannheim zwei Menschenhändlerringe gesprengt. In Bonn wurden 13 Zuhälter festgenommen, die u. a. Frauen aus Polen und Rumänien eingeschleust und in Bordellen eingesetzt hatten. In Mannheim wurden 6 Täter verhaftet, die Frauen mit fingierten Arbeitsangeboten aus dem gesamten Raum Osteuropa nach Deutschland geschmuggelt hatten.

Bei einer Razzia im Raum Bielefeld wurden in drei Etablisssements insgesamt 16 Frauen aus Polen, den GUS-Staaten und Rumänien entdeckt. Die Ermittlungen waren nach der Flucht von zwei Frauen aus einem bordellähnlichen Betrieb in Gang gekommen, in dem sie gegen ihren Willen arbeiten mußten.

Durch den Hinweis eines Stammkunden stieß die Polizei im Raum Duisburg auf einen Menschenhändlerring von 16 Personen, an der Spitze ein Ehepaar aus dem ehemaligen Jugoslawien, der über 20 Frauen aus Kroatien, Tschechien und den GUS-Staaten mit den üblichen Versprechungen nach Deutschland gelockt und zur Prostitution in zwei Bordellen gezwungen hatte.

Bei einer Großrazzia im Großraum Hagen wurden 14 Mitglieder eines Menschenhändlerringes deutscher, türkischer, albanischer und italienischer Herkunft festgenommen. Seit Jahren hatten sie junge Frauen aus Osteuropa nach Westeuropa gelockt und mit brutalen Methoden zur Prostitution gezwun-

gen. Insgesamt 24 osteuropäische Frauen im durchschnittlichen Alter von 20 Jahren konnten bei dieser Aktion durch die Polizei befreit werden. Einige waren monatelang in engen Räumen mit heruntergelassenen Rolläden gefangengehalten, brutal geschlagen und vergewaltigt worden. In diesem Zusammenhang wurde bekannt, daß im Jahre 1996 in Nordrhein-Westfalen bei ähnlichen Einsätzen über 400 Frauen befreit werden konnten, die zuvor gewaltsam festgehalten und zur Prostitution gezwungen worden waren.

In Ostwestfalen war ein Verfahren gegen zwei Täter anhängig, die fünf junge Tschechinnen zur Prostitution in einem Privatclub gezwungen hatten. Die Frauen waren für 20 000 DM von einem Menschenhändlerring gekauft worden. Sie waren auf einem Parkplatz einer Autobahnraststätte »angeliefert« worden. Die Sache flog auf, als zwei der Frauen durch ein Toilettenfenster fliehen konnten und sich Passanten anvertrauten.

Bundesweites Lagebild »Menschenhandel«

Die Öffnung der Ostgrenzen setzte somit in Sachen Prostitution und Menschenhandel ganz neue Maßstäbe. Aufgrund seines gesetzlichen Auftrags und der beunruhigenden Entwicklung dieses Phänomens begann das BKA 1992 mit der Erstellung und Fortschreibung eines bundesweiten Lagebildes, um alle Tendenzen in diesem Deliktsfeld frühzeitig zu erkennen und gemeinsam mit den Ländern Bekämpfungsstrategien zu entwickeln. Grundlage für die seit diesem Zeitpunkt erstellten Lagebilder sind nicht die Fallzahlen nach der Polizeilichen Kriminalstatistik (PKS), sondern die von den Ländern nach einem bestimmten Raster jährlich gemeldeten Ermittlungsverfahren wegen Menschenhandels zum Nachteil ausländischer Frauen (§§ 180b und 181 StGB).

Umfang der Verfahren

Von 1992 bis 1999 ermittelten deutsche Strafverfolgungsbehörden in über 2 500 Verfahren wegen Menschenhandels zum Nachteil ausländischer Frauen (1992/93 = 303, 1994 = 373, 1995 = 522, 1996 = 382, 1997 = 392, 1998 = 318 und 1999 = 257). Der Höhepunkt war damit 1995 zu verzeichnen. Doch der rein optische Rückgang dürfte täuschen. Die meisten Menschenhandelsverfahren sind der Organisierten Kriminalität zuzurechnen. Weit verzweigte internationale Täterstrukturen ziehen die Fäden. Gingen die Täter in den ersten Jahren nach den politischen Veränderungen noch unvorsichtig zu Werke, so haben sie zwischenzeitlich auf die Bekämpfungsstrategien der deutschen Behörden reagiert und ihre Strategien wiederum entsprechend geändert. Dies erfordert vermehrt den Einsatz verdeckter Maßnahmen bzw. deren Verfeinerung. Da es um die Zerstörung von Strukturen und eine gezielte Gewinnabschöpfung geht, ist Zeit und Geduld der Verfolgungsbehörden gefragt. Die Hauptverhandlungen mit einer Vielzahl von Tätern und Opferzeuginnen unterschiedlicher ethnischer Herkunft und somit mit großen Übersetzungsschwierigkeiten binden zwischenzeitlich langfristig personelle Ressourcen. Die Anforderungen an die Beweisführung in Menschenhandelsverfahren sind hoch, zumal auch hier die Konfliktverteidigung Einzug gehalten hat. Das mangelhafte deutsche Beweisantragsrecht gibt den Milieuanwälten genug erfolgreiche Angriffsfläche. Die geringe Zahl der Verurteilungen wegen Menschenhandels unterstreicht diese These.

Aufgrund der Komplexität der Verfahren, der schwierigen Beweisführung und der langatmigen Vernehmungen mit Dolmetschern werden die bei diesem Delikt notwendigen Kontroll- und Überprüfungsmaßnahmen reduziert. Die Bekämpfung des Menschenhandels wird erschwert. Sinkende Fallzahlen sind die Folge.

Täter

Der Menschenhandel wird zwar nach wie vor von deutschen, türkischen und osteuropäischen Tätern bestimmt, aber die osteuropäischen Täter machen an Boden gut und haben die Türken aus ihrer Stellung hinter den führenden Deutschen verdrängt. Der Grund für die zahlenmäßige Führung der Deutschen und auch der Türken liegt darin, daß die meisten bordellartigen Betriebe noch von Deutschen und Türken geführt werden. Die in den Print- und Bildmedien oftmals als äußerst brutal beschriebenen ethnischen Albaner sind statistisch schwer auszumachen, da sie in Serbien, Montenegro und Mazedonien zu Hause sind und somit nicht gesondert ausgeworfen werden.

Herkunft der ausländischen Opfer

Die ab 1989/1990 zu beobachtende Bevorzugung osteuropäischer Frauen als Opfer des Menschenhandels setzte sich auch in den folgenden Jahren und 1999 fort. Sie kommen vor allem aus der Ukraine,

Polen, Rußland, Litauen, Tschechien, Weißrußland, Ungarn, Bulgarien, aus Slowenien und Ungarn. Die seit Jahren beobachtete Altersstruktur weist auch 1999 aus, daß überwiegend Frauen zwischen 18 und 25 Jahren Opfer des Menschenhandels werden.

Anwerbung der Opfer

Die Täter locken die Frauen in ihren Heimatländern mit scheinbar guten, seriösen und lukrativen Beschäftigungs- und Verdienstmöglichkeiten. So werden ihnen Tätigkeiten im Gaststätten- und Hotelgewerbe als Kellnerin, Büfettkraft, Köchin oder Putzfrau angeboten. Des weiteren stehen Beschäftigungen wie Haushaltshilfe, Kindermädchen oder Pflegekraft auf dem Programm. Selbst so zwielichtige Angebote wie Fotomodell, Animierdame oder Stripteasetänzerin halten sie nicht davon ab, ihr Glück mit Hilfe ihrer Landsleute im Westen zu suchen. Auch die schrecklichen Erlebnisse der enttäuscht in ihre Heimat zurückkehrenden Frauen lassen sie nicht davor zurückschrecken, die Strapazen einer Reise und deren böse Folgen auf sich zu nehmen. Der Grund dafür liegt in den unbefriedigenden sozialen und wirtschaftlichen Verhältnissen in der Heimat dieser Frauen. Die Täter suchen den Kontakt über Zeitungsinserate, über Partnerschaftsvermittlungen bzw. Heiratsinstitute, durch Ansprechen auf öffentlichen Straßen, in Gaststätten oder Diskotheken. Oft werden weibliche Personen als Lockvögel eingesetzt.

Verbringungs- und Schleuserwege im Frauenhandel

Während der Transport der Frauen aus Südostasien oder aus Südamerika per Flugzeug nicht unerhebliche Kosten verursacht, nutzen die Täter bei den Mittel- oder Osteuropäerinnen Pkws, Transporter, Busse, Lkws oder auch die Bahn. Somit halten sie Investitionen niedrig. Die Einreise bedeutet für die Täter kein großes Problem. Frauen aus Polen, Tschechien, der Slowakei und Ungarn benötigen kein Visa und reisen mit normalen Dokumenten ein. Die Papiere von Frauen aus der alten Sowjetunion werden mit Daten aus diesen Ländern verfälscht oder gefälscht.

Der deutsch-tschechische Grenzübergang Zinnwald auf der Strecke von Prag nach Dresden. Einer der Brennpunkte bei Schleusungen und Menschenhandel.

In anderen Fällen werden Visa bei den deutschen Auslandsvertretungen erschlichen, in dem der Reisezweck als privater Besuchsaufenthalt oder als Geschäftsbesuch getarnt wird. Die dafür notwendigen Unterlagen werden ge- oder verfälscht. Schleuser oder Menschenhändler gründen zu diesem Zweck auch Firmen oder Agenturen, um seriöse Geschäftsbeziehungen aufzubauen oder fingierte Einladungen zu übermitteln. Müssen kontrollierte Grenzübergangsstellen passiert bzw. umgangen werden, so werden die Frauen bis zur Grenze gebracht, wo Schlepper den Transport über die »Grüne Grenze« übernehmen. Sodann werden sie auf deutschem Gebiet wiederaufgenommen und ihrem »Arbeitsort« zugeführt. Im Ausland geschlossene Ehen mit deutschen Männern zielen darauf ab, eine Aufenthalterlaubnis in Deutschland zu bekommen. Des weiteren sind Fälle bekannt, in denen Frauen mit Gewaltanwendung entführt oder Opfer unter Drogen oder Alkohol gesetzt wurden, um ihren Widerstand zu brechen.

Prostitutionsausübung

In Deutschland werden die Frauen direkt der Prostitution zugeführt, um sofort Einkünfte zu erzielen. In der Folgezeit haben sie dann die angeblich entstandenen Unkosten wie Paßgebühren, Transportkosten,

Schleusung u.a.m. abzuarbeiten. Der Schuldenberg wächst dann noch durch überhöhte Kosten für Kleidung, Unterbringung und Verpflegung. Häufig wird der Verdienst unter fadenscheinigen Begründungen einbehalten oder mit höchstens 10 % ausgezahlt. 25 % zählen in der Branche schon als Spitzenverdienst. Die Prostitutionsausübung erfolgt in den meisten Fällen in primitiven bordellartigen Betrieben, in Saunen, Bars oder Massagesalons, deren hygienische Verhältnisse zu wünschen übriglassen. Weitere Einsatzgebiete sind Terminwohnungen, der Straßenstrich, ausländische Klubs oder Gaststätten und Ausländerunterkünfte. Einige kommen auch in sogenannnten Begleitagenturen als »Hostessen« unter.

Gewalteinwirkung

Auf die Opfer wird sowohl physische als auch psychische Gewalt ausgeübt. Diese Gewalt spüren die Opfer schon kurz nach Reiseantritt. In nicht wenigen Fällen werden die Frauen schon vor Überschreiten der deutschen Grenze auf die Prostitution eingestimmt. Mit Drohungen und Schlägen werden sie eingeschüchtert. In extra dafür eingerichteten Häusern oder ausgewählten Hotels werden sie gefangengehalten und »eingeritten«. Was nichts anderes bedeutet als Vergewaltigung.
Nach Erreichen ihres »Arbeitsortes« werden ihnen ihre Reisepässe oder persönlichen Dokumente abgenommen. Ihre Hilflosigkeit in einem fremden Land, Verständigungsschwierigkeiten und die dauernde Angst vor einer Festnahme mit anschließender Abschiebung erhöhen den psychischen Druck und die Abhängigkeit von den Tätern. Unter Verabreichung von Drogen und Alokohol, unter Zufügung von Körperverletzungen mit Hilfe von Schußwaffen oder Messern, durch Verbrennungen mit glühenden Zigaretten, weitere brutale Vergewaltigungen und nicht zuletzt durch Morddrohungen auch gegenüber Angehörigen in der Heimat werden sie gefügig gehalten. Bei Nichteinhaltung der »Spielregeln« werden Strafen wie Essensentzug oder Einsperren unter Beaufsichtigung ausgesprochen.

Zeugenproblematik

In Menschenhandelsverfahren spielt der Sachbeweis eine untergeordnete Rolle. Gefragt ist der Personalbeweis, das heißt, die unmittelbare Aussage des Opfers. Diese ist aber nur dann gewährleistet, wenn die zuständige Ausländerbehörde bis zur Hauptverhandlung eine Duldung gewährt. Inzwischen sind Duldungen bis zur Hauptverhandlung gewährleistet.
Sollten die Opfer in ihr Heimatland zurückgekehrt sein, so sind sie in vielen Fällen nicht mehr bereit, nach Deutschland zurückzukehren, um hier zeugenschaftlich auszusagen. Teilweise sind ihre Aufenthaltsorte oder ihre ladungsfähigen Anschriften nicht bekannt, so daß sie in der Hauptverhandlung als Zeuginnen nicht mehr zur Verfügung stehen. Das wiederum hat zur Folge, daß die Täter nicht mehr wegen Menschenhandels, sondern nur noch wegen Förderung der Prostitution oder Zuhälterei verurteilt werden können. Nicht selten werden die Opfer in ihrer Heimat massiv bedroht oder sogar zusammgeschlagen. Dabei werden auch ihre Angehörigen nicht ausgenommen. Hiermit wollen die Täter eine Aussage der Opfer vor Gericht verhindern.

Fallbeispiele des Menschenhandels

Fall 1: *Auf der Bundesautobahn in der Nähe einer deutschen Großstadt wurden neun rumänische Frauen im Alter von 16 bis 17 Jahren in Begleitung von drei Rumänen und einem Polen überprüft. Nach den Ermittlungen waren sie in Rumänien von Unbekannten als Kellnerinnen für die Gastronomie in Deutschland angeworben worden. Über Ungarn und Tschechien wurden die Frauen illegal in die Bundesrepublik eingeschleust. Nach einem Zwischenstop waren sie auf dem Weg ins Rheinland. Während der Reise war den Frauen mit körperlicher Gewalt, Todesdrohungen, Vergewaltigungen und durch die Abnahme der Pässe verdeutlicht worden, daß sie als Prostituierte zu arbeiten hätten.*

Fall 2: *Auf einer Kripo-Dienststelle erschien eine 21jährige Tschechin und erklärte, daß sie aus einer Wohnung entkommen sei, in der sie gefangengehalten wurde. Sie sei in ihrem Heimatort in Tschechien von einem Deutschen angesprochen und, nachdem er ihr Arbeit in Deutschland versprochen hatte, in ein Hotel und später in eine Bar gebracht worden. Sowohl in dem Hotel als auch in der deutschen Bar sei sie unter Tötungsandrohung zur Prostitution gezwungen worden.*

Fall 3: *Drei gebürtige polnische Täter brachten drei 17jährige polnische Mädchen aus Polen ins Ruhrgebiet und wollten sie in einem bordellartigen Saunaclub zur Prostitution bringen. Eines der Mädchen brach in dem Bordell zusammen und wurde in ein Krankenhaus verbracht, von wo aus die Polizei benachrichtigt wurde. Bevor die polizeilichen Ermittlungen nach der Vernehmung des Mädchens anlaufen konnten, waren die anderen beiden Mädchen von den Schleppern schon wieder abgeholt und an einen unbekannten Ort verbracht worden.*

Viele der Mädchen gehen auf der tschechischen Seite zunächst der Prostitution nach und werden dann über Schlepper vermittelt und in Bordelle nach Deutschland gebracht. Hier die berüchtigte E 55 kurz hinter der Grenze Richtung Prag als Straßenstrich.

Fall 4: In einem Verfahren wegen schweren Menschenhandels im Großraum Dortmund wurde bekannt, daß eine Gruppe von Zuhältern junge Frauen aus Rußland, Polen und anderen osteuropäischen Ländern nach Deutschland gelockt hatte. In ihren Heimatländern hatte man ihnen erzählt, daß sie in Deutschland als Tänzerinnen, Putzfrauen bzw. Kellnerinnen arbeiten könnten. Die Frauen wurden dann zur Prostitution gezwungen, nachdem sie in Bars oder Clubs als angebliche Bedienungen untergebracht worden waren.

Fall 5: Das Bestehen von regelrechten Menschenhandelsagenturen in Polen zur Deckung des Bedarfs in Deutschland oder in anderen westeuropäischen Ländern wurde durch eine Anfrage von Interpol Warschau bekannt. Bei Ermittlungen gegen eine Agentur stellten die polnischen Behörden fest, daß diese drei Russinnen und fünf Polinnen nach Deutschland an einen Türken verkauft hatte. Pro Frau hatte der Inhaber zwischen 5 000 und 6 000 DM bezahlt. Die illegale Einschleusung wurde von deutschen Schleppern organisiert. Pässe hatten die Frauen gar nicht erst in ihrem Besitz.

Fall 6: Ein Ermittlungsverfahren in Norddeutschland zeigte, daß die Menschenhändlerringe deliktsübergreifend im internationalen Menschenhandel, der internationalen Kfz-Verschiebung, der Falschgeldverbreitung, dem Rauschgift- und Waffenhandel tätig waren.
Die beiden deutsch-russischen und deutsch-polnischen Tätergruppen standen im Verdacht, mit verschiedenen Versprechungen wie lukrative Arbeitsstellen u. a. m. junge Frauen und Mädchen nach Deutschland gelockt zu haben. Nachdem den Geschädigten die Pässe abgenommen worden waren, wurden sie zur Prostitutionsausübung gezwungen. Die Barbetreiber erhielten 50 %, die Schlepper 25 % und die restlichen 25 % sollten die Frauen bekommen. Doch von diesen 25 % wurden den Frauen noch Unterkunft, Verpflegung und die Anreise in Rechnung gestellt. Den Restbetrag sollten sie in Rußland bekommen, weil bei einer eventuellen Kontrolle die Polizei das Geld beschlagnahmen würde. Es wurden Aufpasser abgestellt, so daß sich die Frauen nicht bewegen konnten. Durch diese totale Kontrolle, die fehlenden Pässe und die Mittellosigkeit gab es für die Frauen kein Entrinnen. Die Ermittlungen ergaben, daß in den nächsten Wochen ca. 50 russische Frauen im Alter von 19 bis 25 Jahren dem Rotlichtmilieu zugeführt werden sollten.

Fall 7: In Nordrhein-Westfalen wurden drei als Privatklubs getarnte Bordelle von einem deutschen Zuhälter über einen längeren Zeitraum mit polnischen, tschechischen und russischen Prostituierten versorgt. Im Laufe der Ermittlungen wurden 46 osteuropäische Frauen als Prostituierte festgestellt. Das Anwerben erfolgte über Landsleute. Über mehrere Stationen in Rußland bzw. Polen wurden sie nach Deutschland geschleust. In verschiedenen Bars und bordellartigen Betrieben wurden sie für 1000 bis 1500 Mark verkauft. Den Menschenhändlern konnten insgesamt 9 Schleusungen nachgewiesen werden. Die meisten der Frauen wurden unter falschen Voraussetzungen angeworben. Es wurde Arbeit in Gaststätten, Pizzerien oder im Haushalt versprochen. Den arbeitsunwilligen Frauen wurde der Paß abgenommen. Sie wurden gegen ihren Willen festgehalten und mit Gewalt zur Aufnahme der Prostitution gezwungen. Der geringe Verdienst, der den Frauen blieb, wurde ihnen teilweise noch von russischen oder polnischen Zuhältern abgepreßt. Der Fall zeigte deutliche internationale Strukturen:

- *Anlaufstelle in Polen, Kopf mit Verbindungen zum deutschen Rotlichtmilieu, Zusammenfassen der polnischen und russischen Frauen, Gefügigmachen, Einschleusen nach Deutschland*

- *Anlaufstelle in Tschechien, Bar in einer Kleinstadt, Einschleusen über den rheinischen Raum nach Westfalen*
- *Anlaufstelle in Rußland, Bar in einer Grenzstadt und Einschleusen über Polen nach Deutschland*

Fall 8: *Eine deutsch-polnische Tätergruppe fuhr nach Warschau zu einem »Geschäftstreffen« der polnischen und russischen Mafia. Verhandelt wurde über zukünftige kriminelle Aktivitäten in den Bereichen Menschen-, Rauschgifthandel und Kfz-Verschiebung. Kurze Zeit später kam es zu einem weiteren Treffen in einem westfälischen Dorf, wo die Lieferung von über 30 russischen Prostituierten vereinbart wurde. Bei der ersten Anlieferung von 5 russischen Frauen in Frankfurt/Oder wurden die Täter samt den Frauen festgenommen. Dabei konnte folgende Arbeitsweise festgestellt werden:*
Angehörige der russischen Mafia warben in Zeitschriften mit Inseraten für Tätigkeiten russischer Mädchen und Frauen in deutschen Haushalten. Es meldeten sich fünf Frauen im Alter von 18–28 Jahren. Die Frauen wurden von den Russen nach Warschau verbracht, von der polnischen Mafia übernommen und in Hotels einquartiert. Dort wurden ihnen ihre Pässe abgenommen. Sie erhielten polnische Pässe mit von ihnen neu gefertigten Lichtbildern. In Warschau wurden sie bereits durch brutale Vergewaltigungen für ihre Tätigkeit in Deutschland gefügig gemacht. Für die Frauen sollte ein Betrag von 10000 DM an die Russen bzw. die Polen gezahlt werden. Es stand bereits fest, in welche Bordelle die Frauen gebracht werden sollten. Über diesen Fall hinaus konnten weitere Fälle des Menschenhandels geklärt werden. Folgende Arbeitsweisen konnten festgestellt werden:

- *Tatbeteiligte unterhielten in Warschau Import-Exportgeschäfte*
- *Festhalten im Hotel, massive Vergewaltigungen, Bedrohung mit Waffen*
- *Bei Weigerung der Prostitutionsausübung in Deutschland wurden Repressalien für Angehörige durch die »Mafia« angedroht*
- *Pässe und Barmittel wurden einbehalten*
- *Ein Opfer wurde mehrfach mißhandelt und vergewaltigt*
- *Weitere Arbeitsweise für polnische Frauen: Aushang eines Inserates in Frankfurt/Main in polnischer Sprache: Tätigkeiten Haushalt und Gaststätten*
- *Bezahlung: Dreiviertel des Dirnenlohnes an Barbetreiber und Vermittler, ein Viertel Unterhalt und Verpflegung*
- *eine Frau erzielte dennoch 10000 DM pro Monat*

Aussage eines Mädchens: »... es war nie die Rede davon, daß ich als Prostituierte arbeiten sollte, wenn dies der Fall gewesen wäre, wäre ich niemals nach Deutschland gegangen... der Mann nahm mir den Paß ab und sagte: ›Ich habe für Dich 2000 Mark bezahlt, die mußt du jetzt abarbeiten‹... ich war schockiert, aber ich konnte nichts dagegen machen... ich durfte das Haus nicht verlassen und konnte auch nicht telefonieren... ich sah auch Fotos von Mädchen, die brutal zusammengeschlagen worden waren, sie sahen furchtbar aus... gleich am ersten Abend hatte ich einen Freier... manchmal hatte ich sieben Freier, mal fünf, mal zwei am Tag... 50 Mark habe ich bekommen... Der Gast zahlte für mich zwischen 200 und 400 Mark.«

Fall 9: *Ein anderes Verfahren zeigte die besondere internationale Bandbreite dieser Kriminalitätsform. 14 Fälle des schweren Menschenhandels und des erpresserischen Menschenraubes, 1 versuchtes Tötungsdelikt, 21 Fälle von Zuhälterei, 36 Fälle von Förderung der Prostitution, 4 Vergewaltigungen, 3 gefährliche Körperverletzungen und diverse Verstöße gegen das Waffen- und Betäubungsmittelgesetz konnten aufgeklärt werden. Dahinter steckte eine Gruppierung von internationalen Tätern. Der Chef mit verschiedenen bordellartigen Betrieben war ein Türke, seine Bodyguards waren ein Russe und ein Georgier. Seine Geschäftsführer waren ein Türke und ein Deutscher. Anwerber der Mädchen aus Rußland, Lettland, Polen und Jugoslawien waren Russen, Zwischenhändler Polen und Abnehmer in Deutschland wiederum Türken und ein Marokkaner.*

Fall 10: *In Sachsen-Anhalt landeten die Ermittler einen Schlag gegen das Rotlichtmilieu. Bei einer großangelegten Razzia erging gegen 16 Deutsche und Osteuropäer Haftbefehl. Weitere 49 Personen wurden vorläufig festgenommen. Deutsche, österreichische und weißrussische Fahnder hatten bei der Aktion »Belarus« über 40 Bordellbetriebe und Wohnungen durchsucht. Die festgenommenen Menschenhändler hatten in Weißrußland Frauen mit falschen Versprechungen nach Deutschland gelockt und zur Prostitution gezwungen.*

Fall 11: *Eine 29jährige Russin wurde in Hamburg zu 11 Jahren Freiheitsstrafe verurteilt. Sie selbst war mit falschen Versprechungen von St. Petersburg nach Hamburg gelockt und zur Prostitution gezwungen worden. Kurze Zeit später machte sie sich selbständig und warb junge Frauen mit derselben Me-*

thode und verbrachte sie nach ihrer Ankunft in Deutschland in Bordelle und Sex-Klubs. Es dauerte eine geraume Zeit, bis die Polizei ihr auf die Schliche kam. Aufgrund ihrer Brutalität und der von ihr veranlaßten Mehrfachvergewaltigungen machten junge festgenommene Frauen aus Angst keine Aussagen. Die jungen Mädchen hatten für die Miete 250 Mark pro Tag zu zahlen und mußten 16 Stunden am Tag arbeiten. Die brutale Chefin lebte in einer eleganten Villa, fuhr Luxusautos und liebte kostbaren Schmuck. Jeden Monat kassierte sie mehr als 100 000 Mark…

Den geschädigten Mädchen hatten die Anwerber in ihren Heimatländern gute Verdienstmöglichkeiten als Küchenhilfen, Cafébedienungen, Babysitter oder Haushaltshilfen versprochen. Einmal in Deutschland wurden ihnen die Pässe abgenommen, sie an Barbetreiber verkauft und in den Bars mit den schon bekannten Arbeitsweisen gegen ihren Willen festgehalten und zur Prostitution gezwungen. Die Séparées wurden mit Wanzen abgehört, die Mädchen wurden in eindeutigen Szenen videogefilmt, um später Druckmittel für die Angehörigen in der Heimat zu haben, sie wurden rund um die Uhr gefangengehalten und ihre fehlenden Sprachkenntnisse ausgenutzt. Durch Schläge, Verbrennen mit Zigaretten und Vergewaltigungen wurden die Frauen gefügig gemacht und unter Vorhalt von Schußwaffen zu Stripteasevorführungen gezwungen. In zwei Fällen wurden Mädchen geladene Trommelrevolver an den Kopf gesetzt – 1 Patrone im Lauf –, wobei die Tötung dem Zufall überlassen wurde. Geld wurde ihnen kaum gezahlt, und wenn, dann nur in geringen Mengen.

Nachdem einige Frauen in ihr Heimatland zurückgekehrt waren, wurden sie aus dem Umfeld der Täter aufgesucht. Massiv wurde der Versuch unternommen, die Zeuginnen unter Androhung von Repressalien zur Rücknahme ihrer Aussagen vor deutschen Behörden zu bewegen.

Die Hintermänner, Strukturen und Gewinne

Die riesigen Gewinne im Rotlichtmilieu, die mit der Vermarktung des Sex erzielt werden, ermöglichen es den Hintermännern, in weitere Bereiche der Euro-OK einzusteigen. So finden sie neue Betätigungsfelder in der Kraftfahrzeugverschiebung, im Rauschgift- und Waffenhandel, in der Falschgeldkriminalität und nicht zuletzt auf dem illegalen Glücksspielsektor. Diese Investitionen führen zu noch größeren Gewinnen und zum Einstieg in legale Geschäfte. Dabei verschließen sich in der Regel Herkunft, Umfang und Verbleib der in hohem Maße illegal erworbenen Gelder den Augen der Strafverfolgungsbehörden.

Versäumnisse

Es besteht kein Zweifel, daß große Bereiche der Kriminalität um das Nachtleben in ihren heutigen Ausformungen der Organisierten Kriminalität zuzurechnen sind. Dazu haben aber nicht nur die Zuhälter und das kriminelle Umfeld beigetragen, sondern auch die Sicherheits- und Ordnungsbehörden, die nicht erkannten oder erkennen wollten, welche kriminelle Energie sich unter ihren Augen entfaltete.
Die zuständigen Ordnungsbehörden verzichteten zum großen Teil auf vorgeschriebene oder erforderliche Kontrollen und förderten somit indirekt den Bodensatz des Organisierten Verbrechens. Kommunalbedienstete und Strafverfolger ließen sich gegen geringe Vergünstigungen »einkaufen«. Nicht selten versagte die Dienst- und Fachaufsicht. Die zuständigen Strafverfolgungsbehörden verfolgten zwar noch Einzelstraftaten, ließen aber klare Konzepte mit dem Ziel, in das Milieu einzudringen, um so schwerwiegende kriminelle Verflechtungen zu erkennen und entsprechende Gegenstrategien zu entwickeln, vermissen.

Als sich in einer Großstadt ein Staatsanwalt der konzentrierten Bekämpfung der Zuhälterei und des Menschenhandels in den wie Pilze aus dem Boden schießenden bordellähnlichen Betrieben widmen wollte, lud er die Leiter der betroffenen Polizeibezirke zu einer Besprechung ein. Bei seinen Recherchen im Bereich Rotlichtsektor hatte er festgestellt, daß gegen einen ehemaligen Bordellbetreiber weit über 300 Ermittlungsverfahren gelaufen waren, bei denen es gerade mal zu einer Verurteilung wegen Meineids gereicht hatte. Um den zum Bordellkönig aufgestiegenen Ex-Zuhälter rankte sich die gesamte Palette der oben aufgeführten Milieukriminalität bis hin zum Verdacht des Mordes. Mit Repressalien und gekauften Zeugen hatte er immer wieder Verurteilungen verhindern können. Doch trotz aller aufgezeigten Fakten gelang es dem Staatsanwalt nicht, den Polizeichefs eine »Zwei-Mann-Kommission« für die zunächst einmal notwendigen Initiativermittlungen abzuringen…
Jahre später war es einer personal-, zeit- und kostenintensiven Ermittlungskommission vorbehalten, den Bordellkönig zahlreicher Straftaten zu überführen. Mit Hilfe seines kriminellen Umfeldes und seiner ausgeprägten Gewaltbereitschaft hatte er es zu zahlreichen Immobilien in Form von Häusern, Gast-

stätten, Bars und Wohnungen gebracht. Millionen von Steuern hatte er hinterzogen. Weit über 100 Verhandlungstage waren notwendig, um ihn einer langjährigen Freiheitsstrafe zuzuführen.

Über Jahre wurde der Rotlichtkriminalität somit nicht die Bedeutung beigemessen, die sie eigentlich verdient. Erst mit Einrichten der Schwerpunktdienststellen zur Bekämpfung der Organisierten Kriminalität und damit auch der Milieukriminalität, gerieten Prostitution und Zuhälterei und die damit verbundene kriminelle Szene wieder ins polizeiliche Blickfeld. Doch bis zu diesem Zeitpunkt hatte sich aufgrund der mangelnden Weitsicht von verantwortlichen Politikern und Strafverfolgern bereits bundesweit ein hochkarätiges Kriminalitätsfeld gefestigt, dessen Hintermänner mit ihrem Kapital zwischenzeitlich große private Macht entfalten und damit eine ständige Bedrohung des Bürgers und des Staates darstellen.

Strategien, kriminelle Machenschaften und heimliche Unterwanderung

Um diese Größen des Rotlichtmilieus schart sich ein riesiges kriminelles Proletariat, das für Geld alles tut, was von ihm verlangt wird. So werden Konkurrenten bedroht und erpreßt, Lokale zertrümmert oder angesteckt, sie selbst zusammengeschlagen oder sogar ermordet. Ähnliches geschieht mit Zeugen. Sie werden eingeschüchtert, mit Repressalien bedroht oder mit brutalen Körperverletzungen zu Falschaussagen oder Rücknahme ihrer Aussagen gezwungen.
Die in aller Deutlichkeit sichtbare Gewaltbereitschaft und die tatsächlich vorhandene Machtposition werden zu Verdunklungsstrategien eingesetzt. Mit nach außen legalen Geschäften oder geschäftsähnlichen Strukturen und mit Hilfe modernster Informations- und Kommunikationstechniken verschleiern die Hintermänner ihre kriminellen Aktivitäten. Finanztransaktionen von illegalen Geldern in Form von Geldwäsche über sogenannte Verwaltungsgesellschaften mit ihren zahlreichen Restaurants, Gaststätten, Bars, Bistros, Spielcasinos, Saunaclubs, Immobilienfirmen und damit hervorragenden Verbindungen zu Politikern, Amts- und Mandatsträgern und einer gewissen »Schickeria« stärken ihre Machtpositionen. Vergünstigungen, kleine Aufmerksamkeiten oder direkte Zuwendungen eröffnen weitere Bekanntschaften und »Geschäftsverbindungen«.
So wird der im Hintergrund wirkende Zuhälter zum Organisator und Manager und damit langsam, aber sicher zum »honorigen« Geschäftspartner. Geschickt nutzt er die Blauäugigkeit der neuen Geschäftsfreunde aus, beteiligt sie an seinen Geschäften und »bedient« sich ihrer Beziehungen. Kaum merkbar verwickelt er sie in seine dunklen Machenschaften, macht sie zu Mitwissern, damit erpreßbar und von sich abhängig.

Bekämpfung des Frauenhandels

Bei der Bekämpfung des Frauenhandels als Teilbereich der Euro-OK gibt es mannigfaltige Schwierigkeiten. Aufgrund der instabilen politischen und wirtschaftlichen Lage in ihren Heimatländern werden Frauen und Mädchen aus den osteuropäischen Ländern weiterhin von den falschen Versprechungen ihrer kriminellen Landsleute geblendet sein und ihr Glück trotz aller Warnungen im Westen versuchen wollen.
Der Antrieb der Hintermänner wiederum ist in dem wohl immer noch nicht gesättigten Bedarf im Westen und in den geringen Investitionskosten im Verhältnis zu den immensen Gewinnspannen mit der osteuropäischen »Billigware Frau« zu sehen. Dies wiederum stellt die deutschen Behörden vor kaum lösbare Probleme. Der Menschenhandel und die daraus resultierende Zwangsprostitution ist ein Kontrolldelikt. Es wird den Strafverfolgungsbehörden in der Regel nicht durch Anzeigen, sondern durch ordnungsbehördliche oder polizeiliche Kontrollen oder Zufälligkeiten bekannt. Personalmangel und Arbeitsüberlastung bei den zuständigen Kontroll- und Strafverfolgungsbehörden lassen kontinuierliche Kontrollen nicht zu. Diese Fakten sind den Rotlichtkriminellen bekannt und werden von ihnen konsequent genutzt. Kommt es mit den Behörden zu Schwierigkeiten, so sind die Frauen in kürzester Zeit von ihren »Arbeitsplätzen« entfernt und für deutsche Behörden und damit auch für eine mögliche Strafverfolgung nicht mehr greifbar.
Dringt dennoch der Sachverhalt des Menschenhandels bis zu den Behörden vor, so spielt der Grundsatz der unmittelbaren Beweiswürdigung in der Hauptverhandlung und die damit verbundene Problematik der generalpräventiven Wirkung eine große Rolle. In vielen Fällen fehlt die Feinabstimmung zwischen dem zuständigen Ausländeramt in Sachen Abschiebung und der zuständigen Strafverfolgungsbehörde in Sachen Menschenhandel. Dadurch werden die Opferzeuginnen sehr oft schon vor der Hauptverhandlung abgeschoben und stehen als Personalbeweis nicht mehr zur Verfügung. Notgedrungen kommt es trotz der Schwere des Delikts nur zu verhältnismäßig niedrigen Strafen. Diese wiederum be-

eindrucken die Täter in Anbetracht der hohen Gewinne in keinster Weise und entfalten somit keine generalpräventive Wirkung.
In welcher Weise eine solche Zusammenarbeit gewährleistet werden kann, die dann letztendlich aufgrund des Urteils auch zur Abschreckung beiträgt, zeigt das Beispiel einer OK-Dienststelle. In diesem Fall kam es zu der von uns geforderten Feinabstimmung mit dem Ausländeramt und darüber hinaus auch noch mit dem Sozialamt. Die Frauen bekamen eine Duldung und wurden mit finanzieller Hilfe des Sozialamts auf verschiedene Einrichtungen verteilt und auch von Fachkräften betreut. Ihr Aufenthaltsort blieb unbekannt. Die ladungsfähige Anschrift war nur dem ermittelnden OK-Kommissariat bekannt. Mit viel Engagement aller Beteiligten endete das Verfahren mit einer Verurteilung der Täter. Eine solche Vorgehensweise sollte heute zum normalen Standard gehören.
Zusätzliche Probleme bereitet der Zugang zu den Opferzeuginnen. Gleich zwei große Hemmschwellen bereiten ihnen Probleme. Einmal haben sie aus den Erfahrungen in ihren Herkunftsländern kein Vertrauen zu Behörden und schon gar nicht zur Polizei. Zum anderen fürchten sie sich vor den Repressalien der Täter gegen sich und ihre Angehörigen in den Heimatländern. Es ist daher ungeheuer wichtig, ein Vertrauensverhältnis aufzubauen, die psychisch und physisch geschädigten Frauen zu betreuen und alle gemachten Zusagen einzuhalten. Auf diese Weise wird es gelingen, die erforderlichen belastenden Aussagen zu bekommen, die dann auch in der Hauptverhandlung als Grundsatz der unmittelbaren Beweiswürdigung Bestand haben. Nur so ist eine entsprechende Verurteilung mit der gewünschten generalpräventiven Wirkung zu erreichen.

Prognose

In Anbetracht der steigenden Vermarktung der Ware Sex und der weiterhin speziell für Frauen schlechten wirtschaftlichen Situation in den osteuropäischen Ländern ist mit einer weiteren Steigerung dieses Kriminalitätsphänomens in Westeuropa und damit auch in Deutschland zu rechnen, wenn es nicht gelingt, den Hintermännern dieser äußerst kriminellen Szene entsprechende Bekämpfungsstrategien entgegenzusetzen. Das bedeutet zunächst einmal, daß die Strafverfolgungsbehörden dem Frauenhandel in der Kriminalitätsbekämpfung größere Bedeutung beimessen und das Rotlichtmilieu schlechthin neben der Korruption als den kriminogenen Faktor Nr. 1 erkennen müssen, der in hohem Maße den Nährboden für die meisten Bereiche der deutschen Organisierten Kriminalität bereitet.
Lagebilder über den Bereich des internationalen Menschenhandels, seine hohe Sozialschädlichkeit und Strategien zu seiner Bekämpfung – zum Beispiel Rahmenrichtlinien über die Zusammenarbeit der unterschiedlichen Behörden auf diesem Sektor – liegen vor. Ihre konsequente Anwendung und Umsetzung durch Polizei und Justiz, vor allem aber durch die Ordnungsbehörden, lassen allerdings noch auf sich warten.
Derweil werden täglich Tausende von Frauen auf deutschem Gebiet wie Tiere gefangengehalten, geschlagen, vergewaltigt und mit brutalsten Methoden zur Prostitutionsausübung gezwungen. Daneben fließen Unmengen an Geldern zu Lasten der Gesellschaft am Fiskus und anderen öffentlichen Kassen vorbei.
Wer sich Rechtsstaat nennt, kann es nicht zulassen, daß auf seinem Terrain solche schwerwiegenden Straftaten begangen werden.
Doch währenddessen bleiben die Organisatoren und Hintermänner dieser äußerst kriminellen Machenschaften fast unbehelligt. Mit Hilfe ihrer immensen Gewinne dringen sie in neue Kriminalitätsfelder ein oder versuchen in legalen Geschäftsbereichen Fuß zu fassen. Ist ihnen dies erst einmal gelungen, so sind sie leicht in der Lage, die illegalen Gelder über ihre legalen Geschäfte zu verschleiern. Lästige Mitkonkurrenten zwingen sie in ruinösen Wettbewerben zur Aufgabe und erreichen letztlich Monopolstellungen. Hierüber gewinnen sie Einfluß und Macht und werden somit zur Gefahr für Staat, Wirtschaft und Gesellschaft. Wer das gewaltige Phänomen des Frauenhandels als Teilbereich der Organisierten Kriminalität nicht erkennt oder erkennen will, wer nicht bereit ist, nationale, bilaterale oder multilaterale Bekämpfungsmaßnahmen zu ergreifen, macht sich zum Mittäter der importierten Kriminalität in Europa.

Korruption – ein weiterer Eckpfeiler der Euro-OK

Die Korruption ist – wie schon mehrfach dargelegt – nicht mehr nur in Südamerika, in Afrika oder Asien zu finden, sondern hat sich auch über Europa ausgebreitet. Die Korruption gehört in Österreich, in der Schweiz, in Deutschland und in anderen europäischen Staaten zum Alltag. Keine Woche vergeht, wo nicht über Bauskandale, bestechliche Beamte oder Angestellte in der Verwaltung, über Schmiergeldaffären durch Manager oder Mitarbeiter in Unternehmen und von geschmierten Politikern berichtet

wird. Diese Berichte umreißen die Realität der Korruption und erhärten den Verdacht, daß die Korruption im Zusammenhang mit der Organisierten Kriminalität eine neue »Dimension« erreicht hat. Organisierte Subventionsbetrügereien und kriminelle Geschäftsabwicklungen in Form von Kartellabsprachen zeigen in diesen Fällen die erschreckende Verflechtung von Verwaltung, Wirtschaft und Politik und bilden die Grundlage für professionelle OK-Netzwerke.
Die Korruption gehört untrennbar zum Organisierten Verbrechen. Ihr gebührt daher viel mehr Aufmerksamkeit und Achtung als das in der Vergangenheit der Fall war. Die Korruption schafft erst einmal die Voraussetzungen, um kriminelle Aktivitäten im Bereich des Wirtschaftslebens, im internationalen Rauschgift- und Waffenhandel, in der Kraftfahrzeugverschiebung, im Rotlichtmilieu oder im Schleusungsbereich erfolgreich zu entwickeln. Diese Kriminalitätsfelder erfordern Kontakte und Abhängigkeiten. Grundlage und damit Korrumpierungspotenz liefert das riesige Kapital der OK-Szene.
Da die Korruption nicht nur ein strafrechtliches, sondern auch ein ethisches und gesellschaftliches Problem darstellt, stellt sich die Frage, wie auf dieses zunehmende Phänomen der Verfilzung und Verflechtung von kriminellen Nehmern und Gebern nicht nur gesetzgeberisch, sondern vor allem auch gesellschaftspolitisch zu reagieren ist. Experten fordern die Schaffung einer Anti-Korruptionskultur, die in Politik, Verwaltung, Wirtschaft und in der gesamten Gesellschaft anerkannt und praktiziert wird, so daß die Korruption auf breiter Front eine Ächtung erfährt und schon im Keim erstickt wird.
In diesem Zusammenhang stellt sich spätestens hier die Frage, was unter Korruption eigentlich zu verstehen ist. Korruption ist weder ein strafrechtlicher noch ein verwaltungsrechtlicher, sondern ein kriminologischer Begriff, der viele Spielarten des Gebens und Nehmens zu kriminellen Zwecken unter einem Dach subsumiert.
1994 prägte die 19. Europäische Justizministerkonferenz in La Valetta folgende Definition: Korruption ist das Verhalten von Personen mit öffentlichen oder privaten Aufgaben, die ihre Pflichten verletzen, um ungerechtfertigte Vorteile gleich welcher Art zu erhalten.
In einer Arbeitsdefinition des Bundeskriminalamtes werden folgende Kriterien der Korruption genannt:

- Mißbrauch einer amtlichen Funktion,
- Mißbrauch einer vergleichbaren Funktion in der Wirtschaft
  und
- Mißbrauch eines politischen Mandats auf Veranlassung oder eigeninitiativ
- Erlangung oder Anstreben eines persönlichen Vorteils
- Eintritt eines mittelbaren oder unmittelbaren Schadens oder eines Nachteils für die Allgemeinheit oder für ein Unternehmen
- Geheimhaltung oder Verschleierung dieser Machenschaften.

1996 definierte ein juristisches Gutachten des 61. Deutschen Juristentages die Korruption folgendermaßen: Unter dem Begriff Korruption sind Fälle zu verstehen, in denen eine zum Handeln für öffentlich-rechtliche oder private Organisationen befugte Person für solches Handeln in unzulässiger Weise Vorteile erlangt oder dies von der Geber- oder Nehmerseite angestrebt wird.

Umfang, Struktur und Entwicklung der Korruption

Zu Umfang und Struktur der Korruption in der Bundesrepublik Deutschland lassen sich nur wenig gesicherte Aussagen treffen. Dennoch hier einige Daten. Die Zahl der Korruptionsfälle im öffentlichen Dienst hat sich in wenigen Jahren vervielfacht. Waren es 1994 noch 258 Fälle, so stieg diese Zahl im Jahre 1998 bereits auf 1072 Fälle. 90% der Fälle waren gezielt geplante Korruptionsvorgänge. 30% der Nehmer befanden sich in leitenden Stellungen. Damit hier kein falscher Eindruck in Richtung öffentlicher Dienst entsteht: Die Korruption spielt sich im Schnittstellenbereich von Wirtschaft und Verwaltung ab, und das bedeutet im Klartext, zu jedem Korrumpierten gehört auch ein Korrumpierer.
Aufgrund des Ausmaßes der in den letzten Jahren bekanntgewordenen Fälle und der Höhe der geflossenen Gelder muß aber von einem großen Dunkelfeld in diesem Teilbereich der »Nadelstreifenkriminalität« ausgegangen werden. Die Drahtzieher agieren im Hintergrund, machen sich selbst die Hände kaum schmutzig und sind nicht selten angesehene Mitglieder der Gesellschaft. Korruption beschränkt sich nicht auf wenige Einzelfälle, sondern wird seit Jahren schon systematisch betrieben. So bestanden die meisten entdeckten »Korruptions-Seilschaften« über drei und einige aber auch schon über zehn Jahre. In der öffentlichen Verwaltung sind als Schwerpunkte die Auftragsvergabe vor allem im Bauwesen, Erlangung von Genehmigungen bzw. Konzessionen und die Verhinderung von behördlichen Eingriffen in Form von Auflagen sowie von Strafverfolgungmaßnahmen erkennbar.

Die Selbstanzeige eines Angestellten eines Bauamtes brachte die Ermittlungen gegen Beschäftigte zweier staatlicher Bauämter und eine Reihe von Unternehmern in Gang. Es liefen 18 Verfahren gegen Amtsinhaber und 23 gegen Unternehmen. Die Ermittler stießen auf ein Netzwerk von Korruption und Betrug. Beim Neubau von drei Finanzämtern und bei dem Ausbau einer früheren Kaserne bestimmten die guten Beziehungen zwischen Amtsträgern und Unternehmen die Auftragsvergabe. Nach Auskunft der Staatsanwaltschaft flossen reichlich Bargeld und Geschenke.

Im Rahmen der Korruptionsbekämpfung haben sich einige Grundtypen der Korruption herauskristallisiert. Bei der Gewinnmaximierungskorruption werden nicht erbrachte Leistungen abgerechnet, und bei der Verdrängungs- und Leistungskorruption werden lästige Konkurrenten ausgeschaltet.

Einen großen Korruptionssumpf legte ein Ermittlungsverfahren wegen verbotener Kartellabsprachen im Rahmen von Fahrbahnmarkierungen offen. 30 Unternehmen hatten sich auf überhöhte Preise geeinigt und mit abgeprochenen Angeboten die Vergabe untereinander geregelt. Nach Angaben des Bundeskartellamts waren die Preisabsprachen seit den 60er Jahren erfolgt und haben möglicherweise einen Schaden von mehreren hundert Millionen Mark angerichtet, wenn die Preise über 50 % der Außenseiterfirmen gelegen haben. Ihre Helfer saßen in den Abteilungen der zuständigen Bauämter. Gegen Zahlung von Schmiergeldern hatten sie Angebote manipuliert. Nach Öffnung der vorgelegten Angebote wurden die Preise der Favoriten je nach Bedarf korrigiert, so daß sie knapp unter dem günstigsten Angebot lagen. Als Bestechungsgelder flossen mehrere hunderttausend Mark.

Bei der Finanzierungskorruption werden Kredite bei öffentlich-rechtlichen Institutionen mit betrügerischen Machenschaften im Zusammenspiel mit Behördenbediensteten erschlichen. Mit Hilfe von bestechlichen Mitarbeitern von Umweltbehörden kommt es zur sogenannten Auflagenkorruption, wobei Umweltauflagen als vorhanden beurteilt oder umgangen werden. Bei der Grenzkontrollkorruption sind Staatsbedienstete gegen Geld- oder Sachwertgeschenke bei der Abgabenumgehung im wirtschaftlichen Verkehr behilflich. Bei der Genehmigungskorruption werden alle Hebel der Bestechnung in Bewegung gesetzt, um staatliche Genehmigungen zu erlangen. Die Fälle der Aufenthaltskorruption spielten in den letzten Jahren eine nicht unerhebliche Rolle. So wurden in München, Köln, Recklinghausen und Münster Fälle bekannt, in denen Mitarbeiter von Ausländerbehörden gegen »Bares« Aufenthaltsgenehmigungen in unterschiedlichen Ausführungen »verkauften«.

In Münster wurde der stellvertretende Leiter des Ausländeramtes zu einer mehrjährigen Freiheitsstrafe verurteilt. Vorausgegangen waren längere verdeckte Ermittlungen, an deren Ende umfangreiche Durchsuchungsmaßnahmen in Asylantenheimen, Wohnungen, Firmen und im Ausländeramt selbst zur Durchführung kamen. Der Beamte und sechs weitere Hauptverdächtige waren festgenommen worden.
Geschickt hatte eine Kosovo-Albaner-Gruppierung die Schwächen des städtischen Beamten ausgenutzt. Gezielt hatten sie eine 23jährige gut aussehende Familienangehörige an den Junggesellen herangespielt und die Heirat arrangiert. Ziel war es, über ihn mit den Mitteln der Korruption den Verkauf von Bleiberechtsdokumenten an Landsleute aufzuziehen. So gelang es der Ehefrau schon nach kurzer Zeit, Informationen über abzuschiebende Ausländer bzw. ausländische Personen zu erlangen, gegen die aufenthaltsbeschränkende Maßnahmen vorgesehen waren. Diese Personen wurden dann von der Ehefrau oder ihren Mittätern aufgesucht, auf die bevorstehenden ausländerrechtlichen Maßnahmen angesprochen und ihnen gegen Zahlung entsprechender Geldbeträge die Beschaffung von Duldungen bzw. Änderung der Bleiberechtsdokumente in Aussicht gestellt. Sodann erstellte der Stadtamtmann die entsprechenden Dokumente. Die Gruppierung sorgte anschließend für die Dokumenten- und Geldübergabe. Über hundert Fälle wurden ermittelt, von denen nur die einwandfrei beweiskräftigen zur Verurteilung kamen. Die zu zahlenden Geldbeträge beliefen sich auf 2 000 bis 10 000 Mark. Der als Biedermann beschriebene Verwaltungsman führte ein Luxusleben. Er fuhr Porsche, Jaguar und bei seiner Festnahme einen Mercedes-Cabrio. Auch der Schmuck und die Geschenke für seine Frau wurden mit Schmiergeld bezahlt.

Eine Bestandsaufnahme in Form eines Rechtsgutachtens zur Reform des Straf- und Strafprozeßrechtes, um der Gefahr der Korruption in Staat, Wirtschaft und Gesellschaft wirksam begegnen zu können, brachte weitere Erkenntnisse. Festgestellt wurde, daß die überwiegende Mehrheit der Bediensteten in der öffentlichen Verwaltung korrekt arbeitet, aber auch, daß das Problem der Korruption in diesem Bereich wächst und daher mit aller Entschiedenheit angegangen werden muß. Auch im Rahmen wirtschaftlicher Beziehungen wurde eine Steigerung der Korruptionspraktiken festgestellt, die international und vor allem von transnationalen Unternehmen betrieben werden.

Verursachte Schäden durch die Korruption

Korruption verursacht hohe materielle und immaterielle Schäden. Korruptionsstraftaten im Rahmen wirtschaftskriminellen Verhaltens zu Lasten der öffentlichen Hand fügen der Allgemeinheit gravierende finanzielle Schäden zu. Geschädigt werden auch die redlichen Unternehmer oder Mitbewerber, die aufgrund der kriminellen Machenschaften im Korruptionssumpf nicht mehr konkurrenzfähig sind. Auch die Angestelltenbestechung in der freien Wirtschaft verursacht große Vermögensschäden bei Geschäftsinhabern, Kunden und Mitbewerbern.
Welche Summen im Rahmen von Bestechungsdelikten, bei Neubauvorhaben oder Projektvermietungen eine Rolle spielen, zeigte ein Korruptionsprozeß vor einem westdeutschen Landgericht.

Gewaltige Bestechungssummen

In das Korruptionsgeflecht waren zwei große deutsche Bauunternehmen, ein Immobilienmakler, ein Rechtsanwalt und zwei Manager aus dem Immobilienbereich der Deutschen Bundesbahn (DB) verstrickt. In einem Zeitraum von drei Jahren waren die beiden Führungskräfte in einem Fall mit 5 Millionen Mark und in einem zweiten Fall mit 3,2 Millionen geschmiert worden. Bei den Schmiergeldtransfers ging es um Aufträge für DB-Projekte in Duisburg, Karlsruhe, Mainz, Hannover und um einen milliardenschweren Mietvertrag für einen Bürokomplex in Frankfurt/Main.
Die beiden DB-Führungskräfte erhielten viereinhalb bzw. zwei Jahre und zehn Monate Freiheitsstrafe. Der Immobilienmakler bekam wegen Beihilfe ein Jahr Freiheitsstrafe auf Bewährung und 50 000 Mark Geldstrafe. Der Rechtsanwalt wurde freigesprochen. Die Prozesse gegen die beiden beschuldigten »Baulöwen« waren Anfang 2001 noch nicht abgeschlossen.

Baugewerbe besonders gefährdet

Als der hessische Rechnunghof stichprobenartig in 13 von 21 Landkreisen mehr als 100 Baumaßnahmen überprüfte, stellte sich heraus, daß jede zweite Neubaumaßnahme bei Kindergärten, Schulen, Klär- und Sportanlagen oder Krankenhäusern korruptionsbelastet war. Der Schaden für das Land Hessen lag bei 10 bis 30 % der Bausumme. Das bedeutete für das Land Hessen einen Verlust von 120 bis 170 Millionen Mark.

Erscheinungsformen der Korruption

Die Korruption in der öffentlichen Verwaltung verletzt die Grundwerte des demokratischen und sozialen Rechtsstaats und zieht die Gefährdung des Ethos des öffentlichen Dienstes, die Beeinträchtigung des Vertrauens der Bürger in den Staat und die Erschütterung des Verantwortungsbewußtseins und des Gemeinschaftsgefühls der Bürger nach sich.
Korruption im Wirtschaftsleben gefährdet Geschäftsmoral und die Grundlagen der Marktwirtschaft. Eine erhebliche Gefahr besteht darin, daß die Korruption ein Einfallstor für die systematische Ausbreitung der Euro-OK ist.

Ursachen der Korruption

Die Korruption ist auf ein Bündel von Ursachen zurückzuführen:

- Enge Verflechtungen von Staat, Wirtschaft und Gesellschaft (Interventionsstaat/Normenflut)
- Komplexität der modernen Verwaltung (Spezialisierung/Informationsvorsprung)
- Kontrolldefizite (unzulängliche Dienst- und Fachaufsicht, Bündelung von Entscheidungs-, Durchführungs- und Kontrollfunktionen)
- Gesellschaftliche Veränderungen der Wertorientierung (Betonung des Eigennutzes, Jobdenken, politische Skandale)

Modi operandi – das Anfüttern

Die Erfahrungen aus der Ermittlungspraxis zeigen, daß den Bestechungsdelikten ein längerer Anbahnungsprozeß vorausgeht. Zunächst dienen kleinere Geschenke und Aufmerksamkeiten der Kontaktpflege. Diese Vorteile gehen zunächst als sogenannte »Streugeschenke« im »Gießkannenprinzip« an eine große Zahl von Amtsträgern oder Angestellte von Unternehmen. Später erfolgt eine konzentrierte Zuwendung an die Personen, bei denen sich eine Korrumpierbarkeit andeutet. Der Wert der Zuwendungen erhöht sich, ohne daß zunächst irgendwelche Gegenleistungen verlangt werden. Erst wenn nach einiger Zeit die Hemmschwelle gesunken und eine bestimmte Abhängigkeit entstanden ist, kommt es zu konkreten Geschäften mit Leistung und Gegenleistung. In Fachkreisen wird die beschriebene Phase als »Anfüttern« bezeichnet. Nicht immer gehen die Impulse von Unternehmern aus, sondern nicht selten stellen Amtsträger Forderungen oder arbeiten mit »Korruptionsgebührenordnungen«.

Probleme bei der Bekämpfung der Korruption

Bei der strafrechtlichen Verfolgung von Korruptionsdelikten bestehen erhebliche Schwierigkeiten. Den Strafverfolgungsbehörden wird nur ein kleiner Teil der Korruptionsstraftaten bekannt. Das Dunkelfeld ist in erster Linie darauf zurückzuführen, daß im Prinzip niemand an der Aufdeckung interessiert sein kann. Der Grundsatz der Geheimhaltung wird von beiden Seiten eingehalten. Korruptionsdelikte haben keine Opfer im klassischen Sinne. Strafanzeigen eines Verletzten kommen somit als Quelle für das Bekanntwerden einer Straftat nicht in Betracht. Geber und Nehmer der illegalen Zuwendung sind Täter, sie haben oder erhoffen sich Vorteile und tun daher alles, um ihre illegalen Machenschaften zu verschleiern.

Grundlagen der Korruptionseindämmung

Zur Eindämmung der Korruption ist ein Gesamtkonzept erforderlich, das zahlreiche Maßnahmen auf verschiedenen Ebenen vorsieht und aufeinander abstimmt:

- *Ablehnung der Korruption*
- *Sensibilität für die Korruptionsproblematik*
- *Akzeptanz der Gegenmaßnahmen*
- *Schwerpunkt Prävention*
- *Schaffung entsprechender strafrechtlicher Bestimmungen*

Internationale Dimension der Korruptionsproblematik

Seit Jahren versuchen internationale Organisationen wie die OECD (Organisation für Wirtschaftliche Zusammenarbeit und Entwicklung), die UN (Vereinten Nationen), die WTO (World Trade Organisation) und die ICC (International Chamber of Commerce = Internationale Handelskammer) einheitliche Richtlinien zur Korruptionsbekämpfung auf den Weg zu bringen. 1994 und 1997 waren die Meilensteine, in denen durch die OECD Empfehlungen an Regierungen und internationale Organisationen ergingen.
Die grundlegende Strafgesetzgebung in praktisch allen Staaten verbietet eindeutig jede Art der Korruption. Im Interesse der Entwicklung einheitlicher Maßstäbe wurden alle Regierungen aufgefordert, ihre Gesetze noch einmal zu überprüfen, um sicherzustellen, daß sie in der Tat Aspekte der Vergabe und der Annahme von Bestechungsgeldern, einschließlich dem Versprechen von und der Forderung nach Bestechung, wirksam verbieten.
Zwei entscheidende Konventionen, nämlich das »Strafrechtsübereinkommen über Korruption des Europarates« und das »Übereinkommen über die Bestechung ausländischer Amtsträger im internationalen Geschäftsverkehr«, prägen seit 1998 die Korruptionsbekämpfung. Die erstere sieht einen strafrechtlichen Mindeststandard bei der Bekämpfung von Bestechung und Bestechlichkeit im nationalen und internationalen Rahmen vor. Einbezogen ist auch die Korruption im privaten Geschäftsverkehr. Regelungen zur Rechtshilfe sollen die internationale Zusammenarbeit in diesem Bereich verbessern. Überwacht wird die Konvention von der GRECO (Groupe d'Etats contre la Corruption). Nach dem zweiten Übereinkommen ist in den Unterzeichnerländern die Bestechung ausländischer Amtsträger im internationalen Geschäftsverkehr unter Strafe gestellt. Weiterhin können Bestechungsgelder nicht mehr von Firmen oder Unternehmen von der Steuer abgesetzt werden. 34 Staaten haben bisher das Übereinkommen ratifiziert.

Spezieller Verhaltenskodex von Industrieverbänden zur Bekämpfung der Korruption

Aufgrund der bis Mitte 1995 bekanntgewordenen Korrruptionsfälle verabschiedete der Bundesverband der Deutschen Industrie (BDI) einen mustergültigen Kodex zur Bekämpfung der Korruption. In seinem Vorwort kommt der Verband zu der Überzeugung, daß die deutsche Industrie derartige Praktiken strikt ablehnt und der Bekämpfung aller Formen von Bestechung und Korruption einen hohen Rang einräumt. Korruption verzerrt zu Lasten der Unternehmen den Wettbewerb auf eine besonders intranspa-

rente Art und Weise, führt zu höheren Kosten, zerstört das Vertrauen der Kunden und Lieferanten und beschädigt insgesamt die Reputation der Industrie und Unternehmen.
Durch Vorbild, Erziehung und Überzeugungsarbeit, verbunden mit sachgerechter Kontrolle, fordert der Verband ein Klima, in dem Beeinflussungen des Wettbewerbs durch alle Formen der Korruption, auch den strafrechtlich nicht verfolgten, der gesellschaftlichen Ächtung unterliegen.
Eine herausragende Rolle in der Korruptionsbekämpfung spielt das Verhalten der Unternehmensleitungen und des höheren Managements. Aus diesem Grund empfahl der BDI bestimmte Grundsätze und konkrete Handlungvorschriften, die als Anregeungen für Verhaltenkodizes und für interne betriebliche Organisationsmaßnahmen gedacht sind.

Grundsätze und Handlungsvorschriften

Bei geschäftlichen Entscheidungen und Handlungen sind die geltenden Gesetze und sonstigen maßgebenden Bestimmungen im In- und Ausland zu beachten. Die Unternehmensleitung muß dafür sorgen, daß die betroffenen Mitarbeiter die relevanten Gesetze und Bestimmungen kennen und befolgen. Dies gilt sowohl für den Bereich des öffentlichen Auftragswesens als auch für alle Arten von Geschäften zwischen Unternehmen. Es muß klargestellt sein, daß bewußte Verstöße, ungeachtet strafrechtlicher Folgen, disziplinarische Maßnahmen und/oder arbeitsrechtliche Konsequenzen bis zur fristlosen Entlassung nach sich ziehen können. Von Vorstand und Geschäftsführung erwarten Mitarbeiter und Öffentlichkeit zu Recht vorbildhaftes Tun. Das gilt sowohl für die Einhaltung der Gesetze und des Verhaltenskodex als auch für das persönliche Engagement in der Korruptionsbekämpfung.
Zulieferer sind allein auf wettbewerblicher Basis (von Preis, Qualität, Leistung und Eignung des Produkts/der Dienstleistung) auszuwählen. Sie haben Anspruch auf faire Behandlung und korrektes Verhalten. Bei Annahme und Vergabe von Geschenken ist mit Augenmaß vorzugehen. Mitarbeiter und deren unmittelbare Familienangehörige dürfen von Personen und Unternehmen, mit denen geschäftliche Beziehungen bestehen, keinerlei Geldgeschenke annehmen. Werbegeschenke und Dienstleistungen sollten wertmäßig so gestaltet sein, daß ihre Annahme nicht vom Empfänger verheimlicht werden muß und den Empfänger nicht in eine verpflichtende Abhängigkeit drängt. Für Aufwendungen, bei denen sich Geschäftliches und Privates so vermischen, daß eine Trennung schwierig ist, sollten die Kosten privat übernommen werden. Je höher die Position im Unternehmen, desto eher kann das erwartet werden.
Um Interessenkollisionen zwischen Unternehmen und Privatbereich auszuschließen, sollten Unternehmensangehörige von der Inanspruchnahme eines Geschäftspartners für private Zwecke Abstand nehmen. Nebentätigkeiten und Kapitalbeteiligungen dürfen nicht zum Schaden des Unternehmens genutzt werden. Vertrauliches Insiderwissen muß geschützt werden. Es sollte ein betriebsinternes Meldeverfahren geben, in dem eine entsprechende Transparenz für die Unternehmensführung vorhanden ist.
Neben betrieblichen Verhaltensvorschriften und Arbeits-/Werkverträgen muß die Prävention gegen Korruption und korruptes Verhalten seinen Niederschlag auch im Bereich der Aus- und Fortbildung finden. Mittels Informationsveranstaltungen und Schulungsmaßnahmen ist die Sensibilität der Betriebsangehörigen für ein korrektes Verhalten zu fördern. Soweit möglich und wirtschaftlich vertretbar, sollten für korruptionsgefährdete Bereiche ein regelmäßiger Personalwechsel in Form einer Rotation stattfinden. Um Unregelmäßigkeiten im Auftrags- und Lieferantenwesen vorzubeugen, sind die Anwendung des Vier-Augen-Prinzips, Trennung von Handlungs- und Überprüfungsfunktionen und strikte Vorgaben für eine lückenlose Dokumentation geeignete Maßnahmen. Allein aus wirtschaftlichen Gründen sollte ein Unternehmen regelmäßig unterschiedliche Angebote einholen. Einer einseitigen Abhängigkeit ist damit wirksam entgegenzutreten.
Organisatorische Grundsätze können allerdings nur dann erfolgreich sein, wenn sie von entsprechenden Kontrollmaßnahmen begleitet werden. Wie aufgezeigt, ist die Aufdeckung von Korruptionsfällen wie Bestechung, Vorteilsnahme, Betrug oder Untreue schwierig. Durch Einrichtung bzw. Stärkung der internen Revision, die direkt der Vorstands- bzw. Geschäftsführerebene unterstellt ist, sind hier Verbesserungen zu erreichen. Soweit die Empfehlungen des Bundesverbandes der Deutschen Industrie.

Korruption als Nährboden

Korruption hat viele Formen und hat sich in den letzten Jahren national und international ausgebreitet wie ein Krebsgeschwür. Von der Korruption geht eine erhebliche Gefahr aus, weil sie ein wichtiges Mittel für die Ausbreitung der Euro-OK darstellt. Es gehört zu den Merkmalen der kriminellen Organisationen, mit den Mitteln der Gewalt, Drohung und Bestechung auf Politik, Verwaltung, Justiz und Wirtschaft Einfluß zu nehmen.
Mit dem Instrument der Korruption von Amtsträgern oder Unternehmensverantwortlichen ist die OK be-

müht, Strafverfolgungsmaßnahmen zu unterlaufen und Einfluß auf staatliche Entscheidungen zu nehmen. Korruptive Praktiken in der Wirtschaft erleichtern es der OK, sich über die Verbürgerlichung im legalen Geschäftsleben auszubreiten. Hat sich die Korruption in Staat und Gesellschaft eingenistet, schafft dies den Nährboden und entsprechende Andockstellen für das Organisierte Verbrechen. Die hohen illegalen Geldbeträge, die den Tätern zur Verfügung stehen, erleichtern es ihnen, in diese Schwachstellen von Staat, Wirtschaft und Gesellschaft zu stoßen.
Auf einer Veranstaltung zum Thema Korruption resümierte der ehemalige Präsident des Bundeskriminalamtes, Hans-Ludwig Zachert, dementsprechend: Korruption – das ist gleichsam die Korrosion in der Berufs- und Arbeitswelt. Wie Rost tritt sie zunächst nur an einzelnen Stellen auf und wirkt häufig unerkannt unter der Oberfläche. Wenn nicht rechtzeitig Gegenmaßnahmen eingeleitet werden, breitet sie sich flächendeckend aus und greift auch die tragenden Bestandteile des Systems an.

Gewaltkriminalität

In diesen Bereich der OK-Lageerhebung gehören Straftaten gegen die persönliche Freiheit, gegen das Leben sowie Raub und Erpressung, insbesondere die Schutzgelderpressung. Dominierend sind zumeist Schutzgelderpressungen und Raubdelikte. Gewaltdelikte werden sehr häufig in ethnisch geschlossenen Gruppierungen angetroffen. Hier nehmen die in Ostdeutschland agierenden vietnamesischen Gruppierungen eine Sonderstellung ein. Grund für diese Delikte sind Machtkämpfe und damit die Standplätze für den illegalen Warenhandel, insbesondere für Zigaretten. Die Gewaltdelikte sind nicht selten ein gezielter Einstieg in die unterschiedliche OK-Kriminalität wie Handel mit illegalen Gütern (Rauschgifthandel, illegale Kraftfahrzeugverschiebung etc.) oder Rotlichtkriminalität.

Gewaltkriminalität – Rotlichtmilieu und Bikerszene

Im Sommer 1999 explodierte kurz nach Mitternacht in einem Blumenkübel vor der Gaststätte »Desperados« im ostdeutschen Merseburg ein Sprengkörper. 16 Menschen wurden verletzt, sieben Personen davon schwer. Einer 23jährigen Frau mußten beide Beine amputiert werden. Aus dem Körper eines Mannes wurden in einer sechsstündigen Operation etwa 40 bis 50 Splitter entfernt. Vorausgegangen waren mehrere Anschläge auf kleine Lokale in der Umgebung von Merseburg, deren Hintergrund nicht geklärt werden konnte.
Kurze Zeit später wurde der 31jährige Hauptverdächtige in Polen festgenommen und später nach Deutschland ausgeliefert. Die umfangreichen Ermittlungen ergaben einen Racheakt im Rotlichtmilieu. Anlaß dazu war ein vorausgegangener Überfall auf einen Motorradklub, der eng mit der Rotlichtszene verbunden ist. Der Hauptverdächtige gehörte zu der Führungsriege des Motorradklubs und betrieb ein Bordell in Leuna. Seit Ende Juli 2000 läuft der Prozeß gegen die Täter. Ein mitangeklagter 29jähriger floh nach dem zweiten Prozeßtag und wird mit Haftbefehl gesucht. Die Anklage gegen die Täter lautet neben anderen Delikten auf versuchten Mord in 20 Fällen.

Schleuserkriminalität

Dieser Bereich umfaßt die Einschleusung oder den unerlaubten Aufenthalt von Ausländern. Die kriminellen Aktivitäten werden gewerbs- oder bandenmäßig begangen. Sie beinhalten Unterstützungshandlungen bei der Vorbereitung, beim Transport, beim Grenzübertritt sowie die Bereitstellung von Kontaktadressen bei der unerlaubten Einreise bzw. dem unerlaubten Aufenthalt gegen entsprechende Bezahlung.
In der Strukturanalyse dieses Kriminalitätsbereiches waren alle drei speziellen Merkmale der OK-Definition wie gewerbliche Strukturen (für Anwerbung, Transport, Unterbringung, Einladungen, Geldwäsche) als legale Fassaden, Gewalt und Einschüchterung (zur Durchsetzung der Gruppenziele) und Einflußnahmen (Visabeschaffungen, Grenzübertritt) anzutreffen.
Aufgrund der Besonderheiten dieses OK-Bereiches sind hier ausländische Tätergruppierungen überpräsentiert. Sie arbeiten übernational zusammen. Festgestellt wurden ausgeprägte Hierachien mit autoritärem Führungsstil und arbeitsteiligem Zusammenwirken. Die Schleusertätigkeiten werden aus dem Ausland gesteuert und organisiert. Neben der Vielfalt der ausländischen Strukturen sind hier vor allem Kosovo-Albaner anzutreffen, die neben dem Rauschgiftschmuggel über die Balkanroute in der Schleusertätigkeit ein zweites Standbein haben.

Kosovo-Albaner – Menschenschmuggel zweites Standbein

Im Herbst 1999 nahm der Bundesgrenzschutz eine Bande von 9 tatverdächtigen Kosovo-Albanern fest. 800 Beamte waren im Einsatz und durchsuchten mehrere Wohnungen in Frankfurt, in den Großräu-

men Stuttgart und München. Die Albaner hatten im großen Stil Urkunden und Bescheinigungen gefälscht, um die illegale Einreise und den Aufenthalt der Kosovo-Albaner zu ermöglichen.

Die bevorzugten Wege führen über die deutschen Grenzen zu Tschechien, zu Österreich oder zur Schweiz. Fernschleusungen laufen zuvor über Ungarn, Rumänien, Mazedonien oder Slowenien. Einmal am Zielort angekommen, bleiben die Geschleusten in der Anonymität, werden zu Einbruchsdiebstählen, zum Rauschgifthandel oder zur Prostitution gezwungen. Der Bundesnachrichtendienst warnte bereits 1999 vor der schon festzustellenden Verquickung zwischen Schleusergruppen und der Drogenmafia.
Die Hintermänner im Schleusungsgeschäft sind bemüht, Brückenköpfe in Deutschland zu bilden, um noch professioneller vorgehen zu können. Das Geschäft boomt. Die Internationale Organisation für Migration (IOM) in Genf schätzt den Umsatz der Schleuser auf zwölf bis 18 Milliarden Mark weltweit. Ähnlich äußert sich die europäische Polizeibehörde: Nach Schätzungen von Europol werden jährlich etwa 500 000 Menschen in die Europäische Union (EU) eingeschleust. Das Organisierte Verbrechen mache mittlerweile einen Welt-Umsatz von 17,6 Millarden Mark, erklärte einer der Direktoren.

Schleusungen – Größenordnungen

Welche Ausmaße das organisierte Schleppertum annehmen kann, zeigt die »Operation Tornado«, über die im Frühjahr 1999 die Polizei und Staatsanwaltschaft in Waidhaus berichtete. In Zusammenarbeit mit Tschechien wurde eine Bande von 52 Personen ausgehoben, die seit 1994 mehr als 40 000 Menschen quer durch Europa geschleust haben soll, davon allein 1000 nach Deutschland. Dem Fahndungserfolg gingen mehrmonatige Ermittlungen voraus. Die Bande schleuste die Ausländer von der Slowakei, Ungarn, Albanien und Jugoslawien nach Tschechien ein und von dort teilweise nach Deutschland. In Deutschland nahm die Polizei 9 Männer fest, darunter 6 Jugoslawen. In Tschechien faßte die Polizei 43 Personen. Einer der Hintermänner war ein 34jähriger Jugoslawe, der in Pilsen und Prag eine Import-/Export-Firma betrieb. Beim Schleusen arbeitete er eng mit den Verwandten in Deutschland zusammen. Er war der deutschen Polizei wegen Waffendelikte, Urkundenfälschung und Bedrohung bereits bekannt. 1993 hatte er in Deutschland einen Asylantrag gestellt, der aber abgelehnt wurde.
Bei der Aktion wurden insgesamt 15 Wohnungen in Bayern und Baden-Württemberg durchsucht. Dabei wurde umfangreiches Beweismaterial sichergestellt, darunter Unterlagen über Geldtransfers in sechsstelliger Höhe. Nach Angaben der Ermittler kassierte die Bande pro Person 3 000 DM. Der Preis beinhaltete eine sogenannte »Schleusergarantie«. Das heißt, die Organisation verpflichtete sich, so lange zu schleusen, bis ein Versuch erfolgreich war.

Nach Einschätzung aller Fachleute vollzieht sich der Menschenschmuggel immer professioneller und – vor allem brutaler. Das einzelne Menschenschicksal spielt dabei keine Rolle, es zählt nur der Profit. Europaweit erregte der Fall »Dover« Aufsehen und bestätigte in brutalster Weise diese Aussagen.

Der Fall Dover – Profit ist alles

Mit Entsetzen reagierte Europa im Juni 2000 auf den Fund von 58 toten Flüchtlingen im Fährhafen von Dover. Ein Zollbeamter hatte bei der Routineuntersuchung eines niederländischen Kühllasters 58 Leichen, 54 Männer und 4 Frauen, entdeckt. Nur zwei Männer hatten den organisierten Menschenschmuggel überlebt. Im Zusammenhang mit dem Erstickungstod der Flüchtlinge nahm die Polizei 5 Personen fest. Neben dem Fahrer und dem Spediteur einen weiteren Niederländer und ein chinesisches Ehepaar aus London. Die geschleusten Chinesen hatten vor ihrem Auffinden eine viermonatige Reise hinter sich gebracht, die von der chinesischen Stadt Jiangle über Peking, Moskau, Tschechien, Deutschland, Holland und Belgien nach Großbritannien führte.
Im Frühjahr 2001 wurden in Großbritannien und in den Niederlanden die Urteile gesprochen. Der niederländische Lkw-Fahrer wurde in London wegen Totschlags zu 14 Jahren Freiheitsstrafe verurteilt, sieben weitere Personen bekamen in Rotterdam wegen fahrlässiger Tötung, Mitgliedschaft in einer kriminellen Vereinigung und Menschenhandels Freiheitsstrafen bis zu 9 Jahren.
Doch auch der Tod der 58 Chinesen schien die Drahtzieher im organisierten Menschenschmuggel nicht abgeschreckt zu haben. Keine vier Wochen später stoppte die Polizei nach einer wilden Verfolgungsjagd in London einen Lkw. Auf dem Lastwagen wurden 28 Flüchtlinge entdeckt. Sie hatten überlebt. Der 26jährige Fahrer wurde festgenommen.

Umweltkriminalität

Die Umweltkriminalität, also die illegale Entsorgung von Abfall und der unerlaubte Umgang mit Kernbrennstoffen, spielt in den OK-Ermittlungsverfahren nicht die Rolle, die von ihr nach den Veröffentlichungen in den Bild- und Printmedien angenommen werden dürfte. In 1999 wurden ganze drei OK-Umweltverfahren bekannt. Was die Umweltkriminalität betrifft, sind leichte Zweifel angebracht. Die Gründe dafür könnten in der Monopolstellung bzw. der Professionalität bestimmter Entsorgungsunternehmen, aber auch in der Ermangelung entsprechender Experten und damit in einer geringen Verfolgungsintensität durch die Strafverfolgungsbehörden liegen.

Sonstige Kriminalitätsbereiche

In diesen Bereich des OK-Lagebildes fallen vor allem Verfahren, die den Schmuggel mit zollpflichtigen Waren oder die Geldwäsche zum Inhalt haben.

Schmuggel mit zollpflichtigen Waren

Hierunter sind Verstöße gegen die Abgabenordnung durch den Schmuggel von Zigaretten und Alkohol oder sonstige steuerpflichtige Waren zu verstehen. Die Sicherstellungen von Zigaretten steigerten sich von 674 Millionen Stück im Jahre 1996 auf 1086 Millionen Stück im Jahre 2000. Alle drei speziellen Merkmale der OK-Definiton wurden hierbei festgestellt. Aus logistischen Gründen waren gewerbliche oder geschäftsähnliche Strukturen wie Im-/Exportfirmen mit entsprechenden Lagerkapazitäten, Steuerlager, Abfüllanlagen, Speditionen und Vertriebswege erforderlich. Gewaltanwendungen bei Tatbeteiligten und Einflußnahmen auf Bedienstete der entsprechenden Genehmigungsbehörden im Rahmen des internationalen Personen- und Warenverkehrs wurden registriert bzw. dürfen vermutet werden.

Wodkaschmuggel im großen Stil

Einen großen Schlag gegen den Wodkaschmuggel landeten Ermittler, als sie in einer wochenlang vorbereiteten Aktion mit einem gepanzerten Polizeifahrzeug ein Scheunentor durchbrachen. Sie stießen auf einen Lastwagen, von dem gerade 16 200 Liter-Flaschen Wodka abgeladen wurden. Die Täter waren schwer bewaffnet und gewaltbereit. Der verantwortliche Staatsanwalt zitierte bei einer Pressekonferenz einen der Täter: »Wenn ich eine Waffe zur Hand gehabt hätte, würdest du nicht mehr leben.« Sichergestellt wurden neben dem Wodka und einigen Stangen Zigaretten ein Kalaschnikow-Gewehr mit aufgesetztem Bajonett, zwei durchgeladene Pistolen, ein Revolver und 150 Schuß Munition.

An der bundesweiten Operation waren 250 Ermittlungsbeamte von Zoll und Polizei beteiligt und durchsuchten 40 Wohnungen, Geschäftsräume und Lager. Insgesamt wurden 50 000 Flaschen Wodka beschlagnahmt und 25 Personen festgenommen. 15 wurden mit Haftbefehl gesucht. Nach Angaben der Ermittlungbehörden schmuggelte die Bande allein in einem Jahr mindestens 46 Lkw-Ladungen mit je 15 000 bis 18 000 Flaschen Wodka nach Deutschland. Dabei hinterzogen die Täter etwa 11 Millionen Mark an Steuern.

Der Kopf der Bande war ein 34jähriger Rußlanddeutscher, der zum Zeitpunkt der Aktion wegen einer räuberischen Erpressung in einem Moskauer Gefängnis einsaß. Seine Ehefrau und Angehörige der Wodka-Connection hatten währenddessen seine Vertretung übernommen. Nach den Recherchen der Ermittler gingen die Täter mit den folgenden Arbeitsweisen vor: Über Scheinfirmen im Osten, so z. B. in Riga, orderte der Boß bei Destillerien in Spanien, Frankreich und Italien den Wodka zur steuerfreien Ausfuhr nach Osteuropa. Die Begleitpapiere wurden entsprechend gefälscht. Die Ware ging aber nicht nach Osteuropa, sondern wurde zu abgelegenen schwer zu oberservierenden Lagern gebracht. Die Schmuggeltransporte wurden durch vor- oder nachfahrende Fahrzeuge der Gruppierung gesichert, um sicherzustellen, daß keine Fahnder folgten. Die Täter wußten um die Tatsache, daß noch kein Steuervergehen vorlag, solange die Ware gefahren und nicht abgeladen wurde. Entsprechend dem hohen Risiko wurden die Fahrer mit 3 500 Mark pro Fahrt entlohnt.

Unter dieser Ebene gab es eine Art abgeschotteten Großhandel. An zuvor ausgemachten Treffpunkten übernahm ein Bandenmitglied das Fahrzeug des Händlers, fuhr zum Lager, belud es und brachte es zurück. Als ein solches Fahrzeug von einer Polizeistreife wegen offensichtlicher Überladung auffiel, wußten die Insassen natürlich von nichts. Die 600 Flaschen Wodka waren nach ihren Angaben für eine Hochzeit gedacht...

Der Schmuggel-Wodka ging vor allem an Rußlanddeutsche und Polen. Aus diesen Kreisen kamen auch die Angehörigen der Gruppierung, die erst seit wenigen Jahren in Deutschland waren. Sie führten ein

Der Wodka-Sattelschlepper ist an seinem Bestimmungsort angekommen. Die Täter werden bei der Entladung bereits beobachtet. Im Hintergrund die Lagerhalle. Im vorderen Teil des Sattelschleppers sind die Paletten mit Wodka zu erkennen.

Bei der polnischen Tätergruppierung wurde nicht lange »gefackelt«. Das polizeiliche Sondereinsatzkommando (SEK) rammte das schwere Tor der Lagerhalle mit einem Panzerfahrzeug ein.

Der in der Lagerhalle in Kartons abgepackte Wodka. Insgesamt wurden 50 000 Flaschen Wodka beschlagnahmt. Der Steuerschaden ging in die Millionen.

Luxusleben mit teuren Autos und wertvollen Immobilien. In einem Kühlschrank entdeckten die Fahnder 100 000 Mark, teilweise führten die Täter bis zu 30 000 Mark mit sich. Auf mehr als zehn Eigentumsobjekte legten die Behörden Zwangshypotheken, um die Steuerschäden abzusichern.

»Wenn ich eine Waffe gehabt hätte, würdest du nicht mehr leben«, so ein Täter zum ermittelnden Staatsanwalt. Neben dem Wodka wurden eine Kalaschnikow mit aufgesetztem Bajonett, zwei durchgeladene Pistolen, ein Revolver und 150 Schuß Munition beschlagnahmt. Hier das Foto für die Pressekonferenz der federführenden Soko »Don« des Zollfahndungsamtes Münster.

Zigarettenschmuggel – Lagerkapazitäten

Vor dem Bielefelder Landgericht standen drei Deutsche und ein Russe vor einer Strafkammer und wurden wegen gewerbsmäßiger Steuerhinterziehung und Hehlerei zu Haftstrafen zwischen 3 und 5 Jahren verurteilt. Nach Überzeugung des Gerichts hatten sie 20 Millionen Zigaretten nach Deutschland geschmuggelt. Dadurch waren dem Fiskus 3 Millionen Mark an Steuereinnahmen verlorengegangen. Der Ausgangspunkt für die Ermittlungen war ein Container, der dem Zoll mit riesigen Mengen PVC-Granulat in Bremerhaven aufgefallen war. Bei genauerem Hinsehen stießen die Zollfahnder auf Millionen von Zigaretten. Das Granulat diente nur zur Tarnung. Nach einer Observation stießen die Ermittler auf ein großes Zigarettenlager in Bielefeld.

Bei den festgestellten Tätergruppierungen dominierten Deutsche, Rußlanddeutsche und Polen, im Zigarettenhandel in den neuen Bundesländern Vietnamesen. Es handelte sich in der Regel um fest etablierte und langjährig zusammenarbeitende Strukturen mit ausgeprägter Arbeitsteilung, Spezialisierung und Professionalisierung. Die illegalen Gewinne wanderten häufig in legale Unternehmen oder wurden in Immobilien investiert. Der durch diese Gruppierungen angerichtete Schaden schlägt sich in erheblichen Steuerausfällen und in einer Wettbewerbsverzerrung für die legale Wirtschaft nieder.

Zigarettenschmuggel – international

Im August 2000 deckten Zollfahnder den bisher größten Fall von Zigarettenschmuggel in Bayern auf. Sie sprengten mit ihren Ermittlungen einen 24köpfigen Schmuggelring, der seit einem Jahr aktiv war. Die heiße Ware war für Großbritannien bestimmt. Nach Angaben des Nürnberger Zollfahndungsamtes wurden den Steuerbehörden aufgrund dieser illegalen Aktivitäten 16,5 Millionen DM Tabaksteuern vorenthalten.

Nach Aussagen von leitenden Zollfahndern lohnt sich das Geschäft, für die Ermittler wird es immer gefährlicher.

Zigarettenschmuggel – Gewaltbereitschaft

So setzten die Zollfahnder aus Münster eine Gruppe der GSG 9 (Sondereinheit des BGS) ein, als sie den Tip bekamen, daß ein Kühltransporter aus Polen mit Schmuggelzigaretten in Richtung Ruhrgebiet unterwegs sei. Die deutsch-polnische Tätergruppe sollte mit schweren Waffen ausgerüstet sein.
Der Einsatz lohnte sich. Die Täter wurden völlig überrascht und konnten ohne Widerstand durch die

In einem Kühl-Lkw wurden hinter normaler Ware Schmuggelzigaretten auf Paletten entdeckt. Zollbeamte beim Entladen der heißen Ware.

Im Ameisenverkehr werden die geschmuggelten Zigaretten zum Weiterverkauf an Zwischenhändler abgegeben. Dieser Kleintransporter wurde vom Zoll nach Übernahme der Zigaretten gestoppt.

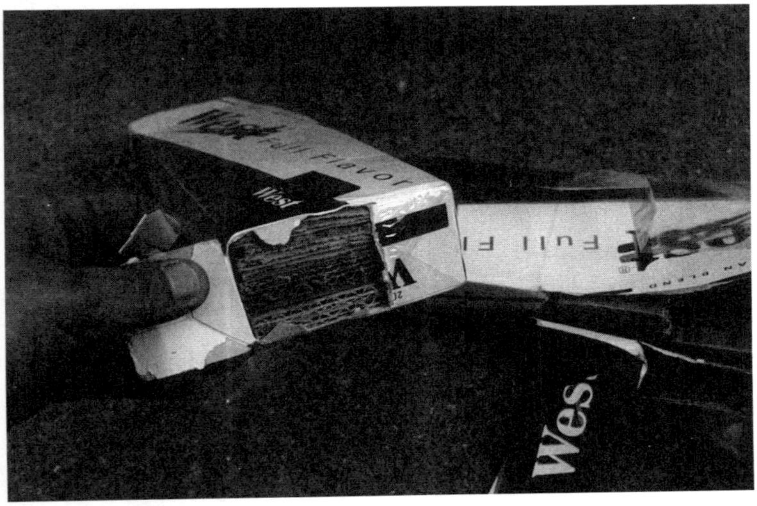

Auch das geschieht im Bereich des Zigarettenschmuggels. Täter werden zu Opfern. Zigarettenstangen sind mit Pappe gefüllt und werden als »ordentliche« Ware verkauft.

Spezialeinheit festgenommen werden. In einem Lager im Dortmunder Hafen wurde ein LKW beschlagnahmt. Unter der Ladung gefrorener Zwiebeln befanden sich 7500 Stangen Zigaretten. Zeitgleich wurden insgesamt 9 Täter an verschiedenen Orten festgenommen. Bei den folgenden Ermittlungen konnten der Bande der Schmuggel von 70 000 Stangen Zigaretten nachgewiesen werden, was für den Staat einen Steuerausfall von 3,5 Millionen Mark bedeutete.

Der große Profit lockt die organisierten Kriminellen – die Stange kostet in Polen 10 DM, für 20 und mehr wird sie in Deutschland verkauft. Die Gewinnspannen von bis zu 150 Prozent bedeuten bundesweite Steuerausfälle von deutlich mehr als einer Milliarde Mark.
Die Zollfahnder in Frankfurt/Oder gehen davon aus, daß 70 bis 80 % der geschmuggelten Zigaretten über ihre Autobahn-Grenze gehen. Von täglich etwa 1700 Lastern können sie höchstens 5 ordnungsgemäß kontrollieren. Dennoch steigerten sie die Sicherstellungen von 44 Millionen im 1. Halbjahr 1999 auf 84 Millionen Zigaretten im 1. Halbjahr 2000. Möglicherweise aber auch ein Indiz dafür, daß die Drahtzieher ihre Schmuggelfahrten erhöht haben.

Geldwäsche

Die Geldwäsche wurde mit dem OrgKG gemäß § 261 StGB unter Strafe gestellt. 1993 folgte das Geldwäschegesetz (GwG) – 1998 nochmals verbessert –, welches Kredit- und Finanzinstitute sowie Spielbanken dazu verpflichtet, der zuständigen Strafverfolgungsbehörde verdächtige Transaktionen zu melden.
In 171 (1999 = 114) der analysierten OK-Verfahren lagen Hinweise auf Geldwäschedelikte gem. § 261 StGB vor. Zu 68 (1999 = 68) dieser Verfahren wurden 306 (1999 = 242) Verdachtsanzeigen nach § 11 Abs. 1 GwG erstattet. Somit ist hinsichtlich der Anzahl der Verfahren, in denen Verdachtsanzeigen nach dem GwG erfolgten, eine deutliche Steigerung festzustellen.

Geldwäsche – Waschen von Drogengeldern

Aus einer solchen Mitteilung einer Bank erwuchs ein Verfahren gegen einen 41jährigen Niederländer. Er hatte bei einer deutschen Bank ein Girokonto eingerichtet, auf das er bis zu dreimal pro Woche Devisen bis zu einer Million Mark einzahlte, um sie kurze Zeit später wieder in Gulden abzuheben. Wie sich bei den Ermittlungen deutscher und niederländischer Dienststellen herausstellte, betrieb der Niederländer zwei Wechselstuben in Amsterdam und Scheveningen. Sie waren offensichtlich zur Tarnung gegründet worden, um seine kriminellen Aktivitäten zu verschleiern. Innerhalb von zwei Jahren wusch der Täter mindestens 120 Millionen Mark. Er arbeitete für drei Drogensyndikate in den USA, Südamerika und Europa.

Erkenntnisse aus Finanzermittlungen – Verwendung der Einnahmen

Nach wie vor steht bei den OK-Kriminellen bei der Verwertung ihrer Gelder der Konsum und damit ein aufwendiger Lebensstil im Vordergrund. Unterstrichen wird dies durch teure Kleidung, Autos, Schmuck und exklusive Wohnungen in guter Lage. Der nach außen erkennbare Lebensstil ist zweckgerichtet und ein erster Schritt zur scheinbaren Verbürgerlichung und zur Akzeptanz in der Gesellschaft.

Finanzermittlungen – Verwendung der Einnahmen

In Köln wurde ein 47jähriger Bauleiter nach langwierigen Recherchen festgenommen. Sein Lebensstandard hatte ihm nicht zu Unrecht den Spitznamen »der Milliardär« eingebracht. Er liebte schnelle Autos und nannte neben einigen Nobelkarossen gleich mehrere Ferrari sein eigen. Finanziert hatte der Kölner Mafia-Boß sein Luxusleben mit Waffen- und Rauschgiftgeschäften, vor allem aber mit Manipulationen im Baugeschäft. Bei der Festnahme stellten die Fahnder Luxusgüter, Immobilien und Bargeld im Wert von 20 Millionen Mark sicher.

Ein Teil der Gelder fließt in den Logistikbereich, an Berater, Anwälte und in das soziale Umfeld. Kostenfaktoren sind Immobilienkäufe, Mieten, Honorare, häufige Reisen, Partys, Unterstützung von Gruppenmitgliedern bzw. deren Angehörigen, Sponsoring, Schutzgelder oder erforderliche Bestechungsgelder. Weitere Gelder werden zur Festigung der kriminellen Strukturen und zur Reinvestition in kriminelle Aktivitäten verwandt. Bei der Geldanlage spielen der Immobilienkauf, das Transferieren von Geldern ins Ausland und der Erwerb von Sachwerten eine große Rolle. Vor allem die Deutschen bedienen sich vorhandener Fachleute wie Wirtschaftsprüfer, Steuerberater oder Rechtsanwälte.
Zu den ausländischen Gruppierungen sind keine exakten Aussagen zu treffen. Es ist davon auszugehen,

daß ihre Gewinne in den meisten Fällen ins Ausland geschafft und dort professionell angelegt werden, zumal die Hintermänner von dort aus agieren.

Geldwäsche – Verdachtsmitteilung

Fahnder kamen über eine Verdachtsmitteilung (Geldwäsche) auf einen Osteuropäer, der einen sechsstelligen DM-Betrag in norwegische Kronen wechselte. Grund der Verdachtsmitteilung war unter anderem auch ein Mercedes der S-Klasse, den der Einzahler fuhr. Die Ermittlungen ergaben, daß der Osteuropäer für eine norwegische Rauschgifthändlerbande Geld wusch. Bei ihm wurden noch 200 000 DM Bargeld sichergestellt.

Präferenzen der analysierten Gruppen

Die Schwerpunkte der deutschen OK-Gruppen lagen wie 1998 in den Bereichen Rauschgifthandel, Wirtschaftskriminalität und Kriminalität im Zusammenhang mit dem Nachtleben. Es wurde eine überwiegend deliktspezifische Begehungsweise festgestellt. Es überwog der professionelle Umgang mit den illegalen Einnahmen.
Schwerpunkt der türkischen Gruppierungen war wie in den letzten Jahren wieder der Heroinhandel. Weitere kriminelle Aktivitäten waren in der Kriminalität im Zusammenhang mit dem Nachtleben, in der Wirtschaftskriminalität sowie der Gewaltkriminalität angesiedelt.
Die jugoslawischen Tätergruppierungen wurden überwiegend von kosovo-albanischen Tatverdächtigen dominiert. Weiterhin wurden serbische, bosnische und mazedonische Gruppierungen festgestellt. Kosovo-albanische Täter bewegten sich bevorzugt im Bereich der Rauschgift-, Schleuser- und Eigentumskriminalität.
In den Deliktsfeldern Eigentumskriminalität, Zigaretten- und Alkoholschmuggel bewegten sich polnische OK-Gruppen. Die im Bereich der Eigentumskriminalität geführten Ermittlungsverfahren betrafen vorwiegend die internationale Kfz-Verschiebung. In allen Verfahren wurden internationale Begehungsweisen festgestellt. Diese Tatsache ist darin begründet, daß Polen als Transitland zu Deutschland zu sehen ist und viele der osteuropäischen Staaten im Konsumbereich unterversorgt sind. Als Ergebnis im Bereich der Schmuggelkriminalität sind enorme Gewinne für die polnischen OK-Gruppierungen und im Umkehrschluß hohe volkswirtschaftliche Schäden für Deutschland zu registrieren.
Die italienischen Gruppierungen wie die sizilianische Mafia, 'Ndrangheta, Camorra, Sacra Corona Unita und Stidde entwickeln in Deutschland eine ganze Reihe von kriminellen Aktivitäten. Eindeutig im Vordergrund steht der Kokainhandel, gefolgt von der Wirtschafts- und Eigentumskriminalität. Gleichzeitig dient Deutschland als Rückzugsraum für in Italien gesuchte Straftäter. Eine besondere Rolle spielt die Bundesrepublik als Investitionsgebiet für legale und illegale Gewinne. Hier ist vor allem die 'Ndrangheta zu nennen.

Doppelschlag gegen die 'Ndrangheta

Innerhalb von 24 Stunden holten im Mai 1999 deutsche Behörden gleich zweimal zu großen Schlägen gegen die 'Ndrangheta aus.

In einer grenzüberschreitenden Aktion zerschlug das hessische Landeskriminalamt eine in Südhessen und Bayern aktive Mafia-Gruppe. Bei der Razzia gegen eine Zelle der kalabresischen 'Ndrangheta wurden 4 mit Haftbefehl gesuchte Täter und zwei weitere Personen festgenommen. Durchsucht wurden mehr als 20 Wohnungen, Restaurants und Firmen im Raum Offenbach, Hanau und Aschaffenburg. Die Ermittlungen wegen Drogen-, Waffenhandels, Schutzgelderpressung, Betruges und Förderung der Prostitution nahmen zwei Jahre in Anspruch. Die Ermittler beschlagnahmten nicht nur betrügerisch erworbene Lebensmittel, schriftliche Unterlagen und Computer, sondern auch noch illegale Gewinne und Vermögen im Wert von einer Million Mark.
Keine 24 Stunden später schlug das BKA bei Durchsuchungen in Hessen, Niedersachsen, Baden-Württemberg und Nordrhein-Westfalen zu. Nach monatelangen Ermittlungen in Zusammenarbeit mit örtlichen Kripo-Dienststellen zielte der Einsatz auf mehrere 'Ndrangheta-Familien aus Kalabrien. 72 Wohnungen, Firmen, Arbeitsplätze und Gaststätten wurden vom BKA, der GSG 9 und den Länderpolizeien durchsucht. Bei der mit Italien abgestimmten Aktion wegen Verdachts des internationalen Handels mit Kokain wurden aufgrund bestehender Haftbefehle in Deutschland 5 und zeitgleich in Italien 4 weitere Tatverdächtige festgenommen. Im Rahmen der Durchsuchungen wurden zahlreiche Beweismittel sichergestellt.

Nach den Ermittlungen des BKA und der Länderpolizeien haben sich seit Anfang der 80er Jahre Mitglieder verschiedener 'Ndrangheta-Familien in Deutschland niedergelassen. Sie betreiben von hier aus einen schwunghaften Handel mit Rauschgift, vor allem mit Kokain. Ihre kriminellen Aktivitäten tarnen sie nach außen mit legalen Geschäften wie Import-/Export-Firmen, Gaststätten, Hotels, Restaurants und Pizzerien.

Deutschland Aktions- und Rückzugsraum

Anfang 1999 wurde in Mainz nach einem Tip aus Italien einer der meistgesuchtesten Mafiosi festgenommen. Er galt als Drahtzieher des Blutbads von Vittorio in Sizilien, bei dem fünf Menschen erschossen wurden. Er selbst soll für sieben Morde in Frage kommen. Wie lange er sich schon in Deutschland aufhielt, ist nicht bekannt.

Ende des Jahres 1999 ging ein 'Ndrangheta-Mitglied in Baden-Württemberg in das Netz der Fahnder. Der 41jährige Koch wurde von den italienischen Behörden wegen Schutzgelderpressungen und Drogenhandels gesucht. Belgische Ermittler hatten den Hinweis gegeben, daß er sich möglicherweise bei Verwandten in Deutschland aufhalten könnte.

Den größten Fang machten bayerische Fahnder 1998, als sie am Bahnhof von Kempten den 38jährigen Giorgio B. festnahmen. Gegen ihn lag ein Duisburger Haftbefehl vor, in dem er neben Straftaten wie Betrug und Geldfälschung auch des Raubmords beschuldigt wurde. In seinen Vernehmungen vor deutschen und italienischen Beamten machte er umfangreiche Angaben zu Strukturen der 'Ndrangheta, vor allem zu seinem Clan Santo Carelli, der für den Drogenhandel, die Unterwanderung des Baugewerbes, für Erpressungen, Entführungen und Auftragsmorde verantwortlich zeichnet. In diesem Clan starben bei internen Auseinandersetzungen allein in den Jahren von 1994 bis 1999 22 Menschen. In den weiteren Vernehmungen gestand er, in den zurückliegenden 20 Jahren 30 Morde als beauftragter Mafia-Killer begangen zu haben. Zwischenzeitlich wurde er von Deutschland nach Italien ausgeliefert und sitzt dort unter strengster Bewachung in einem Hochsicherheitsgefängnis ein.

Schwerpunkt der russischen OK-Gruppierungen war vor allem die Kriminalität im Zusammenhang mit dem Nachtleben, die Eigentumskriminalität und die Gewaltkriminalität. Weitere Verfahren wurden im Bereich des Alkohol- und des Zigarettenschmuggels und der Geldwäsche geführt. Nach der Analyse weisen russisch dominierte Gruppen allerdings nur ein relativ niedriges OK-Potential auf.
Gestützt wird diese Aussage durch eine Analyse im Bundesland Bayern, in der Ermittlungsverfahren hinsichtlich ihrer OK-Indikatoren überprüft wurden. Demnach waren strukturierte Gruppen mit einem entsprechenden hierarchischen Aufbau nicht erkennbar. Damit konnte die über Jahre geäußerte Arbeitshypothese einer auch in Deutschland international tätigen, streng hierarchisch gegliederten und straff organisierten OK aus der ehemaligen Sowjetunion nicht aufrechterhalten werden. Was allerdings nicht bedeutet, daß die Rote Mafia in Deutschland nicht präsent ist, sondern nur noch nicht das Niveau erreicht hat, was bei anderen Gruppierungen bereits bewiesen ist.

Die auch in Deutschland tätige russische OK-Organisation »Solnzewskaja« wurde im Lagebericht der Schweiz beschrieben. Danach hat diese kriminelle Organisation in der Schweiz Fuß gefaßt. Ihr wird vorgeworfen, insbesondere in Rußland in zahlreiche Aktivitäten wie Mord, Korruption, Drogenhandel, Erpressung, Geldwäscherei, Handel mit gestohlenen Kunstgegenständen, Betrug, Entführung, Autodiebstahl und Falschgeld verwickelt zu sein. Nach internationalen Polizeiinformationen handelt es sich um eine der mächtigsten kriminellen Organisationen Rußlands. Die Anzahl der Mitglieder wird auf 2 000 geschätzt. Der Hauptsitz befindet sich im Moskauer Stadtteil Solnzevo. Die Organisation ist kooperativ aufgebaut und besitzt eigene Kampfbrigaden. Ein Hauch von Unbesiegbarkeit umgibt die Organisation, die es zudem verstanden hat, sich mit ehrbaren Verbindungsleuten zu Regierungsstellen zu umgeben. Sie besitzt Zugang zu den höchsten Wirtschafts- und Politikerkreisen und verursacht damit den Strafverfolgungsbehörden große Schwierigkeiten.
Die Organisation »Solnzewskaja« ist insbesondere in den USA, der Russischen Föderation, Großbritannien, Österreich, der Schweiz, Polen, Ungarn, Bulgarien, Kanada, Frankreich, Israel, Peru, Argentinien und in Costa Rica aktiv. Sie unterhält Beziehungen zu anderen mächtigen kriminellen Organisationen Rußlands und auch zu den kolumbianischen Drogenkartellen. Ein über die ganze Welt verstreutes Netz von Gesellschaften, Finanzinstituten und Firmen erlauben es der Organisation, ihre illegalen Gelder jederzeit und überall zu waschen. Die Mitglieder der »Solnzewskaja« beteiligen sich auch finanziell an wohltätigen Stiftungen. Damit gibt sich die Gruppe ein Wohltäterimage und erkauft sich in nicht weni-

gen Fällen die Sympathien von Behörden und Institutionen, aber auch von für sie sehr wichtigen Einzelpersonen als Entscheidungsträgern.

Aus polizeilichen Quellen geht hervor, daß allein dieser Clan in ungefähr 20 Morde, die in Rußand und außerhalb Rußlands begangen wurden, verwickelt ist. Seine Kampfbrigaden zeichnen für Erpressungen und Entführungen verantwortlich. Die Mitglieder der Organisation verfügen über falsche Papiere, die sie zumeist als Staatsangehörige mittel- oder südamerikanischer Länder ausweisen.

Gewinne – Kriminalitätsbereiche und OK-Gruppierungen

Innerhalb der Kriminalitätsbereiche sind unterschiedliche Streubreiten bei den Gewinnen zu verzeichnen. Sie sind zum einen abhängig von der Attraktivität des gewählten Bereiches und zum anderen von dem Professionalisierungsgrad der einzelnen OK-Gruppierung.
Die Schätzungen in der Strukturanalyse 1999 gingen davon aus, daß in der Rauschgiftkriminalität ca. 985 Mio. DM und in der Wirtschaftskriminalität ca. 417 Mio. DM an Gewinnen gemacht wurden. Ebenfalls eine dreistellige Summe wird für die Schleusungskriminalität angenommen. Die durchschnittlichen Gewinne pro Gruppierung lagen bei der Wirtschaftskriminalität bei 11,6 Mio., beim Schmuggel bei 6,8 Mio., bei der Rauschgiftkriminalität bei 6,0 und beim Nachtleben bei 1,4 Mio. DM. Für alle OK-Gruppierungen wurden für 1999 Schäden und Gewinne von durchschnittlich ca. 7 Mio. DM angegeben. Zieht man einen Verfahrenskomplex von 600 Mio. DM Gewinn ab (rumänische Heroinhändlerorganisation), so kommt man auf ca. 5,8 Mio. Gewinn pro Gruppierung.
Im Jahr 2000 lagen die durchschnittlichen Schäden pro Gruppierung bei 9,8 Mio. DM und deren geschätzte Gewinne bei durchschnittlich 3,7 Mio. DM.
Eine Aufschlüsselung der Gewinne nach Nationalitäten für das Jahr 2000 (1999) ergab folgendes Bild:

Nationalität	geschätzte Gewinne
Italiener	3,3 Mio. DM (7,0 Mio.)
Deutsche	3,4 Mio. DM (6,0 Mio.)
Polen	2,3 Mio. DM (3,8 Mio.)
Türken	2,1 Mio. DM (1,3 Mio.)
Russen	1,7 Mio. DM (4,4 Mio.)
Litauer	1,6 Mio. DM (k. A.)
Jugoslawen	1,0 Mio. DM (1,7 Mio.)
Vietnamesen	1,7 Mio. DM (k. A.)

Die Auflistung der geschätzten Gewinne zeigt, daß die Möglichkeiten einer optimaleren Gewinnabschöpfung noch lange nicht ausgereizt sind. Im Umkehrschluß heißt dies, die gesetzlichen Möglichkeiten sind vermehrt anzuwenden und zusätzlich zu verbessern. Denn das bedeutet, die OK-Kriminellen und deren Hintermänner dort zu treffen, wo sie am empfindlichsten sind: auf dem Gebiet der illegalen Gewinne mit dem greifenden Mittel der Gewinnabschöpfung.

Geldwäsche – die Achillesferse der Euro-OK

Die Geldwäsche stellt den Schnittpunkt von illegalen Erlösen aus Straftaten und legalem Finanzkreislauf dar und wird damit zur empfindlichsten Stelle des Organisierten Verbrechens. Illegales Geld wird in dem Moment sichtbar.

Geldwäsche – die empfindlichste Stelle des Organisierten Verbrechens. Das Bargeld muß zu Buchgeld gemacht werden. Geldkuriere reisen auch heute noch mit Aktenkoffern, um die illegalen Gelder über Banken in den normalen Wirtschaftskreislauf zu bringen.

Die Geldwäsche bietet daher in verantwortungsvoller Zusammenarbeit der Kredit-, Finanz- und Strafverfolgungsbehörden einen erfolgversprechenden Ansatz, in die Strukturen der Euro-OK einzudringen und von diesem Schnittpunkt aus Transaktionen zurückzuverfolgen. Möglicherweise bis zu den Verbrechen der Hintermänner. Daneben trifft die Entziehung der finanziellen Grundlagen den Nerv der »feinen Herren in den oberen Etagen«. Die Geldwäsche wird somit zur Achillesferse des Organsierten Verbrechens.
Welche Geldmengen den Drahtziehern des internationalen Rauschgifthandels zur Verfügung stehen, zeigt folgendes Beispiel:

In einem internationalen Ermittlungsverfahren wegen Heroinhandels geriet ein in München wohnhafter türkischer Staatsangehöriger in den Verdacht, für die Rückführung von Geldgewinnen aus Rauschgiftgeschäften in die Türkei verantwortlich zu sein. Während er in München eine Wechselstube betrieb, war sein Vater Inhaber einer solchen in Istanbul.
Im Rahmen verdeckter Maßnahmen wurde festgestellt, daß Geldkuriere in ganz Europa Rauschgiftgewinne übernahmen, es nach Deutschland transportierten und an Familienangehörige des Wechselstubeninhabers übergaben. Mit Hilfe der beiden Wechselstuben wurden die Erlöse aus den Rauschgiftgeschäften zur Bezahlung von legalen Warenlieferungen verwandt. Diese Maßnahme galt der Verschleierung der eigentlichen Hintermänner und zusätzlich der Abschottung. Bis zur operativen Phase gingen hohe Geldbeträge bei der Import-Export-Firma des Hauptverdächtigen ein. Die Anweisungen für die jeweiligen Geldtransaktionen wurden täglich per Fax von Istanbul nach München übermittelt. Nur der Vater hielt den Kontakt zu den Rauschgifthändlern im Hintergrund.
Im Rahmen der Durchsuchungs- und Festnahmeaktion wurden für einen Zeitraum von zwei Jahren Geldbewegungen in Höhe von 150 Mio. DM festgestellt. 14 Haftbefehle wurden vollstreckt, 41 Objekte, davon 21 Banken, durchsucht. Es wurden Bargeldbeträge im Gesamtwert von 2,4 Mio. DM und hohe Vermögenswerte sichergestellt. Die Schwerpunkte dieses Clans lagen in Deutschland, Italien, den Niederlanden und der Türkei. Die Tathandlungen waren über ganz Europa, nämlich die Schweiz, Spanien, Österreich, Ungarn, Bulgarien und Rumänien, verteilt. Zusätzlich wurden 350 kg Heroin beschlagnahmt und ein Handel mit weiteren 250 kg nachgewiesen.

Die drei Stufen der Geldwäsche

1. **Stufe:** Umwandlung von Bargeld in Buchgeld oder andere Vermögenswerte (z. B. durch Banken, Spielbanken, Edelmetallhändler, Immobilienerwerb, Wechselstuben)
2. **Stufe:** Verschleierung der illegalen Herkunft von Vermögenswerten und Geld durch komplexe Finanztransaktionen (z. B. durch »Off-Shore-Banking«, »Underground-Banking«, Transferierung der Gelder ins Ausland, Scheinfirmen, Scheingeschäfte)
3. **Stufe:** Einbringen des gewaschenen Geldes in den Wirtschaftskreislauf durch Investitionen (z. B. in Hotelketten, Spielbanken, Supermärkte, Gaststätten, Firmen, Firmenbeteiligungen)

Wie raffiniert kolumbianische Kartelle vorgehen, zeigte der Cali-Fall in Luxemburg. Dort lief ein Geldwäscheverfahren über einige Monate. Die Gerichtsakte umfaßte 40 000 Seiten, die Verteidigerakten 20 000 Seiten.

Der Cali-Fall

Einer Zelle des Cali-Kartells war es gelungen, einen ihrer Leute als Finanzberater auf dem europäischen Markt in Luxemburg zu plazieren. Er war früher bei der Weltbank beschäftigt und besaß drei Doktortitel in den Bereichen Politik-, Finanz- und Wirtschaftswissenschaften.
Aufgrund des französischen Geldwäschegesetzes geriet der Kolumbianer in das Visier der Fahnder. Er unterhielt in Paris ein unscheinbares Büro, tätigte aber weltweit riesige Finanztransaktionen. Es kam zu einer Zusammenarbeit französischer, amerikanischer und luxemburgischer Behörden, die nach verdeckten Maßnahmen ihn und zwei weitere Begleiter in Luxemburg festnahmen. Bei seiner Festnahme konnten Disketten mit von ihm verfaßten etwa 100 000 Seiten sichergestellt werden, die die weltweite Geldwäsche mit den günstigsten Finanzplätzen und der dazu notwendigen Modus operandi beschrieben. Er hatte in seinen Aufzeichnungen die drei zuvor angeführten Stufen des Plazierens, des Verschleierns und der Reinvestition beschrieben. Das Konzept der Geldwäsche hatte er in 5 Kapitel unterteilt:

1. *Europa und die Kapitalmärkte*
2. *Aktuelle Verwaltung der regionalen Arbeit*
3. *Empfehlungen*
4. *Sicherheit*
5. *Programm der Phasen*

Die eigentliche Geldwäsche unterteilt er in zwei Arbeitsschritte, denen er die Phantasienamen Etapa Kennedyfication und Etapa Santification gab. In der Etapa Kennedyfication muß die Herkunft der Gelder und die Identität ihrer Besitzer seiner Meinung nach in 5 Phasen verschleiert werden:

Phase 0: Die Gelder befinden sich noch bar an einem Ort mit hohem Risiko
Phase 1: Die Gelder sind vom Ort des illegalen Rauschgifthandels oder von einem zweifelhaften Finanzplatz entfernt
Phase 2: Risikoreduzierung durch Transaktion nach Europa. Besitzer der Gelder sind immer noch kolumbianischer Herkunft
Phase 3: Der kolumbianische Besitzer wird durch einen anderen oder europäischen Besitzer ersetzt (natürliche/juristische Person)
Phase 4: Höhepunkt der Geldwäsche sind die Errichtung von Nummernkonten oder Konten mit Aliasnamen, damit die tatsächliche Herkunft verschleiert wird

Zum Zeitpunkt der Dokumentation stellte der Täter fest, daß sich alle Gelder noch in der Phase 0 befanden. Bei seiner Festnahme allerdings hatten die meisten Gelder schon die Phasen 3 bzw. 4 erreicht, z. B. in Ungarn angelegte Gelder. Mit der Etapa Santification beschreibt er das Verfahren, mit dem die europäischen Gelder zurückgeführt und im Herkunftsland reinvestiert werden.
Aufgrund seiner Ausbildung, seiner seriösen Erscheinung und seines Sponsoring-Verhaltens genoß er in europäischen Finanzkreisen größtes Vertrauen und trat sogar als Referent bei Hearings mit dem Thema Geldwäsche auf. Bei seiner Festnahme managte er europaweit 300 Konten bei 120 Banken in 18 Ländern. Die Fahnder konnten europaweit 92 Mio. US-Dollar beschlagnahmen.

Aufgrund des in Luxemburg noch fehlenden Geldwäschegesetzes konnte er nur zu fünf Jahren Freiheitsstrafe verurteilt werden.

Zweck der Finanzermittlungen

Mit dem Instrument der Finanzermittlungen soll den Kriminellen ihre illegale finanzielle Basis entzogen, die Reinvestition illegaler Gelder in den legalen Wirtschaftskreislauf verhindert und der Zuwachs wirtschaftlicher und politischer Macht der Euro-OK unterbunden werden.
Wie systematisch Heroinhändler und Geldwäscher weltweit fungieren, zeigt ein weiteres Ermittlungsverfahren, was aufgrund von Erkenntnissen der deutschen Ermittlungsbehörden und der amerikanischen Drogenbehörde DEA zu polizeilichen Maßnahmen in zahlreichen Ländern führte:

Verdeckte Maßnahmen in der Türkei hatten in Deutschland zur Identifizierung von Residenten sowie zu den Arbeitsweisen hinsichtlich der Anwerbung und Führung von Geldkurieren, des Transports der vermutlichen Drogengelder, der Übernahme, Aufbereitung und Weiterleitung der Gelder über Wechselstuben, der Umwandlung der Bargelder in Buchgelder und des Transfers über Bankkonten geführt. Des weiteren konnten acht in Deutschland ansässige Personen identifiziert werden, die im Verdacht standen, Drogengelder aus Spanien zu einer Wechselstube in Frankfurt zu verbringen. Türkische Informationen ließen einen monatlichen Umsatz von 2,5 Mio. vermuten.
Die Ermittlungen in Deutschland konzentrierten sich auf eine Wechselstube in Frankfurt mit Geschäftsstellen in Köln, Düsseldorf und Hamburg

Die Drogengelder transferierte eine Wechselstube in München in US-Dollar auf Zielkonten in den USA. Später flossen sie über Dubai und den Iran nach Istanbul zurück, wo die Heroinhändler ausgezahlt wurden. Hier ein Bankenkomplex in Miami. Nicht selten lagern hier die Fluchtgelder der Drogenbosse.

sowie Auslandsfilialen in Los Angeles, London und Teheran, die als zentraler Anlaufpunkt von den Geldkurieren genutzt wurde. Durch Telefon-, Telefax- und Videoüberwachung der Wechselstube in Frankfurt konnten in eineinhalb Jahren insgesamt 140 Bargeldanlieferungen mit einem Gesamtvolumen von 40 Mio. Mark in verschiedenen Währungen festgestellt werden. Die Gelder kamen hauptsächlich aus den Niederlanden, Spanien und Deutschland.
Ermittlungen in den Niederlanden ergaben, daß durch kurdische Türken in kurzen Abständen Zahlungen an einen Residenten von 200 000 bis 1 Mio. Mark überbracht wurden, die dann auf dem Landweg in die Wechselstube in Frankfurt flossen. Ferner wurde in den Niederlanden der Bargeldtransport auf dem Luftweg von Spanien nach Deutschland organisiert. Die Wechselstube transferierte die Gelder in US-Dollar auf Zielkonten in den USA. Von dort wanderten sie nach Dubai. Über Teheran und Istanbul gelangten die Gelder in die Wechselstube des Hauptverdächtigen in Istanbul, der für die Auszahlung der Gelder an die Heroinhändler sorgte.
Aufgrund der weltweit geführten Ermittlungen konnten in Deutschland zehn regional tätige Heroinhändlergruppierungen und deren Verteilerstrukturen erkannt werden. Im Rahmen einer international abgestimmten Operation wurden die Hauptbeschuldigten nach 2jährigen Ermittlungen zeitgleich in den Niederlanden, in der Türkei und in den USA festgenommen.

In Deutschland wurden 900 000 DM Bargeld und 1,6 Mio. DM Kontenguthaben beschlagnahmt. In den Niederlanden konnte der dortige Resident auf dem Weg nach Deutschland mit 200 000 Gulden festgenommen werden. Er gestand, über die Herkunft der durch ihn transportierten Bargeldsummen aus dem Heroinhandel in Spanien und den Niederlanden informiert gewesen zu sein. In der Türkei wurde der Kopf der Organisation festgenommen und an die amerikanischen Behörden ausgeliefert. In den USA erfolgte die Festnahme von vier Hintermännern, und in New York wurden auf Transferkonten 8 Mio. US-Dollar sichergestellt.

Der hier geschilderte Fall zeigt eindeutig, daß bei einer gezielten internationalen Zusammenarbeit langfristig Erfolge zu erzielen und OK-Strukturen zu zerschlagen sind.

Kapitel IV: Resümee

Defizit einer systematischen internationalen und globalen Euro-OK-Bekämpfung

Weder im EU-Bereich noch im gesamteuropäischen Rahmen gibt es bislang ein griffiges Konzept zur Bekämpfung der Euro-OK. Erst recht sucht man nach einer weltweiten Bekämpfungsstrategie. Viele europäische Staaten verfügen noch nicht über die notwendige Sensibilität für Ausmaß und Gefahren der OK. Selbst wenn die demokratischen Staaten mittelfristig zur Angleichung ihrer Gesetze und ihrer Strategien kommen, so wird es weiterhin Staaten geben, die aufgrund ihres politischen Systems oder ihrer lukrativen Steuerparadiese kein Interesse an gemeinsamen und effektiven Bekämpfungsstrategien haben.

Globale Bedrohungspotentiale der Euro-OK für Wirtschaft, Politik und Gesellschaft

Nach Einschätzung von Experten aus Wissenschaft und Praxis ist die Welt- und Euro-OK in ihrer derzeitigen Ausprägung und wachsenden Ausdehnung als Kapital- und damit verbundene Korruptionskriminalität längst eine nicht zu unterschätzende globale Gefahr für Wirtschaft, Rechtsstaat und Demokratie geworden.

Bekämpfung der Euro-OK – Aktion statt Reaktion im europäischen Sicherheitsraum

Hierunter ist die Schaffung eines europäischen Präventions- bzw. Ermittlungsraumes zu verstehen, der sich auf ein gemeinschaftliches Strategiepapier der EU-Staaten stützt und zum Ziel hat, eine Harmonisierung der nationalen Kriminalpolitiken auf diesem Gebiet herbeizuführen.
Dazu gehört eine vorzugsweise beim Europäischen Parlament anzusiedelnde unabhängige Euro-OK-Kommission, die das Phänomen OK untersucht, beschreibt und Handlungsempfehlungen auf der Grundlage eines Euro-OK-Bekämpfungsplanes gibt. Zu fordern sind:

- Qualifiziertes Euro-OK-Lagebild
- Präventions- und Repressionskonzept Euro-OK
- Bedingungsloser Austausch von Euro-OK-Informationen
- Konsequente Aufklärung von Straftaten
- Harmonisierung der Euro-OK-Gesetzgebung
- Sanktionierung der OK-Straftäter durch qualifiziertes internationales Beweismaterial
- Euro-OK-Öffentlichkeitsarbeit mit Fachpressekonferenzen und Hintergrundseminaren für Bild- und Printmedien mit Euro-OK-Experten aus Polizei, Nachrichtendiensten, Publizistik, Wissenschaft, Sicherheitsgewerbe und Wirtschaftsmanagement.

Hoffnungsträger Europol

Nach dem Interpol-Sekretariat haben sich bisher 15 Länder Europas eine neue internationale Zentralstelle mit der Bezeichnung »Europol« geschaffen. Die Probleme, die hinsichtlich der politischen und rechtlichen Vorgaben und Grundentscheidungen bestehen, sind hinreichend bekannt. Schon jetzt liefert Europol in den Bereichen Drogen-, Nuklear- und der Schleuserkriminalität, im internationalen Menschenhandel, in der Kfz-Verschiebung, der Geldwäsche und anderen bedeutsamen Bereichen der OK Entscheidungshilfen für Maßnahmen zur Bekämpfung internationaler Organisierter Kriminalität.
Europol beschreibt das Phänomen der Organsierten Kriminalität in der EU mit ihren aktuellen Trends, neuen Modi operandi, international agierenden Organisationen, aber auch Probleme oder erfolgreiche Methoden zur Bekämpfung der OK. Europol versucht mit modernster Analyse- und Intelligence-Arbeit die Aktivitäten, Strukturen, Mitglieder und Erlöse international agierender OK sichtbar zu machen, damit internationale Ermittlungen eingeleitet, beschleunigt und erfolgreich zum Abschluß gebracht werden

können. Neben einer allgemeinen Stärkung der Europol-Kompetenzen ist insbesondere zu wünschen, daß die Zahl der Europol-Staaten unter Einbeziehung der mittel- und osteuropäischen Staaten wächst. Eine inoffizielle Zusammenarbeit findet allerdings schon seit längerem statt.

Die Euro-OK ist existent und hat Teilbereiche unseres Gesellschaftslebens bereits im Griff – unser Fazit:

Die Euro-OK ist zu einer zunehmenden Herausforderung für den Staat und die Gesellschaft geworden. Flutwellenartig ist auf uns eine Kriminalität zugekommen, die sich durch unglaubliche Brutalität und außergewöhnliche Rücksichtslosigkeit auszeichnet und zugleich erhebliche Gefahren für unsere Gesellschaft und Wirtschaft mit sich bringt.

Durch die gigantische Finanzmacht gewinnt die OK, gewinnen die Syndikate der Euro-OK heimlich zunehmend Einfluß auf unser Wirtschaftsleben, die Gesellschaftsordnung und in Folge auf die öffentliche Verwaltung, die Justiz sowie die Politik und können schließlich deren Werte bestimmen. In der Konsequenz könnte es zu einem Staat kommen, der unterwandert ist.

Der illegale Rauschgifthandel ist gekennzeichnet von Internationalität, Professionalität, Konspiration, hervorragender Logistik, scheinbar unbegrenzten Mitteln und teilweise subtilen internen Sanktionierungsmaßnahmen. Produktion, Vertrieb und Handel laufen auf einem derart hohen Niveau, daß von professionell organisierter Kriminalität gesprochen werden muß. Belastungszeugen werden nicht selten starken Repressalien ausgesetzt. Der Kampf um Marktanteile wird immer brutaler. Es mehren sich die Fälle, in denen bezahlte Killer auf den Plan treten.

Die Gewinne der Gangs sind orbitant. Der klassische Satz, wonach Verbrechen sich nicht lohnen, verkehrt sich immer mehr in das Gegenteil. Die kriminellen Gewinne werden zu einer zunehmenden Gefahr für Staat und Gesellschaft, da sie einerseits in unterschiedlichste legale und illegale Geschäfte investiert werden, andererseits ein riesiges Korrumpierungsmaterial darstellen. Der kriminelle Profit dient damit auch der Förderung, Ausweitung und Stabilisierung krimineller, politischer und damit auch wirtschaftlicher Macht.

Abschließend bleibt festzustellen, daß die OK welt- und europaweit existent ist und Teilbereiche auch unseres Gesellschafts- und Wirtschaftslebens bereits im Griff hat. Die OK ist nur weltweit und international zu bekämpfen. Gewinn- und Machtstreben sind die Triebfedern der OK-Täter. Somit ist die Geldwäsche ein neuralgischer Punkt in den Aktivitäten des Organisierten Verbrechens. Neben den erforderlichen Strukturermittlungen avancieren intensive Finanzermittlungen und die Gewinnabschöpfung auf der Basis der Beweislastumkehr – d. h., nicht die Strafverfolgungsbehörden haben den Tätern zu beweisen, woher deren Gewinne stammen, sondern die Täter haben nachzuweisen, wo und womit sie ihre Gewinne erzielt haben – zu empfindlichen und erfolgreichen Waffen im Kampf gegen die Euro-OK.

Allein die amerikanischen DEA-Behörden – Drogenbekämpfung – schöpften in drei Jahren im Rahmen der Beweislastumkehr nur an Bargeld – also nicht an Sachwerten wie Immobilien, Schiffe, Flugzeuge, Autos u. a. m. – folgende Summen ab:

1. Jahr	=	876 Mio. US-Dollar
2. Jahr	=	684 Mio. US-Dollar
3. Jahr	=	502 Mio. US-Dollar
Summe:		2 062 Mill. US-Dollar

Diese Summe floß über ein unabhängiges Bürgergremium im Rahmen einer Budgetierung in die Strafverfolgung und -vollstreckung zurück.

Unser abschließender Wunsch für die Zukunft ist es, daß die hochkriminellen OK-Täter welt- und europaweit im Rahmen der Beweislastumkehr und den Mitteln der Gewinnabschöpfung mit ihren illegal erwirtschafteten Geldern ihre legale Bekämpfung selbst finanzieren.

Ausgewählte Literatur

Berichte zur Organisierten Kriminalität des Bundeskriminalamtes, der Landeskriminalämter und des Bundesnachrichtendienstes 1991 ff.

Brisach, Carl-Ernst/Ullmann, Roland/Sasse, Georg/Hübner, Ekkehard/Desch, Roland: Planung der Kriminalitätskontrolle. Stuttgart u. a. 2001.

Bundesamt für Polizei (Hrsg.): Jahresberichte 1998–2000. Bern 1999 ff.

Bundeskriminalamt (Hrsg.): Kriminalitätsbekämpfung im zusammenwachsenden Europa. Neuwied/Kriftel 2000.

Edelbacher, Maximilian (Hrsg.): Organisierte Kriminalität in Europa. Wien 1998.

Fachhochschule für öffentliche Verwaltung/Landespolizeischule Rheinland-Pfalz: Bekämpfung der Organisierten Kriminalität. Lautzenhausen 2000.

Gehl, Günter (Hrsg.): Bedroht die Organisierte Kriminalität die Demokratien in Europa? Weimar 1998.

Hamacher, Hans Werner: Deutschland im Visier. Leipzig 2000.

Huppertz, Martina/Theobald, Volkmar/Bundesakademie für Sicherheitspolitik (Hrsg.): Kriminalitätsimport. Berlin 1998.

von Lampe, Klaus: Organized Crime. Frankfurt/M. 1999.

Meier-Walser, Reinhard/Hirscher, Gerhard/Lange, Klaus/Palumbo, Enrico (Hrsg.): Organisierte Kriminalität. München 1999.

Roth, Jürgen: Die roten Bosse. München 1998.

Schwind, Hans-Dieter: Kriminologie. Heidelberg 2001.

Thamm, Berndt Georg/Freiberg, Konrad: Mafia global. Hilden 1998.

Ziegler, Jean: Die Barbaren kommen. München 1998.